권력의 심리학

권력의 심리학

누가 권력을 쥐고, 권력은 우리를 어떻게 바꾸는가

브라이언 클라스 지음 | 서종민 옮김

웅진 지식하우스

권력을 가져 마땅하지만 그렇게 하지 않은,

선하고 사이코패스적이지 않은

세상의 모든 사람들에게

추천의 말

성공한 대통령이 없는 불행한 한국 정치, 과열된 권력 다툼 속에 국민도 양쪽으로 갈려 싸운다. 어디 정치뿐인가? 회사와 공직, 심지어 문화계와 언론계 등 권력과는 상관없어 보이는 영역까지 권력 다툼으로 시끄럽다. 무엇이 문제고 어떻게 고쳐나가야 할까?
『권력의 심리학』은 뿌리 깊고 복잡하게 뒤엉킨 '권력 다툼의 심리와 문화'를 매우 흥미롭고 설득력 있게 파헤친다. 방관자나 구경꾼이 아닌 권력 감시와 통제의 주역으로 제 역할을 하고 싶은 시민이라면 꼭 읽어보시길 권한다.

_표창원, 표창원범죄과학연구소 소장

우리는 지도자를 선택할 때, 화려한 언변으로 리더십이 있는 것처럼 속이는 데 능하지만 자신의 성공과 이익만을 추구하며 도덕과 공정을 무시하는 사이코패스 같은 '악한 리더'에게 과연 이끌리는가? 부패한 권력은 자아도취에 빠져 공감 능력이 떨어진 폭군 개인의 문제인가, 아니면 악한 리더를 만들어내고 따르며 유지시키는 시스템의 문제인가?
유럽과 아프리카, 미국과 아시아 등 세계 곳곳에서 막대한 권력을 남용하여 악행을 저지른 권력자들의 사례를 수집한 『권력의 심리학』은 권력의 본질과 부패의 구조를 탐구하고, 이를 막기 위한 전략을 제시한다. 브라이언 클라스 교수의 분석과 통찰이 고스란히 담긴 이 책을 통해 불확실성의 시대에 리더를 선택할 때 함정에 빠지지 않을 지혜와 지도자의 권력이 부패하지 않도록 감시하는 역량을 키울 수 있을 것이다.

_박지선, 숙명여자대학교 사회심리학과 교수

변호사는 다양한 사람을 만난다. 그게 업무의 시작이다. 하지만 일을 하면 할수록 점점 더 사람을 믿기 어려워진다. 상대방이나 증인은 물론 내 의뢰인조차 무언가 숨기고 왜곡한다. 자기 억울함을 벗겨줄 변호사 앞에서도 솔직해지기 어렵다. 누구나 그렇다. 그게 바로 인간이다. 그만큼 복잡하다. 세상에 간단한 사건은 없고, 단순한 사람도 없다. 오죽하면 사람이 싫어질까.
저자가 만난 많은 권력자들도 마찬가지다. 그들 역시 단순하지 않다. 제대로 파악하기 어렵다. 하지만 저자는 다양한 실험과 인터뷰를 통해 집요하게 파고든다. 그들이 애초부터 권력을 탐하도록 태어난 사람인지 아니면 사회 시스템이 그렇게 만든 건지. 부패할 준비가 된 사람이 권력을 쟁취하는 건지 아니면 권력자가 되면 누구든 그렇게 부패할 수밖에 없는지. 이 책이 알려준다. 또한 지금 우리에게 어떤 리더가 필요한지 고민하게 만든다. 무서운 책이다. 그래서 추천한다.

_손수호, 법무법인지혁 대표변호사

흡입력 있고 도발적이며 깊은 통찰이 담겨 있다. 악한 리더에 관해서는 물론 세계 역사와 주요 사건을 해석하는 데도 필수적인 책이다.
_「커커스리뷰」

다채로운 사례와 명쾌한 설명이 담겨 있다. 권력의 의미와 기능에 관한 개성 있고 재치 넘치는 안내서.

_「퍼블리셔스위클리」

재미있고 탁월한 글솜씨로 어떻게 권력과 부를 가질 수 있는 자리가 잘못된 리더를 끌어당기는지 묘사해낸다.

_「워싱턴포스트」

인간 행동이 변화하기는 어렵지만 더 나은 방향으로 이끌 수 있다는 점을 인식시키는 유용한 시도이다.

_「워싱턴먼슬리」

왜 어떤 사람은 다른 사람보다 더 쉽게 권력에 이끌리고 더 쉽게 부패하는지 빛나는 통찰로 밝혀낸다.

_애덤 그랜트, 와튼스쿨 조직심리학과 교수

진화학에서 얻은 통찰과 다양한 최신 사회심리학 연구, 권력자와 직접 진행한 인터뷰를 한데 융합해냈다.

_피터 터친, 옥스퍼드대학교 인류학과 연구교수, 『초협력사회』 저자

열정적이고, 통찰력 있는 글이다. 읽을 때마다 자꾸만 놀라게 된다. 권력의 유혹과 그것이 현대 세계에 미친 영향을 흥미진진한 이야기로 펼쳐 보인다.

_피터 프랭코판, 『실크로드 세계사』 저자

권력이 부패한다는 건 모두가 안다. 하지만 어떻게 부패한다는 것일까? 빠르게 도덕적 붕괴를 일으킬까, 아니면 천천히 썩어 들어갈까? 약물 중독만큼이나 위험한 권력. 권력은 그것을 가진 이들은 물론이고 손쉬운 해결책을 원하는 이들 모두를 바꿔놓는다. 이 책은 지배를 향한 근본적 열망을 지닌 이들의 행보에 관한 새로운 통찰을 제시한다.

_리처드 엥겔, NBC 뉴스 수석 해외특파원

권력의 작용에 대한 비범한 질문. 혼란스러운 이 시기에 결정적인 역할을 할 책. 필독을 권한다.

_에디 S. 글라우드 주니어, 프린스턴대학교 아프리카계미국인학과 학과장

정치학계의 『괴짜 경제학』이라 할 만하다. 국제정치부터 기업 경영에 이르는 폭넓은 발견을 날카롭게 제시한다. 무엇보다도 재미있다.

_맥스 부트, 「워싱턴포스트」 칼럼니스트, 외교협회 선임연구원

풍부한 통찰과 매력적인 관찰이 돋보인다. 부패하는 사람에게 권력을 주지 않고 부패하지 않을 사람에게 권력을 주려는 최근의 시도들을 비추는 한 줄기 빛이다.

_리처드 스텐절, 「타임」 전 편집장

놀라운 통찰력의 소유자인 저자는, 탁월한 필력과 재치 있고 신랄한 유머로 흠잡을 데 없는 과학적 증거를 매력적이고 재미있게 제시해준다.

_로버트 새폴스키, 스탠퍼드대학교 생물학과 교수

마음을 사로잡고, 생각을 자아내는 놀라운 필치! 평범한 사람들이 권력이라는 괴물의 마수로부터 리더를 지켜내는 방법에 관한 중요한 탐구서.

_헤더 리처드슨, 보스턴칼리지 역사학과 교수

편협한 민주주의, 현대화된 독재 정권, 오직 권력만을 탐하는 포퓰리스트가 점점 더 판을 치는 세상에서 길을 찾아줄 GPS와 같은 책.

_가리 카스파로프, 전 체스 세계챔피언, 인권재단 의장

차례

고장 난 세상을 수리하기 위한 안내서

권력이 부패하는 걸까? 아니면, 부패한 사람들이 권력에 이끌리는 걸까? 회삿돈을 빼돌리는 사업가와 사람을 죽이는 경찰은 악한 시스템의 산물일까, 아니면 그저 천성이 악한 사람들일까? 폭군은 만들어지는가, 아니면 타고나는가? 갑자기 권좌에 앉게 되면, 주머니를 채우거나 적에게 복수하고 싶은 유혹이 자라나 당사자가 굴복할 때까지 괴롭히는 걸까? 다소 생뚱맞지만, 이 질문에 대한 답은 두 개의 먼 외딴섬 이야기에서 찾아볼 수 있다.

오스트레일리아 서해안에서 멀리 떨어진 곳에는 점처럼 보이는 비컨섬이 주변 해수면보다 조금 높게 솟아 있다. 섬의 한쪽 끝에서 농구공을 던져 다른 쪽 끝의 해안을 맞힐 수 있을 정도로 작은 섬이다. 우거진 초록빛 관목이 섬을 뒤덮고 있으며, 삼각형의 해변은 베이지색 모래밭을 두르고 있다. 그저 얕은 해안에 산호초들이 점점이 흩어져 있는 평범한 무인도처럼 보인다. 그러나 이 섬에는 비밀이 숨어 있다.

1628년 10월 28일, 바타비아호라는 이름의 향신료 상선이 네덜란드를 출발했다. 이 상선은 국제 무역을 장악하고 있던 제국적 회사인 네덜란드 동인도회사가 소유한 함대 중 하나였다. 바타비아호는 향신료와 이국적인 사치품을 사들일 소량의 은화를 싣고 오늘날의 인도네시아인 자바섬으로 향했다.[1] 배에는 340명이 타고 있었다. 대부분이 선원이었으며, 몇몇은 단순한 승객이었고, 사이코패스 약제사도 있었다.

배 안에는 엄격한 위계질서가 존재했는데, 뱃머리에 가까울수록 숙식 환경이 더 열악했다.[2] 선미의 넓은 선실에는 선장이 상석을 차지하고 앉아 소금에 절인 고기를 질겅거리며 선원들에게 윽박지르듯 명령을 내렸다. 아래로 두 층을 내려가면 돌아올 때 향신료 창고로 쓰일 공간이 있었는데, 선원들은 환기가 되지 않고 허리도 펼 수 없는 데다 쥐까지 들끓는 이곳에서 먹고 잤다. 바타비아호에 탄 모든 사람은 자신의 계급을 알고 있었다.

빈털터리 약제사 예로니무스 코르넬리스Jeronimus Cornelisz라는 젊은 상인은 선장보다 몇 단계 아래 계급으로, 일반 선원들보다는 계급이 높았다. 개인적인 불행을 줄지어 겪으며 가진 모든 것을 잃은 끝에 절망에 빠져 배에 오른 사람이었다.[3] 돛이 오르자마자 코르넬리스는 자신의 불행을 역전시키기고자 반란을 시도했다. 수석 항해사 하나를 포섭해 애초의 항로를 벗어나는 곳으로 뱃머리를 돌렸다. 모든 것이 계획대로 진행된다면 그는 바타비아호를 장악하고 은화를 모두 차지해 화려한 새 삶을 시작할 수 있을 터였다.

그러나 상황은 계획대로 흘러가지 않았다.

1629년 6월 4일, 바타비아호는 오스트레일리아 인근 해안을 지나다가 야트막한 아브롤호섬의 산호초에 전속력으로 부딪혔으며, 이로 인해 선체가 쪼개지고 말았다. 어떤 경고도 없었고, 방향을 돌릴 틈도 없었다. 머잖아 배의 운명이 끝장나리라는 사실이 분명해졌다. 대부분의 승객과 선원은 멀리 보이는 작은 섬까지 헤엄쳐 가려 발버둥을 쳤고, 물에 빠져 죽는 사람도 생겨났다. 나머지는 바타비아호의 잔해에 매달리려 애를 썼다.

구조되지 않으면 누구도 살아남을 수 없다는 것을 깨달은 선장은 구명정과 대부분의 비상용 물품을 차지했다. 그러고는 곧 구조대를 데리고 돌아오겠다는 약속만 남긴 채, 선임 승무원 전원을 포함한 마흔일곱 명과 함께 구명정을 타고 자바섬으로 떠났다. 300명 가까운 이들이 약간의 식량과 거의 바닥난 식수 그리고 언젠가 구조대가 오리라는 희미한 희망과 함께 버려졌다. 섬으로 헤엄쳐 가든 부서진 배에 남아 있든, 생존자들에게 남아 있는 시간은 턱없이 짧았다.

코르넬리스 또한 구조정에 타지 못하고 부서진 배에 남겨졌다. 그러나 수영을 할 줄 몰랐기 때문에 배의 잔해라도 붙들고 있는 것이 물에 뛰어들어 섬을 향해 미친 듯이 물장구를 치는 것보다는 더 낫다고 생각했다. 코르넬리스를 포함한 일흔 명의 사람들은 침몰하는 배 위에서 9일을 지냈다. 이들은 죽음을 피할 수 없다는 사실에 절망하며 술을 마셨다.

6월 12일, 마침내 선체가 두 동강 났다. 거센 파도가 불어닥쳐 사람들을 날카로운 산호초로 내던지면서 순식간에 목숨을 앗아갔고, 나머지 사람들도 몇 분 동안 이리저리 휘둘리다 익사해갔다. 코르넬리스는 어떻게 해서인지 살아남았다. '바타비아호를 탈출해 수많은 잔해와 함께 떠밀려 온 마지막 생존자'[4]가 된 것이다.

오늘날 비컨섬으로 불리는 축축한 모래밭에 그가 발을 디디자, 생존 본능이 만든 무질서와 혼돈은 사라지고 위계와 지위로 확립된 질서가 되돌아왔다. 코르넬리스는 너덜너덜하고 쇠약해진 채 해안으로 떠밀려 왔지만, 그래도 여전히 고급 선원이었다. 그에게 지휘권이 있다는 뜻이었다. 역사학자 마이크 대시Mike Dash는 이렇게 말했다. "바타비아호는 매우 위계적인 사회였으며, 섬에 생존한 이들도 마찬가지였다."[5]

풀이 듬성듬성 난 척박한 섬에 고립된 수백 명이 자신들의 상관을 돕기 위해 달려왔다. 이들은 이 일을 내내 후회하게 될 터였다. 적어도 그들 중 일부는 그랬다.

기운을 회복한 코르넬리스는 빠르게 계산기를 두드렸다. 상황이 처참했다. 난파선에서 구해 온 식량과 식수, 술로는 오래 버티지 못할 터였다. 그는 공급이 늘어날 수 없으니 수요를 줄이는 것이 불가피하다고 판단했다. 먹일 입을 줄여야 했다.

코르넬리스는 적이 될 수 있는 이들부터 제거하면서 권력 기반을 다졌다. 몇몇은 소형 배를 타고 무모하기 짝이 없는 임무에 나섰다가 배 밖으로 튕겨 나가 익사했다. 다른 몇몇 이들에게는 죄를 뒤집어씌우고, 이를 명분으로 사형에 처했다. 소름 끼치는 처형식은 코르넬리스의 권위를 드러내는 수단이었으며, 충성심을 테스트하는 데에도 유용했다. 명령에 따라 살인을 마다하지 않는 자는 쓸모가 있었고, 거부하는 자는 위험인물이었다. 위험인물은 하나씩 제거됐다. 오래지 않아 명분조차 사라졌다. 검이 아직 날카로운지 시험해보기 위해 어느 소년의 목을 베었다. 아이들조차 이처럼 이유도 없이 살해당했다.

처형은 코르넬리스의 명령에 따라 이루어졌지만, 코르넬리스 본인이 직접 죽이지는 않았다. 대신 그는 '실크 스타킹, 금실 레이스가 달린 가터, 화려한 장식' 등 배에서 가져온 고급 의복으로 치장해 자신의 지배력을 드러냈다.[6] 다른 이들은 흙투성이 누더기를 입은 채 살해당할 차례를 기다렸다.

바타비아호의 선장이 돌아왔을 때는 이미 100명 이상이 죽임을 당한 뒤였다. 코르넬리스도 마침내 자신이 세운 섬의 정의를 맛봤다. 사형을 당한 것이다. 그는 두 손이 잘린 채 교수형에 처해졌다.

이 소름 끼치는 일화는 인간성에 대한 충격적인 질문을 던진다. 코르넬리스가 바타비아호에 타지 않았더라면 이와 같은 참극을 피할 수 있었을까? 아니면 다른 누군가가 같은 참극을 주도했을까?

비컨섬에서 약 6,500킬로미터 떨어진 오스트레일리아의 반대편 해안에는 통가제도가 있는데, 그중 하나가 아타섬이라는 무인도다. 1965년, 15~17세의 소년 여섯 명이 기숙학교에서 탈출했다. 이들은 낚싯배를 훔쳐 타고 북쪽을 향해 항해하기 시작했다.

첫째 날 이들은 고작 8킬로미터가량을 항해한 뒤 닻을 내리고 밤을 보내기로 했다. 그러나 잠을 청할 무렵 강한 태풍이 불어 낚싯배의 닻을 끊어 가버렸다.[7] 곧이어 강풍이 불어닥쳐 돛이 부러지고 키도 망가졌다. 동이 틀 무렵이 되자 소년들은 배를 조종하거나 길을 찾을 수 있는 모든 방법을 빼앗긴 채 해류를 따라 떠다니는 신세가 됐다. 이들은 8일 동안 어느 쪽이 집으로 가는 방향인지 전혀 모르는 채로 연안을 따라 남쪽으로 떠밀려 갔다.

소년들이 희망을 잃어갈 때쯤, 저 멀리서 반짝이는 초록빛이 보였다. 초목이 무성하게 우거진 바위섬 아타였다. 망가진 낚싯배를 조종하는 데 한계가 있었기 때문에 소년들은 배가 해안 가까이 떠밀려 갈 때까지 기다렸다가 배를 버렸다. 이들은 목숨을 건지기 위해 헤엄쳤다. 섬에 오르는 것이 무자비한 망망대해로 다시 휩쓸려 나가지 않을 수 있는 유일한 희망이었다. 바위 때문에 애를 먹긴 했지만, 마침내 이들은 산 채로 섬에 다다랐다.

아타섬을 둘러싼 절벽 때문에 해안까지 기어오르기가 힘들었지만, 훗날 이 어린 표류자들의 목숨을 구한 것도 이 절벽이었다. 울퉁불퉁한 바위들은 바닷새가 둥지를 틀기에 딱 좋은 환경이었으며, 소년들은 힘을 합쳐 바닷새를 잡았다. 신선한 물을 구할 수 없었기 때문에 되는 대로 바닷새의 피를 마셨다.[8] 새로운 보금자리를 마련한 뒤에는 코코넛 주스로 업그레이드했다. 결국에는 불을 피우는 데 성공해 날것에서 익힌 음식을 먹는 데까지 나아갔다. 소년들은 불이 절대로 꺼지지 않도록 일렁이는 불꽃을 계속해서 지켜보기로 했다. 모든 소년이 돌아가며 매일 24시간 잉걸불을 지켰다. 불은 생선과 바닷새, 심지어는 거북이까지 익혀 먹게 해주는 생명줄이었다.

이들은 협업을 통해 생활을 점차 개선해나갔다. 소년들은 나흘 동안 힘을 모아 섬의 거대한 나무 중 하나의 뿌리에 구멍을 뚫어 물을 한 방울씩 모았다. 나무 둥치의 속을 파내 빗물을 모으고, 커다란 잎사귀로 원시적인 집을 지었다.[9] 모든 작업은 분담했다. 리더는 없었다. 금실 레이스도 스타킹도 없었다. 고함치며 명령을 내리는 사람도, 권력을 굳히기 위한 음모도, 살인도 없었다. 소년들은 섬을 정복해나가는 동안 모든 성공과 실패를 동등하게 짊어졌다.

표류한 지 6개월 정도가 됐을 때, 소년들 중 테비타 파타이 라투Tevita Fatai Latu가 여느 때처럼 바닷새 사냥에 나섰다가 미끄러지면서 다리가 부러졌다. 나머지 소년들이 달려와 그를 부축했고, 통가의 전통적 방식에 따라 코코넛 나무줄기에 열을 가해 부목을 만들어 뼈가 제자리에 붙을 수 있도록 고정했다. 테비타는 이후 4개월 동안 걷지 못했지만, 다시 일상적인 일을 할 수 있게 될 때까지 다른 소년들이 그를 보살폈다.

때로는 논쟁이 벌어지기도 했다(누구든 24시간 동안 몇 명과 함께 가둬놓고 바닷새와 거북이 고기만 먹인다면 때때로 분노가 치밀 수밖에 없을 것이다). 그러나 말다툼이 시작되면 서로 거리를 두는 분별력을 발휘했다.[10] 논쟁의 주인공들은 섬의 각기 다른 곳으로 가 길게 는 이틀까지 떨어져 지내다가, 화가 가라앉으면 돌아와 다시 생존 을 위해 함께 일했다.

1년이 넘어가자 소년들은 이런 생활이 일시적인 것이 아니라 는 점을 받아들이기 시작했다. 소년들은 완전히 눌러살 각오로 조 잡한 테니스 라켓을 만들어 대회를 열고 복싱 경기를 하는 등 함 께 운동하면서 하루하루를 보냈다. 잡아먹을 바닷새의 씨가 마르 지 않도록 인당 일일 최대 섭취량을 정했으며, 야생 콩도 심었다.

소년들이 난파당한 지 15개월이 지났을 무렵, 피터 워너Peter Warner라는 이름의 호주인이 낚싯배를 타고 이쪽 바다로 왔다. 그는 바닷가재 잡을 자리를 찾아 여기저기를 둘러보고 있었다. 그러다 가 어느 무인도에 가까이 갔는데 무언가 부자연스러운 점이 눈에 띄었다. "절벽 면에 불에 그을린 자국이 보였어요. 희한했죠. 열대 지방은 날씨가 습해서 산불이 저절로 나지는 않거든요."[11] 이제는 여든아홉 살이 된 워너가 회고했다.

그때 놀라운 광경이 그의 시야에 들어왔다. 머리를 치렁치렁 기른 벌거벗은 소년들이 소리를 지르고 손을 흔들면서 배의 주의 를 끌려고 애쓰고 있었다. 배가 섬 가까이 다가가자 소년들은 바 다로 뛰어들었다. 영원히 오지 않을 것만 같았던 구조선을 향해 필사적으로 헤엄쳤다. 어안이 벙벙해진 워너는 이 소년들이 폴리 네시아 사회에서 가장 혹독한 형벌을 받아 섬에 버려진 범죄자들 일 수도 있겠다고 생각했다. "건강해 보이는 청소년들이 머리를 산발한 데다 옷도 입지 않은 모습을 보니까 조금 걱정이 됐죠."[12]

워너가 나에게 한 말이다. 그는 권총을 장전하고 기다렸다.

배 가까이 헤엄쳐 온 소년들은 공손하게 자신들이 누구인지 설명했다. 소년들이 실종됐다는 소식을 들은 적이 없었던 워너는 아이들의 이야기를 확인하기 위해 교환원에게 무전을 쳐 소년들이 다니던 통가의 학교에 물어봐달라고 요청했다. 20여 분이 지나자 교환원이 울먹이는 목소리로 소년들이 실종된 지 1년도 넘었으며 죽은 줄로만 알고 있었다고 알려왔다. "장례식도 했대요." 교환원이 말했다.

구조된 직후, 소년 중 가장 나이가 많았던 시오네 파타우아Sione Fataua는 생존에 대한 걱정을 금세 벗어버리고 집에 돌아갈 걱정을 하기도 했다. "저희 중에 몇 명은 여자친구가 있었거든요. 저희를 잊어버리지 않았을까요?"13 소년들은 통가로 돌아와 가족과 다시 만날 수 있었다.

네덜란드인 역사가 뤼트허르 브레흐만Rutger Bregman은 이렇게 말했다. "이 현실 속 『파리대왕Lord of the Flies』은 우리가 서로에게 기댈 수 있을 때 얼마나 더 강해지는지를 보여주는 우정과 의리의 이야기다."

지금도 그 소년 중 한 명과 정기적으로 배를 타고 나가는 워너는 이 일화가 '인류애를 크게 충전시켜주는 이야기'라고 말한다.

두 개의 무인도, 인간 본성에 관한 두 개의 대조적인 비전. 한쪽에서는 권력에 굶주린 한 사람이 권력을 잡고 다른 이들을 착취하고, 심지어는 죽이기까지 했다. 다른 한쪽에서는 평등주의적 팀워크가 승리했고 모두가 협력으로 헤쳐나갔다. 무엇이 차이를 만든 걸까?

비컨섬에는 구조가 있었다. 질서가 있었고, 계급이 있었다. 이는 결국 비극으로 끝났다. 반면 아타섬은 암석이 들쭉날쭉 솟은 섬이었지만 이곳에서 소년들이 15개월에 걸쳐 만들어낸 사회는 완전히 수평적이었다. 서로 대조되는 이 무인도 이야기들은 우리에게 어려운 질문 몇 가지를 던진다. 착취가 일어날 수밖에 없는 이유는 악한 사람들 때문일까, 아니면 악한 위계질서 때문일까? 왜 세상에는 수많은 코르넬리스 스타일의 리더가 권좌에 앉아 있는 것처럼 보일까? 아타섬의 소년들 같은 리더는 왜 이렇게 찾아보기 힘든 것일까? 만일 당신이 회사 직원들과 함께 무인도에 표류하게 된다면, 상사이기를 포기하고 통가 소년들처럼 문제를 해결하기 위해 함께 일하겠는가? 아니면 비컨섬에서처럼 권력과 지배를 위해 피 튀기는 싸움을 벌일 것인가? 당신은 어떻게 행동하겠는가?

이 책은 네 가지 질문에 답하려 한다.

첫째, 더 악한 사람이 권력을 가지게 되어 있는가?

둘째, 권력은 사람을 나쁘게 만드는가?

셋째, 왜 우리는 우리를 통제할 권리가 전혀 없어 보이는 사람이 우리를 통제하게 놔두는가?

넷째, 부패하지 않을 사람에게 권력을 주고 그 권력을 공정하게 행사할 수 있게 하려면 무엇을 해야 할까?

지난 10여 년간 나는 벨라루스부터 영국까지, 코트디부아르부터 캘리포니아까지, 태국부터 튀니지까지 그리고 호주부터 잠비아까지 전 세계를 돌아다니며 이 질문들을 연구했다. 정치학자로서 연구를 진행하면서 많은 사람과 인터뷰했는데, 그중 대부분이 권력을 남용해 나쁜 짓을 벌인 악한 사람들이다. 사이비종교 지도자, 전쟁 범죄자, 독재자, 쿠데타 음모자, 고문 가해자, 용병, 사이코패스 장군, 선전자, 반란자, 부패한 CEO, 형을 선고받은 범죄자들을 만나봤으며 무엇이 그들을 그렇게 행동하도록 만들었는지 알아내려 했다. 이들을 이해하고 그 활동 배경인 시스템을 연구하는 일은 이들을 멈추기 위한 핵심 작업이다. 대부분이 미쳤거나 잔혹했는데, 뜻밖에 친절하거나 인정 많은 이들도 있었다. 그러나 모두 한 가지 특징을 공유하고 있었다. 그들은 모두 막대한 권력을 휘둘렀다.

전쟁 범죄를 일으킨 반란군 사령관과 악수를 하거나, 정적을 고문한 무자비한 독재자와 아침 식사를 해본다면 그들이 악마 같은 모습으로 사는 순간이 얼마나 드문지 놀라게 될 것이다. 그들은 대개 매력적이다. 농담을 던지고, 미소를 짓는다. 첫인상만으로는 전혀 괴물처럼 보이지 않는다. 그러나 그중 다수는 괴물이었다.

오랫동안 나는 풀리지 않는 이 수수께끼에 매달렸다. 고문 가해자와 전쟁 범죄자는 우리와 완전히 다른 종일까, 아니면 사무실이나 동네에서 흔히 볼 수 있는 작은 폭군의 극단적인 버전일까? 괴물이 되려는 자들이 우리 중에 숨어 있는 것일까? 상황만 맞아떨어진다면 '누구라도' 괴물이 될 수 있는 걸까? 만약 그렇다면 피에 굶주린 독재자를 보고 얻은 교훈은 우리 주변에서 일어나는 소규모의 학대를 줄이는 데에도 유용하지 않을까? 이 수수께끼를 한시라도 빨리 풀어야 하는 이유는 권력을 쥔 이들이 우리를 끊임없이 실망시켜왔기 때문이다. 어떤 자리에서 내가 정치학자라고 소개하면 대개 이런 질문이 따라온다. "왜 그렇게 끔찍한 사람들이 리더가 되는 걸까요?"

그런데 여기 또 다른 질문 하나도 답을 기다리고 있다. 손에 쥔 권력이 그들을 지독한 사람으로 '만들어버린' 건 아닐까? 나도 의심해온 부분이다. 하지만 또 다른 가설이 판단을 망설이게 한다. 권력 때문에 악독해진 것처럼 보이는 자들은 빙산의 일각에 불과한 듯하기 때문이다. 어쩌면 더 크고 심각한 무언가가 해수면 밑에서 웅크리고선 발견되기만을, 그리하여 고쳐질 수 있기만을 기다리고 있을지도 모른다.

우선 통념부터 시작해보자. '권력은 부패하고, 절대 권력은 절대적으로 부패한다'라는 유명한 격언을 들어본 적이 있는가? 이는 널리 퍼진 믿음이다. 그러나 과연 진실일까?

몇 년 전, 나는 아프리카 해안에서 얼마간 떨어진 붉은 토양의 마다가스카르섬에 있었다. 마다가스카르 하면 모두들 꼬리가 기다랗고 사랑스러운 여우원숭이를 떠올리지만, 이곳에는 그만큼 흥미로운 또 다른 종이 살고 있다. 바로 부패한 정치인이다. 3,000만 명이 넘는 인구가 지구상에서 가장 가난하게 사는 이 섬은 대체로 현금을 빼돌리는 사기꾼들이 지배하고 있다. 라떼 한

잔과 머핀 하나를 사면 마다가스카르의 평균적인 사람이 일주일 동안 받는 임금을 쓰게 된다. 엎친 데 덮친 격으로, 이곳의 부자들은 가난한 이들의 고혈을 빨아먹고 산다. 나는 마다가스카르에서 가장 부유한 사람 중 하나인 요거트 왕, 마르크 라발로마나나[Marc Ravalomanana]를 만나기 위해 그곳에 갔다.

라발로마나나는 가난하게 자랐다. 다섯 살 무렵, 그는 가족의 생계를 돕기 위해 물냉이가 든 바구니를 머리에 이고 나가 낡아빠진 기차의 승객들에게 팔았다. 그러던 어느 날, 그에게 작은 행운이 찾아왔다. 이웃이 그에게 자전거를 준 것이다. 어린 라발로마나나는 자전거를 타고 가까운 농장을 돌아다니며 남는 우유를 얻었고, 이것으로 수제 요거트를 만들었다. 풋내기 사업을 키워가는 동안 그는 어려움을 겪는 지역사회에 도움이 되려고 애썼다. 동네 교회에서 자원봉사를 하거나 성가대에서 찬양을 불렀다. 그 나머지 시간에는 삐거덕거리는 자전거에 요거트를 싣고 이리저리 팔러 다니며 한 병씩 한 병씩 사업을 키워나갔다.

1990년대 말에 이르자 라발로마나나는 마다가스카르의 낙농업 왕이자 섬에서 가장 부유한 사람 중 한 명이 됐다. 2002년에는 여전히 사실상 모두가 무일푼인 나라에서 무일푼으로 자수성가한 이야기의 가치를 이해하는 현명한 정치인이자 대통령 라발로마나나로 거듭났다. 대통령이 된 그는 변화를 약속했다. 처음에는 이를 실행에 옮겼다. 라발로마나나 정권은 도로 건설에 투자했고 부패를 단속했으며, 그 결과 하늘을 찌를 듯한 경제 상승을 일구었다.[14] 마다가스카르는 경제가 세계에서 가장 급속도로 성장하는 나라 중 하나가 됐다. 미천한 출신의 선한 사람이 역경을 딛고 일어나 현명하고 정의로운 통치자가 되는 성공담처럼 보였다.

나는 직접 라발로마나나를 만나보기로 했다. 궁전 같은 그의 집에 도착하자, 라발로마나나가 옆면에 하얀 줄무늬가 들어간 파란색 나이키 트랙슈트를 뽐내며 현관에서 걸어 나왔다. 만면에 웃음을 띤 그는 악수를 청하곤 나를 안쪽으로 안내했다. 그런 다음 운동실을 보여주면서 새벽 5시부터 맨몸 운동을 하고 있었다고 했다("중요한 결정을 내릴 수 있을 만큼 정신을 날카롭게 유지하려면 이 방법밖엔 없죠."[15] 그가 말했다). 그러고는 주문 제작한 장식적인 기독교 감실을 가리켰는데, 기차 모형처럼 만든 베들레헴의 축소판 위로 커다란 나무 십자가가 마을을 내려다보는 형태였다. 나를 데리고 위층으로 올라간 그는 복도 끝에 서 있는 거대한 마호가니 문을 열어젖혔다. 문 뒤에는 널찍한 테이블이 차려져 있었다. 빈틈없이 음식이 놓인 테이블에는 따뜻한 크루아상 더미, 생각할 수 있는 모든 방식의 달걀 요리, 다섯 종류의 주스, 그리고 그가 어릴 적 살았던 마을을 일주일은 먹이고도 남을 만큼의 요거트가 있었다. 가난과 물냉이의 나날은 자취를 감춘 지 오래였다.

보좌관이 우리와 함께 있었으나, 라발로마나나와 나를 위한 두 자리만 준비됐다. 나는 자리에 앉아 수첩을 펴고는 펜을 꺼내려 했으나 깜빡하고 가지고 오지 않았다는 걸 깨달았다.

"괜찮습니다." 라발로마나나가 말했다. "우리가 가난하기는 해도 펜 정도는 있어요."

그는 포크 옆에 놓인 작은 종을 집어 흔들었다. 몇 초 만에 두 직원이 서로 먼저 테이블에 도착하고 싶다는 듯 앞다퉈 방으로 들어왔다.

"펜." 라발로마나나가 짧게 말했다.

두 사람은 서둘러 밖으로 나갔다. 그러고는 칭찬을 받기 위해 경쟁하듯 30초도 채 되지 않아 새것이 분명한 볼펜을 한 자루씩 들고 돌아왔다. 조금 더 늦은 직원은 먼저 도착하지 못해 낙담한 듯 보였다.

이때 라발로마나나가 본격적인 이야기를 시작했다. 그는 다음 대통령 선거에 재출마하기 위해 출사표를 준비하고 있었다. 그가 나를 골똘히 쳐다보더니 말했다.

"구글에서 보니까 선거 캠프에 자문한 경력이 있더군요. 한 말씀 해주시죠. 제가 선거에서 이기려면 뭘 해야 합니까?"

그의 질문에 허를 찔린 기분이었다. 나는 그를 연구하러 간 것이지 그의 선거에 자문을 하려고 간 것이 아니었다. 그러나 그와 유대감을 형성하고 싶었던 나는 즉석에서 말을 지어냈다. "글쎄요, 미네소타주 주지사님의 선거 관리를 도왔을 때 톡톡히 효과를 봤던 방법이 하나 있습니다. 저희는 주 전체를 얼마나 신경 쓰고 있는지 보여주기 위해 87일에 걸쳐서 87개 카운티를 모두 방문했습니다. 마다가스카르에는 119개 구가 있지 않습니까. 119일에 걸쳐 119개 구를 방문하시는 건 어떨까요?"

그는 계속 말해보라는 듯 고개를 끄덕였다.

"무일푼에서 자수성가한 이미지와 연결할 수 있을 겁니다. 자전거를 타고 마을마다 돌아보면서 요거트를 팔았던 어린 시절을 상기시키는 한편, 가난한 게 어떤 것인지 이해하고 있음을 보여주는 거죠."

그는 고개를 끄덕이더니 보좌관을 쳐다보며 말했다. "자전거 119대를 사도록."

라발로마나나는 선거에서 이길 특별한 전술을 모르는 사람이 아니었다. 규칙을 어기는 데 대한 양심의 가책 또한 없었다. 2006년 그는 재선에서 승리할 수 있을 만큼 인기를 끌고 있었지만, 일말의 패배 가능성도 남겨두지 않으려 했다. 그는 새로운 방식으로 선거를 조작했다. 주요 정적을 강제로 추방한 뒤, 후보자 등록이 끝날 때까지 본국에 돌아오지 못하도록 막은 것이다.[16] 라이벌이 마다가스카르로 돌아오려 할 때마다 라발로마나나는 전화기를 집어 들고는 섬의 모든 공항을 폐쇄해 정적이 탄 비행기를 돌려보냈다. 효과가 있었다. 해외에서 후보자 등록을 할 수 없었기 때문에 결국 그의 정적은 선거에 참여하지 못했다. 라발로마나나는 선거에서 압승을 거뒀다.

2008년, 미천한 출신으로 교회 성가대와 자선 봉사 활동에 열심이던 라발로마나나가 탐욕을 드러내기 시작했다. 6년이라는 집권 기간을 거치는 동안 내면에서 무언가가 변한 것처럼 보였다. 일반적인 사람들이 1년에 수백 달러 남짓을 버는 나라에서 그는 국고 6,000만 달러를 들여 대통령 전용기를 샀다(그러고는 야심 차게도 '에어포스 투Air Force Two'라는 이름을 붙였다[17]). 전용기의 명의 또한 마다가스카르 정부가 아니라 본인으로 하려고 했다. 해를 거듭할수록 그의 부패는 점점 더 심해지는 듯했다.

결국 그는 몰락을 자초했다. 2009년, 한 라디오 DJ가 갑자기 인기를 얻더니 정치인이 되어 라발로마나나 대통령에게 맞서는 시위를 조직했다. 전직 라디오 DJ는 언론을 장악해 대통령궁으로 행진하는 평화 시위를 부추겼다. 시위대가 대통령궁에 도착하자 요거트 왕을 지키는 군인들이 사격을 시작했다. 학살이었다. 수백 명이 총에 맞았고, 그중 수십 명이 목숨을 잃었다. 국민은 분노했다. 길거리에 물든 피를 닦은 지 오래지 않아 쿠데타가 일어나 라발로마나나를 끌어내렸고, 그 자리에 라디오 DJ를 앉혔다.[18]

어쩌면 '권력은 부패한다'는 통념이 맞을지도 모른다. 다섯 살의 라발로마나나는 물냉이에서 요거트로 업그레이드하고 싶었을 뿐이었다. 그는 규칙에 따라 사업을 펼쳤다. 폭력적이지 않았다. 자신이 아니라 남을 도우며 살았다. 그러나 섬을 지배하게 된 이후로는 무언가가 그를 바꿔놓은 것처럼 보인다. 그는 갈수록 악한 사람이 됐다. 어쩌면 라발로마나나의 잘못이 아닐지도 모른다. 라디오 DJ는 결국 자신이 밀어낸 요거트 왕보다 더 부패한 대통령이 됐다. 당신이 또는 내가 어느 날 갑자기 그 섬의 대통령 자리에 오르게 된다면, 우리 또한 부패하는 건 시간문제일지도 모른다.

하지만 때로는 통념이 완전히 틀렸을 수도 있다. 권력이 사람을 선하거나 악하게 만드는 게 아니라면 어떨까? 권력이 특정 종류의 사람들을 끌어당기고, 그 사람들이야말로 책임자가 돼선 안 되는 자들이라면? 어쩌면 권력을 가장 원하는 사람들이 가장 권력을 가져서는 안 되는 자들일 수도 있다. 달리 말해, 권력을 탐하는 사람이야말로 부패할 사람일 수 있다.

심리학 대중서를 읽어봤거나 감옥에 관한 다큐멘터리를 본 적이 있다면, 권력은 반드시 부패한다는 점을 보여주는 것 같은 악명 높은 한 연구에 대해 들어봤을 것이다. 그런데 이 연구에 관해 당신이 알고 있다고 생각하는 모든 것은 틀렸다.

1971년 늦여름, 스탠퍼드대학교의 연구자 필립 짐바르도Philip Zimbardo가 심리학과 건물 지하에 모조 감옥을 지었다. 사회적 역할이 보통 사람의 행동을 인식보다 더 크게 바꾸는지를 판단하기 위한 준準과학적 실험을 하기 위해서였고, 여기에 참여할 열여덟 명의 대학생을 모집했다. 가설은 간단했다. 인간의 행동은 카멜레온과 놀랄 만큼 닮아서 우리가 맡은 역할 또는 우리가 입은 유니폼에 행동을 맞춘다는 것이다.

이 가설이 타당한지를 밝히기 위해 짐바르도는 무작위로 아홉 명의 지원자를 '간수'로 배정했다. 나머지 아홉 명은 '죄수'가 됐다. 지원자들은 2주간 하루에 15달러를 받는 대가로 너무나 실제 같은 죄수-간수 역할극에 던져졌다. 이후 벌어진 일들은 악명이 자자하다. 간수들은 거의 곧바로 죄수들을 학대하기 시작했다. 죄수들을 소화기로 구타하고, 매트리스를 뺏어 콘크리트 바닥에서 자게 했다. 누가 우위에 있는지 보여주겠다는 이유만으로 동료 학생의 옷을 벗기기도 했다. 권력이 그들을 끔찍한 사람으로 만든 것처럼 보였다.

통제권을 빼앗긴 죄수들은 자부심 넘치고 활달한 대학생에서 이전 모습을 잃어버린 망령처럼 고립되고 복종적으로 변했다.[19]

감옥의 동료 대학생들을 학대해왔던 한 간수는 죄수들을 줄 세워 놓고 수치심을 안겨주었다.

"앞으로는 시키는 대로 해."

"감사합니다, 교도관님." 죄수 한 명이 대답했다.

"다시."

"감사합니다, 교도관님."

"따라 해. '교도관님께 신의 은총이 있기를.'"

"교도관님께 신의 은총이 있기를."

연구는 2주간 계속될 계획이었다. 그러나 짐바르도의 여자친구가 모조 감옥을 방문했다가 무슨 일이 일어나는지 목격하고는 경악했다. 여자친구의 설득 끝에 짐바르도는 6일 만에 실험을 중단했다. 결과가 공개되자 전 세계가 충격에 휩싸였다. 다큐멘터리가 제작됐다. 책도 출간됐다. 증거가 명확해 보였다. 우리 안에 악마가 있고, 권력은 그 악마를 밖으로 꺼내줄 뿐이었다.

그러나 여기에는 함정이 있었다. 분명해 보이는 스탠퍼드 감옥 실험 이야기는 한동안 심리학의 통념으로 자리 잡았지만, 사실 그다지 명확하지는 않다. 오직 일부 간수만이 죄수들을 학대했다. 몇몇은 이에 반대하면서 학생 죄수들을 정중하게 대했다. 그렇다면 권력이 부패한다고 하더라도, 어떤 사람들은 다른 사람들보다 더 면역력이 있는 것일까?

게다가 몇몇 간수와 죄수는 당시 공연을 했던 것뿐이라고 말한다.[20] 연구자가 쇼를 원했기 때문에 그렇게 행동했다는 것이다. 최근에 밝혀진 실험 초기 음성 녹음본은 참가자들이 자발적으로 못

되게 굴었다기보다는 죄수를 가혹하게 대하라는 지시를 받았다는 의혹을 불러일으켰다.[21] 널리 알려진 것보다는 모호한 그림이다. 그러나 이런 점을 염두에 두더라도, 이 실험은 우리에게 고뇌를 안겨준다. 평범한 사람도 적절한 조건만 갖춰진다면 악마로 타락할 수 있다. 그렇다면 우리는 그저 다른 이들을 장악하고 가면을 벗을 순간만을 기다리는 사디스트인 것일까?

이는 다행히도 틀린 말일 것이다. 짐바르도의 연구에서는 매우 중요한 요소인 실험 참가자 모집 방법을 고려하지 않았다. 연구자들은 죄수와 간수를 찾기 위해 지역 신문에 다음과 같은 광고를 실었다.

감옥 생활에 대한 심리학 연구에 참여할 남자 대학생 모집. 1~2주간 15달러/일, 8월 14일 시작. 더 자세한 정보 및 신청은 문의 바람.

2007년, 웨스턴켄터키대학교의 연구진은 이 광고에서 사소해 보이는 디테일 하나를 발견했다.[22] 그리고 혹시 이 때문에 연구가 완전히 왜곡된 것은 아닐지 의심했다. 답을 알아내기 위해 연구진은 15달러가 아니라 70달러(1970년대 이후의 물가 상승률을 적용하기 위해서였다)를 지급한다는 조건으로 똑같은 광고를 만들었다. 다른 말은 토씨 하나 빠짐없이 똑같았다. 그리고 새로운 광고를 하나 더 만들었다. 모든 게 기존의 광고와 똑같았지만 중요한 차이점이 하나 있었다. '감옥 생활에 관한 심리학 연구' 대신 '심리학 연구'라고만 적은 것이다. 연구진은 몇몇 대학가에 '감옥 생활' 광고를 붙이고, 다른 몇몇 대학가에는 '심리학 연구' 광고를 붙였다. 감옥 실험에 자원한 집단 하나와 일반적인 심리학 연구에 자원한 집단 하나를 만들기 위해서였다. 두 집단 간에 차이가 있었을까?

모집 기간이 끝나자 연구진은 잠재적 참여자들을 모아 심리 검사와 철저한 인성 평가를 진행했다. 그러자 엄청난 사실이 드러났다. 감옥 실험 광고에 자원한 사람은 일반적인 연구에 자원한 사람에 비해 유의미하게 높은 '공격성, 권위주의, 권모술수주의, 자기도취증, 사회지배성을 보였으며, 유의미하게 낮은 기질적 연민과 이타주의'를 보였다.[23] '감옥'이라는 단어를 광고에 넣은 것만으로 불균형적으로 가학적인 학생 집단을 모으게 된 셈이다.

이 발견은 권력에 대한 우리의 이해를 근본적으로 바꾸는 방식으로 스탠퍼드 감옥 실험의 결과를 뒤집을 수도 있다. 다시 말해, 평범한 사람도 권력을 잡으면 가학적으로 변할 수 있음을 입증하는 게 아니라 가학적인 사람이 권력을 추구한다는 것을 입증하는 것일 수 있다. 어쩌면 지금까지 거꾸로 생각했던 것일지도 모른다. 권력은 선한 사람을 악하게 만드는 힘이 아니라, 악한 사람을 끌어당기는 자석일지도 모른다. 이 공식대로라면 권력은 부패하는 것이 아니라, 부패를 끌어당긴다.

그런데 또 다른 미스터리가 하나 남아 있다. 권력을 가져서는 안 되는 사람들이 권력에 이끌린다고 치더라도, 왜 그런 사람들이 그다지도 쉽게 권력을 쥐게 되는 것일까? 어쨌든 현대 사회에서 상당수의 지배력은 차지하는 것이 아니라 주어지는 것이니 말이다. CEO가 가장 넓은 사무실을 놓고 중간관리자들과 검투사처럼 결투를 벌이는 일은 없지 않은가. 또 비겁하고 부패한 정치인일지언정 적어도 민주주의 사회에서는 평범한 사람들의 지지를 얻어야 권력을 쥘 수 있지 않은가. 스탠퍼드 감옥 실험에 관한 최근의 발견은 악한 사람일수록 권력에 이끌릴 수 있다는 가능성을 제시했다. 그런데 우리 또한 인간으로서 모종의 잘못된 이유로 잘못된 사람에게 권력을 주는 데 이끌리는 것은 아닐까?

2008년, 스위스의 한 연구진은 이 가설을 검증하기 위해 실험을 진행했다.[24] 이들은 5~13세의 현지 어린이 681명을 모집했다. 아이들에게는 곧 여행을 떠날 배 한 척이 등장하는 컴퓨터 시뮬레이션을 주고, 그 배와 관련한 결정을 내리게 했다. 아이들은 화면에 등장하는 두 사람의 얼굴을 보고 자신의 디지털 배를 지휘할 선장을 선택해야 했다. 얼굴 외의 다른 정보는 주어지지 않았다. 누가 좋은 선장처럼 '보이는지', 누가 더 가상의 배를 효과적으로 이끌 리더처럼 '보이는지' 선택하게 하는 설계였다.

아이들은 주어진 두 명의 선장 후보가 무작위로 제시된 사람이 아니라는 사실을 몰랐다. 사실 이들은 최근 프랑스 총선에서 맞붙은 정치인들이었다. 여러 쌍의 얼굴이 아이들에게 무작위로 배정됐는데, 각 쌍은 모두 당선자와 득표율 2위 후보로 구성됐다. 연구 결과는 놀라웠다. 아이들은 전체 횟수의 71퍼센트에서 선거에서 승리한 후보를 선장으로 골랐다. 연구진은 성인을 대상으로도 같은 실험을 했는데, 놀랍게도 거의 똑같은 결과가 도출됐다.[25]

이 발견은 두 가지 측면에서 놀랍다. 첫째, 아이들조차 얼굴만 보고도 당선자를 정확하게 식별할 수 있다는 것은 잠재적 리더십에 대한 우리의 평가가 얼마나 피상적일 수 있는지를 알려준다는 점이다. 둘째, 아이들과 어른들이 책임자가 될 사람을 고르는 인지적 과정에서 극단적인 차이를 드러내지 않았다는 점이다. 이는 사람을 '액면가'로 평가한다는 말에 새로운 의미를 부여했다. 리더를 선택하는 우리의 능력에 오류가 있다는 또 다른 증거로, 집단 토론에서 더 공격적이고 무례한 사람이 더 협조적이거나 온화한 사람보다 더 강력하고 리더 같은 사람이라는 인상을 준다는 점이 몇몇 연구를 통해 드러났다.

그렇다. 이야기가 점점 복잡해진다. 권력은 선한 사람을 부패시킬 수 있다. 반면 악한 사람을 끌어당기기도 한다. 게다가 우리는 인간으로서, 어째서인지 악한 이유로 악한 리더에게 이끌린다.

불행하게도 이야기는 앞으로 한참 더 복잡해진다. 생각해봐야 할 점이 하나 더 있다. 만약 권력을 가진 사람이 악행을 저지르는 이유가 처음부터 악한 사람이어서도 아니고 권력을 쥔 이후 악하게 변해서도 아니라, 그저 악한 시스템에 갇혀 있어서 그런 거라면 어떨까? 여러모로 말이 되는 이야기다. 어쨌든 규칙에 따라서 행동하면 노르웨이에서는 승진할 수 있겠지만, 우즈베키스탄에서는 절대로 권력을 손에 쥘 수 없다. 이는 자신보다 남을 더 도우려고 하는 '일부' 권위자들이 왜 진정으로 아름다운 이들인지를 설명하는 데 도움이 된다.

이처럼 권력의 유혹과 권좌의 효력은 맥락에 따라 달라질 수 있다. 다행히도 맥락과 시스템은 변할 수 있다. 여기서 우리는 좋은 소식 하나를 찾을 수 있다. 어쩌면 우리는 코르넬리스와 같은 가학적인 리더가 이끄는 세상을 피할 수 없는 운명이 아닐지도 모른다. 어쩌면 우리가 세상을 고칠 수도 있을 것이다.

인도 벵갈루루에서 진행된 한 연구가 이 낙관론을 어느 정도 뒷받침한다.[26] 연구진은 공공 부문의 부정 이득과 뇌물이 공공연한 곳에서 어떤 종류의 사람이 정부 관련 직업에 이끌리는지 보고자 했다. 부패가 만연한 것으로 악명 높은 인도의 공무원 체계는 좋은 실험 배경이었다. 벵갈루루의 정부 공무원이 되면 장부에 기재되지 않는 추가 수입을 얻을 기회가 있다는 점은 누구나 안다. 두 경제학자가 고안한 이 실험에서는 수백 명의 대학생에게 주사위를 마흔두 번 굴린 뒤 그 결과를 기록하도록 했다. 주사위 굴리기가 그렇듯, 순전히 운에 달린 문제였다. 그런데 주사위를 굴리기 전, 대학생들은 만약 운이 좋아 높은 숫자가 나온다면 더 많은 돈을 받을 수 있다는 말을 들었다. 즉 4, 5, 6이 더 많이 나올수록 더 많은 현금을 받을 수 있었다.

하지만 결과를 직접 보고하는 방식이었기 때문에 학생들은 주사위 결과에 대해 얼마든지 거짓말을 할 수 있었다. 그리고 실제로 많은 학생이 그렇게 했다. 전체 횟수 중 6이 나온 횟수가 25퍼센트에 달한 반면, 1이 나온 횟수는 10퍼센트에 불과했다. 연구진은 통계적 분석에 따라 이처럼 왜곡된 결과가 결코 운에 따라 나올 수 없다고 확신했다. 몇몇 학생은 뻔뻔하게도 마흔두 번 연속으로 6이 나왔다고 주장했다. 그런데 이 데이터에는 비틀린 부분이 있었다. 실험에서 사기를 친 학생들은 점수를 정직하게 보고한 학생들과 희망하는 직업군이 달랐다. 자진해서 거짓으로 높은 점수를 보고한 이들은 평균적인 학생들보다 인도의 부패한 공무원 체계에 들어가고 싶다고 말할 가능성이 훨씬 더 컸다.

또 다른 연구진이 공무원 체계가 깨끗하고 투명한 나라 덴마크에서 비슷한 실험을 했는데, 상반된 결과가 나왔다.[27] 자진해서 정직하게 점수를 보고한 학생들은 공무원이 되겠다고 할 가능성이 훨씬 컸던 반면, 거짓말을 한 학생들은 막대한 부를 쌓을 수 있는 다른 직업을 원했다. 부패한 시스템은 부패한 학생들을 끌어당겼고, 정직한 시스템은 정직한 학생들을 끌어당겼다. 어쩌면 사람들을 변화시키는 건 권력이 아니라 환경일지도 모른다. 좋은 시스템은 윤리적으로 권력을 추구하는 도덕적 집단을 만들 수 있다. 나쁜 시스템은 꼭대기에 오를 때까지 기꺼이 거짓말하고, 사기 치고, 도둑질할 부도덕한 집단을 만들 수 있다. 만약 정말 그렇다면, 우리는 권력을 가진 개인에게 집중할 것이 아니라 망가진 시스템을 수리하는 데 초점을 맞추어야 한다.

이 짜증 날 만큼 복잡한 수수께끼를 풀어줄 수도 있는 가설 몇 가지가 우리 앞에 놓여 있다. 첫째, 권력은 사람을 악하게 만든다. 권력은 부패한다. 물냉이가 요거트 제국이 되고, 자각하기도 전에 선거를 조작하고, 남의 돈으로 비행기를 사게 된다. 둘째, 권력이 부패하는 것이 아니라 악한 사람들이 권력에 이끌린다. 즉, 권력은 부패하는 사람들을 끌어당긴다. 사이코패스 약제사는 침몰하는 배의 위계질서 꼭대기에 오르지 않고는 배길 수 없고, 사디스트는 간수복을 입고 곤봉으로 죄수들을 구타하고 싶다는 유혹을 견디지 못한다. 셋째, 문제는 권력을 쥐거나 추구하는 자들이 아니라 '우리'에게 있다. 우리는 나쁜 이유로 악한 리더에게 이끌리기 때문에 그들에게 권력을 '안겨주는' 경향이 있다. 우리는 비합리적인 이유로 선장을 선택한다. 선장이 우리를 이끌고 암초에 부딪히더라도 비난할 사람은 우리 자신밖에 없다. 넷째, 권력을 가진 개인에게 집중하는 것은 잘못됐다. 모든 것은 시스템에 달려 있기 때문이다. 나쁜 시스템은 악한 리더를 배출한다. 올바른 맥락을 만들면 권력은 부패하는 대신 정화할 수 있다.

이 가설들은 인간 사회에 관한 가장 근본적인 의문 두 가지에 대한 잠재적 설명이 될 수 있다. 누가 권력을 얻고, 권력은 어떻게 우리를 바꾸는가? 이 책을 통해 그 해답을 제시하려 한다.

1장

권력의
진화

우리는 무엇인가. 인간인가, 짐승인가, 아니면 야만인인가?

– 윌리엄 골딩William Golding, 『파리대왕』 중

평평하지 않은 세상이 시작되다

누가 권력을 추구하고, 누가 권력을 얻고, 그것이 어떻게 우리를 바꿔놓는지를 묻기에 앞서 조금 더 큰 그림부터 살펴봐야 한다. 더 근본적인 질문이 하나 있기 때문이다. 왜 우리는 인간으로서 필연적으로 소수 집단이 권력을 가지고 다수 집단은 아무런 힘을 가지지 못하게 되는 방식으로 사회를 구성하는 것일까?

두 개의 무인도와 난파선 이야기로 돌아가보자. 침몰한 바타비아호와 아타섬에 표류한 통가 소년들의 이야기는 인간 본성에 관한 수수께끼만 던져준 것이 아니라, 우리가 평소에 거의 생각해보지 않았을 질문 또한 던져준다. 위계질서는 왜 존재하는가? 계급과 지위는 일상 속 우리의 존재를 규정하는 데 너무나 깊이 관여돼 있어 미처 다시 생각해보거나 다른 대안을 모색할 겨를이 없다. 그런데 만약 사람들 사이의 관계가 상사와 장군과 코치와 대통령들이 등장하는 일련의 하향식 배열이 아니라, 대체로 평평하고 동등한 관계라면 어떨까? 물론 이 말이 어느 정도는 무정부주의자나 마르크스주의자 집단의 몽상처럼 들릴 것이다. 그러나 역사를 충분히 멀리 뒤돌아본다면, 위계질서에서 벗어난 유토피아 같은 세상은 우리 인간종이 지구에 존재했던 대부분의 시기에 걸쳐 인류가 살아온 세상과 정확히 일치함을 알 수 있다. 현재를 이해하려면 과거로 되돌아가야 한다.

대략 35억~45억 년 전에는 조상과 가족 모임을 하고 싶다면 뜨거운 물이 솟구치는 심해의 열수분출공을 찾아 바닷속 깊이 헤엄쳐 들어가야 했다. 지구의 겉껍데기를 따라 흐르는 마그마 때문에 들끓는 온도 속에서, 당신은 당신의 조상일 뿐만 아니라 지구상에 현존하는 모든 생물의 조상인 단세포 유기체를 만날 수 있다. 이 생물의 이름은 모든 생물의 공통 조상, 즉 루카the Last Universal Common Ancestor, LUCA다.[1] 루카는 인간뿐만 아니라 모든 새, 모든 성게, 모든 점균류가 공유하는 조상이다. 지구상의 모든 생명체는 루카를 통해 연결되어 있다. 그러나 루카가 우리에 관해 많은 것을 알려주지는 못한다.

시간을 빠르게 돌려 몇천만 년 전으로 돌아와 보면 털이 북슬북슬하고 좀더 발음하기 어려운 인류의 조상인 침팬지, 즉 인간의 마지막 공통 조상Chimpanzee-Human Last Common Ancestor, CHLCA을 만날 수 있다.[2] 단세포 루카보다는 알아보기가 쉬울 것이다. CHLCA는 우리의 조상과 침팬지를 구별할 수 없었던 마지막 순간을 대표한다.

호미니드hominid의 진화 과정에서 긴팔원숭이가 가장 먼저 갈라져 나왔고, 그다음으로 오랑우탄이, 다음은 고릴라가, 그리고 마지막으로 우리가 400만~1,300만 년 전에 침팬지와 갈라졌다.

수백만 년의 진화를 거듭한 지금도 우리는 침팬지와 밀접한 친척 관계다. 현생인류는 침팬지와 98.8퍼센트의 DNA를 공유한다(다만 우리가 개와도 80퍼센트의 DNA를 공유하고 바나나와도 50퍼센트나 공유한다는 사실을 알게 된다면, 그 수치가 조금 덜 놀랍게 느껴질 것이다).[3] 침팬지가 놀거나 새끼를 돌보는 모습을 볼 때 또는 실제로 지배와 복종을 드러내는 모습을 볼 때 찰나의 인간성이 보이는 것 같은 기분이 드는 이유가 이것이다. 침팬지는 많은 면에서 우리와 닮았다.

이런 유사성은 그럴듯한 가설 하나를 제시한다. 권력, 지위, 위계질서와 인간의 관계를 알고 싶다면 그저 침팬지를 관찰하면 될지도 모른다는 것이다. 침팬지가 동물 중에서 우리와 가장 가까운 친척이라면, 어쩌면 침팬지를 이해함으로써 우리를 이해하게 될수도 있다. 반면 만약 침팬지가 정글의 법칙을 따라 가장 크고 신체적으로 강한 녀석이 지배하는 한편 가장 작고 신체적으로 약한 녀석이 지배당하는 거라면, 우리에게는 문제가 생긴다. 이 모형에서처럼 신체적 강인함만을 따진다면 앙겔라 메르켈Angela Merkel 같은 지도자를 비롯해 많은 사람을 설명하지 못한다.

수십 년 전, 프란스 드 발Frans de Waal이라는 이름의 네덜란드인 영장류 동물학자는 침팬지의 사회구조가 당시까지 알려진 것보다 훨씬 더 복잡하다는 것을 알아차렸다. 침팬지가 권력을 쥐려면 확실히 몸집이 크고 신체적으로 강해야 했다. 그러나 가장 몸집이 큰 침팬지가 언제나 가장 강력한 침팬지가 된다는 보장은 없었다. 대신 리더가 되려는 침팬지는 동맹을 구축하고, 킹메이커의 환심을 사고, 자원을 분배해야 했다. 알파메일alpha male(그 집단에서 가장 서열이 높은 개체-옮긴이) 자리에 오르는 데 성공해도 고용 안정성 따위는 없었다. 찬탈자들이 언제나 자신만의 동맹을 형성하고 알파메일을 무너뜨리기 위해 약점을 노리며 때를 기다렸다. 침팬지가 만드는 위계질서의 역학이 너무나 정교했기 때문에 드 발은 이들의 상호작용에서 뚜렷한 정치성을 보기 시작했다. 1982년, 그는 역작 『침팬지 폴리틱스Chimpanzee Politics』를 썼다.[4]

이 책은 뜨거운 감자였다. 인간의 전유물로 여겨지던 지향성과 전략적 사회 계획을 동물의 특징으로 돌렸기 때문이다. 침팬지들이 음모를 꾸미고 동맹을 만든다. 강한 침팬지의 권력을 약화하기 위해 약한 침팬지끼리 계약을 맺는다. 영리한 침팬지는 라이벌 침팬지를 골탕 먹인다. 드 발은 심지어 침팬지가 며칠 동안 조용히 준비한 끝에 정확한 순간에 쿠데타를 일으킨다고도 묘사했다. 드 발이 어떤 침팬지 집단을 관찰하든 늘 지위와 관련된 문제가 발견됐다. 그리고 그 지위는 다른 침팬지보다 더욱 가차 없이 권력을 추구하는 일부 침팬지가 규정했다. 위계질서에서 벗어날 방법이 없었다. 바타비아호와 마찬가지로, 침팬지들은 늘 자신의 계급을 알고 있었다.

"침팬지들, 그러니까 암컷을 비롯한 모든 침팬지는 권력에 매우 큰 관심을 드러냈습니다."[5] 드 발이 나에게 말했다. "침팬지를 상대하려 한다면 그 침팬지는 반드시 당신을 지배하려 들 것이고,

당신의 반응을 보기 위해 위협할 것입니다. 언제든 당신을 떠볼 테죠. 당신과 비교했을 때 자신의 상대적 위치가 어디인지 보려고 할 것입니다. 그러다가 만약 약점을 발견하면, 우두머리가 되기 위해 당신을 떠밀어버릴 것입니다."

권력은 분명 침팬지의 행동에 영향을 미쳤지만, 침팬지는 권력에만 신경 쓰는 것이 아니었다. 일부 인간과 마찬가지로, 일부 침팬지는 권력에 속절없이 이끌렸다. 다른 몇몇은 지배권을 향해 손을 뻗어보긴 했으나 부하로 남는 데 만족하기도 했다. "정상을 향한 질주는 매우 위험한 일이기도 하죠. 모든 침팬지가 그런 모습을 보이는 것은 아닙니다." 드 발의 말이다. "예컨대 서열 제3위에 만족하는 수컷도 엄청나게 많을 겁니다."[6] 이런 복잡성은 우리에게도 친숙해 보인다. 우리 중 일부는 권력을 추구한다. 그리고 일부는 이를 피해 옆으로 물러나 다른 이들이 주도하도록 둔다. 권력을 추구하고, 얻고, 휘두르는 데 침팬지와 인간이 놀랄 만큼 유사하다는 이론이 득점하는 순간이다.

어떤 면에서 보자면 꽤 심란한 고찰이다. 어쨌든 대부분 침팬지는 다른 침팬지를 지배하기 위해 적어도 시도는 해보겠다는 욕구에서 벗어나지 못하는 듯하다. 1964년의 어느 연구에서는 태어나자마자 고립돼 어떤 사회구조에도 포함되지 않고 자라난 침팬지 역시 여전히 사회적 지배력을 드러내는 것과 관련된 행동거지를 보였다.[7] 위계질서와 권력 그리고 지배는 침팬지라는 존재의 일부인 듯하다. 우리가 침팬지와 공유하는 유전 코드에도 같은 집착이 깃들어 있을까?

그렇지는 않다. 유전적으로 98.8퍼센트 유사하지만, 우리와 침팬지를 가르는 1.2퍼센트의 DNA에는 수많은 주요 차이점이 담겨 있다. 인간을 구성하는 수십억 개의 A, C, G, T 유전정보 중 약 1,500만 자가 침팬지의 유전정보와 다르다. 이런 변화 중 다수는 의미 없는 전사transcription 오류로, 우리의 생물학에 식별 가능한 영향을 미치지 못한다. 모든 DNA 염기쌍이 동등하지는 않기 때문이다. 어떤 염기쌍은 매우 중요해서 인간에게 팔이 두 개 있고 그것이 다른 곳이 아니라 몸통 윗부분에 달리게 하는 청사진을 제공한다. 나머지는 그냥 쓰레기다.

2000년대 초, 계산생물학자 캐서린 S. 폴라드Katherine S. Pollard는 침팬지와 우리를 가르는 1,500만 자의 유전정보 중 어떤 것이 중요한지 밝히기 위한 연구에 착수했다. 이를 위해 폴라드는 간단한 논리를 따랐다. 우리의 유전체 중 어떤 측면은 침팬지와의 마지막 공통 조상에서 시작해 수백만 년에 걸쳐 현저히 변화했으나, 어떤 측면은 전혀 변하지 않았다. 따라서 유전체에서 가장 크게 변화한 부분, 즉 가장 두드러지는 차이점을 식별할 수 있다면 인간을 인간으로 만들어주는 비밀을 풀 수 있을 것이다.

그런데 진화에는 조금 더 복잡한 점이 있다. 사소한 변이는 무작위 돌연변이의 결과일 가능성이 가장 컸고, 이들은 단순한 쓰레기이자 의미 없는 우연이었다. 그러나 중요한 변화라면 우연으로 생겨났을 리가 없었다. 무작위 돌연변이의 속도보다 더 빠르게 변화한 모든 유전암호는 '선택된' 유전암호였다. 달리 말하자면, 이런 변이는 우리의 준準인간 조상의 생존 가능성을 키워주는 변이였다. 도움이 되게끔 재작성된 DNA 자투리는 생존을 도운 공으로 다음 세대에 전해질 가능성이 더 컸다. 유용한 유전적 혁신은 이토록 우아한 방식을 통해 '속도를 높였다.' 폴라드가 가장 '가속화된' DNA 자투리를 찾을 수 있다면 우리가 원시 조상에서 어떻게 진화했는지를 정확히 밝혀낼 수 있을 터였다.[8]

2004년 11월, 폴라드는 컴퓨터 코드 앞에 앉아 마우스를 클릭하며 수백만 년에 걸친 유전적 분기를 정확히 골라냈다. 합쳐서 인간 가속 영역, 즉 HAR1 Human Accelerated Region 1 으로 알려진 118개의 DNA 염기였다.[9] HAR1은 인간의 뇌 발달에 관여한다. 이곳에 문제가 생기면 뇌가 잘못될 수 있고, 심지어는 죽음을 초래할 정도로 퇴화할 수도 있다. 폴라드는 우리와 침팬지 사이의 차이를 만드는 수많은 주요 염기쌍을 발견했다.

그러나 '어디에서' 다른지를 아는 것만으로는 부족하다. '어떻게' 다른지를 알아야 한다. 행동 측면에서 우리와 원숭이 또는 유인원은 무엇으로 구별될까? 몇몇 놀라운 단서에 따르면, 우리는 공정과 평등에 관한 선입관을 타고나지만, 침팬지는 그렇지 않다고 한다. 내면 깊은 곳에서 우리는 바타비아호의 살인자보다 통가 소년들에 더 가까운 존재이리라는 작은 희망을 안겨주는 대목이다.

듀크대학교의 발달심리학 교수 마이클 토마셀로Michael Tomasello는 어린아이의 눈망울에서 작은 희망을 찾기도 했다. 그는 간단한 실험을 고안했다. 두세 살짜리 어린아이를 둘씩 짝지은 뒤 각각을 '운 좋은' 아이와 '운 나쁜' 아이로 무작위 배정했다.[10] 운 좋은 아이에게는 세 가지 상을 주고, 운 나쁜 아이에게는 하나만 주었다. 만약 인간이라는 존재가 공평과 정의라는 감각을 타고난다면, 어린 아이들도 이런 개수 차이 때문에 마음이 불편해질 터였다. 반면 우리가 다른 이들보다 우세하기를 즐기는 존재라면, 운 좋은 아이는 행운을 기쁘게 받아들이고 운 나쁜 아이의 마음은 생각해보지도 않을 것이다.

연구는 세 가지 버전으로 진행됐다. 첫 번째 버전에서는 아이들이 방 안으로 걸어 들어갔고, 방 안에는 운 좋은 아이를 위한 세 가지 상과 운 나쁜 아이를 위한 한 가지 상이 기다리고 있었다. 두 번째 버전에서는 두 아이 모두 밧줄을 잡아당겼다. 마찬가지로 운 좋은 아이는 세 개의 상을, 운 나쁜 아이는 한 개의 상을 받았다. 세 번째 버전에서는 두 아이에게 하나의 과제를 주고 이를 동등하게 수행하도록 한 뒤, 과제를 다 하면 각각 세 개와 한 개의 상을 주었다. 골자는 우리가 본능적으로 나눌 줄 아는 존재인지, 그리고 무엇보다 상의 배정 방식이 결과에 영향을 미치는지를 보려는 것이었다.

첫 번째 버전에서는 어떤 아이도 상을 나눠주지 않았다. 두 번째 버전에서는 몇몇 아이만 나눠주었다. 그러나 동등한 협력 끝에 불공평한 결과를 돌려받은 세 번째 버전에서는 놀라운 결과가 나왔다. 두 살배기 아이들은 누구도 상을 나누지 않았다. 그러나 운 좋은 세 살배기 아이들 중 무려 80퍼센트가 운 나쁜 동료와 상을 대등하게 누리기 위해 자신이 받은 것 중 하나를 포기했다. 아이들은 본능적으로 공정을 알았고, 협력 후에는 특히 그랬다. 어린 아이들은 무작위처럼 보이는 배정은 신경 쓰지 않았으나, 동등한 노력에 따른 불공평한 배정은 분명 세 살 넘은 아이들의 마음을 불편하게 했다. 우리는 공갈 젖꼭지를 입에서 떼고 난 후부터 불공평에 대한 거부감을 가지게 된다.

얼간이 무리와 일하는 게 아니라면 성인들에게서도 비슷한 결과를 기대할 수 있을 것이다. 그러나 우리가 일반적으로 동료에게 나눠주어야겠다는 충동을 느끼는 이유는 타고났다기보다는 학습에 따른 것일 수 있다. 또한 사회적 압력의 결과일 수도 있다. 사내 왕따가 될 위험을 무릅쓰고 동료 몫의 케이크까지 모조리 먹어 치우는 사람이 어디 있겠는가. 세 살배기 아이들에게 사회적 낙인은 별다른 고려 요인이 되지 못한다. 그런데 사회 정의를 지키는 전사 같은 어린아이들의 모습이 단순히 좋은 부모의 가르침이나 어린이 교육 방송 〈세서미 스트리트〉 앞에 앉아서 보낸 시간의 부산물이라고 할 수 있을까?

"이 아이들이 부모에게서 배운 나눔의 규칙을 맹목적으로 따른 것이라고 주장할 수도 있겠지요."[11] 토마셀로가 말했다. "하지만 만약 그게 사실이라면, 아이들은 세 가지 상황 모두에서 다른 아이에게 상을 나눠줬어야 합니다. 협동한 후에만 자원을 나눠야 한다고 배운 게 아니라면 말이죠. 그보다는 협동이라는 행위가 아이들에게 '우리'라는 감각을 불러일으켰고, 이로 인해 파트너도 똑같은 상을 받을 자격이 있다고 느끼게 된다는 편이 더 설득력 있습니다." 토마셀로와 공동 저자들은 이런 협동 본능이 인간 안에서 어떻게 자라났는지 알고자 했다.

그런데 오직 인간만이 이런 본능을 가지고 있을까? 토마셀로는 침팬지를 대상으로 비슷한 연구를 하기로 했다. 실험이 진행됐으나 나눔은 드물었다. 결정적으로 상황이 바뀌어도 결과는 전혀 달라지지 않았다. 협동은 결과와 무관했다.[12] '우리'라는 감각도, 공정이라는 감각도 없었다. 침팬지는 우위 말고 다른 것은 생각조차 하지 않았다.

이것이 바로 권력에 관한 인간 진화의 수수께끼다. 우리는 침팬지에서 시작했다. 하지만 현생인류로 발전하는 과정 중 어딘가에서 함께 일하면 동등한 보상을 돌려받아야 한다는 강한 감각을 발달시켰다. 게다가 우리는 지배뿐만 아니라 협력을 향한 선천적 욕구도 발달시켰다. 어떻게, 그리고 왜 그렇게 된 것일까? 이를 알아보려면 수렵채집민으로 살았던 과거를 다시 들여다보고, 언뜻 관련 없어 보이는 질문 하나에 대한 답을 찾아야 한다. 그 질문은 바로 이것이다. '왜 침팬지는 야구를 못 할까?'

어깨가 사회 형태에 미친 영향

아프리카의 칼라하리 사막에는 !쿵족!Kung people으로 알려진 수렵채집민 집단이 살고 있다. 주변의 보츠와나, 나미비아, 앙골라가 복잡한 현대 국가로 성장하는 동안 이들은 원시적인 생활 방식을 고수해왔다.[13] 그 생활의 중심에 자리한 사냥 의식은 인간이 지구상에 살기 시작한 이래 대부분의 시간 동안 특징적으로 간직해온 평등주의적 충동을 보여준다.

!쿵족 사냥꾼들은 생존을 위해 고기를 들고 돌아와야 한다. 사냥은 만만한 일이 아니기에 사냥꾼들이 빈손으로 돌아오는 경우

도 많다. 그러나 짐승을 사냥해 마을에 고기를 가져다줄 때도 이들은 축하나 응원을 받지 못하고, 오히려 의례적인 모욕을 마주한다. 인류학자들이 '고기에 대한 모욕'이라고 명명한 의례다.[14] 사냥꾼이 갓 잡은 고기로 온 마을 사람들을 일주일간 먹여 살릴 수 있다고 하더라도 같은 불만을 들어야 한다. "우리를 굳이 여기까지 불러놓고는 고작 이런 뼈다귀 더미나 가져가라고 하는 겁니까? 아이고, 이렇게 보잘것없는 것인 줄 알았다면 안 왔을 겁니다."[15]

이 기이한 관습에는 목적이 있다. 사냥꾼의 콧대를 꺾는 것이다. 몇몇 !쿵족 사람은 1970년대 말 캐나다인 인류학자 리처드 리Richard Lee에게 이렇게 설명했다. "젊은 남자가 고기를 잔뜩 사냥하고 나면 자기가 우두머리나 뭐라도 된 줄 알고, 나머지 사람들은 자신보다 열등하다고 생각하게 됩니다. 그런 건 받아들일 수 없죠. 과시하길 좋아하는 사람은 사절입니다. 언젠가 그 자존심 때문에 다른 사람을 죽일 게 뻔하니까요. 그래서 고기를 잡아 올 때마다 변변찮다고 말하는 겁니다. 그렇게 하면 사냥꾼의 가슴을 식히고 온화한 사람으로 만들 수 있죠."[16]

혹시 너무 완고하고 뻔뻔스러운 나머지 고기를 깎아내리는 모욕을 듣고도 겸허해지지 않는 사냥꾼이 있다면, 이들이 기고만장해지지 않도록 막아줄 또 다른 메커니즘이 기다리고 있다. !쿵족은 사냥할 때 화살을 사용한다. 각 화살촉은 사냥하는 사람이 누구든 각기 다른 개인 또는 가족의 소유다. !쿵족 공동체 사람들은 정기적으로 서로 화살촉을 교환한다. 그러다 누군가가 사냥감을 잡으면 그 공로는 사냥꾼이 아니라, 짐승을 쓰러뜨리는 데 사용된 화살촉의 주인에게 돌아간다.[17] !쿵족은 자주 화살촉을 교환하기 때문에 사실상 임의 추출 방식이 된다. 이 기발한 사회공학을 통해 부족을 먹여 살린다는 공을 모든 가족이 거의 동등한 정도로 가져간다. 이 체제는 수완이 좋은 사냥꾼이 지도자로 부상하는 것을 막고, 나아가 성공과 실패를 부족 전체가 나눠 부담하게 해준다. 우리가 아는 위계질서는 존재하지 않는다. 평평하게 설계된 사회다.

그렇다고 해서 선사 시대 인류나 현대의 수렵채집민이 권력이나 위계질서에 관심이 없다는 뜻은 아니다. 진화심리학자 마크 판 퓌흐트Mark van Vugt는 나에게 다음과 같이 설명했다. "이런 수렵채집 사회에서조차 다른 이들을 지배하려 드는 사람들이 없다고 하면 굉장히 이상한 일일 것입니다. 그건 기본적으로 우리 영장류의 유산 중 일부지요.[18] 하지만 !쿵족 공동체에서는 권력을 장악하려는 사람이 등장할 때마다 추방하고 조롱하고 모욕했으며, 심한 경우 죽이기도 했습니다. !쿵족의 의례는 우리에게 이상해 보일 수 있겠지만, 인류 역사에서 보자면 평범한 일입니다. 그들이 아니라 우리가 이상한 존재죠."

우리 종 호모 사피엔스의 30만 년에 걸친 역사를 단 1년으로 축약한다면, 우리는 새해 첫날부터 거의 크리스마스 즈음까지를 대체로 위계질서가 없고 평평한 사회에서 살아온 셈이 된다. 그러다가 1년의 마지막 6일 동안 복잡한 문명이 전 세계에 뿌리를 내리면서 위계질서가 규범으로 자리를 잡았다. 이때가 돼서야 지배와 전제정치가 우리를 규정하게 됐다. 현대 사회는 독특하다. 우리의 침팬지 조상과 맞먹는 알파메일은 수많은 선사 시대 인류 사회에서 등장하지 않았다. 그렇다면 이들은 어디에서 온 걸까?

　만약 세계에서 가장 강력한 침팬지에게 야구 유니폼을 입히고 최고의 코치진을 붙여주고 매일같이 던지기 연습을 시킨다고 하더라도, 그 침팬지는 여전히 시속 30킬로미터 남짓의 공밖에 던지지 못한다. 어린이 리그에서 왜소하고 평범한 일곱 살짜리 투수가 던지는 속도도 그 정도는 된다. 준수한 20세 성인이라면 침팬지계의 놀런 라이언Nolan Ryan이나 마리아노 리베라Mariano Rivera가 던지는 최고 강속구보다 세 배는 빠른 시속 100킬로미터의 공으로 타자를 삼진아웃시킬 수 있다. 더욱이 우리의 영장류 조상은 스트라이크를 던지기보다는 타자를 맞히거나 공을 엉뚱한 데로 날려버릴 가능성이 더 크다. 하버드대학교의 진화생물학자 닐 토머스 로치 Neil Thomas Roach는 이렇게 말했다. "인간은 물체를 놀라운 속도와 정확성으로 던질 수 있는 유일한 종이다."[19] 약 200만 년 전, 우리의 조상 호모 에렉투스는 진화를 통해 운 좋게도 어깨에 약간의 성형수술을 받았다.[20] 갑자기 이들은 치명적인 속도와 정확성으로 물체를 던질 수 있게 됐다. 이로 인해 우리 종의 진로는 급격히 변화하기 시작했다.

　40만 년 전, 우리의 선조 하나가 주목나무 가지로 끝이 뾰족한 도구를 만들었다. 공기의 흐름을 잘 탈 수 있는 형태로 나무를 다듬기도 했다. 노력 끝에 탄생한 클랙턴 스피어Clacton Spear는 현재까지 발견된 최고最古의 목제 도구다.[21] 고고학적 기록에는 6,000~7,000년 전에 활과 화살이 등장하기 시작한다. 그렇지만 활이나 화살이 발달하기 전에도 우리의 호미니드 선조들은 침팬지가 꿈에나 그릴 수 있는 정확도로 돌을 던질 수 있었다. 원거리 무기의 사용은 우리와 나머지 영장류를 가른다. 그리고 이 차이가 우리의 사회구조를 바꿔놓았다.

원거리 무기를 사용하게 되자 싸움은 완력과 몸집보다는 두뇌와 기술의 문제가 됐다. 권력 싸움에서 발사체는 무자비한 균형 장치였다. 몸집이 왜소해도 더 좋은 창을 만들거나 창 던지기에 능숙한 호미니드가 갑자기 더 크고 강한 호미니드를 손쉽게 죽일 수 있게 됐다. 권력과 몸집 간의 전통적인 관련성은 단절됐다. 골리앗은 이제 더는 무적이 아니었다. 원거리 무기를 지닌 다윗이 그들을 무너뜨릴 수 있었다.

이 변화는 현대 사회에서도 여전히 드러난다. 예컨대 베트남전쟁에 참전한 미군 중 가장 무자비했던 살인자는 육군 특전부대 소속 리처드 플라어티Richard Flaherty였다.[22] 그는 은성훈장 하나와 동성훈장 두 개를 받았다. 놀랍게도 그는 키가 약 147센티미터로, 미국 여성의 평균 신장보다도 약 15센티미터나 작았다. 이처럼 적절한 발사체만 가지고 있다면 누군가를 죽이기 위해 전투 훈련을 받을 필요가 없다. 성인일 필요조차 없다. 미국에서는 일주일에 한 명꼴로 영유아가 실수로 쏜 총에 맞는 사고가 일어난다.[23] 사고 피해자 중 일부는 목숨을 잃는다. 반면 아기 침팬지가 실수로 성체를 죽인다는 건 상상조차 할 수 없다. 우리의 유인원 사촌은 신체적 힘으로만 상대를 죽일 수 있다.

이처럼 원거리 무기의 발달은 적자생존의 '적자'가 의미하는 바를 바꿔놓았다. 몸집이 더는 중요치 않게 됐다. 진화생물학자들은 이 변화가 다른 영장류 종보다 인간에게서 남성과 여성의 신체적 크기 차이가 더 작게 나타나는 주요 이유라고 주장해왔다(만약 이 과학자들이 옳다면, 남자가 여자보다 더 큰 이유는 우리의 어깨가 설계된 방식 때문이다).[24] 그러나 원거리 무기에서 비롯된 가장 큰 변화이자 무기로 인해 가능해진 대대적인 평준화는 위계질서를 평평하게 만들었고, 침팬지의 전제정치에서 수렵채집민의 협력으로 우리를 이끌었다.

물론 우리는 우리 자신을 너무 귀여운 종으로 여겨서는 안 된다. 침팬지와 마찬가지로 인간 역시 권력에 이끌린다. 그러나 인간이 침팬지에게서 갈라져 나왔듯, '권력을 향한 길'도 갈라졌다. 권력을 장악하기 위해 물리적 싸움을 통해 상대를 죽여야 한다면, 집단을 장악한 일원에게 대항하는 일은 위험하고 자칫 목숨을 잃을 수도 있다. 즉, 권력을 쥐려면 우선 스스로 위험 속으로 걸어 들어가야 한다. 이는 권력자를 어느 정도 보호하는 역할을 했는데, 대부분 물리적 싸움에서 권력자가 이기리라는 사실을 누구나 알기 때문이다. 이들은 더 크고 강했다. 하지만 원거리 무기가 발달하자 우두머리가 되려는 이들은 전보다 더 주위를 경계해야만 했다. 집단에서 가장 말라빠진 자가 어느 날 갑자기 위협을 가할 수도 있었다. 잠재적 경쟁자가 숲속에 숨어 창을 겨누고 있을지도 모른다. 자는 동안 경쟁자의 활과 화살에 당할 수도 있고, 전혀 예상치 못한 순간에 머리에 돌을 맞을 수도 있었다.* 집단 내에서 몸

---

* 이는 우리가 케네디 대통령 암살범 리 하비 오즈월드(Lee Harvey Oswald)의 키가 얼마나 되는지 또는 그가 근력운동을 했었는지 따위를 알 필요가 없는 이유다.

집이 더 큰 구성원이 더 작은 구성원들을 물리적 힘을 이용해 강제로 지배하기가 갑자기 무척 어려워졌다. 물리적 힘의 규칙을 받아들이는 대신, 인류는 이제 선택할 수 있게 됐다.

인간 사회에서 뒤이어 나타난 위계질서의 평탄화에 관해서는 서던캘리포니아대학교의 인류학자 크리스 보엠Chris Boehm이 설명한 이론이 널리 받아들여지고 있다. 그는 이 현상을 다소 거창하게도 '역전된 지배 위계reverse dominance hierarchy'라는 용어로 지칭했으나,[25] 요지는 단순하다. 지배 위계는 가파른 삼각형 형태로, 그 정점에는 다른 누구보다도 높은 우두머리가 있다. 그에 비해 역전된 지배 위계는 평평한 선 형태로, 적어도 형식적으로나마 모두가 어느 정도 평등하다. 보엠은 이 평평한 선을 다시 가파른 삼각형으로 바꾸려 했던 이들이 모두 위험을 무릅쓰고 그렇게 한 것이라고 설명한다.

그러나 수렵채집민들도 종종 위계질서 없는 사회를 유지하기 위해 싸워야만 했다. 우리 인간종 중 상당수는 다른 이들을 지배하기를 좋아한다. 진화론적 관점에서 보자면 그럴 만도 하다. 권력을 조금이라도 가지고 있으면 대체로 생존할 수 있었고 그 연장선상에서 번식에도 성공하는 경향이 있었다. 하지만 오직 한 사람만이 우두머리일 수 있는 사회구조에서는 권력을 탐하는 대부분 사람이 권력을 얻지 못하게 된다. 물론 운이 좋아 우두머리가 될 수도 있지만, 대부분의 개인에게 위계 사회는 곧 다른 누군가에게 지배당하는 결과를 초래할 가능성이 가장 크다. 그러므로 다수의 초기 인류는 유인원 방식의 배열을 받아들이는 대신, 누구도 우두머리가 되지 않는 새로운 삶의 방식을 고안했다. 권력을 장악하려고 시도한 개인(보엠은 이를 가리켜 '급부상자upstart'라고 했다)은 집단에 제압당해 다른 모든 이들과 같은 수준으로 내려앉았다. 급부상자는 추방, 괴롭힘, 심지어는 죽음에 직면할 수도 있었다. 고기를 모욕하고 화살촉을 교환하는 !쿵족의 의례는 이런 급부상자를 저지하기 위해 개발된 두 가지 메커니즘이다. 이렇게 말한 인류학자도 있다. "모든 인간은 지배를 추구하지만, 지배할 수 없다면 차라리 동등한 편을 선호한다."[26] 지배를 향한 본능보다 다른 이들에게 지배받지 않고 싶다는 욕구가 더 강하다는 얘기다.

보엠은 그 결과 우리가 지난 수십만 년간(인간의 역사를 1년으로 압축했을 때 새해 첫날부터 크리스마스까지) 상대적으로 평등한 '무리band'라는 집단으로 살아왔다고 주장한다. 무리는 10~20명부터 최대 약 80명의 사람들로 구성됐다. 각 집단은 결정을 내리기에 앞서 심사숙고하고 논의했다. 특정 분야에 특별히 능숙하거나 아는 것이 많다면 남들을 더 잘 설득할 수는 있었겠지만, 이들 또한 공식적인 권한을 행사하지는 않았다.

이는 세 가지 형태의 불완전한 증거를 통해 알 수 있다. 첫째, 고고학적 발굴을 통해 드러난 고대 수렵채집민의 매장지를 보면 무덤 간에 별다른 차이가 나타나지 않는다.[27]* 그러나 위계질서가 일반적으로 자리 잡으면서 큰 변화가 일어났다. 강력한 개인들은

---

* 여기에는 몇 가지 예외가 있다. 예를 들어 이탈리아에서 발견된 어린 소년의 시신 한 구는 지위를 나타내는 화려한 상징물과 함께 매장되어 있었다. 오늘날의 모스크바 부근에서도 선사 시대의 장엄한 매장실이 발견됐다.

더 거대한 무덤에 매장되거나 더 많은 부장품과 함께 묻히는 등 어떤 식으로든 무덤 주인이 대중과 구별된다는 점을 드러내는 방식으로 매장됐다(피라미드를 생각해보라). 둘째, 무리 구성원 간 영양 상태가 두드러지게 차이 나는 경우를 보여주는 고고학적 증거는 드물다. 예컨대 살찐 헨리 8세Henry VIII와 굶주린 소농민 같은 경우는 거의 없다. 셋째, 오늘날까지 살아남은 수렵채집민 무리들은 몇몇 예외를 제외한다면 이처럼 우두머리 없는 협의 기반의 방식으로 살고 있다. 오늘날까지 남아 있는 석기 시대 사회의 요소를 보면 우리의 집합적 과거를 엿볼 수 있다. 생활의 모든 측면이 사회적 위계질서의 영향을 받는 우리 세상과는 상당히 동떨어진 모습이다.

인정하건대 비위계적 수렵채집민 사회에 대한 우리의 이해는 불완전하며 과장됐을 수도 있다. 진화생물학 전문가 만비아 싱 Manvir Singh은 선사 시대에도 위계적인 정착 사회가 (남중국, 레반트, 스칸디나비아 남부 등의 지역에) 존재했음을 보이면서 통념을 설득력 있게 반박했다. 그는 선사 시대 사회구조에는 오늘날 알려진 것보다 훨씬 더 큰 다양성이 존재했다고 주장한다.[28] 게다가 몇몇 전문가는 영양학적 증거에 오해의 소지가 있을 수 있다거나 '만민평등주의egalitarianism'가 사실은 평등equality(특히 성별 관련)을 의미했을 수 있다는 등 의문을 제기한다.[29] 그러나 형식화되고 복잡한 위계는 인류 역사 대부분에 걸쳐 오늘날보다 훨씬, 훨씬 덜 흔하게 나타났다는 설득력 있는 증거가 남아 있다. 언뜻 보면 고압적인 상사나 무능한 정치인이 없는 세상은 꽤 매력적일 듯하다. 석기 시대를 되살릴 때가 된 것일까?

오해하지 말자. 이런 사회들은 확실히 유토피아와는 거리가 멀었다. 신생아 네 명 중 한 명이 태어난 첫해에 사망했다. 절반에 가까운 아이들이 사춘기에도 이르지 못하고 죽었다. 선사 시대에는 급부상자나 권력에 굶주린 학대자가 등장하면 대개 갈등과 비극이 뒤이어 발생했다. 종종 급부상자를 추방제ostracism를 통해 처리하기도 했다(온 세상이 단 80명의 개인으로 구성되어 있고 친구가 되어줄 사람도 없는 상황이라면 사회적 낙인은 매우 강력한 무기일 것이다. 고등학생들의 전형적인 따돌림 상황 또는 석기 시대의 우락부락한 남자들 사이에서 벌어지는 〈퀸카로 살아남는 법〉과 같을 것이다). 수렵채집민 무리에서 추방제란 적어도 한동안 사회적으로 죽은 사람 취급을 당한다는 뜻이었다.[30] 그러나 이와 같은 강력한 억지력에도 불구하고, 사람들은 종종 사회적 규칙을 어겼다. 이런 일이 발생해도 찾아갈 경찰서도, 죄나 무죄를 따져줄 판사도 없었다. 서부 개척 시대보다도 훨씬 더 심한 무법천지였다. 살인은 분쟁을 해결하는 데 자주 사용된 수단이었다. 최근 국제 과학 학술지 「네이처Nature」에 게재된 스페인 연구진의 연구에 따르면, 수렵채집민 사회의 모든 죽음 중 약 2퍼센트가 살인에 의한 사망이었다.[31] 유인원끼리 서로를 죽이는 비율과 매우 비슷한 결과다(변명하자면 우리는 동물의 왕국에서 최악으로 꼽힐 정도는 아니다. 동족 살해 비율은 치타에서 8퍼센트, 늑대에서 12퍼센트, 바다사자에서 15퍼센트, 그리고 귀여워 보이는 마다가스카르 여우원숭이에서 최대 17퍼센트까지 나타난다[32]).

그렇다면 행복한 선사 시대 무리에서 분쟁을 일으키는 자들은 누구였을까? 현대의 수렵채집민 사회를 들여다보면 권력에 굶주린 급부상자가 인구통계학 측면에서 무작위로 발생하지는 않는다는 점을 알 수 있다. "문제의 인간들은 남성들이었습니다."[33] 보엠의 설명이다. "집단 지도자, 주술사, 수완 좋은 사냥꾼, 정신 이상 살인자 또는 기타 유별난 힘이나 정치적 야망에 대한 강한 지향성을 가진 남자들이었죠." 이것이 바로 인류가 품은 수수께끼가 복잡한 이유다. 우리가 통가의 표류자 소년들처럼 살았을 적에도, 우리 사회에는 바타비아호 같은 요소가 잠복하고 있었다.

우리는 이런 위계질서의 부재가 지속되지 않았다는 것을 알고 있다. 주변을 보라. 일상화된 사내 정치와 명품 핸드백이 상징하는 지위부터 소수 인종에 대한 경찰권 남용과 억센 잡초처럼 뿌리 뽑히지 않는 젠더 불평등까지, 우리의 생활은 지위와 권력에 의해 규정된다. 바타비아호에 탄 승객들이 자신의 계급을 알고 있었듯, 현대 사회는 우리에게 각자의 위치를 끊임없이 상기시켜준다. 그렇다면 무엇이 변했을까? 어쩌다가 우리는 수많은 원시적 수평사회에서 역사상 가장 복잡한 위계질서로 이동하게 됐을까?

인간 위계의 숨겨진 원천

1만 1,000년부터 5,000년 전 사이, 모든 것이 변했다. 무리를 대신해 부족, 족장 사회, 고대 국가가 자리를 잡았다. 기존의 위계 사회는 더욱 위계화됐다. 세상은 더는 평평하지 않았다. 권력은 복수와 함께 돌아왔다. 무슨 일이 일어났던 것일까?

러시아 출신의 망명자 피터 터친Peter Turchin이 이를 들여다보기로 했다. 그는 어린 시절부터 과도하게 강력한 위계질서에 대해 본능적인 반감을 배웠다. 그의 아버지 발렌틴 터친^{Valentin Turchin}은 소련에서 인공지능 연구를 이끈 초기 개척자 중 한 사람이었다.[34] 그러나 소련의 악습에 대놓고 목소리를 내다가 상부의 심기를 건드리고 말았다. 정부 반대론자가 되어버린 발렌틴은 당시 스물한 살이던 아들 피터를 데리고 미국으로 도피했다.

수십 년 후, 피터 터친은 박식가이자 코네티컷대학교의 교수가 됐다. 그는 가장 똑똑한 사상가에 속하지만, 그의 이름을 들어본 사람은 드물 것이다. 그는 산책하는 동안 위대한 이론과 가설을 곱씹는 전형적인 교수의 모습이다. 학자 느낌이 물씬 풍기는 안경을 쓰고 다니고, 희끗희끗한 머리가 수염과도 잘 어울리며, 정장에 넥타이보다는 폴로 셔츠 차림을 더 좋아하는 사람이다. 그가 구사하는 유창한 학문적 영어에는 러시아 악센트가 남아 있다. 그가 열정적인 제스처와 함께 거대하고 압도적인 아이디어를 하나씩 설명하는 것을 듣고 있노라면, 마치 종교이기나 한 것처럼 그가 세상을 바라보는 방식으로 개종하게 된다.

터친은 두 가지 의문을 끊임없이 파고든다. 첫째, 사회는 어떻게 진화하여 기괴한 수준의 불평등과 악한 정부를 형성하게 된 것일까? 둘째, 수학과 데이터를 이용해 이런 역사적 수수께끼에 대한 해답을 찾을 수 있을까?

터친은 이런 의문을 해결하기 위해 역사의 여신 클리오^{Clio}와 변화를 연구하는 학문인 동역학^{dynamics}을 합쳐 만든 역사동역학^{cliodynamics}이라는 이름의 분야를 창시했다. 그리고 이처럼 새로운 접근 방식을 통해 인간 위계의 숨겨진 원천을 찾아내는 작업에 착수했다.

　모든 사상의 중심에는 다수준 선택multilevel selection이라는 개념이 자리하고 있다. 복잡한 개념이지만, 터친의 최신작 『초협력사회Ultrasociety』에 등장하는 간단한 예를 통해 살펴볼 수 있다. 다윈Darwin적 자연선택의 가장 기본적인 부분부터 시작해보자. 개인 수준에서 어떤 특성이 생존과 자손 번식에 도움이 된다면, 그 특성을 다음 세대에 물려주게 될 가능성이 크다. 자손 또한 그 특성을 가지게 되고, 아마 자손의 자손에게도 전해질 것이다. 이 특징은 '선택'받았다. 반대로 죽을 확률을 높여 자손 번식에 실패하게 하는 특성은 시간이 지나면서 유전자 풀에서 도태된다.

　이제 이와 같은 역학이 전사들에게 어떤 영향을 미쳤을지 생각해보자. 전사에게 싸움에 능하게 해주는 특성이란 곧 죽을 확률을 높여주는 특성이기도 했다. 최고의 전사라면 치명적인 전투에 열정적으로 뛰어들 테니 말이다. 이 중 다수가 그렇게 뛰어든 전투에서 죽으면서 유전자 풀에서 스스로 제거된다. 도망치는 겁쟁이들은 죽지 않는다. 확실히 전투에서의 용맹함은 많은 자녀를 낳을 수 있을 만큼 오래 살 확률을 낮추기 때문에 선택받지 못한다. 그렇다면 왜 우리 주변에는 용감한 사람들이 아직도 많은 걸까?

　언뜻 모순 같아 보이는 이 현상을 설명하려면 개인 수준이 아니라 집단 수준을 살펴봐야 한다. 용감한 전사들이 가득한 군대를 데리고 전장에 나가 겁쟁이 전사들이 가득한 다른 군대와 맞선다면, 어느 편이 이길지는 피터 터친 같은 천재가 아니더라도 쉽게 예측할 수 있다. 겁쟁이 군대에 속한 용감한 전사는 목숨을 잃겠지만, 용감한 군대의 병사들이 서로 힘을 모은다면 생존할 확률이 더 높다. 게다가 패배한 편을 학살할 만큼 잔혹한 전투에서라면 유전자 풀에서 제거되는 쪽은 도망치다가 죽임을 당하는(때로는 일가친척까지 몰살당하는) 겁쟁이 전사들일 것이다. 전쟁의 시대에 용감한 전사들이 가득한 사회는 겁쟁이들의 사회보다 생존하고 많은 자손을 낳을 확률이 더 높다. 중요한 것은 집단이다.

물론 현실은 좀더 복잡하다. 개인 수준에서 용감한 전사는 전투에서 죽을 확률이 더 높을 수 있겠지만, 만약 전투에서 살아남는다면 그 무용담을 전하는 용감한 전사가 성적 파트너의 선택을 받을 가능성이 더 크다. 살아 돌아온 영웅은 살아남은 겁쟁이들보다 선사 시대의 칵테일바 비슷한 곳에서 더 인기를 누릴 것이다. 때로는 한 사회가 다른 한 사회를 전장에서 무찌르고도 두 사회 모두 살아남아 번영하면서, 다음 세대에 물려주는 유전자에는 아무런 차이를 만들어내지 못할 수도 있다. 이처럼 개인 수준에서의 선택(예시 속 전사 개인의 전망)과 집단 수준의 역학(사회라는 집단의 생존 및 번영에 관한 전망) 사이에 발생하는 복잡한 상호작용이 모두 수준 선택이 설명하고자 하는 핵심 문제다.

이런 역학을 이해하는 것은 매우 중요한데, 우리의 현대 세계는 여러 세대를 거쳐 이어진 다수의 작은 사회적 실험이 만든 부산물이기 때문이다. 생존 맞춤형 생활 방식은 널리 전파되지만, 다른 생활 방식은 그렇게 사는 이들이 지도상에서 자취를 감추면서 없어지고 말았다.

이 개념에 대해 생각해볼 수 있는 또 다른 방식은 아이를 가지는 것을 신이 금지한다고 믿는 사회와 부부당 열 명의 자녀를 두는 것이 신의 뜻이라고 믿는 사회를 상상해보는 것이다. 자녀를 반대하는 사회는 한 세대를 넘기지 못하겠지만, 신성한 출산에 집착하는 사회는 크게 번영할 것이다. 이런 방식을 통해 특성과 믿음 그리고 사회 체계는 사상, 관습, 사람이 다음 세대로 이어지는 데 영향을 미친다.

그런데 이 모든 것이 위계질서의 부상과 어떤 관계가 있다는 것일까?

기원전 500년경, 그리스의 철학자 헤라클레이토스Heracleitus는 '전쟁은 만물의 아버지'라고 했다. 그는 중요한 포인트를 잘 이해하고 있었다. 터친의 이론에 따른 우리의 이야기는 다시 한번 원거리 무기 이야기로 돌아간다. 실력이 엇비슷한 두 개의 군대가 있다고 해보자. 한 군대에는 1,000명의 병사가 있고, 다른 한 군대에는 500명의 병사가 있다. 두 군대가 맨손으로 또는 검을 들고 격돌한다면 큰 군대는 대략 2:1이라는 수적 우위를 가진다. 대체로 병사들은 한 번에 한 사람만 상대할 수 있으므로, 작은 군대는 느리지만 꾸준한 속도로 병력이 줄어들고 결국에는 후퇴하지 않으면 전멸할 수밖에 없다. 하지만 수적으로 열위이긴 해도, 반드시 패한다고 볼 수는 없다. 2:1의 열세에 직면한 작은 군대가 승리하는 때도 종종 있다.

이제 각 군대에 검투사 대신 궁수가 있는 상황을 상상해보자. 더는 1:1 전투가 벌어지지 않으므로 모든 것이 바뀐다. 2:1이라는 수적 우위를 가지고 있어도 나쁜 결과를 맞이할 수 있는데, 두 명이 동시에 한 명을 노릴 수도 있기 때문이다. 두 명의 궁수가 적군 병사 한 명에게 화살을 쏠 수도 있지 않은가. 근접전과 원거리 전투의 수학은 이처럼 다르다. 하지만 보통은 다음과 같이 계산할 수있다(이 책에서 수학이 등장하는 건 이 부분뿐이니 참아주길 바란다).

한쪽에는 500명의 궁수가, 다른 한쪽에는 1,000명의 궁수가 있는 두 개의 군대가 동시에 화살을 쏜다. 단순화를 위해 궁수가 목표물을 맞히는 확률이 30퍼센트라고 해보자. 작은 군대의 궁수 300명이 다치거나 죽는다(발사된 1,000개의 화살 중 30퍼센트는 300개이므로). 그러나 큰 군대에서는 150명의 궁수만 화살에 맞는다(500개의 화살 중 30퍼센트는 150개이므로). 화살을 한 번씩 쏘고 나면 이제 850대 200의 싸움이 된다. 2:1의 수적 우위가 순식간에 4:1 우위로 변화한다. 한 번 더 서로에게 화살을 쏘고 나면 작은 군대의 모든 병사가 다치거나 죽을 테지만, 큰 군대에는 여전히 790명의 궁수가 남아 있다.

전장에서는 상황이 늘 칠판에 적힌 수학적 논리대로 흘러가지는 않는다. 전술, 지형, 기습, 무기 또는 병사의 수준 등이 모두 놀랄 만큼 중요한 요소들이다. 그렇지만 중요한 점은 근접전을 벌일 때보다 원거리 무기를 사용할 때 큰 군대가 훨씬 더 큰 우위를 가질 수 있다는 점이 수학적 논리를 통해 드러난다는 점이다[35](또한 헨리 5세Henry V가 아쟁쿠르 전투에서 발견하고 기뻐했듯, 작은 군대도 원거리 무기를 사용한다면 검과 창을 든 훨씬 더 큰 군대를 상대로 대승을 거둘 수 있다).

그런데 이 모든 것이 왜 중요하다는 것일까? 왜 화살과 검의 수학이 직장에 상사가 있고, 상사 위에 또 상사가 있고, 상사의 상사 위에도 상사가 있는 이유와 어떤 연관이 있는 것일까? 이유는 간단하다. 원거리 무기가 더 흔하게 사용될수록, 전쟁의 동역학은 더 많은 병사가 있는 사회에 극적으로 유리하게 작용한다. 수백 명의 사람이 한데 모여 단일 우두머리의 지배하에 군대를 형성한다면, 만민이 평등한 20~80명 규모의 무리는 상대조차 되지 않는다. 그리고 인간이 더 큰 집단으로 모이기 시작하면 평평한 사회는 불가능해진다. 충분한 수의 사람을 하나로 모으면 '언제나' 위계와 지배가 발생한다. 이는 절대 변하지 않는 역사의 법칙이다.[36]

어떤 사람들은 큰 대가를 치르고서야 이를 깨달았다. 옛 방식대로 평평한 사회를 고집한 무리는 우두머리 체계를 받아들이고 한데 결합한 이들에게 나가떨어지기 시작했다. 게다가 전투 자체에서도 병사들에게 공식적으로 권력을 행사하는 리더(장군)를 두는 편이 오합지졸 병사들의 각자도생보다 훨씬 효과적이다. !쿵족의 사냥 의례와는 정반대다. 전쟁에서 승리하고 싶다면 가장 훌륭하고 용감한 병사를 모욕해서 좋을 게 없다. 최고의 병사를 추켜세워야지, 콧대를 꺾어서는 안 된다.

전장의 동역학은 전장에만 머무르지 않았다. 장군이 된 자는 권력에 맛을 들이는 경향을 보였다. "지휘권을 잡은 이들, 즉 군사 지도자들은 점차 더 많은 권력을 스스로 휘둘렀으며 자기 자신을 우두머리로 내세웠습니다."[37] 터친의 말이다. 무리는 부족이 되고, 부족은 족장 사회가 됐다. 그러나 터친의 말대로 전쟁이 이런 사회적 변화를 가져왔다면, 이런 변화가 왜 진작 발생하지 않았을까? 위계는 왜 인간 역사의 짤막한 시기에 갑자기 부상한 것일까? 이 질문에 대한 해답은 무기가 아니라 음식에서 찾을 수 있다.

약 1만 1,000년 전, 인간이 자기 자신을 먹여 살리는 방식에 변화가 일어났다. 콩, 병아리콩, 렌틸콩, 아마를 비롯한 '선구작물 pioneer crops'을 재배하기 시작하면서 1차 농업혁명(또는 신석기 혁명)의 시대가 열린 것이다.[38] 곧이어 보리, 무화과, 귀리 등의 작물도 재배하면서 농경이 시작됐다. 영양 면에서는 재앙이나 다름없었다. 식량 공급은 더 안정됐지만, 인간의 다양한 식습관은 사라지고 한정적인 영양소만 섭취하는 식습관으로 변화했다. 농경 이전 수렵채집민의 평균 신장은 남성이 약 178센티미터, 여성이 약 168센티미터였다. 사실상 하룻밤 새에 남성의 평균 신장이 약 165센티미터로, 여성이 약 160센티미터로 줄어든 것이다. 오늘날까지도 우리의 평균 신장은 완전히 회복되지 못했다. 또한 몸집이 작아진 것 이외에도, 농업혁명은 새로운 불평등의 시대를 여는 데 앞장선 듯하다. 우리는 욕심 많은 땅딸보 집단이 되고 말았다.

이처럼 갑작스러운 변화에 대한 전통적인 설명은 재레드 다이아몬드Jared Diamond의 『총, 균, 쇠Guns, Germs, and Steel』를 통해 널리 알려진 바와 같다. 농경 덕분에 여분의 식량을 얻기가 쉬워졌다. 먹고도 남을 식량이 생기자 일부 사람들은 이를 저장했다. 바로 이 잉여생산물 때문에 불평등이 생겨나게 됐다. 또한 농경 덕에 더 큰 집단을 뒷받침할 수 있게 됐는데, 콩 농사는 가젤 사냥과는 다른 방식으로 규모를 확장할 수 있었기 때문이다. 잉여생산물과 인구의 규모가 커질수록 사회는 점점 더 복잡해지고 위계적으로 변해 갔다. 또한 잉여생산물과 위계는 더 많은 갈등을 불러일으켰는데, 급변하는 체제 속에서 개인과 집단이 우위를 점하기 위해 싸웠기 때문이다.

좀더 미묘한 설명을 제시하는 이들도 있다. 만비아 싱은 우리가 이미 농업혁명 이전부터 낚시 등을 통해 꾸준히 식량을 구할 수 있었다는 점을 지적한다. 또한 로버트 카르네이루Robert Carneiro는 1970년 저서를 통해 '환경적 순환environmental circumscription'이라는 이론을 발달시켰다.[39] 아이디어는 탁월하다. 농업의 부상으로 수렵채집민 시대에는 아예 존재하지 않았던 방식으로 토지를 관리하는 일이 중요해졌다는 것이다. 만약 사냥감인 가젤이 다른 곳으로 떠나버린다면 흙더미를 관리하는 게 무슨 소용이 있겠는가. 농업과 함께라면 생존은 점유하는 토지에 달려 있다. 땅이 더 많으면 번식 능력이 더 많다는 뜻이다. 토지 관리가 점점 더 중요해졌다.

그러나 여기에는 함정이 있다. 예컨대 아마존강 분지에는 사방에 좋은 농경지가 펼쳐져 있다. 살고 있던 땅에서 쫓겨나도 좋은 땅이 온 사방에 널려 있기 때문에 그다지 큰 문제가 되지 않았다. 하지만 예컨대 등 뒤가 바다인 페루 연안 지역이라면 이야기가 달라진다. 카르네이루의 용어를 빌리자면, 페루의 토지는 아마존의 토지와 달리 '국한되어 있다circumscribed'. 아마조니아에서는 전쟁이 벌어지더라도 패배한 집단은 그저 한발 물러나 사방에 널린 또 다른 비옥한 토지 중 어딘가에 짐을 풀면 됐지만, 페루 연안 지역에서 전쟁이 일어난다면 물러날 곳이 없었다. 패배 집단은 정복당했다. 정복을 당했다는 것은 죽임을 당하거나, 그보다 더 높은 확률로 승자 측 사회의 일부로 포섭됐다는 뜻이다.

카르네이루는 이런 방식으로 국한된 지역에서 발생한 전쟁이 더 큰 인구 집단을 형성했고, 이로 인해 궁극적으로 더 복잡한 사회가 탄생했다고 주장한다. 결국 이는 우리가 국가라고 인식하는 집단의 초기 형태인 원시국가가 됐다. 아마조니아에는 지금도 수많은 수렵채집민이 살고 있다. 페루 연안은 일련의 복잡한 사회가 나타나다가 위계질서가 특징적이었던 잉카제국으로 끝을 맺었다. 인간 사회가 만민평등주의 무리에서 하향식 제국으로 진화한 과정은 어쩌면 지리적 요행으로 설명할 수 있을지도 모른다.

그렇다면 어느 이론이 옳을까? 전쟁 때문일까, 아니면 농업의 등장 때문일까? 우리 세상은 너무나 복잡하므로 단일 이론을 통해 만물을 설명할 수는 없다. 그러나 대부분의 학자는 전쟁과 농경 양측 모두가(말하자면 '전쟁과 콩war and peas'이) 더 크고 복잡한 위계 사회를 형성하는 데 중요한 역할을 담당했다는 데 동의한다. 터친의 데이터에 따르면 인간은 수십만 넌 동안 몇십 명 남짓한 무리를 지어 생활했다. 그러다가 기원전 8000년경부터 수백 명이 모여 농경 도시를 형성했다. 기원전 5500년경에는 수천 명이 모여 단순한 족장 사회로 진화했고, 기원전 5000년경이 되자 수만 명으로 구성된 복잡한 족장 사회가 시작됐다. 기원전 3000년경에는 수십만 명의 개인을 포괄하는 최초의 고대 국가가 처음으로 등장했다. 기원전 2500년이 되자 수백만 명의 백성을 거느린 대규모 국가macrostate가 나타났다. 이윽고 기원전 500년경에 이르자 최대 수천만 명에 이르는 인구를 거느린 거대 제국이 등장했다.[40] 단순하게 비교해보자면, 인간은 다수의 작고 평평한 사회에서 시작해 불평등과 위계가 특징적인 거대한 괴수behemoth로 자라났다.

그다음부터는 문자 그대로 역사의 영역이다.

위계질서가 널리 확산할수록 권력을 향한 다툼도 늘어났다. 기존이라면 추방, 모욕, 죽음에 직면했을 급부상자가 이제는 실제로 진정한 권력을 얻을 가망이 생겼다. 권력은 갈등을 야기하고 폭력을 증가시킨다. 수렵채집민 사회에서 2퍼센트대였던 살인율은 인간의 가장 어두웠던 시기(철기 시대부터 약 500여 년 전까지) 중 어느 때는 10퍼센트에 달할 정도로 상당히 증가했다.[41]

이처럼 첫눈에 보자면 위계질서는 꽤 나쁜 것처럼 느껴진다. 어쨌든 바타비아호의 위계질서는 사이코패스가 다른 이들에게 권력을 행사할 수 있다는 이유만으로 100여 명을 죽일 수 있는 배경이 됐다. 족장과 전제군주 치하에서는 만민평등주의 무리 때와 비교해 살해당하는 사람들이 더 많았다. 하지만 위계질서의 탓만 할 수 없는 것이, 오늘날 살인으로 최후를 맞이하는 사람이 전 세계적으로 단 0.7퍼센트에 불과하다는 점이다. 이를 어떻게 설명할 수 있을까? 이는 우리의 유인원 조상들과 비교해도 3분의 1에 불과한 비율이다. 더군다나 일본, 노르웨이, 독일 등 지구상에서 가장 잘 운영되는 복합사회를 보면 다른 사람의 손에 목숨을 잃는 시민의 비율이 0.05~0.09퍼센트라는 점에서 다시 한번 위안을 찾을 수 있다.[42] 수렵채집민 사회의 비율보다 최대 40배나 낮다. 근대 국가는 지금까지 구상되고 발전한 사회구조 중 가장 위계적이면서 한편으로는 가장 안전한 구조이기도 하다.*

분명한 결론은 위계질서와 권력이 선하지도 악하지도 않다는 점이다. 위계질서와 권력은 협력과 공동체가 생겨나는 데 일조한다. 또한 사람들을 착취하고 죽이는 데 사용할 수 있는 도구를 준다. 터친도 여기에 동의했다. "위계는 불과 같습니다. 먹을거리를 익히거나 사람을 불태우는 데 사용할 수 있죠."[43] 그러나 위계가 없다면 우리가 누리는 문명의 모든 이기는 있을 수 없다. "우리는 개미가 아닙니다." 터친의 설명이다. "우리에게는 페로몬 체계도 없죠. 그러므로 위계질서는 인간이 대규모 사회에서 협력하고 조율하는 유일한 방법입니다." 게다가 위계질서는 경쟁을 낳기 때문에 혁신에 불을 붙일 수도 있다. 때때로 좀더 능력주의적인 사회에서 지위를 놓고 벌이는 경쟁은 모두가 똑같이 월계관을 쓰는 데 만족하는 사회보다 훨씬 더 좋은 결과를 만들어낼 수 있다.

통가 출신 표류자들의 이야기는 가슴을 따뜻하게 울린다. 바타비아호의 이야기는 비통하기 짝이 없다. 그러나 통가 표류자들이 우리에게 근대 사회에 대한 모형을 제시하지는 않는다. 평평한 사회는 인간으로서 제약이 너무 많다. 우리의 선택지는 협력적인 소규모 집단으로 사는 것 또는 위계질서를 받아들이는 것뿐이다. 이것이 바로 권력과 지위가 자리를 잡을 수 있었던 이유다.

그렇다면 위계질서 안에 갇힌 우리에게 상사와 장군과 대통령

---

* 만민평등주의 수렵채집민 무리와는 달리 근대의 사법 체제는 사회적 일탈을 억제하고, 일탈이 발생하더라도 살인을 통해 정의를 자체적으로 구현할 필요가 없는 메커니즘을 제공한다. 이것이 근대 국가가 가장 안전한 이유 중 하나다.

과 간수가 필요하다고 한다면, 왜 이와 같은 사람 중 너무나 많은 이들이 지독한 인간인 걸까? 이를 알아보려면 부패하는 사람일수록 권력을 추구하는 경향이 더 짙은 이유를 이해해야 한다. 믿기 어렵겠지만, 이 수수께끼의 해답은 제2차 세계대전 시대의 통계학자, 식인 황제의 딸, 하이에나들 그리고 권력에 굶주리고 야자나무 잎에 집착하는 애리조나 주택소유자협회HOA의 회장에게서 찾아볼 수 있다.

2장

권력을 향해
뛰어드는 사람들

다른 이들을 지배하기를 가장 열망하는 사람이야말로 그 자리에 가장 어울리지 않는 사람이라는 점은 잘 알려진 사실이다. (…) 스스로 대통령의 자리에 오를 수 있는 사람이라면 무슨 일이 있어도 그 자리에 오르게 두어서는 안 된다.

— 더글러스 애덤스Douglas Adams, 『우주의 끝에 있는 레스토랑The Restaurant at the End of the Universe』 중

드러나지 않은 증거에 주목한다

에이브러햄 월드Abraham Wald는 생존자다. 1930년대 말 랍드는 자신을 있는 그대로, 즉 오스트리아 경제연구소에서 일하는 루마니아 클루지 출신의 통계학자로 봤다. 그러나 1938년 오스트리아를 침략한 나치는 그를 랍비의 손자이자 코셔 제빵사의 아들로만 봤다.[1] 그를 제외하고 여덟 명의 가족이 나치에 죽임을 당하자, 월드는 히틀러의 박해를 피해 미국으로 이주했다. 그리고 마침내 컬럼비아대학교의 교수로 자리를 잡았다.

1942년 7월 1일, 컬럼비아에서 통계연구단Statistical Research Group, SRG이라는 통계학자들의 비밀결사가 조직됐다. 이들의 사무실은 맨해튼 웨스트할렘의 조용한 어느 길, 모닝사이드 공원 바로 맞은편의 별다른 특징 없는 건물에 자리했다. 이곳에서 월드를 비롯한 미국의 가장 뛰어난 통계학자 열여덟 명이 모여 3년을 일했다. 과제는 간단명료했다. 제2차 세계대전에서 승리할 수 있도록 돕는 것이었다. 이들이 가진 무기는 총이나 폭탄이 아니라 확률이었다. 통계적 방법을 이용해 연합국의 군수물자에 장군, 대통령, 총리 등이 미처 알아채지 못한 잠재적 개선사항이 있는지를 밝혀내는 것이 이들에게 주어진 임무였다.

군에서 과제를 주면, 수학 전문가들은 얼마간 문제를 골똘히 들여다보다가 해답을 내놓았다. 훗날 SRG의 일원 중 한 명은 "우리가 권고를 내놓으면 대부분은 수용됐다"[2]라고 회고했다. 전투기의 기관총 배치 방식이 달라졌고, 전시 생산 기관에 대한 품질검사가 더욱 적극적으로 이루어졌다. 더 안정적인 파괴력을 확보하기 위해 포탄의 신관을 개선했다. 수학은 결정적인 무기가 될 수 있었다. 통계학자들이 내놓는 모든 계산과 이들이 풀어내는 모든 방정식에 따라 생명을 구하거나 잃을 수 있었다.

당시의 전세에서는 유럽 내 전투에서 연합국의 수많은 군인과 폭격기가 격추당하고 있었다. 장군들은 더 많은 훈련을 통해 더 실력 있는 조종사를 양성함으로써 손실을 줄일 수 있다는 걸 이미 알고 있었다. 그러나 더 나은 비행기를 만들기 위해서는 웨스트할렘 공붓벌레들의 도움이 필요했다.

군에서 월드에게 제시한 문제를 당신도 해결할 수 있을지 확인해보자.

독일 상공을 다녀오는 전투기는 벌집처럼 총알구멍이 난다. 총알구멍을 체계적으로 분석해 적군의 포화에 갈기갈기 찢긴 부분을 영역별로 나눠보자. 비행기에는 날개, 꼬리, 동체에 총알구멍이 나 있다. 군에서 제시한 질문은 다음과 같다. 총알을 맞은 부분을 보강하기 위해 비행기의 어느 부분에 철갑을 덧대야 할까?

통계학자들은 문제를 제대로 해결해야 했다. 잘못된 영역에 철갑을 보강하면 비행기의 속도가 느려져 나치가 눈감고도 맞힐 수 있는 표적이 될 것이고, 취약한 영역을 보강하지 못하면 앞으로도 많은 조종사가 목숨을 잃을 것이다. 유럽을 다녀온 비행기에 난 총알구멍 분포를 표시한 다음 그림을 살펴보자. 월드의 입장이 되어보라. 많은 생명이 당신에게 달려 있다. 군은 날개, 꼬리, 동체 중 어느 부분을 보강해야 할까? 전부 보강해야 할까?

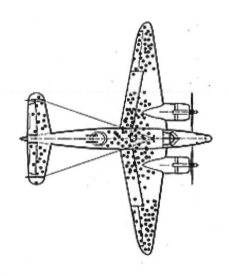

만약 날개, 꼬리, 동체 또는 모든 부분이라고 대답했다면 안타깝게도 당신은 수많은 미국 공군을 의도치 않게 죽음으로 내몰게

된다.

월드는 장군들이 간과한 점을 머릿속에 떠올렸다. 바로 보이지 않는 비행기들이다. 날개, 꼬리, 동체에 포격을 당한 연합국의 비행기는 대부분 연기를 내뿜으면서도 고국으로 안전하게 돌아올 수 있었다. 이들은 살아남은 비행기였다. 하지만 다른 부분, 특히 앞코에 가까운 엔진에 포격을 맞은 비행기는 이 군사 연구에 포함되지 않았다. 왜 그럴까? 그 비행기들은 독일 땅에 격추되어 화염에 휩싸여 있기 때문이었다. 이들은 고국으로 돌아오지 못했다.

월드는 독일 땅에 남은 비행기들, 이곳에 없기 때문에 군에서 연구할 수 없었던 비행기들이야말로 중요하다는 점을 간파했다. 월드가 아니었더라면 군은 비행기를 더 무겁고 느리게 만들면서도 적군의 포화에 가장 취약한 부분을 조금도 보강하지 못했을 것이다. 월드는 군에 총알구멍이 나 있지 않은 영역을 보강하라고 권했다. 군은 그의 조언을 따랐다. 엔진에 철갑을 보강한 것이다. 이 조치로 수많은 생명을 구할 수 있었다. 월드는 연합국이 전쟁에서 승리하는 데 기여했다.

월드는 선택 편향이라는 통계적 개념의 일부인 '생존자 편향의 오류survivorship bias'를 이해했다. 골자는 간단하다. '생존'한 경우뿐만 아니라 가능한 모든 경우를 연구해야 한다는 것이다. 제2차 세계대전보다 훨씬 더 오래된 사례를 하나 더 살펴보자.

동굴인은 정말로 동굴에서 살았을까? 동굴인이 동굴에서 살았다는 증거는 많다. 전 세계에 수백 점의 동굴 벽화가 남아 있기 때문이다. 꽤 결정적인 증거처럼 보인다. 하지만 이들이 사실은 초원에서 살면서 나무에 그림을 그리는 선사 시대의 피카소에 더 가까웠는지 어떻게 알겠는가? 이들이 그림을 그려놓은 나무껍질이 오래전에 사라졌을 수도 있지 않은가. 동굴인이 아주 가끔 모험 삼아 동굴에 들어가 그림을 그린 것만 지금까지 보존된 것일 수도 있다. 그래서 생존자 편향의 오류를 종종 '동굴인 효과caveman effect'라고도 한다. 세상에 대한 우리의 이해는 종종 존재하는 증거는 물론 존재하지 않는 증거에 의해서도 심각하게 왜곡된다.

월드의 이야기는 생존자 편향의 오류를 무시했다가 실제로 위험을 야기할 수도 있음을 보여주는 좋은 예다. 그런데 월드라는 인물 자체도 생존자 편향의 오류를 내포하고 있다. 월드의 나머지 가족들 역시 어쩌면 살면서 훨씬 더 멋진 일들을 해낼 수 있었을지도 모른다. 그러나 모두 나치의 손에 목숨을 잃었으므로 우리는 알 수 없다. 아이러니하게도, 월드는 연합국의 비행기가 격추되는 일을 줄여 나치에게 보복했으면서도 자신은 1950년 수학 강의를 위해 여행하다가 비행기가 인도 남부의 닐기리 산맥에 추락하면서 목숨을 잃었다.[3]

부패하는 사람이 권력에 이끌리는 이유를 이해하기 위해 비행기를 연구하거나 동굴인에 관한 기록을 바로잡을 필요는 없다. 그러나 생존자 편향의 오류에 관해 월드가 남긴 통찰은 누가 권력을 추구하고, 권력을 얻고, 권력을 유지하는지를 이해하는 데 중요하다. 그렇게 하는 사람은 실로 드물다. 만약 당신이 눈앞에 놓인 증거에만 초점을 맞춘다면, 세상이 실제로 어떻게 돌아가는지를 크게 잘못 이해하게 될 것이다.

월드의 논리를 상사, 국가의 대통령 또는 총리, 고등학교에서 학생들에게 토할 때까지 운동장을 돌라고 시키는 풋볼 코치(듣기론 그렇다더라)에게 적용해보자. 왜 이런 사람들이 지휘권을 쥐고 있는 것일까? 이 질문에 대답하기 위해서는 세 가지 수준의 생존자 편향의 오류를 살펴봐야 한다.

첫째, 누가 권력을 추구하는가? 누가 상사, 지도자 또는 코치가 되고자 하는가? 그 해답을 찾으려면 어떤 사람들이 권력을 원하지 '않는지'를 밝히는 것도 권력을 추구하는 사람을 밝히는 것만큼 중요하다. 권력을 얻고자 애쓰는 사람들은 '생존자'에 불과하다. 나머지는 고려 대상에서 배제되어 있다.

둘째, 누가 권력을 얻는가? 고등학교 풋볼 코치는 어쩌면 예외일 수도 있지만, 권력을 가지는 대부분의 자리는 경쟁과 연관된다. 늘 공정한 싸움이 벌어지지는 않으며, 시스템이 편향될 수도 있다. 만약 그렇지 않더라도, 어떤 사람들은 그저 다른 사람들보다 사다리를 기어오르는 데 더 능하다. 이번 단계의 '생존자'는 권력을 얻는 데 성공한다. 애썼지만 실패한 이들은 그러지 못한다.

이제 세 번째 수준의 생존이 시작된다. 누가 권력을 유지하는가? 많은 사람이 마치 이카루스처럼 너무 높이 날아오르려 하다가 불에 타 땅으로 고꾸라진다. 좋은 쪽으로든 나쁜 쪽으로든, 우리가 초점을 맞추는 지도자들은 상당한 영향력을 행사할 수 있을 만큼 충분한 시간 동안 권력을 유지한 사람들일 것이다. 페드로 라스쿠라인Pedro Lascuráin이라는 이름을 들어본 적이 있는가? 나도 없었다. 1913년 멕시코의 쿠데타에서 50여 분 동안 멕시코를 통치하고 자리를 내어준 인물로, 역사상 재임 기간이 가장 짧은 대통령이라는 오명을 얻었다. 이처럼 권력을 손에 쥐었다가 다시 잃어버리거나 자리에서 떠나는 사람은 동굴인이 나무에 그린 그림과 같다. 이들은 사라진다.

우리는 권력을 추구하고, 권력을 얻고, 권력을 유지하는 데 3연승을 올린 사람들에게 초점을 맞추는 경향이 있다. 세 수준을 모두 통과하는 데 성공한 사람은 생존자 편향 오류의 생존자다. 우리가 강력하다고 여기는 사람들이다. 나머지는 검게 그을린 채 독일 땅에 추락한 비행기들처럼 눈에 보이지 않는다. 그러나 에이브러햄 월드처럼 보이지 않는 증거를 포함시키지 않는다면, 문제를 잘못 이해하게 될 것이다. 문제를 이해하지 못하면 해답을 찾을 수 없다.

역사가 너무나도 잔혹하게 보여주었듯, 권력을 결국 손에 쥔 이들이 모두 훌륭한 사람인 것은 아니었다. 지금도 혼재한다. 일부 훌륭한 이들이 지도자의 자리에 올라 있다. 친절한 코치, 부하에게 힘을 실어주는 상사, 다른 이들의 삶을 조금이라도 개선하려고 진정으로 노력하는 정치인들이 있다. 그러나 전혀 그렇지 않은 권위자도 아주 많다. 거짓말하고, 사기 치고, 훔치고, 다른 이들을 위해 일해야 하는 자리에서 그들을 착취하고 이용해 먹는다. 한마디로 이들은 부패하는 사람들이다. 이들은 막대한 해악을 끼친다.

이상적인 현실에서는 혼재 따위는 없을 것이다. 대신 오직 선한 사람들(단순화를 위해 이들을 '부패하지 않는 사람들'이라고 칭하겠다)이 우리의 지도자, 상사, 경찰관이 될 것이다. 반면 책임을 맡기고 싶지 않은 사람들('부패하는 사람들'이라고 칭하겠다)에게는 아무 권력도 돌아가지 않을 것이다. 이처럼 이상적인 세상을 건설하기 위해서는 세 가지 수준 모두에 대해 생각해봐야 한다. 아마도 당신은 부패하지 않는 사람이 권력을 추구하고, 얻고, 유지할 수 있도록 만들고 싶을 것이다. 동시에 부패하는 사람들을 저지하기 위해 세 가지 수준 모두의 온갖 곳에 장애물을 놓고 싶을 것이다. 안타깝게도, 실상은 그렇지 않다. 세상은 대부분 부패하는 사람을 끌어당기고 밀어주는 시스템이 장악하고 있다. 이어지는 장들에서 볼 수 있듯, 만들어진 시스템은 해체될 수 있다. 그러나 첫발을 내디디려면 우선 권력을 추구하는 사람들에게 초점을 맞추어야 한다.

리더의 유전자

아무나 무작위로 권력을 추구하지는 않는다. 특정 유형의 사람들이 권력을 탐하고, 자신을 위해 권력을 손에 넣으려 애쓴다. 이는 일종의 '자기 선택 편향self-selection bias'을 낳는다. 자기 선택 편향은 생활의 여러 측면에서도 쉽게 찾아볼 수 있다. 예를 들어 고등학교에서는 키 큰 학생들이 키 작은 학생들보다 교내 농구팀에 지원할 가능성이 더 크다. 그러므로 농구팀은 '신장'이라는 측면에서 인구를 대표하는 무작위 표본이 될 수 없다. 권력을 추구하는 사람의 경우에도 마찬가지다. 특정한 특성을 가진 사람들이 그 특성 탓에 다른 사람들보다 더 권력을 탐한다. 권력은 부패한다는 개념은 지금까지 너무나 많은 주목을 받아왔다. 그러나 부패하는 사람들이 권력을 추구하는 이유는 아직 충분히 조명되지 않았다.

그렇다면 왜 어떤 사람들은 나서려고 하는 것일까? 왜 나머지 사람들은 뒤따르는 데 만족할까? 리더는 타고나는가, 만들어지는가? 권력에 대한 갈증은 파란 눈동자나 곱슬머리처럼 유전적인 특징일까?

2019년 어느 쌀쌀한 가을날, 파리 생라자르역 부근의 작은 술집에서 마리 프랑스 보카사Marie-France Bokassa를 만났다.⁴ 내가 도착했을 때, 그녀는 담배를 들고 작은 잔으로 화이트와인을 홀짝이며 스마트폰을 들여다보고 있었다. 옷차림은 맵시 있지만 사치스럽지는 않았고, 명품 안경을 쓰고 붉은색 립스틱을 바르고 있었다. 내가 자리에 앉자 그녀가 미소를 지어 보였다. 그녀에게 숨겨진 이야기가 있으리라는 것을 암시하는 유일한 힌트가 그녀의 목에서 번쩍이고 있었다. 보통 사람이 가지고 있지는 않을 법해 보이는 거대한 다이아몬드다. 실제로, 바로 그것이 마리 프랑스가 보통 사람이 아닌 이유다.

그녀는 괴물의 딸이다.

1979년 9월, 프랑스군이 중앙아프리카제국의 수도 방기에 도착했다. 당신이 한 번도 들어본 적이 없을 이 빈궁한 제국은 마찬가지로 한 번도 들어본 적이 없을 무자비한 폭군이 다스렸다. 그가 바로 마리 프랑스의 아버지, 장 베델 보카사Jean-Bédel Bokassa다. 군사혁명에 성공한 보카사는 나라 이름을 중앙아프리카공화국에서 중앙아프리카제국으로 바꾸고, 황제를 자칭하면서 황제 보카사 1세Emperor Bokassa I라는 이름을 썼다.⁵ 1977년에 치러진 그의 대관식은 나폴레옹 황제의 대관식을 본보기로 삼았다. 이 행사에서는 엄격한 복장 규정이 있었는데 어린아이는 흰색 옷을 입고, 중간급 공직자는 파란색을, 고위 공직자는 검은색을 입었다. 이 제국적인 쇼의 주인공 보카사는 프랑스에서 가장 솜씨 좋은 재단사들이 만든 흰담비 망토를 둘렀다. 그가 쓴 반짝이는 왕관의 앞면에는 프랑스에서 가장 만나기 어려운 보석 세공사가 다듬은 80캐럿짜리 다이아몬드가 박혀 있었다. 보카사는 주문 제작한 황금 왕홀을 들고, 역시나 주문 제작한 약 3.6미터 높이의 독수리 동상 앞에 섰다.[6] 왕좌를 구매하는 데에만 국고 300만 달러가 사용됐는데, 왕관과 왕홀을 사는 데 쓴 500만 달러에 비하면 약과였다. 대관식에는 연간 정부 예산의 약 4분의 1에 달하는 총 2,200만 달러가 소요됐다. 당시 이 나라 국민의 평균 연소득은 282달러였다.

1979년, 기존의 식민지 열강인 프랑스는 보카사가 과대망상 환자이며(이렇게 될 줄 누가 알았겠는가) 자리에서 물러날 때가 됐다고 판단했다. 소규모의 프랑스 군대가 파견되어 독재자를 끌어내리고 프랑스가 선택한 후계자를 그 자리에 앉혔다. 보카사가 가장 사랑했던 궁전 빌라 콜롱고에 들이닥친 프랑스군은 터무니없이 사치스러운 세상을 마주했다. 다이아몬드가 든 궤짝, 금붙이가 넘쳐나는 찬장, 세상의 파파라치들이 눈독 들일 만한 최첨단 카메라들이 있었다. 보카사가 국민에게 빼앗아 쌓아 올린 역겨운 재산 목록을 작성하던 프랑스군은 궁전 옆에 자리한 연못에 나일악어가 가득하다는 점을 알게 됐다.[7] 이들은 나일악어를 옮기기 위해 연못의 물을 뺐다. 수위가 낮아지자 빛바랜 흰색 조각들이 검은

진흙에 꽂혀 있는 게 보였다. 프랑스군은 이것이 감히 보카사에게 도전했던 이들이 남긴 썩어가는 뼈라는 사실을 알고 경악을 금치 못했다. 희생자 중 몇몇은 보카사가 자기 아내를 침소로 데려가겠다고 했을 때 저항한 이들이라고 한다. 그런 이유로 보카사가 기르는 애완 악어의 밥이 된 것이다.

그런데 보카사의 적을 밥으로 삼은 것은 악어뿐만이 아니었다. 프랑스군은 빌라 콜롱고의 냉장고를 열었다가 두 구의 조각난 시신을 발견했다. 한 명의 신원은 알 수 없었고, 나머지 한 명은 어느 수학 선생의 시신이었다. 이들의 시신은 신선하게 보관되어 있었는데, 전해지는 바에 따르면 특별 행사에서 인육이 제공됐다고 한다. 몇몇은 보카사가 방문한 고위 인사들에게 인육을 대접했다고도 주장했다.[8] 보도에 따르면 보카사는 자신을 방문한 어느 프랑스 외교관에게 "눈치채지 못하셨겠지만, 외교관님은 인육을 맛보셨습니다"라고 말했다고 한다[9](보카사는 죽을 때까지 식인 의혹을 부인했다).

보카사 황제는 사람을 잡아먹는 도깨비 같았다. 권력에 대한 그의 갈증은 해소될 줄을 몰랐다. 이 갈증은 시간이 흐르면서 점차 자라난 것이었을까, 아니면 타고난 것이었을까? 다른 이들을 통제하고, 학대하고, 죽이고 싶다는 욕망이 보카사의 DNA 한구석에 적혀 있었던 걸까?

보카사는 1996년에 세상을 떠났으므로 인터뷰하기 어려운 인물이 되어버렸다. 그래서 나는 차선책으로 그와 유전자 코드를 공유하는 사람을 인터뷰할 수밖에 없었다. 선택지는 많았다. 보카사는 열일곱 명의 공식적인 아내와 최소 쉰일곱 명의 자녀를 두었다(비공식적인 사람들까지 치면 아마 더 많을 것이다). 보카사의 자녀 대부분은 현재 프랑스에서 살고 있다. 두 명은 사기 또는 약물 남용으로 투옥 중이고, 세 명은 절도죄로 체포됐다.[10] 샤를마뉴 Charlemagne라는 아들은 이름에 걸맞지 못한 삶을 살았다. 고작해야 파리의 어느 지하철역을 지배하고 그곳에서 구걸하며 목숨을 부지했다. 그러다가 서른한 살의 나이에 바로 그 지하철역에서 숨진 채 발견됐다.

비교적 잘 풀린 자녀들도 있다. 그중 하나가 마리 프랑스 보카사로, 대부분의 자녀보다 잘 지내고 있었다. 생라자르역이 약속 장소였던 이유는 그녀가 파리 교외의 아드리쿠흐트에서 기차를 타고 오기 가장 편한 장소였기 때문이다. 보카사의 다른 많은 자녀와 마찬가지로 마리 프랑스 또한 어린 시절 대부분을 아버지의 궁전 중 한 곳에서 보냈다. 그녀는 지금도 한때 아버지가 살았던 곳의 그늘에 갇혀 있다. 그렇다면 아버지의 유전적 그늘에서도 살고 있지는 않을까? 보카사를 독재자로 만들었던 권력에 대한 갈증을 그녀도 똑같이 겪고 있을까?

"제 유일한 가족 정체성은 아버지가 만들어주셨어요." 그녀는 이렇게 말하곤 와인을 한 모금 마셨다. "어머니는 누군지도 몰라요. 게다가 아버지는 저에게 표식을 남기셨어요. 마치 제가 보카사 브랜드의 일원이라는 것처럼."[11]

인간을 먹이로 받아먹고 산 악어와 식인을 연상케 하는 브랜드와 연관됐다고 하면 사람들은 대부분 지역 관공서로 달려가 가장 가까운 곳에 놓인 개명 신청서에 손을 뻗을 것이다. 하지만 마리 프랑스의 반응은 달랐다. 그녀는 보카사의 일원이라는 걸 자랑스러워했다.

"보카사, 강력한 이름이죠." 그녀가 장난스러운 미소를 지어 보이며 말했다. "아마 앞으로도 바꾸고 싶지 않을 거예요."

인간 행동에 대한 모든 논의는 결국 선천성 대 후천성이라는 해묵은 논쟁으로 돌아간다. 나는 실례를 범하지 않고자, 아버지의 행동이 어린 시절의 트라우마 탓에 형성된 것은 아니냐고 물으면서 마리 프랑스가 빠져나갈 구멍을 제시해봤다. 어쩌면 사람을 잡아먹는 도깨비가 타고난 게 아니라 만들어진 것일 수도 있으니 말이다. 실제로 보카사가 어린 소년이던 시절, 그의 아버지는 프랑스인 식민지 장교에게 맞아 죽었다. 게다가 일주일 뒤 어머니까지 자살하면서 보카사는 고아가 됐다. 그의 어린 시절을 망쳐놓기에는 충분한 사건이었겠지만, 그를 부패시키기에도 충분했던 것일까?

마리 프랑스는 잠시 말없이 생각했다. "그런 어린 시절을 보내면서 더 세게 나가야 한다, 더 강해야 한다는 것을 배우셨을 거예요." 그녀가 손에 든 잔을 빙빙 돌리며 말했다. "하지만 비극적인 어린 시절이 만들어낸 아버지 내면의 근원적인 취약성을 저는 봤어요. 중앙아프리카도 아버지의 어린 시절이 낳은 결과를 봤죠."

마리 프랑스는 아버지에 대해 일종의 스톡홀름 신드롬Stockholm syndrome(인질이 인질범에게 동화되어 그를 변호하는 현상-옮긴이)을 겪는 것처럼 보였다. 아버지는 세상을 떠났지만, 아직도 가족 대부분이 그를 사이비 종교의 교주처럼 모시고 있다고 말했다. 가족들은 모두 보카사를 폭군이 아니라 영웅으로 여긴다. 그녀도 집 안에 아버지의 거대한 초상화를 걸어두고 매일같이 바라보며 아버지가 자신이 어떤 여자로 자라났는지 봤더라면 자랑스러워했으리라고 생각한다고 한다. 아버지한테 인정받기를 오랫동안 바랐지만 그러지 못했다는 것이다.

"아버지의 기분은 계속해서 바뀌었어요." 그녀가 설명했다. "쾌활하고 편안하다가도 일순간 버럭 화를 내셨죠. 언제나 변덕스럽고, 예측할 수 없었어요. 하루를 같은 종류의 기분으로 보내는 법이 없으셨어요. 언제든 급변하거나 폭발할 수 있었죠." 그가 매일 마시는 위스키를 딸이 깜빡하고 가져다주지 않자 그 벌로 딸의 옷을 태워버린 일도 있다고 한다.

마리 프랑스는 어린 시절에 대한 회고록을 쓰면서 자신이 어린아이일 때 아버지의 변덕스러운 기분에서 엿볼 수 있었던 잔혹성과 타협하는 법을 배워갔다. 그러나 아버지의 진정한 유산을 받아들이기 시작하면서부터는 아버지가 권력으로 인해 부패했다는 생각을 버리게 됐다. "권력이 아버지를 바꿔놓았다고 생각하지는 않아요." 그녀가 강하게 말했다. "아버지는 언제나 똑같은 사람이었어요. 저로서는 어떤 변화도 보지 못했어요. 게다가 아버지가 권력을 장악하셨을 때부터 자리에서 물러나실 때까지 확실히 조금도 변하지 않았다고 생각해요. 언제나 같은 성정을 지니고 계셨죠. 좋은 부분도 같았고 나쁜 점도 같았어요."

하지만 정말 그녀의 말대로 보카사가 권력으로 인해 타락한 것이 아니라고 하더라도, 그가 권력에 강렬하게 이끌렸음을 부인할 수는 없다. 보카사 내면의 무언가로 인해 다른 이들보다 지배권을 더욱 갈망하게 된 것이다. 권력은 그를 끌어당겼다.

나는 마리 프랑스도 권위에 대한 갈망을 물려받았을지 궁금했다. 그래서 보카사 황제가 그녀에게 브랜드 이상의 무언가를 주었다고 생각하는지 물었다. 보카사는 마리 프랑스에게 그의 성격까지 심어주었을까, 아니면 그저 출생신고서의 성이 전부일까?

그녀는 잠시 생각에 잠겼다. "긍정적인 측면에서는… 아버지의 관대함과 확고함, 유쾌함 그리고 지능을 물려받았어요." 그러고는 오랫동안 아무런 말이 없었다.

"다른 측면은 어떤가요?" 내가 뻔한 질문을 이어가자 그녀가 갈라지는 목소리를 냈다.

"아버지의 화와… 권위주의적인 성격, 심하게 변덕스러운 기분도 물려받았어요." 그녀는 대답하고는 한숨을 쉬었다.

마리 프랑스는 지금 파리 교외의 한때 보카사 궁전이 있었던 곳 부근에서 찻집을 운영하고 있다. 와인 한 잔을 두고 이야기를 나눠본 마리 프랑스는 사랑스럽고 매력적인 사람이었다. 그러나 심란한 가능성을 생각하지 않을 수 없었다. 적절한 상황이 갖추어진다면 그녀도 손님들에게 차만 대접하는 것이 아니라 사람과 차를 함께 대접하는 자가 될 수 있지 않을까?

아드리쿠흐트로 돌아가기 전, 마리 프랑스는 보카사 가문이 다시 한번 중앙아프리카공화국을 다스려야 한다고 생각한다고 말했다. 그게 본인이 될 수도 있느냐고 묻자, 미소를 짓더니 그것도 배제할 수는 없다고 대꾸했다. 모든 야망 있는 정치인들이 이 질문 앞에서 내놓는 반응이다.

어떤 면에서 보자면 나는 마리 프랑스를 불공평하게 대하고 있다. 우리는 우리의 부모와 다르다. 유전자는 우리의 운명이 아니다. 그러나 우리 안의 화학적 혼합물이 실제로 우리의 행동을 결정한다. 그렇다면 이제 문제는 얼마나 많은 유전자가 권력을 추구하는 사람에게 차이를 안겨주는지, 또 어느 정도까지가 우리의 몫인지를 알아보는 일이 될 것이다.

미네소타대학교에서 진행한 어느 연구('미네소타 쌍둥이 연구'라고 알려져 있다)에서 연구진은 일란성 쌍둥이와 이란성 쌍둥이를 비교했다.12 일란성 쌍둥이는 하나의 수정란에서 시작해 둘로 분리되며, 그래서 양측 모두 유전자 코드를 100퍼센트 공유한다. 이란성 쌍둥이는 단순히 같은 시기에 어머니의 자궁에서 자라난 형제자매라고 할 수 있다. 일란성 쌍둥이를 같은 환경에서 자라난 이란성 쌍둥이와 비교하면 차이를 만들어내는 유전자를 구분할 수 있다. 정확히 이것이 미네소타의 과학자들이 취한 방법이었다.

연구진은 쌍둥이 수백 쌍의 게놈 지도를 작성한 뒤 각자에게 회사 또는 공동체 조직에서 대표자 자리를 맡은 적이 있다면 모두 목록으로 적으라고 했다. 그러자 엄청난 점이 발견됐다. 지도력을 예측하는 데 개인들 간의 변수 중 30퍼센트가 유전자로 설명이 된 것이다. 30퍼센트라고 하니 별것 아닌 것처럼 들릴지도 모르지만, 인간 행동을 주도하는 수천 가지 요인이 얼마나 복잡하게 엮여 있는지를 생각해본다면 이는 눈이 튀어나올 만큼 놀라운 수치다.

이 발견은 또 하나의 흥미로운 가능성을 제시했다. '우리가 지도자가 되려고 태어났는지 또는 추종자가 되기 위해 태어났는지가 DNA의 일부 파편으로 결정될 수 있을까?' 하는 점이다.[13] 얀 에마뉘엘 드 느브Jan-Emmanuel De Neve(당시 유니버시티칼리지런던, 현재 옥스퍼드대학교 교수)는 그 해답을 찾아보고자 했다. 그가 이끄는 연구진은 책임을 맡는 사람들과 관련된 유전자 코드 조각을 찾으려고 했다. 이들은 4,000명을 대상으로 유전자 염기서열을 분석하고 DNA 청사진을 낱낱이 지도로 작성했다. 동시에 연구에 참여한 사람 각각의 인생사를 도표로 만들고 어떤 사람이 지도자 자리를 맡았는지, 또 어떤 사람이 그러지 않았는지를 식별하고자 했다.

2013년, 연구진은 이름하여 '리더십 유전자leadership gene'를 발견했다고 발표했다. 이들은 유전자 코드 rs4950이 이후의 삶에서 권위자의 자리에 앉게 되는 것과 강한 상관관계를 보였다는 점을 밝혀냈다. 기술적인 용어로 말하자면, 이 연구는 우리의 유전자 코드 중 G 대립형질 대신 그 자리에 추가적인 A 대립형질이 있는 경우 지도자 역할을 맡게 될 확률이 25퍼센트 증가한다고 추정했다. 우리의 DNA에는 약 2만 1,000개의 식별된 유전자가 있다. 드 느브의 연구진이 옳고 리더십 유전자를 정확하게 집어낼 수 있다고 한다면, 아주 작은 유전자 코드를 추가로 삽입하는 것만으로 리더를 만들 수 있을까? 이제 우리는 돈만 조금 더 내면 회사 꼭대기 층의 가장 전망 좋은 사무실까지 곧바로 기어오를 만큼 야망이 엄청난 명품 아기를 만들 수 있는 지경에 다다른 것일까?

아직은 아니다. 이 발견은 모두 과장됐으며 잘못 해석됐다.

예를 들어 미국의 현직 지도자들과 유전자의 통계적 상관관계를 찾으려 한다면, 가장 두드러지는 두 가지 유전적 요소는 Y염색체(즉, 남성)를 가지고 있다는 것과 백인이라는 점일 것이다. 이는 백인 남성이 어떤 면에서 더 좋은 리더라는 뜻이 아니라(잠시 후 이를 매우 명백하게 설명할 것이다), 현재 백인 남성이 다른 유형의 사람들보다 더 자주 권력을 얻고 있다는 뜻이다. 이는 누가 권력을 추구하는지와는 또 다른 문제다.

물론 드 느브의 연구진은 인종, 나이, 젠더 등의 인구통계학적 특성을 고려하여 데이터를 보정했다. 그렇게 하고도 rs4950 조각이 지도자 자리를 맡는 것과 상관이 있음을 밝혀냈다. 하지만 여기에는 온갖 이유가 있을 수 있다. 예컨대 야망이 있거나, 붙임성이 있거나, 외향적이거나, 키가 크다거나 등 현대 사회에서 권력을 얻는 데 도움이 되는 특성과 관련이 있는 유전자 조각일 수 있다. 이 특성들 모두 유전자에 뿌리를 두고 있지만, 이 특성 때문에 꼭 권력을 더 원하게 된다는 뜻은 아니다. 게다가 권력을 향한 모든 길이 동등하지도 않다. 어쩌면 보카사 황제와 같은 권력을 향한 극도의 갈증은 유전자를 통해 다음 세대에 전해질 수도 있겠으나, 보험 회사 중간관리자의 자녀들에게는 그렇지 않을 수도 있다. 알 수 없는 일이다. 이야기는 다시 원점으로 돌아간다.

현재 지도자들과 관계가 있는 유전자를 찾을 수 있다고 하더라도 여전히 당황스러운 요인들이 남아 있다. 사람의 행동이 유전자에 의한 것인지 또는 환경, 부모의 양육 태도, 과거 경험, 재산 또는 무작위에 의한 것인지를 밝혀내기는 매우 어렵다. 어쩌면 당신도 독재자가 되기 위해 태어났으나 그렇게 길러지지 않았을지도 모른다. 민주주의 사회에서 자라났고, 어린 시절의 적에게 복수하려고 음모를 꾸밀 때 부모님이 지지해주지 않았기 때문일 수도 있다. 우즈베키스탄의 학대 가정에서 태어났더라면 어쩌면 궁전에 살게 되었을지도 모른다. 안 된 일이다.

이런 경고에도 불구하고, 유전자가 인간의 우위에 중요한 역할을 담당한다고 믿을 수 있는 적절한 근거가 있다. 바로 동물의 왕국에서 드러나는 증거들이다. 어쨌든 우리는 동물이고, 종 안에서 누가 지도자가 되는지를 결정하는 데 유전자가 한몫을 담당한다. 예컨대 얼룩하이에나는 무리의 위계질서 내에서 어머니의 자리를 물려받는 것으로 보인다. 엄마 하이에나가 우두머리 개라면(사실 하이에나는 엄밀히 따지면 갯과 동물이 아니라 따로 하이에나과로 분류된다) 아기 하이에나 또한 사실상 무리의 우두머리 자리까지 올라갈 길을 보장받는다.[14]

어느 연구진은 선발육종을 통해 순종적인 쥐와 순종적인 쥐를 교배하고, 지배적인 쥐와 지배적인 쥐를 교배했다. 이런 육종 과정을 거친 쥐들은 세대를 거듭할수록 행동이 더욱 명백해졌다. 즉, 선발육종으로 탄생한 손자 세대의 쥐는 매우 순종적이거나 매우 지배적이었다. 또 어떤 연구에서는 생쥐에서 SLC6A4라는 이름의 특정 유전자를 제거해 유전자 변형을 시도했다.[15] 유전자가 '제거된' 생쥐들은 부모 생쥐가 지배적이었든 순종적이었든 상관없이 순종적인 성질을 보였다. 남아시아가 원산지이고 가정용 수족관에서 자주 볼 수 있는 작은 줄무늬 물고기 제브러피시의 경우,

실제로 아빠 물고기의 사회적 지위에 따라 사회적 지배력을 물려받는다는 점이 일련의 실험을 통해 증명됐다.[16] 어느 정도는 아빠가 아들에게 물려주는 유전자에서 비롯되는 한편, 어느 정도는 아빠가 자식들에게 수족관 내 위계질서에서 지위를 확보하는 방법을 가르치기 때문인 것으로 보인다. 세상은 복잡하다. 유전자가 확실히 영향을 미치지만, 유전자만이 유일한 영향력은 아니다(윤리적인 문제 때문에 인간에게 이와 비슷한 실험을 진행할 수는 없다).

정리해보자. 유전자는 누가 권력을 가지는지에 '확실히' 영향을 미친다. 다른 이들을 상대로 권위를 획득하는 데 더 능하게 만들어주는 특성이 따로 있기 때문이다(이에 관해서는 다음 장에서 더 자세히 살펴보겠다). 그러나 애초에 누가 권력을 원하는가 하는 문제에서 유전자가 어떤 영향을 미치는지 또는 영향을 미치기는 하는지에 관해 아직 확실히 알려진 바는 없다.

확실히 알 수 있는 점은 권력을 전혀 원하지 않는 사람도 있다는 것이다. 최근 미국에서 시행된 어느 기업 설문조사에서는 응답자의 단 34퍼센트만이 회사의 임원직에 오르고 싶다고 응답했고, 고위 임원이 되고 싶다고 답한 비율은 7퍼센트에 불과했다.[17] 이를 보면 누구나 권력을 탐하는 건 아닌 듯하다. 게다가 승진 욕구가 강한 7퍼센트 안에도 다양한 동기가 있을 수 있다. 누군가는 공동체나 회사를 위해 일하고 싶어 하고, 누군가는 인정이나 위신을 원한다. 또 다른 누군가는 희열을 느끼기 위해 다른 이들을 지배하거나 학대하고 싶어 안달한다. 누가 어떤 동기를 가졌는지 어떻게 구별하겠는가.

이는 게놈 연구보다 훨씬 오래된 질문이다. 고대 그리스에서 논하던 티모스thymos라는 개념은 여러 가지 뜻으로 해석될 수 있으나 주로 '인정 욕구need for recognition'로 번역한다. 대개는 전투, 웅변 또는 정치에서 지도자가 되면 이런 인정을 받을 수 있었다. 그로부터 수천 년 후, 하버드대학교의 심리학자 데이비드 매클리랜드David McClelland는 '권력 욕구need for power'를 뜻하는 'nPow'라는 척도를 고안했다.[18] 이 척도는 다른 사람을 지배하고 그 지배를 통해 인정을 받고자 하는 욕구와 관련이 있다. 또 다른 척도도 있는데, 그중 하나인 사회 지배 지향성Social Dominance Orientation, SDO 척도는 다른 이를 지배하고자 하는 개인적인 성향 및 누군가를 다른 누군가의 우위에 두는 위계에 대한 애착을 가늠하는 데 쓰인다.[19] 신빙성 있는 SDO 척도는 어린아이에게도 적용할 수 있다(대부분 사람은 자기 자신의 삶을 지배하고 있다는 느낌이 드는 정도의 힘을 원할 뿐 그 이상을 원하지는 않는다).

그러나 여전히 모든 해답을 찾을 수는 없다. 확실히 인류는 스펙트럼 위에 존재한다. 우리 중 누군가는 권력에 중독되어 있고, 누군가는 권력을 아예 회피한다. 그러나 이런 차이가 선천적인지 후천적인지에 관한 문제는 여전히 해답을 기다리고 있다. 우리는 아직 그 해답을 찾지 못했다.

이제 유전적 불확실성에 관한 문제는 잠시 제쳐두고 다른 질문 하나를 생각해보자. 우리 인간은 선한 사람이 권력을 추구할 확률을 조금이라도 높일 수 있을까? 채용 정책을 조금 바꾸거나 어떤 유형의 사람이 책임자가 되어야 하는지에 관한 인식을 바꾼다면,

더 정중하고 친절한 사람들이 자기 선택을 시작하고 권력을 향한 경쟁에 출사표를 내게 될까?

이곳에 '없는' 사람

2020년 봄 조지 플로이드George Floyd가 끔찍하게 살해당한(미국 미네소타주에서 흑인 남성이 백인 경찰에게 체포되는 과정에서 과잉진압에 의해 질식사한 사건으로, 경찰의 폭력적 대응에 대한 항의 시위가 촉발됨-옮긴이) 이후, 경찰 개혁이 미국을 비롯한 전 세계의 화두에 올랐다. 문제는 경찰 개혁을 향한 노력 대부분이 제2차 세계대전 당시 에이브러햄 월드가 바로잡기 이전의 장군들과 똑같은 분석적 오류를 범한다는 데 있다. 조직은 이미 일하고 있는 경찰관의 행동을 어떻게 변화시킬지에만 너무 많은 관심을 쏟고, 아직 눈에 보이지 않는 경찰 지망생은 거의 고려하지 않는다. 경찰을 고치려면 이미 제복을 입고 있는 이들보다 경찰 제복을 입어볼 생각을 한 번도 해보지 않은 이들에게 더 집중해야 한다.

도라빌은 1만 명 남짓한 인구가 사는 조지아 북서부의 작은 타운이다. 여행 플랫폼 트립어드바이저에서 추천하는 이곳 최고의 관광지는 버포드 하이웨이 파머스 마켓이다. 애틀랜타에서 북동쪽으로 약 30킬로미터 떨어진 도라빌의 범죄율은 미국의 수많은 소형 타운보다 조금 높지만, 범죄와의 전쟁과는 거리가 멀다. 대부분 1년에 한 건의 살인도 일어나지 않는 곳이다.

그렇지만 도라빌의 경찰서에는 M113 병력 수송 장갑차가 있다. 베트콩, 이라크 팔루자의 반란자, 아프가니스탄의 테러리스트와 싸울 때 사용됐던 '근접전용 전장 차량'이다. 동네 마트에서 무슨 일이라도 생기면 경찰은 바로 진압할 준비가 되어 있다.

수년 전, 도라빌 경찰서에서 경찰 배지를 달아볼 생각을 해본 모든 이들은 경찰서 홈페이지의 채용 홍보 영상을 마주했을 것이다.[20] 영상의 처음 15초 동안은 검은 배경을 바탕으로 위협적인 해골 로고가 깜빡인다. 범죄자를 벌하기 위해 살인, 납치, 고문을 마다하지 않는 자경단원을 그린 만화 「퍼니셔Punisher」에 등장하는 해골 마크다. 그다음으로 옆면에 '경찰특공대: 도라빌 경찰서'라고 적힌 전투용 장갑차가 꽁무니에 흙먼지를 날리며 전속력으로 달려 들어온다. 해치가 열리고, 흐릿한 그림자 하나가 나와 연막탄을 던진다. 이어 전투원처럼 차려입은 여섯 남자가 장갑차에서 내린다. 마치 해산물 레스토랑 옆 콘크리트 정글에서 전투를 치르거나 전자제품 매장에서 계엄령이라도 선포할 것처럼 위장복을 입고 만반의 준비를 한 채다. 이들은 공격용 총기를 들고 있다. 해골 마크가 다시 깜빡이더니 뒤이어 독수리가 한쪽 발톱으로 번개를, 다른 쪽 발톱으로 총을 쥐고 있는 그림이 등장한다. 경찰특공대SWAT의 표장이다. 임무를 완수한 특공대원들이 다시 전투 차량에 탑승한다. M113이 화면 바깥으로 떠난다. 영상의 처음부터 끝까지 배경 음악으로 록밴드 도프Dope의 괴성을 지르는 듯한 〈Die Motherf××er Die〉가 깔린다.

경찰서 홈페이지에 올라온 이 영상을 본 사람들 대부분은 이것이 비상식적이라고 생각할 것이다. 그러나 어떤 사람들은 이렇게 외칠 것이다. "저요, 저를 뽑아주세요!" 누가 어느 부류에 속하는지는 무작위로 결정되지 않는다. 이 영상을 본 뒤 점령군 병사처럼 행동하는 데 이끌린 사람들이 지원서를 접수할 가능성이 더 크다. 지역공동체를 지원하고 싶고 복잡한 길거리에서 노인이 길을 건널 수 있도록 돕는 경찰관이 되려는 사람은 아마 이곳에 지원하지 않을 것이다. 여성과 소수 집단 등 도라빌 경찰서 채용 영상에 전혀 등장하지 않았던 이들은 과연 경찰서에서 자신을 반겨줄 것인지 의문스러울 것이다. 권력자를 모집하는 일은 누가 그 직업을 가지고 못 가지는지에 관한 문제만이 아니다. 애초에 누가 지원하는지에 관한 문제이기도 하다.

1997년, 미국 정부는 남는 군사장비를 처리하기 위해 이름하여 '1033 프로그램'을 만들었다.[21] 골자는 남는 장비를 고물상에 넘기는 대신 경찰서에 보내자는 것이었다. 윈-윈이었다. 겉으로 보기에는 그랬다. 이후 20여 년 동안 헬리콥터, 군용 탄약, 총검, 지뢰탐지기, 대지뢰 장갑차를 비롯한 70억 달러 이상의 군사장비가 크고 작은 경찰서로 이전됐다. 미시간주 데포드타운십(인구 6,800명)의 2인 경찰서는 지뢰탐지기와 군용 지프차를 비롯해 100만 달러어치의 군용 장비를 받았다.[22] 인디애나주 분카운티(인구 6만 7,000명)의 보안관 사무소는 중무장한 수륙 양용 돌격함정을 받았다.[23] 카운티 전체를 통틀어 가장 넓은 물이라곤 외딴 농장 옆의 작은 연못밖에 없는데도 상관하지 않았다. 테네시주 레바논(인구 3만 6,000명)은 탱크를 받았다.[24]

왜 가지고 놀지도 못하는 장난감을 가지고 있는 걸까? 격언을 빌려 말하자면, 망치를 들고 있으면 모든 것이 못으로 보이기 마련이다. 경찰 탱크를 가지고 있으면 월마트도 전쟁터처럼 보인다. 그리고 이는 누가 경찰 제복을 입으려고 하는지를 바꿔놓는다.

확실히 짚고 넘어가자. 다수의 경찰관은 지역공동체를 위해 일하겠다는 훌륭한 동기를 품고 있다. 그러나 일부는 그렇지 않다. "불량배, 고집쟁이, 성범죄자에게 경찰은 매우 매력적인 진로 선택지입니다."[25] 런던 광역경찰청 국장을 지낸 헬렌 킹Helen King의 말이다. 그녀 말이 옳다. 상당한 증거가 이를 뒷받침한다. 예컨대 경찰관들의 가정폭력은 매우 심각한 문제가 되고 있다. 가정폭력이 강도 높고 스트레스가 많은 그들의 직업과 연관이 있다고 주장한다. 그러나 강도가 높고 스트레스가 많은 다른 직업군에서 경찰과 비슷한 수준의 가정폭력이 나타나지는 않는 것으로 보인다. 더 설득력 있는 설명도 있다. 일부 폭력적인 사람이 경찰관과 같은 강력한 직업에 이끌리는 것은 다른 이들을 학대하고도 책임을 모면하기가 더 쉽기 때문일 수 있다는 것이다. 학대자가 경찰이라면 누구에게 신고해야 할까? "그런 사람들을 채용 과정에서 판별하고 솎아내는 것이 기관의 과제입니다." 킹이 내게 말했다.

적절한 사람을 경찰로 만드는 데에는 경찰서의 이미지가 지대한 영향을 미친다. 탱크와 공격용 차량의 존재는 누가 경찰이 되려고 하는지, 그리고 이들이 경찰이 된 후 어떻게 행동할지를 왜곡한다. 지역 경찰서에서 1033 프로그램을 통해 공격용 차량을 요청하려면 '요청하는 장갑차에 대해 추정되는 사용처, 임무 수행 시 필요를 제시'하라는 문구가 포함된 신청서를 작성하여 당위성을 보여야 한다. 지역 경찰서가 자신들의 직업을 군사 임무로 간주하기 시작하는 순간, 이들은 임무를 수행할 병사들을 고용하게 된다.

실제로 정확히 그런 일이 일어났다. 마셜 프로젝트에 따르면 미국인 중 군 복무를 한 이들은 6퍼센트가량이지만, 미국 경찰관 중 전직 군인은 19퍼센트에 달한다.[26] 정부 정책(그리고 대규모 자금 혜택)은 퇴역 군인의 전환을 장려하며, 퇴역 군인을 고용한 경찰서에만 주어지는 정부 보조금도 있다. 적절하게 운영된다면 좋은 생각일 것이다. 훌륭한 경찰특공대 경감으로 일할 수 있는 특성 중 상당수는 훌륭한 해병대 대위가 될 수 있는 특성과 겹치니 말이다. 군에서 복무한 사람은 대개 기강이 잘 잡혀 있다. 봉사에 이끌리는 이들도 많다. 게다가 경찰관과 마찬가지로 기꺼이 희생할 의향이 있다. 그러나 보스턴이나 캔자스시티의 치안을 유지하는 일은 바그다드나 카불을 순찰하는 일과는 다르다. 그런데도 오늘날 경찰이 되는 퇴역 군인은 대개 카불과 바그다드에서 복무했던 이들이다. 군인의 직업과 순찰 경찰의 직업은 같을 수 없으며, 두 유형의 서로 다른 기술을 억지로 융합하려 한다면 막심한 피해가 뒤따를 수도 있다. 만약 일부 전직 군인이 옛날에 하던 방식으로 돌아가 경찰 소유의 군용 지프차에 타고 치명적인 무기를 사용한다면, 과연 이를 두고 놀라운 일이라고 할 수 있을까?

그런데 여기에는 반전이 숨어 있다. 이런 효과는 경찰을 군대처럼 '느껴지게' 하는 몇몇 경찰서에서 가장 두드러지게 나타난다. 연구진은 범죄율·인구 규모 등의 변수들을 조정한 이후에도 잉여 군사장비를 가장 많이 구매한 경찰서가 애초부터 더 많은 민간인을 사살해온 경찰서이며, '나아가' 해당 경찰서에서 한 해 동안 사살한 민간인 수가 군사장비의 도착 '이후로' 상당히 증가했다는 사실을 발견했다.[27] 더 많은 민간인을 사살한 경찰서일수록 군사장비를 더 많이 갖고 싶어 했고, 군사장비를 더 많이 가질수록 사살률은 더 증가했다.

그럼에도 미국 내 경찰 개혁에 관한 논의 대다수가 경찰의 전술 변화에 초점을 맞추고 있다. 훈련 강도 완화, 바디캠 의무 장착, 목 조르기 금지, 무력행사 시 관리 감독 개선 등이다. 시도할 가치가 있는 개혁임은 분명하지만, 모두 경찰의 행동을 바꾸는 데 목적이 있다. 누가 경찰이 되는지에 관한 보다 근본적인 원인은 거의 아무런 주목을 받지 못하고 있다. 자신을 군인으로 여기고 경찰 활동을 전투로 보면서 과도한 공격성을 보이는 소규모 집단을 재훈련하는 데 수백만 달러를 사용하는 것과 처음부터 덜 공격적인 사람이 이 직업에 관심을 가지게 하는 것 중 어느 쪽이 더 효과적이겠는가? 미국의 경찰서장들에게는 경찰 집단에 '없는' 사람들에 대해 더 생각해봐야 한다고 설명해줄 현대판 에이브러햄 월드가 필요하다.

뉴질랜드가 이를 실현하고 있다.

경찰 조끼를 입은 한 아시아계 여성이 보이지 않는 용의자를 쫓아 언덕을 뛰어오르고 있다. 그녀가 카메라를 향해 돌아선다. "뉴질랜드 경찰이 진정한 변화를 만들어갈 사람을 모집하고 있습니다!" 화면이 순식간에 전환되면서 같은 용의자를 열심히 뒤쫓는 마오리 원주민 경찰관이 등장한다. "다른 이들과 지역공동체를 보살피는 사람들!" 마오리족 경찰관은 보행 보조기를 끌고 횡단보도를 건너는 노인을 지나쳐 달리다가 깜짝 놀라 돌아온다. 그러고는 노인이 안전하게 길을 건널 수 있도록 돕는다. 2분 넘게 추격이 이어진다. 마침내 여성 경찰관이 범인을 붙잡는다. "그거 놔!" 그녀가 용의자를 향해 소리친다. 그러자 범인 개가 모습을 드러내며 짖는다. 훔친 핸드백을 물고 있던 개는 입을 벌리며 핸드백을 떨어뜨린다. 뜨거웠던 추격전은 사실 복슬복슬한 보더콜리를 뒤쫓는 것이었다. '경찰이 될 만큼 충분한 관심이 있나요?'[28] 화면에 글씨가 번쩍인다.

이 장면은 뉴질랜드 경찰이 2017년에 진행한 명랑한 경찰 채용 홍보 캠페인의 일부다. 조지아주 도라빌과는 대조적으로, 메시지가 너무 뚜렷해서 거의 익살스러울 정도다. 무기는 전혀 보이지 않는다. 경찰 활동의 목적은 지역공동체를 돕는 것과 직결되어 있다고 명시한다. 광고 전반에 깔린 유쾌한 개그 요소 덕분에 홍보 영상은 SNS를 타고 들불처럼 번져 나갔다(인구가 4,800만 명인 이 나라에서 유튜브 조회 수 1,700만 회를 기록했다). "우리는 경찰 활동을 진지하게 여기지만, 우리 자신에 대해서는 그렇지 않습니다."[29] 뉴질랜드 경찰청 인적자원부 부책임자 케이 라이언Kaye Ryan이 한 말이다.

'배고픈 소년Hungry Boy'이라는 제목의 또 다른 영상은 뉴질랜드 경찰이 진행한 실험을 담고 있다.[30] 실험에서는 영양 상태가 매우 좋지 않아 보이는 한 소년이 도심 한가운데에서 먹을거리를 찾아 쓰레기통을 뒤지고 있다. 소년과 마주치는 사람들의 반응을 깜짝 카메라가 촬영한다. 몇몇 사람은 그냥 지나쳤는데, 또 몇몇은 가던 길을 멈추고 소년에게 배가 고프냐고 물은 뒤 도우려고 했다. 이 채용 광고는 인정 많은 이들을 부각했다. 화면에는 이런 문구가 나온다. '그들은 충분한 관심을 보였습니다. 당신도 그러신가요?' 광고는 '경찰이 될 만큼 충분한 관심이 있나요?'라는 로고로 끝을 맺는다. 가던 길을 멈추고 아이를 도우려고 하는 사람들이야말로 경찰이 되어야 한다는 뜻이다. 그냥 지나치는 사람은 지원하지 말아야 한다. 취약 계층에 연민을 느낀다면, 뉴질랜드 경찰은 당신과 함께하고 싶을 것이다.

뉴질랜드 경찰은 징벌하는 사람 대신 돕는 사람을 원했다. 장갑차나 총기, 위장복, 약에 취한 듯한 록밴드의 괴성도 없다. 경찰이 군비를 갖춘 점령군처럼 행동해야 한다고 생각하는 사람이 영양실조에 걸린 듯한 어린아이를 돕거나 짓궂은 개를 뒤쫓는 영상을 보고 헐레벌떡 지원서를 제출할 가능성은 크지 않다. 그런데 과연 여기에 의미가 있을까? 뉴질랜드 경찰의 채용 전략은 실제로 누가 경찰이 되는지를 바꿔놓았을까?

지난 몇 년 동안 뉴질랜드 경찰은 1,800여 명의 신입 경관을 채용했다. 채용 홍보 동영상은 여성과 마오리족, 아시아계, 태평양 도서 출신 등 민족적 소수 집단을 의도적으로 부각했다. "백인 남성을 원하지 않는다는 뜻은 아닙니다." 라이언이 내게 말했다. "그렇지만 그분들은 어차피 지원해주시거든요."[31]

나이 많은 백인 남성이든 10대 마오리족 여성이든, 모든 지원자는 실제 심사 과정이 시작되기도 전에 경찰관 한 명과 짝을 지어 20~40시간에 걸쳐 순찰하며 평가를 받는다. "만약 지원자가 지역공동체를 대하는 데 군사적이거나 적대적인 태도를 보인다면 잘못된 겁니다." 라이언이 설명했다. "우리 경찰관은 이렇게 말할 겁니다. '잠깐만, 저 사람은 잘못된 이유로 온 것 같은데'라고 말이죠." 지역공동체의 경찰을 군인처럼 무장시키고 군인의 채용을 강조하는 대신, 뉴질랜드 경찰은 웰링턴 시내에서 군인처럼 행동하는 사람은 애초에 경찰이 될 수 없음을 확실히 한다. 경찰 활동에 자연스레 이끌리지는 않는 사람들을 어느 정도 유인하여 채용하고 심사하는 것이다.

이 전략은 효과가 있었다. 전체 지원자 수가 24퍼센트 증가했다.[32] 이는 꽤 중요한 변화다. 뒤에서 자세히 살펴보겠지만, 더 좋은 사람에게 권력을 주려면 경쟁률을 높이는 것이 매우 중요하기 때문이다. 여성 지원자 수는 29퍼센트, 마오리족 지원자는 32퍼센트 증가했다. 현재 뉴질랜드 경찰 네 명 중 한 명이 여성인데, 이는 열 명 중 한 명에 불과한 미국과 대비된다. 뉴질랜드 경찰은 뉴질랜드의 인종 구성 비율을 거의 근접하게 대표하고 있다. 반면 미국의 주요 경찰서 수백 곳은 자신들이 순찰하는 지역공동체보다 백인이 평균 30퍼센트 더 많다. 예컨대 2014년 미주리주 퍼거슨에서 비무장한 흑인 남성이 경찰에게 살해당한 것을 계기로 폭동이 발생했을 당시, 지역공동체의 주민 세 명 중 두 명이 흑인이었다. 반면 퍼거슨의 경찰관은 열 명 중 여덟 명 이상이 백인이었다. 이로 인해 생겨나는 뻔한 문제들 이외에도, 경찰 활동이 인종적으로 편향되어 있다는 인식은 악순환을 만든다. 경찰이 인종적 소수 집단을 학대한다는 믿음이 널리 퍼진다면, 인종적 소수 집단을 학대하고 싶어 하는 사람들이 경찰에 지원할 가능성이 커진다. 이는 경찰 개혁의 어려움 중 하나다. 경찰 활동을 개선하려면 더 좋은 채용이 필요하고, 더 좋은 채용을 위해서는 경찰 활동을 개선해야 한다.

뉴질랜드는 이 문제를 정면으로 돌파했다. 이들은 독일 땅에 추락한, 그래서 눈에 보이지 않는 비행기들과 마찬가지로 경찰에 지원하지 않았던 보이지 않는 희망자에 초점을 맞췄다. 그 결과 뉴질랜드 경찰은 전 세계에서 가장 효과적이고 가장 권력 남용이 적은 경찰 중 하나로 거듭났다. 1990년부터 2015년까지 경찰에 의해 사살된 뉴질랜드인은 단 21명, 1년당 평균 0.8명꼴이다.[33] 인구수의 차이를 조정해 미국과 비교해보면, 미국 경찰은 연간 50여 명을 사살한 것으로 볼 수 있다(인구수 조정 없는 실제 수치를 보자면, 미국 경찰관은 2015년 한 해 동안에만 1,146명의 민간인을 사살했다[34]). 미국 경찰은 뉴질랜드에서 한 수 배워야 하지 않을까.

경찰이 어떤 역할을 하는가는 물론 중요하다. 그러나 누가 경찰이 되는가는 그보다 더 중요하다. 채용 정책을 제대로 고안하지 않는다면, 결국은 권력을 향해 달려드는 질 나쁜 불나방들을 끌어들이게 될 것이다.

때로는 문제가 이보다 더 심각할 수도 있다. 도라빌이든 웰링턴이든, 세상에는 경찰이 되고 싶어 하는 사람들이 많다. 그런데 만약 권위자의 자리 자체가 특별히 매력적이지 않다면 어떨까? 예를 들어 경쟁이 없다면, 자기 선택만이 중요한 요소가 된다. 만약 권력을 가지는 직업에 단 한 명만 지원하게 된다면, 멍청이든 얼간이든 상관없이 권력에 굶주린 그자는 춤추며 걸어 들어갈 수 있다. 최악의 통제광에게 레드카펫을 깔아주는 격이다. 실제로 이런 예가 우리 주변에 너무나 많다.

이웃집 독재자

로저 토레스Roger Torres(본명은 아니다)는 파이터, 즉 싸움꾼이다. 은유적인 의미에서만 싸움꾼이라는 게 아니다. 그는 실제로 종합격투기 실력이 뛰어난 사람이다. K.O.승 4회를 포함해 12승을 거뒀을 정도로 기록도 화려하다. 그는 이를 증명하기 위해 공식 홈페이지 링크까지 보여주면서 나에게 말했다. "별명이 대포였어요. 저는 타격이 세거든요."[35] 토레스가 으스댔다. 하지만 그는 아내와 함께 햇살 좋은 애리조나 지역공동체에 집을 살 때까지만 하더라도, 앞으로 수년 동안 빠져나오지 못할 결전을 치러야만 한다는 사실을 생각지도 못했다.

1970년, 주택소유자협회HOA라는 이름의 조직이 지배하는 지역공동체에 거주하는 미국인은 100만 명 남짓이었다. 현재는 4,000만 명에 육박한다.[36] 콘도미니엄협회를 더하면 3,000만 명이 추가된다. 지역을 초월하는 이 준정부들은 공과금, 관리유지비, 수리비, 공용 공간 유지비 등의 명목으로 연간 약 900억 달러를 징수한다. 이는 플로리다주 총세입의 약 두 배에 달하는 금액이다.

또한 HOA는 대체로 상세한 규칙을 수립해두고 있다. 수입 중 일부는 규칙을 어기는 사람에게 범칙금을 부과해 만든 돈으로, 수리 또는 개선을 위한 비상금으로 적립된다. 규칙을 보강할수록 비상금은 늘어난다. 그러나 정부 세금 징수원과는 다르게, HOA의 집행자는 머나먼 워싱턴의 공무원이 아니다. 이들은 주민들의 이웃이다.

여기서 문제가 발생한다. 이웃을 순찰하면서 사소한 잘못들, 예컨대 길 건너편에 사는 메리가 쓰레기통을 규칙대로 집 앞 보도에서 30센티미터 또는 그 이내에 두지 않고 60센티미터에 두었다고 무거운 범칙금을 부과하는 일을 누가 맡고 싶겠는가?

로저 토레스가 이사한 애리조나의 작은 지역공동체에는 HOA를 지배하기 위한 경쟁이 그다지 거세지 않았다. "다들 별로 관심이 없었어요."[37] 그가 말했다. "아무도 신경 쓰지 않았죠. 자리를 맡으려는 사람이 없어서 위원회를 다 채우지 못할 때도 많았어요." 그러나 누군가는 그 일을 해야 했기 때문에 기존의 사람들이 계속해서 매여 있는 꼴이었다. 그러던 중 마틴 맥파이프Martin McFife(역시 본명은 아니다)가 등장하면서 상황이 달라졌다. 그에게 HOA는 짐이 아니라 소명이었다.

HOA는 사람들에게 책임을 맡아달라고 구걸하던 참이었으므로, 맥파이프가 자원하자 단번에 영입했다. 맥파이프는 경쟁자 없는 선거에 출마했다. 하지만 그가 당선된 이후로 문제가 생기기 시작했다. "정말 불쾌한 자식이었어요." 토레스가 말했다. "그와 일하고 싶어 하는 사람은 아무도 없었죠."

토레스는 이것이 우연이 아니라고 추측했다. 맥파이프가 의도적으로 위원회 사람들의 심기를 건드려서 더는 협회 일을 할 가치가 없다고 생각하게 만든 것 같았기 때문이다. 정확히 그와 같은 일이 벌어졌다. 애초에 협회에서 일하기 싫어했던 재직자들이 재선 시기가 되자 모두 사퇴해버린 것이다. 맥파이프는 그 자리를 대신할 사람들을 손수 골랐다. 살아남은 비행기는 모두 '그의' 것이었다. 그는 독재자의 효율에 버금가는 권력을 공고히 쌓아 올렸다.

맥파이프는 정말로 마치 독재자가 된 것처럼 애리조나의 작은 지역공동체를 지배했다. 어느 일요일, 토레스는 집을 나서고 있었다. 다음 날이 쓰레기를 수거해 가는 날이었지만, HOA에는 엄격한 규칙이 있었다. 일요일 정오 전에는 길가에 쓰레기통을 내놓아서는 안 된다는 것이었다. 토레스는 급하게 나가야 했다. 시계를 흘끗 보니 오전 11시 55분이었다. 그는 쓰레기통을 바깥에 내놓았다. 5분 후, 정확히 정오가 되자 HOA 회원 한 명이 순찰을 나왔다. 토레스는 벌금을 물었다.

범칙금에 대해 이의를 제기할 때마다 감히 맥파이프 파벌에 도전한 벌로 더 많은 범칙금이 뒤따랐다. 토레스가 키우던 야자나무들이 갑자기 규칙에 어긋나는 것으로 판명됐다. 잎사귀 하나가 마치 시들 '것처럼' 보인다는 게 이유였다. 범칙금이 부과됐다. "그는 나무들을 해마다 적극적으로 다듬어서 영원히 당근 같은 모양으로 유지하라고 했어요. 그게 자기가 좋아하는 모양이라고요."

결국 토레스는 참지 못하고 맞서 싸우기 시작했다. 그는 규칙이 임의로 적용되고 있다며 공식적으로 민원을 넣었다. 얼마 되지 않아 우편 하나를 받았는데 새로 만든 규정이 가득한, 완전히 새로운 규칙집이었다. 일부 지침은 믿을 수 없을 만큼 상세했다. "집 앞 자갈은 애리조나에서 난 자갈만 써야 한다더군요." 토레스가 회상했다. "심지어는 오직 우리 집을 겨냥해 만든 규칙들도 있었어요. 영광스럽기 짝이 없었죠." 토레스는 뒤뜰 근처에서 청소년들이 마약을 하는 바람에 자신의 사유지에 보안 카메라를 설치해두고 있었다. 새로운 규칙집은 보안 카메라를 금지했다. "우리 집에는 장식용 바위가 몇 개 있었는데 맥파이프가 그걸 싫어했어요. 그러더니 소프트볼보다 큰 장식용 바위는 3분의 1 높이까지 땅에 묻어야 한다는 규칙을 새로 만들었더라고요." 토레스가 바뀐 규칙을 보고도 문제의 바위를 치우지 않자, 바위들이 하나둘 사라지기 시작했다.

항의를 결심한 사람들은 지역 HOA 독재자를 미치게 할 방법을 찾아냈다. 각자 앞뜰에 분홍색 플라밍고 모형을 저항의 표식으로 세워둔 것이다. 나머지 이웃들도 곧 뒤따랐다. 사방에 분홍색 플라밍고가 서 있었다. 맥파이프는 크게 분노했다. 게다가 끊임없이 채워지는 애리조나주 바깥에서 온 자갈들 역시 그의 분노에 기름을 부었다.

맥파이프는 결단에 나섰다. 토레스를 비방하는 내용이 담긴 'HOA 중요 소식'이라는 특별 문서가 모든 지역 주민에게 배포됐다. "여전히 죽은 야자나무 잎을 다듬기를 거부하면서, 이제는 분홍색 플라밍고 떼까지 세워두었습니다. (…) 토레스가 '정말로' 여러분의 '좋은 친구'이자 사려 깊고 도움 되는 이웃일까요?" 토레스의 실명을 (그것도 여러 번) 언급하며 겨냥한 이 소식지는 눈에 확 띄는 대문자로 장식되어 있었으며 다음과 같은 문구도 포함되어 있었다. "함정처럼 느껴집니다. 이런 수법은 전에도 본 적 있으며, 결국 동네의 쇠락으로 이어질 것입니다!" 어떤 문단은 이렇게 끝났다. "너무 많은 것이 걸려 있습니다. (…) 시간이 무엇보다도 중요합니다." 또 자신이 살펴본 바에 따르면 교체해야 할 전구가 일곱 개나 눈에 띄었다고도 했다. 지역공동체의 운명이 선택의 기로에 놓여 있었다. 다시 대형마트에 M113을 배치하고 수륙 양용 돌격함정을 꺼내올 때였다(실제로 HOA 회의에서 논쟁이 너무 격화됐기 때문에 협회에서 경찰에 돈을 주고 입회를 부탁하기도 했다).

그러자 토레스 측은 맥파이프가 예상하지 못했던 수를 두었다. 규칙집을 이용해 그를 막은 것이다. 이들은 숨어 있던 사소한 내규를 이용해 강제 재선거를 시행했다. 협회는 완패했다. "맥파이프는 쫓겨난 뒤로 제정신이 아니었어요." 토레스가 설명했다. "매일같이 동네를 순찰하면서 마음에 들지 않는 것을 빠짐없이 사진 찍었죠." 그가 발행한 후속 소식지를 나도 직접 볼 수 있었다. 소식지에는 제자리에 놓여 있지 않다는 선인장과 그의 마음에 들 만큼 제대로 물을 주지 않았다는 협죽도 화분의 사진이 가득했다. 전부 약간의 광기가 느껴졌다. 다음 선거에서 맥파이프는 패배의 잿더미를 딛고 불사조처럼 날아오르기 위해 출마했으나 고작 세 표를 받았다.

토레스는 집을 팔고 그곳을 떠나면서 다시는 HOA가 관리하는 집에서 살지 않겠다고 맹세했다. "옛 이웃들과 이야기하면서 알게 된 건데요." 토레스가 말했다. "제가 살았던 집을 산 사람도 맥파이프의 취향대로 야자나무 잎을 다듬지는 않는다고 하네요. 아주 눈엣가시일 거예요."

이런 이야기는 수백 가지도 넘게 찾을 수 있다. 심지어는 HOA의 권력 남용(횡령이 포함된 경우도 다수 있다)을 문서로 기록하는 데

전념하는 조직과 인터넷 하위문화도 존재한다. 이들의 경험은 귀중한 교훈을 보여준다. 권력에는 '언제나' 자기 선택 편향이 존재한다는 것이다. 걸핏하면 총을 쏘는 경찰관이든 권력에 굶주린 HOA의 독재자든, 권력은 그 권력을 위해 다른 이들을 제어하려드는 사람들을 끌어당긴다.

다행히도 우리가 권력의 경향성을 인식하기만 한다면 거기에 대응할 수 있다. 뉴질랜드 경찰이 알아차렸듯, 우리는 다른 유형의 나방을 불꽃으로 유인해볼 수 있다. 기업은 채용, 유지, 승진 메커니즘이 권력을 추구하는 사람이 아니라 권력을 효과적으로 사용할 사람을 끌어당기는지 검토해볼 수 있다. 정당은 지역공동체에서 누군가가 자신을 내세워주기만을 기다리는 사람이 아니라 정말로 좋은 지도자가 될 수 있는 사람에게 접근할 수 있다. HOA 또한 동네 폭군의 지배를 피하고 싶다면 같은 블록에 사는 사람들을 괴롭히려는 것보다 나은 이유로 협회에서 일하고자 하는 사람들을 채용할 수 있는 장려책(과 적당한 보수)을 고려해봐야 한다.

마지막으로, 다른 유형의 나방을 끌어당기는 것뿐만이 아니라 더 많은 나방을 끌어모으는 것도 중요하다. 권력 주위를 팔랑대는 나방이 더 많을수록, 부패하는 나방을 제거하고도 여전히 수많은 부패하지 않을 나방들과 함께할 수 있다. 하지만 경쟁이 발생하지 않는다면, 누구든지 가장 먼저 불꽃에 다가가는 나방이 권력을 가지게 된다면, 아마 권력에 굶주려 야자나무 잎사귀에 집착하는 폭군과 함께하게 될 가능성이 크다.

3장

권력이라는
망상

왜 우리의 석기 시대 뇌는 온통 잘못된 사람들에게 권력을 주게끔 되어
있는 걸까.

지도자 선택에서 발생하는 오류

미치 목슬리Mitch Moxley는 백업 댄서가 아니지만 뮤직비디오에서 춤을 췄다. 그는 모델이 아니지만 잡지 「코스모폴리탄Cosmopolitan」 중국 판의 밸런타인데이 특집호에 '중국에서 가장 섹시한 미혼남 100명'에 이름을 올렸다.[1] 13억 중국 인구 중 선택받을 수 있는 미혼남이 수억 명에 달했지만, 편집자는 목슬리를 선택했다. 그를 선택하기 전에 그의 사진조차 보지 않았지만 아무런 상관없었다.

편집자는 운이 좋았다. 목슬리는 잡지에 어울리는 외모를 가지고 있었다. 그의 머리카락은 실력 있는 미용사가 전문가용 가위와 비싼 헤어 제품으로 공들여 만진 것처럼 보였다. 목슬리는 화려한 호텔 바에 앉아 묵직한 위스키 잔을 손에 들고 취재차 몽골이나 북한에 다녀오면서 겪었던 기이한 이야기들로 상대방을 즐겁게 해준다고 해도 잘 어울릴 만한 사람이었다. 그러나 목슬리가 눈에 띄는 이유는 따로 있었다. 사실 그가 두드러지는 이유는 딱 하나였다. 그는 중국에 사는 백인 남성이었다.

어느 날, 베이징에서 프리랜서 저널리스트로 쪼들리며 살아가고 있던 목슬리에게 한 친구가 둥잉시의 일자리를 소개해주었다. 둥잉시는 중국 북동부에 자리한 작고 보잘것없는 해안 도시다. 둥잉시를 수식하는 유일한 명성은 '비밀 작전은 전쟁의 핵심이며, 군사는 비밀 작전에 의존하여 모든 수를 두어야 한다'라는 현명한 지침을 남긴 손자孫子의 출생지라는 점이다. 목슬리는 비밀 작전에 투입될 예정이었다. 다만 전장이 아니라 공장을 배경으로 펼쳐지는 작전이었다.

"일종의 행사를 위해 외국인 여러 명이 필요하다는 것 말고는 그 일에 대해서 아는 게 거의 없었습니다."[2] 목슬리가 내게 말했다. 기간은 일주일, 수당은 1,000달러였다. "친구가 저한테 올 거냐고 물어서 당연히 가겠다고 했죠." 친구가 품질 관리에 대한 모호한 이야기를 늘어놓았는데, 목슬리는 솔직하게 털어놔야겠다고 생각하고는 그에게 말했다. "이미 알고 있겠지만, 나는 품질 관리를 해본 경험도 없고 경영에 대해서도 아는 게 없어." 그러자 친구가 대답했다. "괜찮아. 양복 가져와."

돌아오는 목요일 아침 7시 45분, 목슬리는 다른 미국인 두 명, 캐나다인 두 명, 호주인 한 명과 함께 둥잉시로 향하는 비행기에 올랐다. 이들은 자신이 무엇을 위해 고용됐는지 전혀 모르고 있었다. 확실하게 알 수 있는 것은 새로운 공장을 방문할 때 사업가처럼 '보이는' 게 중요하다는 것뿐이었다. 목슬리는 나름대로 준비하기 위해 머리를 새로 자르고, 광나는 새 구두를 신고, 품이 맞지 않는 싸구려나마 양복을 차려입었다.

여섯 명은 둥잉시에 도착한 뒤 공장으로 출근해 첫날의 업무를 개시했다. 사람들은 그들에게 열정적으로 인사하고 사무실을 소개해주었다. 각자에게 마련된 책상이 있었다. 목슬리는 훗날 저서 『검열관에게 보내는 사과Apologies to My Censor』에서 이렇게 회고했다. "책상마다 회사 로고가 그려진 안전모와 오렌지색 안전조끼가 하나씩 놓여 있었는데, 조끼에 달린 커다란 지퍼에는 'D&G-DOLOE & GOB8ANA'라고 적혀 있었다."3 그러나 조끼에 쓰인 회사 이름만 가짜인 게 아니었다. 목슬리를 포함한 여섯 명은 기다려 마지 않던 공장 개업에 관여했다고 하지만, 사실은 존재하지 않는 캘리포니아 모 회사에서 온 사업가 행세를 위해 투입된 가짜였다. 만약 이들이 중국인처럼 보였다면 누구도 관심을 주지 않았을 것이다. 그러나 캘리포니아의 거물이 둥잉시에 왔다고 하면 눈에 띌 수밖에 없었다.

"우리는 사무실에 앉아서 잡지를 읽고 이야기를 나눴습니다." 목슬리가 말했다. "그러다가 하루에 한 번씩 견학 겸 공장을 돌았습니다. 메모하거나 여기저기 둘러보는 척을 해야 했죠." 견학이 끝나면 다시 잡지 읽는 일로 돌아갔다. 이게 그들의 일이었다. 한 친구는 이를 두고 '넥타이를 맨 백인 남성을 대여했다'라고 표현했다.

흥미 있는 투자자와 사업가 행세를 한 지 며칠이 지나자 드디어 대대적인 개업식이 열렸다. 시장도 그 자리에 참석했다. 의례적인 드레스를 입은 여성들이 레드카펫 위에서 미소를 지었다. 목슬리의 가짜 동료 중 하나였던 어니Ernie라는 남자가 가운데 서서 건네받은 연설문을 읽었다. "그가 가장 나이가 많아 보였기 때문에 그를 선택한 것이었습니다."[4] 목슬리가 설명했다. 그는 트렌디한 DOLOE & GOB8ANA 안전조끼를 뽐내며 초현실적인 행사를 지켜봤다. 연설이 끝나자 불꽃놀이가 이어졌다. 중국 가요가 스피커에서 흘러나오며 흥을 돋웠다. "그날 리본 커팅식을 왜 한 건지는 아직도 모르겠습니다." 목슬리가 회상했다. "공장이 아직 반밖에 건설되지 않았을 때거든요."

목슬리의 경험은 유일무이한 사례가 아니다. 신뢰감을 주기 위해 외국인을 투입하는 방식은 중국의 기이한 산업에서 오히려 흔히 있는 일이다. 때로는 신장개업한 바에 섹스어필을 더하기 위해 백인 여성을 고용한다. 어떤 사례에서는 데이비드 보렌스타인David Borenstein이라는 영화감독이 청두 시골에서 무대에 오르는 역할로 고용된 적이 있었다. 사회자는 그를 비롯한 가짜 밴드를 관중에게 '미국 최고의 컨트리뮤직 밴드, 트래블러Traveller'라고 소개했다.[5] 역할에 어울리는 사람들은 아니었다. 보렌스타인은 클라리넷을 연주했지만, 클라리넷이 컨트리뮤직에 주로 쓰이는 악기가 아니라는 사실은 아무도 모르는 듯했으므로 아무래도 상관없었다. 리드싱어는 '영어도 할 줄 모르고 노래도 그다지 못하는 스페인 여자'였다고 한다.[6]

이 에피소드들은 어떤 기이한 나라의 이야기처럼 들린다. 그러나 인간 사회의 근본적인 진리가 반영된 이야기다. 우리는 대개 어떤 사물 또는 사람이 실제로 누구이고 무엇을 할 수 있는지보다 어떻게 보이는지에 더 집착한다. 권력도 다르지 않다. 지도자처럼 보이는 사람은 지도자가 되기 더 쉽다. 둥잉시에서든 덴버에서든, 우리는 정확히 잘못된 근거를 바탕으로 온갖 사람들에게 권력을 준다. 중국 공장에서 목슬리에게 신뢰성이 뒤따랐던 것은 그가 백인 남성이었기 때문이다. 그런데 서구 사회라고 크게 다를까? 왜 우리는 그토록 소수의 사람에게 그토록 많은 지배력을 주는 것처럼 보일까?

미국의 500대 기업 중 468개가 남성이 운영하는 기업이다.[7] 여성은 6퍼센트에 불과하다. 같은 500대 기업 중 백인이 운영하는 기업은 461개로, 백인이 아닌 CEO는 8퍼센트뿐이다. 전체 미국인 중 백인이 아닌 이들은 40퍼센트다.

미국의 총인구에서 백인 남성은 약 30퍼센트를 차지한다. 그러나 미국의 종합경제지 「포천」이 선정하는 500대 CEO 중 전체의 86퍼센트를 차지하는 431명이 백인 남성이다. 사실 포천 선정 500대 CEO 중 이름이 존(John 또는 Jon)인 백인 남성의 수(27명)는 아시아계 CEO(16명)와 라틴계 CEO(11명)를 합한 수와 같다. 목록에 이름을 올린 흑인 CEO는 4명에 불과하다. 라틴계 또는 흑인 CEO 중 여성은 없다. 다음 표에서 포천 선정 500대 CEO의 대표성과 실제 미국 인구의 각 인구통계집단에서 드러나는 차이를 볼 수 있다.

인구통계집단	미국 인구 중 대략적인 비율(%)	포춘 500대 CEO 중 비율(%)
남성	50	94
백인 남성+여성	60	92
백인 남성	30	86
백인 여성	30	6
흑인 남성	6.5	0.8
흑인 여성	6.5	0
라틴계 남성	9	2
라틴계 여성	9	0
아시아계 남성	3	3
아시아계 여성	3	0.34

다른 나라도 더 나은 수치를 보이지는 않는다. 예컨대 영국에서는 2020년 여름 기준 FTSE 선정 100대 기업 중 여성이 이끄는 기업은 단 다섯 개였다. 심지어 100대 기업 중 스티브Steve라는 이름을 가진 CEO가 여성 CEO보다 더 많았다.

이런 왜곡은 대중의 인식 또는 인식의 부족에서도 드러난다. 기술 부문에서 두각을 드러내는 남성 리더의 이름을 대보라. 대부분 스티브 잡스Steve Jobs, 마크 저커버그Mark Zuckerberg, 일론 머스크Elon Musk, 빌 게이츠Bill Gates 등의 이름이 머릿속에 즉시 떠오를 것이다. 이제 기술 부문의 여성 리더를 대보라. 최근 한 설문조사에서 1,000명의 미국인에게 똑같은 질문을 던졌다. 응답자의 92퍼센트가 여성 기술 리더의 이름을 단 하나도 떠올리지 못했다. 8퍼센트는 떠올릴 수 있다고 말했지만, 실제로 이름을 말해보라고 했을 때 대부분은 이름을 대지 못했다. 실제로 이름을 댄 사람들이 가장 많이 내놓은 응답이 무엇인지 아는가? 알렉사Alexa(아마존의 음성인식 AI 비서-옮긴이)와 시리Siri(애플의 음성인식 AI 비서-옮긴이)였다.[8]

이런 격차는 사회의 인종차별 및 성차별을 반영한다는 점 이외에도, 특별한 재능을 가진 여성과 소수 집단이 백인 남성이 장악한 주요 기업에 입사하기를 단념하는 이유가 될 수 있어 더욱 문제가 된다. 영국 기업 내 권력 불균형을 해소하기 위해 광범위한 노력을 기울여온 전 정치인 트레버 필립스Trevor Phillips는 고위 임원급에서 나타나는 기울어진 인구통계를 가리켜 '눈 덮인 산꼭대기와 바닐라 빛 남자들Snowy Peaks and Vanilla Boys 문제'라고 일컬었다.[9] 민족적 소수 집단이나 여성이 직장 위계질서의 꼭대기를 올려다봤을 때 눈 덮인 산꼭대기와 바닐라 빛 남자들 이외에는 아무것도 보이지 않는다면, 그중 일부는 고위 임원진이 더욱 다양한 사람들로 구성된 회사를 찾아간다는 게 필립스의 논지였다. 필립스는 이것이 주요 기업에 문제가 될 수 있다고 말했다. 재능 있는 여성과 민족적 소수 집단이 빠르게 승진할 기회가 더 많은 소규모 스타트업으로 이동하는 사례가 많기 때문이다. "이들은 자신들이 아무 데도 가지 못할 것이라거나 그저 보여주기식으로 뽑힌 것이라고 생각합니다." 그가 BBC 뉴스에서 한 말이다.

기업만의 문제가 아니다. 2020년 기준, UN 회원국 193개국 중 여성이 수장인 나라는 전체의 8퍼센트가 조금 넘는 16개국에 불과하다.[10] 한 번이라도 여성 지도자가 이끌었던 국가는 단 58개국(전체의 30퍼센트)이다.

물론 UN 자체의 간부진도 그 선을 넘지 못하고 있다. 진전이 없는 건 아니지만, 속도가 너무 느리다. 2000년에는 여러 의회를 구성하는 선출직 의원 일곱 명 중 한 명이 여성이었다. 현재는 네 명 중 한 명으로 증가했다.[11] 좋아지긴 했지만, 여전히 참담한 비율이다. 게다가 성평등과 같은 이슈에서 전 세계를 선도해야 할 부유한 민주주의 선진국들을 좀더 자세히 살펴보면 그들이 말하는 미사여구나 내세우는 이상을 현실화하지는 못하고 있음을 알 수 있다. 1990년 일본 국회의 여성 비율은 2퍼센트 미만이었으며, 현재도 여전히 10퍼센트를 넘기지 못하고 있다. 미국은 1990년 7퍼센트에서 현재 23퍼센트로 비율이 세 배 넘게 증가했다. 그러나 전 세계 기준 정치권력을 가진 여성의 비율 약 25퍼센트에는 여전히 못 미친다.

성공담처럼 보이는 곳을 들여다봐도 대개 현실은 이처럼 좋지 않다. 의회의 여성 대표자 비율이 세계에서 가장 높은 나라는 중앙아프리카의 작은 국가인 르완다로, 61퍼센트가 여성 의원으로 구성되어 있다. 그러나 이는 남성 독재자 폴 카가메Paul Kagame가 자기가 낸 안건에 무조건 찬성하는 여성들을 교묘하게 그리고 냉소적으로 의회에 앉혔기 때문이다. 대개 힘없고 그의 독재정치를 무조건 따르는 여성들이 남성들보다 많다는 '이유로' 서방 공여국의 원조를 더 많이 받을 수 있기 때문이다.[12] 그는 대체로 여성을 지도자가 아니라 상징적인 소품으로 사용한다. 이 얼마나 비극적인 일인가.

현실을 직시하자. 게다가 우리는 잔혹하고 무능한 많은 이들을 권좌에 앉히고 있다. 언뜻 들으면 이상한 말 같다. 권력은 관계에서 비롯되기 때문이다. 다시 말하자면, 어느 개인도 혼자서 강력할 수는 없다. 강력해지려면 지배를 받을 사람이 있어야 한다. 그러므로 권력은 가지는 게 아니라 주어지는 것이다. 영장류 전문가 프란스 드 발은 이렇게 말했다. "추종자가 없다면 지도자가 될 수 없다."[13] 그러므로 당연히 이런 질문이 뒤이어 떠오른다. 왜 우리는 끔찍하고, 무능하고, 심지어 살인도 마다하지 않는 사람들이 우리를 지배하게 둘까? 그리고 넥타이를 맨 백인 남자들은 왜 이렇게 많을까?

선사 시대로 거슬러 올라가 보면, 우리 뇌의 잘못된 진화에서 어느 정도 해답을 찾을 수 있다. 어떻게 된 일인지 알아보려면 신호와 지위 상징을 더 자세히 들여다봐야 한다.

지위를 알리는 신호

당신이 스프링복이라면 살면서 가장 걱정되는 건 다른 누군가의 점심거리가 되는 일일 것이다. 특히 사자, 치타, 들개 무리와 마주친다면 눈 앞이 깜깜해질 것이다. 그렇다면 가까운 곳에서 당신을 노리며 침을 흘리고 있는 사자, 치타, 들개 무리를 발견했을 때 당신은 어떻게 행동하겠는가?

아마도 당신은 허공으로 뛰어올라 포식자에게 모습을 드러내는 행동은 본능적으로 피할 것이다. 하지만 스프링복은 정확히 그렇게 한다. 정말로 스프링 같은 모양새로, 마치 올림픽에서 자비 없는 러시아 심판에게 자세 점수를 평가받기라도 하는 듯 다리를 가능한 한 꼼짝도 하지 않고 꼿꼿하게 편 채로 최대한 높이 뛰어오른다. 스프링복이 땅에 다시 발을 디딜 때쯤이면 포식자들이 자기를 확실히 봤다고 자신할 수 있을 것이다. 임무 완료다. 그런데 왜 이러는 걸까? 배고픈 상태로 마트에서 장을 본 적이 있는 사람이라면 굶주린 존재의 눈앞에 무언가 맛있는 걸 보여주는 게 얼마나 지독한 일인지 잘 알고 있을 것이다.

스프링복의 이런 습성은 스토팅stotting 또는 프론킹pronking이라고 한다[14](우스꽝스러운 두 단어 중 더 마음에 드는 쪽을 고르시라). 진화생물학자들은 스프링복이 그 순간 포식자에게 자신이 얼마나 민첩한지 느껴보라는 식으로 이렇게 행동한다는 가설을 세웠다. 프론킹하는 스프링복은 쉽게 잡히지 않을 것임을 단단히 보여줬으므로, 빨리 점심을 해치우고 싶은 치타라면 다른 데 가서 알아보라는 말이다.

이런 유형의 행동은 동물의 왕국 전반에 존재한다. 이 행동들은 여러 동물 종이 모두의 수고를 덜어줄 정보를 빠르게 전달할 수 있도록 진화했다고 주장하는 '신호 이론signaling theory'의 예다.[15] 프론킹이 없다면 스프링복이 우사인 볼트Usain Bolt처럼 빠르다는 것을 치타가 알 수 있는 유일한 방법은 스프링복을 쫓아가 보는 것밖에 없다. 이는 치타와 스프링복 '모두에게' 도움이 되지 않는다. 양측 모두 의미 없는 추격전을 벌이느라 소중한 에너지만 허비하게 되기 때문이다. 스프링복은 프론킹을 하도록 진화하고, 치타는 가장 까다로운 올림픽 심판도 10점 만점을 줄 만한 개체를 피해야 한다는 점을 배운다.

프론킹 능력은 스프링복의 민첩성과 속도를 정확히 전달하기 때문에 정직한 신호로 알려져 있다. 정직한 신호는 사방에서 찾아볼 수 있다. 화려한 색의 개구리를 떠올려보라. 만약 그 신호를 무시하고 개구리를 잡아먹었다가는 독 때문에 치명상을 입을 것이다. 탓할 사람은 자기 자신밖에 없다. 개구리는 이미 경고했다.

그러나 모든 동물이 이처럼 올바르지는 않다. 어떤 뱀들은 사실 전혀 독이 없으면서 마치 독을 품은 듯한 색을 뽐낸다. 게다가 농게는 짝짓기할 때 경쟁 상대가 될 수도 있는 수컷들에게 경고하기 위해 우스꽝스러울 만큼 거대한 집게발을 가지고 있다.[16] 위협적으로 보이려 한다는 점만 제외하면 마치 야구 경기장에서 파는 커다란 손가락 모양의 응원 도구처럼 보인다. 농게가 싸움에서 지면 대개는 그 위협적인 집게발도 떨어져 나간다. 집게발은 다시 자라나지만 기존의 집게발보다 약하며, 사실상 다음번에 또 싸우게 된다면 질 수밖에 없는 요인이 된다. 그런데 과시적이지만 사실상 쓸모없는 새 집게발도 효과는 확실하다. 다행히도 다른 농게들은 집게발이 원래 있던 것인지 새로 자라난 것인지 구분할 줄 모르기 때문에 여전히 싸움을 피하는 데 도움이 된다. 범죄자가 은행을 털 때 진짜처럼 생긴 장난감 총을 휘두르는 것에 맞먹는 동물의 허세다. 이를 가리켜 정직하지 못한 신호라고 한다.

신호 이론에는 또 다른 중요한 차원이 있다. 신호를 드러내는 데 비용이 드는지 아닌지를 따져보는 것이다. 신호를 보내기 위해 불리한 점을 감수해야 하는가? 만약 그렇다면 비용이 드는 셈이다. 비용이 드는 신호의 좋은 예는 공작새다. 공작새의 깃털은 짝짓기를 원한다는 신호를 정확하게 드러내지만, 이로 인해 움직임이 둔해져 포식자에게 더 취약해진다(스프링복도 공중으로 뛰어오르면서 소중한 에너지를 쓰기 때문에 프론킹에도 어느 정도 비용이 따른다). 반면 어떤 신호에는 아무런 비용도 따르지 않는다. 빨간 줄무늬가 있는 개구리는 신호를 보내기 위해 따로 치르는 비용이 전혀 없다. 무늬를 가지고 있는 게 전부이기 때문이다.

이런 차원들, 즉 정직한 신호와 정직하지 못한 신호, 비용이 있는 신호와 없는 신호는 권력에 대한 인간의 행동을 분석하는 데에도 유용하다. 우리는 자신이 지배적이고 강력한지 또는 약하고 순종적인지에 관해 정직하거나 정직하지 못한 신호를 끊임없이 드러낸다. 때로는 자기도 모르게 신호를 보내고, 어떤 때는 의도적으로 신호를 보낸다(집 한 채 값과 맞먹는 화려한 자동차를 타는 사람은 어느 쪽이겠는가). 그런데 신호 이론을 보면 흥미로운 가설 하나가 떠오른다. 강력한 사람들은 그저 강력해 '보이는' 데 더 능한 사람들일까?

이를 알아보기 위해 1월의 햇살 좋은 어느 날 오후, 캘리포니아 버클리 캠퍼스에서 데이나 카니Dana Carney 교수를 만났다. 심리학자인 그녀는 버클리대학교 경영대학의 교수로서 권력에 관련된 모든 것을 연구하고 있다. 2010년, 카니의 연구가 세계적인 명성을 얻은 적이 있다. 그녀가 에이미 커디Amy Cuddy, 앤디 얍Andy Yap과 함께 놀라운 발견이 담긴 연구 논문을 저술했다. 이들은 사람들이 이른바 '파워 포즈power pose', 즉 더 많은 공간을 차지하고 힘과 자신감의 아우라를 뿜어내는 자세를 취하면 그 즉시 실제보다 훨씬 더 강력한 사람이 된 듯한 기분을 느끼고 그처럼 행동한다는 점을 발견했다.[17] 또한 파워 포즈를 취하고 있으면 호르몬이 급증하여 상황을 더 주도할 수 있다는 기분을 느끼게 된다는 점도 발견했다. 연구진은 이 간단한 기술을 통해 누구든 '즉시 더 강력해질 수 있다'면서 이 발견이 '현실적이고 실행 가능한 의의'를 가지고 있다고 주장했다. 카니의 공동 저자인 에이미 커디는 이 연구에 대해 「TED」에서 강연했다.[18] 총 6,000만 명이 시청했으며, 지금까지도 「TED」 강연을 통틀어 두 번째로 많이 다운로드된 강연으로 꼽힌다.

그러나 여기에는 문제가 하나 있었다. 다른 연구진이 이들의 발견을 재현하려 했으나 모두 실패한 것이다. 같은 포즈로 같은 실험을 진행했으나 그때마다 아무런 효과가 나타나지 않았다. 카니는 정직하게 대응했다. 훗날 그녀는 '파워 포즈 효과가 진짜라고 생각하지 않는다'고 말하면서 이 연구와 공개적으로 거리를 두었다[19](커디는 계속해서 연구가 타당하다고 주장하고 있으나 반대되는 증거가 계속해서 나오고 있다. 이 논쟁은 심리학의 '재현성 위기replication crisis'를 촉발하는 데 일조했으며, 이로 인해 연구의 생산·검증·출판 방식에 상당한 변화가 일어났다).

그러나 파워 포즈가 기분을 바꿔주지는 못할지 몰라도, 우리가 우리 자신을 드러내는 방식은 남들이 우리를 인식하는 방식에 확실히 영향을 미친다(공식적인 행사에 추레한 옷차림으로 가본 적이 있는 사람이라면 내가 무슨 말을 하는지 알 것이다). 카니의 다른 연구는 우리가 다른 사람을 상대로 어떻게 행동해야 하는지 판단하기 위해 상대방을 얼마나 빠르게 평가하는지를 보여주는 사례들로 가득하다.[20] 판단은 순식간에 이루어진다. 우리의 뇌는 엄청난 효율을 발휘해 아주 작고 사소한 단서를 바탕으로 복합적인 평가를 내린다. 그런 다음 거기에 살을 덧대 완전한 그림을 그리고 판단한다. 이를테면 높은 지위나 낮은 지위 또는 그 중간 어디쯤이라는 결론을 짓는다.

우리는 지위를 신호로 알리는 방법을 알고 있다. 거대한 집, 롤렉스 시계, 명품 옷 등은 모두 상당한 재산이 있음을 알리는 의도적인(그리고 비용이 드는) 신호의 예다. 그러나 모든 부자가 과시를 원하지는 않는다. 이는 종종 '오랜 부자old money'와 '신흥 부자new money'를 구분하는 분류법이 될 수 있다. 예컨대 케네디 가문이나 잉글랜드 여왕보다는 스물다섯 살짜리 스타트업 억만장자가 다이아몬드 박힌 노란색 페라리를 타는 모습을 보게 될 확률이 훨씬 더 높다. 막대한 부를 드러내는 신호는 특히 불우한 배경에서 자라난 사람들 사이에서 훨씬 더 두드러지게 나타난다. 가난을 이겨내고 이제는 새로운 지위로 살고 있음을 세상에 보여주는 메커니즘이기 때문이다. 경솔한 씀씀이일수록 신호를 더욱 효과적으로 보낼 수 있는데, 돈이 너무 많아서 사실상 아무런 목적 없이 지폐로 불을 지펴도 괜찮다는 의향이 드러나기 때문이다(가난하게 태어나 부자가 된 마약상들이 자신의 자동차에 실질적으로 아무런 기능이 없는 화려하고 값비싼 휠캡을 다는 이유가 무엇이겠는가). 캐나다 북서부와 미국의 원주민 사회에서 행하는 '포틀래치potlatch'라는 의례에는 심지어 지위가 높은 개인이나 가문이 의도적으로 재산을 '파괴해'

그렇게 할 수 있음을 보여준다.[21] 때로는 라이벌끼리 각자 얼마나 많이 파괴할 수 있는지 보여주는 것으로 경쟁하기도 한다. 비용이 너무 막대해서 결국 의례를 그만두는 사람이 체면을 구기는 셈이 되며, 대개 그에 따라 공동체 내에서 권력과 지위를 잃는다.

이처럼 지위를 획득하기 위한 메커니즘으로 재산을 허세적으로 전시하는 행위를 19세기 말 경제학자 소스타인 베블런Thorstein Veblen이 '과시적 소비conspicuous consumption'라고 이름 붙였다.[22] 이후 프랑스의 사회학자 피에르 부르디외Pierre Bourdieu는 기존의 관념과는 정반대로 이런 전시가 돈을 사회적 자산으로 전환하는 표현이기 때문에 완벽하게 합리적이라고 주장했다.[23] 예컨대 대개 자선가는 단순히 좋은 목적을 위해 거금의 수표를 내놓고 사회의 지도자라는 인식을 얻는다(이 점은 제프 베조스Jeff Bezos보다 빌 게이츠가 더 잘 알고 있는 듯하다).

연구진은 심지어 인간이 지위 신호를 보내기 위해 본능적으로 재산을 전시한다고 봤다. 생각조차 거치지 않는다는 것이다. 프론킹하는 스프링복이 치타에게 자신의 컨디션을 보여주기 위해 공중으로 뛰어오르겠다는 결정을 아마도 의식적으로 내리지는 않을 텐데, 이와 거의 같은 방식이다. 어느 실험에서 남자들에게 자선 모금에 기부해달라고 부탁했다. 누가 기부하는지 그리고 얼마나 기부하는지는 그 사람의 재산과 너그러움 등 상상할 수 있는 모든 종류의 요인으로 인해 상당히 폭넓게 나타났다. 이후 연구진은 실험의 조건을 살짝 바꾼 뒤 다시 진행했다. 매력적인 이성을 투입한 것이다. 평범하게 매력적인 여성이 자리한 가운데 자선 모금을 권한 경우, 남자들은 더 많이 기부했다. 엄청나게 매력적인 여성이 자리한 가운데 모금을 권한 경우, 남자들은 심지어 주머니를 탈탈 털기까지 했다.[24] 확실히 남자들은 매력적인 여자 앞에서 현금을 어느 정도 내보이는 것이 지위 신호를 보낼 수 있는 틀림없는 방법이라고 (의식적으로든 무의식적으로든) 믿었다(흥미롭게도 여자들은 그 자리에 매력적인 남성이 있는 경우에도 기부 패턴이 달라지지 않았다).

신호는 지위를 전시할 수 있는 중요한 지름길이다. 계좌 잔액이나 직업 타이틀을 이마에 써 붙이고 다니지는 않기 때문이다. 가난한 사람을 알아볼 수 있는 경우는 종종 있지만, 보는 것만으로 부유하고 강력한 사람을 구별하기는 훨씬 더 어렵다. 억만장자들도 청바지를 입는다. 게다가 동물들과 마찬가지로, 수많은 사람이 자신의 이익을 위해 정직하지 못한 신호를 이용한다. 길가에서 싸구려 모조 롤렉스 시계나 레이밴 선글라스를 파는 좌판은 당신 내면의 농게를 드러내는 데 도움이 되고자 그 자리에 있는 셈이다. 가장 효과적인 지위 신호가 정말로 값비싼 이유가 여기에 있다. 값비싸지 않다면 효과도 없을 테니 말이다.

예컨대 17세기 프랑스에서는 레이스가 지위를 나타내는 상징이었는데, 만드는 데 엄청난 비용이 들었기 때문이다. 당대의 엘리트 여성들은 가장 정교하게 돋보이는 레이스를 가지기 위해 막대한 자원을 쏟았다. 그러다가 레이스를 짜는 기계가 발명됐고, 누구나 레이스를 가질 수 있게 됐다. 레이스는 거의 하룻밤 새에 의미를 잃어버렸다.[25]

지위 상징은 심지어 반대로 바뀔 수도 있다. 과거에는 검게 탄 피부가 낮은 지위를 나타내는 분명한 표시였다. 실내에서의 여가를 누리는 삶을 살 수가 없어서 뜨거운 태양 아래에서 고된 밭일을 한다는 의미였다.[26] 그러나 1930년대가 되자 이 신호는 완전히 정반대로 바뀌었다. 검게 탄 피부는 어두컴컴한 사무실이나 공장 바닥에서 쉬는 대신 해가 쨍쨍한 곳에서 휴가를 보낼 수 있을 만큼 부유하다는 것을 의미했다. 어두운 피부톤은 부유하고 강력한 이들의 전시물이 됐다. 그러다가 태닝베드가 개발되면서 동네 멕시코 레스토랑 옆에 있는 허름한 숍에만 가도 멕시코에 다녀온 것처럼 보일 수 있게 됐다. 태닝을 덜 비싸고 정직하지 않은 신호로 이용할 수 있게 되자마자, 태닝의 권세는 줄어들었다(오늘날 태닝베드를 사용한다는 것은 피부암을 두려워하지 않는다는 또 다른 신호를 보낸다).

동물 종 중 하나로서 우리는 이와 같은 임의적인 신호에 사로잡혀 있다. 겉모습이 인생의 사다리를 오르는 데(또는 떨어지는 데) 한몫한다는 점을 이해하기 때문이다. 겉모습은 중요하다. 그러나 이런 형태의 신호는 미치 목슬리가 경험한 '넥타이를 맨 백인 남성' 문제를 이해하는 데 별다른 도움이 되지 못한다. 어쨌든 여성과 소수 민족 출신의 야망 있는 지도자들도 롤렉스와 레이밴을 사고 멋진 자동차를 몰 수 있다. 오늘날 리더십의 전당에 실제보다 적은 비율로 이름을 올린 공동체들도 인간 버전의 프론킹을 끝도 없이 할 수 있다. 그럼에도 권력 격차는 지속된다.

그렇다면 왜 우리는 책임자를 고르는 데 심각하게 왜곡된 결정을 계속해서 내리는 걸까? 다시 한번 먼 옛날로 돌아가 우리 종의 기원을 이해해보자.

우리 몸과 뇌의 불일치

만약 다음번에 다이어트를 시도하다가 실패하더라도 자기 자신을 탓하지는 말기를 바란다. 석기 시대의 조상들을 탓하면 된다. 우리의 뇌는 지난 수백만 년에 걸쳐 자라고 또 자라면서 침팬지 사촌의 뇌보다 세 배 크기로 커졌다. 하지만 대략 지난 20만 년 동안은 거의 같은 크기를 유지했다.[27] 인간의 정신이 광범위한 기간에 걸쳐 어떻게 변화했는지에 초점을 맞추는 진화심리학자들은 이를 바탕으로 '우리는 현대적인 두개골 안에 석기 시대의 정신을 담고 있다'는 결론에 도달했다.[28]

예컨대 우리의 정신은 생존하기 위해 설탕에 강력하고 긍정적인 반응을 보이도록 설계되어 있다. 20만 년 전, 설탕은 얌이나 과일 같은 음식을 통해서만 섭취할 수 있었다. 그러나 당시에는 품종개량이 이루어지지 않았기 때문에 과일이 아주 달지는 않았다. 진화생물학자 대니얼 리버먼Daniel Lieberman에 따르면, 우리의 수렵채집민 조상들이 먹었던 대부분의 석기 시대 과일은 기껏해야 당근 정도로 달았다.[29] 그래서 우리의 뇌는 과일 맛 시리얼이 아니라 은은하게 단 과일을 기준으로 설정되어 있다. 또 지방은 우리의 식습관에서 매우 찾아보기 힘든 영양소였기 때문에 우리는 손에 넣을 수 있는 모든 지방 조각이란 조각은 그 즉시 게걸스럽게 먹어치우도록 진화했다.

오늘날 우리는 정제된 설탕과 지방을 과거에는 불가능했던 속도로 우리의 혈관에 직접 수송한다. 현대 들어 급증한 당뇨와 비만은 우리의 몸과 뇌가 더는 존재하지 않는 생활양식에 맞춰 진화했기 때문에 생기는 '진화적 불일치evolutionary mismatch'의 예다.[30] 마찬가지로 진화심리학자들은 뱀과 거미가 오늘날 지구상의 인간 중 압도적 다수에게 사실상 아무런 위협이 되지 않음에도 본능적으로 겁에 질리는 데에서 불일치가 나타난다고 설명한다. 뱀과 거미는 수렵채집민이 목숨을 잃는 주요한 원인이었다.[31]

이런 불일치는 인간 사회가 너무나 급변했기 때문에 발생한다. 과거에는 설탕과 지방을 탐하는 뇌의 말을 잘 듣는 사람들의 생존 확률이 더 높았다. 하지만 오늘날 석기 시대적 본능을 따르는 사람들은 비만이 되거나 당뇨에 걸리거나 심지어는 사망에 이를 확률이 더 높다. 마찬가지로 우리는 이제 거미가 아니라 자동차를 두려워해야 한다. 우리가 삶을 살아가는 방식에 찾아온 급작스럽고 근본적인 변화를 우리의 뇌가 따라잡고 알맞게 적응할 시간이 없었던 것이다.

그러므로 만약 우리의 석기 시대적 정신이 식습관이나 두려움에서 불일치를 만들어냈다고 한다면, 마찬가지로 지도자를 선택하는 데에서도 불일치가 나타나는지 궁금해지는 게 논리적인 것으로 보인다. 우리는 석기 시대 조상들이 가장 이상적으로 여겼던 특성을 선호하도록 설계되어 있을까? 예컨대 송곳니가 칼날처럼 뾰족한 호랑이에게 더 잘 맞서거나 가젤을 더 잘 사냥하는 데 도움이 됐을 특성이 보험 회사의 중간관리자 역할을 잘 해낼 수 있는 사람의 특성이라고 믿게 된 건 아닐까?

우리가 지도자를 선택할 때 신체적 외형을 지름길로 삼는다는 증거는 매우 많다. 새로운 사실도 아니다. 플라톤은 『국가론The Republic』에서 어리석은 자들이 탄 배를 무능하지만 다른 사람보다 키가 더 크고 힘이 더 센 선장이 지휘하는 모습을 묘사하면서 이를 논했다. 그는 일가견이 있었다.

과학은 우리가 지도자를 고를 때 석기 시대적 뇌와 우리 종의 진화적 역사로 인해 여성보다 남성, 키 작은 남성보다 키 큰 남성, 그리고 우리와 닮지 않은 사람보다는 우리와 가장 닮은 사람에게 우선순위를 준다는 점을 보여주는 듯하다.

암스테르담 자유대학교의 진화심리학 교수 마르크 반 부그트는 지난 수십 년간 이처럼 왜곡된 선호도와 이를 만들어낸 불일치를 연구해왔다. 그는 저서 『선택된 자: 왜 어떤 사람들은 이끄는가, 왜 다른 사람들은 따라가는가 그리고 이는 왜 중요한가Selected: Why Some People Lead, Why Others Follow, and Why It Matters』를 통해 이런 선호도가 특정 상황에서 다른 상황보다 더 강력하게 작용하기는 하지만 언제나 존재하고 있음을 보였다. 그러나(여기가 중요한 포인트다) 이런 인지적 편향이 존재한다는 이유만으로 이것이 불가피하거나 받아들일 만하다거나 '자연스러운' 것은 아니라는 게 그의 설명이다. 이 어리석은 충동은 억누를 수 있고 억눌러야만 한다. 하지만 이처럼 고장 난 석기 시대적 사고방식이 대다수 현대인에게 존재한다는 점을 인정하지 않는다면 우리는 그 사고방식을 고칠 수 없다.

앞서 살펴봤듯, 수렵채집민 사회는 현대 사회보다 더 평평했다.

그러나 그 사회에도 이를테면 사냥 원정을 조직하거나 집단 내 의사결정 과정에서 조금 더 위엄을 가지는 비공식적 지도자가 존재했다. 이런 비공식적 지도자는 특정 유형의 인물에게 적합했다. 반 부그트는 이렇게 설명했다. "고대 인류에게 리더십이란 대개 사냥이나 전쟁에서의 신체적 활동을 의미했다. 리더는 다른 이들에게 모범이 되고 선두에 섬으로써 리더 역할을 했으므로 건강과 체력 그리고 두드러지는 체격이 리더를 선택하는 단서가 됐을 것이다."[32]

단순히 더 크고 힘센 개인에 대한 선호는 아니었다. 이들은 진화 과정에서 적극적으로 선택된 이들이었다. 반 부그트의 주장에 따르면 신체적으로 약한 지도자를 선택한 인간 무리가 사냥이나 라이벌 무리에 의해 사망할 가능성이 더 컸고, 이에 따라 이런 실수를 한 자들이 인간의 유전자 풀에서 제외됐다. 신체적으로 강인한 지도자를 선택한 무리는 생사를 가르는 순간에서 살아남을 확률이 더 높았고, 이로 인해 이들의 선택이 강화됐다.

이렇게 생각해보자. 지난 20만 년 동안 인류는 약 8,000세대를 지나왔다. 물론 7,980세대쯤은 몸집과 힘이 생존을 위한 주요 이점이었던 사회에 살았다. 이는 우리 종이 지나온 역사의 99.8퍼센트다. 이런 인식은 '진화적 리더십 이론evolutionary leadership theory'의 부상으로 이어졌다.[33] 우리의 사회적 세계는 변화를 거듭했지만, 뇌는 그러지 않았다. 인간은 현대의 현실을 더는 반영하지 않는 특정 근거들로 지도자를 선택하는 방법을 배워왔다. 이제 그 오래된 본능을 버릴 시간이다.

리더십 선택 실험으로 드러난 젠더 문제

약 10여 년 전, 명망 있는 대학교 소속 과학자들이 실험실 관리자에 지원한 학생들의 지원서를 평가해달라는 요청을 받았다. 일련의 이력서가 주어졌다. 과학자들은 심사를 통해 자질과 경력을 바탕으로 지원자를 평가하고 초봉을 제시해야 했다. "더 많은 학부생을 과학계 진로로 유도할 수 있도록 새로운 멘토링 프로그램을 만들고자 한다는 게 평가의 명분이었습니다."[34] 스키드모어칼리지의 코린 모스 라쿠신Corinne Moss-Racusin 교수가 내게 말했다. "교직원에게는 각 실험실의 관리자 지원자에 대해 정직한 피드백을 달라고만 요청했습니다."

그러나 여기에는 교직원들이 모르는 사실이 하나 숨겨져 있었다. 바로 이력서들이 가짜라는 점이었다. 지원자들의 자질은 다양했고 남들보다 탁월한 지원자와 뒤떨어지는 지원자도 있었다. 특히 가장 핵심적인 조작은 이력서의 첫머리에 있었다. 가짜 이력서마다 지원자의 이름은 여성 또는 남성의 이름 목록에서 가져와 무작위로 배정한 것이다. 똑같은 이력서인데도 세라, 알렉산더, 데이비드, 앤, 제임스 또는 케슬리가 낸 이력서처럼 보였다. 이것이 이력서 간의 유일한 차이였다. 이를 제외한다면 지원자들의 자질은 정확히 반반씩 같았다.

공정한 세상이라면 이름으로 인해 평가가 달라지지는 않을 것이다. 하지만 우리는 공정한 세상에 살고 있지 않다. 이 교직원 평가는 일관되게 남성 지원자를 더 좋게 평가하고 더 높은 초봉을 제시했다.[35] 평가를 담당한 교직원이 여성인지 남성인지는 상관없었다. 모든 교직원이 여성에 대한 편견을 드러냈다.

사회는 이처럼 오래도록 지속되어온 성차별에 천천히 눈을 뜨고 있다. 그런데 아직 해답을 찾지 못한 중요한 질문 하나가 남아 있다. 이 편견은 우리가 문화적으로 학습한 편견일까, 아니면 우리의 여성혐오 또한 선사 시대의 과거에 뿌리를 두고 있는 걸까?

인간이 역사를 기록하기 시작한 이래로 여성은 역사에서 제외되어왔다. 케임브리지대학교의 메리 비어드Mary Beard 교수는 저서 『여성, 전적으로 권력에 관한Women & Power』에서 고대부터 현대까지 이어진 성차별의 수많은 예를 제시한다. 고대 세계에서는 대체로 여성이 권력을 얻지 못했던 정도가 아니라, 여성에게 권력을 준다는 생각 자체를 터무니없는 발상으로 여겼다. 비어드는 이렇게 설명했다. "기원전 4세기 아리스토파네스Aristophanes는 여자도 국가를 운영할 수 있다는 '우스꽝스러운' 판타지에 희극 하나를 통째로 바쳤다. 여성은 공개적인 상황에서 제대로 말하지 못한다는 게 희극에 등장하는 농담 중 하나였다."

그가 강조했듯, 여성이 권좌에 오르면 대개 세 가지 경우 중 하나가 뒤따르는 경향이 있었다. 첫째, 여성을 남성스럽게 묘사했는데 이는 가능한 한 남자를 가장 비슷하게 흉내 내는 여성만이 권력을 열망할 수 있다는 뜻이었다. 둘째, 여성은 말할 때 '짖어댄다' 또는 '캥캥거린다'라고 묘사됐는데 여성이 인간의 언어라는 남성적인 재능을 신체적으로 누리지 못한다는 뜻이었다. 셋째, 여성은 음모를 꾸미거나 상황을 교묘하게 조작한다고 묘사됐다. 즉 어떻게 했는지 용케도 권력을 손에 넣은 강탈자이자 권력 남용자로 봤다.

2,000년을 빠르게 거슬러 올라와 봐도 이와 같은 성차별적 수사는 여전히 남아 있다. 어찌나 심하게 남아 있었던지, 1915년 페미니스트 작가 샬롯 퍼킨스 길먼Charlotte Perkins Gilman은 『허랜드Herland』라는 제목의 소설을 쓰지 않고는 배길 수 없었다.[36] 이 소설의 배경은 여성이 오직 여성만을 낳는 판타지 세계다. 남자는 존재하지 않는다. 여자가 지배한다. 길먼이 상상한 유토피아에는 전쟁도 없고 다른 이들에 대한 지배도 없다.

『허랜드』는 조금 극단적인 것 같지만, 더 많은 여성을 지도자의 자리에 올리는 일은 공정한 일일 뿐만 아니라 현명한 일이기도 하다는 점을 제시하는 증거들이 산처럼 쌓여 있다. 젠더 본질주의자gender essentialist(남자와 여자는 근본적으로 또 타협할 수 없을 정도로 특정 일을 잘하고 특정 일을 못한다고 믿는 견해로, 지난 수 세기 동안 여성에 대한 억압을 유지하는 데 사용됐다)가 되지 않도록 주의하는 것은 중요하다. 그러나 평균적으로 여성이 남성보다 독재정치에 덜 이끌리는 한편, 민주주의적 수단을 통해 지배하려는 열망이 더 크다는 점이 상당히 많은 연구를 통해 증명되고 있다.[37] 또한 리더십에 대해 상상할 수 있는 모든 평가 기준에 걸쳐 여성의 수행 능력이 남성과 비슷하거나 더 좋다는 것도 사실이다.*

---

* 여기에는 잠재적 교란 효과가 있을 수 있는데, 아이러니하게도 이는 남성 주도적 현대 사회에서 여성이 최고 수준의 역할에 오르기가 어렵기 때문이다. 여성은 정상까지 오르면서 너무나 많은 장애물과 부딪히기 때문에, 이를 해낸 여성은 평범한 전임자보다 조금 더 잘해서 그 자리에 오른 평범한 남성보다 더 탁월한 인물일 수 있다. 정상까지 오르는 길의 난이도 차이는 데이터를 왜곡하는데, 소수의 탁월한 여성들과 최소한 일부는 평범한 남성들을 비교하게 되기 때문이다.

요컨대 확실히 남성이라는 젠더는 권력 행사라는 측면에서 아무런 이점이 되지 않는다. 그러나 사회는 마치 이런 이점이 분명히 존재한다는 듯 돌아간다. 정치적 지도자에 관해서라면 젠더 정치가 얼마나 이상한 일인지 잠시 생각해보자. 블라디미르 푸틴Vladimir Putin은 상의를 벗은 채 말을 타는 사진, 유도 수련을 하는 사진 또는 그 밖의 활동을 통해 힘 있는 전사의 쇼맨십을 드러내는 사진을 규칙적으로 배포한다. 이런 신호는 효과적인데, 우리의 석기 시대적 뇌는 아직도 리더십에 대한 인식과 신체적 크기를 연결시키기 때문이다. 하지만 이것은 황당한 행동이다. 만약 병원에 수술을 받으러 갔는데 의사가 자신의 신체적 역량을 보여주기 위해 갑자기 팔굽혀펴기 스무 번을 해 보인다고 생각해보라. 아마 당신은 다른 의사를 요구하고 의사 면허 위원회에 신고할 것이다. 그러나 정치적 지도자에 관해서라면 현대 사회는 대개 남성적인 힘을 전시할 때 후한 점수를 준다. 진화적 불일치의 결과일 뿐, 이런 신호는 이제 실제와 아예 관련이 없다. 어쨌든 독일의 앙겔라 메르켈과 뉴질랜드의 저신다 아던Jacinda Ardern은 근래 가장 유능한 정치인으로 손꼽히고 있다. 두 사람이 벤치프레스를 얼마나 드는지 신경 쓰는 사람이 있을까?

리더십 내 성차별이 우리의 석기 시대적 뇌와 연관돼 있다는 말에 의구심이 든다고 해도(이 또한 이해할 만하다. 진화심리학에서도 여러 이론이 대립하고 있다), 문화적 여성혐오를 넘어서는 또 다른 일련의 연구 결과를 무시하기는 힘들 것이다.* 연구진은 현대의 컴퓨터 이미징 기술 덕분에 매우 높은 정확도로 안면 사진을 조작할 수 있게 됐다. 클릭 한 번으로 특정 얼굴의 전형적인 남성성을 높이거나 낮출 수 있다. 몇몇 과학자는 어떤 사람의 사진을 찍은 뒤 남성적인 인상을 조금 더 강화했을 때 우리가 해당 얼굴을 보고 받는 느낌이 어떻게 변하는지 알아보고자 했다.

이 관계는 생각만큼 단순명료하지 않다. 예상했겠지만, 리더십 선택 실험에서는 남성적인 얼굴이 여성적인 얼굴보다 더 많은 선택을 받았다. 그런데 리더십 선택 실험의 참여진에게 안보 위협(분쟁 위험 또는 진행 중인 전쟁)에 대항하기 위한 지도자를 선택해 달라고 하자 흥미로운 일이 벌어졌다. 남성성의 효과가 더욱 증폭된 것이다.[38] 이 실험들은 우리가 위기 국면에서 더 남성적으로 보이는 지도자를 무의식적으로 선호할 가능성이 더 크다는 점을 시사한다. 황당한 이야기이지만, 이 효과가 실제로 존재한다는 것은 데이터가 보여주고 있다.

반 부그트는 석기 시대였다면 훌륭한 전사나 사냥꾼이 됐을 남자들과 같은 신체적 특징을 가진 사람을 현대의 지도자로 고르는 경향이 우리에게 있다는 이 개념을 가리켜 '사바나 가설savanna hypothesis'이라고 부른다. 그는 이렇게 설명했다. "진화는 지도자를 선택하는 일련의 틀을 우리의 뇌에 아로새겨 놓았고, 이 틀은 협

---

* 진화심리학에 대한 주요 비판 중 하나는 핵심 주장을 검증하고 증명할 방법이 없다는 점이다. 20만 년 전으로 돌아가 당대 사람들을 대상으로 실험을 진행할 수는 없기 때문이다. 그러므로 어떤 압도적인 결론도 신중하게 대하는 게 좋을 것이다.

동이 필요한 특정 문제를 마주할 때마다(예컨대 전쟁 상황에서) 활성화된다."[39] 이는 독재자 스타일의 스트롱맨strongmen(이 용어는 우연히 탄생한 게 아니다)이 권력을 공고히 하기 위해 두려움을 부추기거나 갈등을 일으키는 이유 중 하나다. 위험을 인지했을 때 힘세 보이는 누군가에게 의지하게 되는 우리의 수렵채집민적 본능을 활성화하는 것이다. 우리는 우리 내면에 이처럼 편향되고 성차별적인 틀이 없다는 듯 모른 체할 수도 있고, 그게 아니라면 이 틀이 실제로 작동하고 있다는 것을 인정하고 극복하기 위해 노력할 수도 있다. 그 역시 투쟁의 한 부분일 뿐이다. 여전히 우리는 성차별 문화에서 습득되고 강화된 우리 내면의 여성혐오를 극복해야 한다.

사바나 가설은 남성 지도자를 선호하는 편향에만 관련된 것이 아니다. 가설이 정확하다면, 우리는 단순히 남성이 아니라 몸집이 크고 신체적으로 두드러지는 남성에게 이끌린다. 정확히 이것이 오늘날의 현실이다. 권력을 손에 넣으려면 키가 큰 편이 유리하다. 이런 일은 꽤 오래전에도 벌어졌다.

2,000년도 더 지난 옛날, 알렉산더 대왕Alexander the Great이 포로로 잡혀 온 페르시아 왕 다리우스 3세의 어머니 시시감비스Sisygambis에게 알현을 허했을 때의 일화다. 알렉산더 대왕은 절친한 친구이자 자기보다 키가 큰 헤파이스티온Hephaestion과 함께 있었다. 시시감비스는 키가 더 큰 헤파이스티온을 보고 왕으로 착각한 나머지 그의 앞에 무릎을 꿇고 목숨을 살려달라고 간청했다.[40] 이해는 가지만, 중대한 모욕이었다(어쨌든 알렉산더 대왕은 그녀의 목숨을 살려주었다). 일화가 시사하는 바는 명백하다. 사람들이 키를 지위를 예

측할 수 있는 꽤 정확한 요소로 여겼다는 점이다.

그로부터 수천 년 이후인 1675년, 프로이센 군대는 포츠담 자이언츠Potsdam Giants로 알려진 보병대를 편성했다. 이 연대가 여타 연대와 다른 유일한 특징은 병사들의 큰 키였다. 이 엘리트 연대에 지원하려면 키가 최소한 187센티미터여야 했는데, 당시로서는 이례적으로 큰 키였다. 일반적인 군주보다는 유별난 사람이었던 게 분명한 프로이센의 왕 프리드리히 빌헬름 1세Friedrich Wilhelm I는 자신이 병상에 누워 있을 때 기운을 북돋우기 위해 키 큰 병사들이 자기 앞에서 행진하게 했다. 또 프로이센을 방문한 프랑스 사절단에게 포츠담 자이언츠를 소개하면서 이렇게 말했다고 한다. "세상에서 가장 아름다운 소녀나 여인은 저에게 무관심의 대상이지만, 키 큰 병사들이란… 제가 너무나도 사랑해 마지않는 존재죠."[41]

그의 집착은 점점 거세져 유럽 전역에서 키 큰 사람들을 납치해 자신의 병사로 만들기 시작했다고 한다. 심지어 한번은 런던 길거리의 키 큰 아일랜드 남자 하나를 붙잡는 작전에 1,000파운드(당시로서는 엄청난 액수였다)를 들이기도 했다.[42] 납치 계획에 너무 큰 비용이 들어가자 키 큰 사람들을 육성하기 위해 키 큰 남자와 키 큰 여자를 강제로 결혼시켰고, 키 큰 아기에게 빨간색 스카프를 둘러 미래의 신병임을 표시했다. 프리드리히 빌헬름이 마차를 탈 때는 반드시 마차 양옆으로 키 큰 병사가 걷게 하고 마차 위로 손을 맞잡아 긴 팔을 뽐내도록 했다고 전해진다.[43]

프리드리히 빌헬름 1세의 기이한 성향을 차치하더라도, 키에 대한 이 모든 강박관념은 아무런 의미가 없었다. 그가 프로이센을 다스리던 시절에도 키라는 빼어난 특징은 근대 전투에서 사실상 이미 무력화된 지 오래였다. 총 한 자루와 방아쇠를 당기고 싶어 근질거리는 손가락만 있으면 됐다. 이를 오직 역사만이 쓸 수 있는 시를 통해 증명해 보이려는 듯, 포츠담 자이언츠는 그다지 크다고는 할 수 없는 나폴레옹 보나파르트Napoléon Bonaparte에게 격파당하면서 해체됐다.

이 키 큰 프로이센 병사들이 왕의 말마따나 아름다웠는지는 논쟁의 여지가 있다. 그러나 이들은 확실히 진화적 불일치의 아름다운 본보기다. 프리드리히 빌헬름은 더는 주요 이점이 되지 못하는 특징을 바탕으로 병사들을 선택했다. 포츠담 명사수를 뽑았더라면 더 좋은 선택이었겠지만, 그는 키에 집착했다. 언뜻 기이하고 비이성적인 행동처럼 보인다. 하지만 오늘날 우리가 내리는 선택을 자세히 살펴본다면 우리 또한 키에 집착하는 18세기 프로이센 국왕과 많은 공통점이 있음을 알게 될 것이다.

미국의 대통령들은 일관적으로 당대의 남성들보다 키가 컸다.[44] 계산기를 두드려본 연구진은 그 외 다양한 요인을 고려하더라도 일반적으로 키 큰 후보가 키 작은 후보보다 더 많은 표를 받았다는 점을 발견했다.[45] 키 큰 대통령은 재선될 확률 또한 높았다. 역사가 낳은 우연이라고 생각한다면 다음의 실험을 살펴보자. 연구진은 한 사진의 배경을 디지털 기술로 조작해 사진 속 사람을 평균보다 크거나 작아 보이게 만든 뒤 이를 실험 참가자에게 보여주었다. 각 참가자에게는 키 큰 남자와 키 큰 여자 또는 키 작은 남자와 키 작은 여자의 사진이 무작위로 제시됐다. 실험 결과에 따르면, 키 큰 남자가 더 리더 같다고 인식됐다.[46] 남자의 키는 지대한 영향을 미쳤다.

그러나 여자의 경우, 리더십에 대한 인식을 형성하는 데 키의 역할은 훨씬 작았다. 이는 키가 남성 사냥꾼 또는 전사에게 중요한 의미였으리라는 석기 시대적 뇌 가설에 딱 들어맞는다(하지만 이 뉘앙스는 호주의 야심 찬 여성 정치인 하즈날 반Hajnal Ban 앞에서는 완전히 퇴색되고 만다.[47] 그녀는 2002년 선거 입후보를 앞두고 다리를 부러뜨린 뒤 늘리는 수술을 통해 키를 8센티미터 가까이 키웠다. 그러고는 당선됐다).

비단 정치인만의 문제가 아니다. 18세기 독일부터 현대 미국과 독일까지 키 큰 사람이 경력 전반에 걸쳐 더 많은 돈을 번다는 점이 여러 연구를 통해 드러났다.[48] 한 연구는 키가 10여 센티미터 크면 평생 벌어들이는 수입이 평균적으로 20만 달러 더 많다는 상관관계를 발견했다.[49] 합리적인 근거는 없지만, 이는 현대의 불일치 중 하나로 남아 있다.

이처럼 우리는 여자보다 남자에게 그리고 키 작은 남자보다 키 큰 남자에게 권력을 준다. 그렇게 하는 이유 중 일부는 우리의 한물간 정신에 뿌리를 두고 있다. 하지만 이 또한 수수께끼의 한 부분일 뿐이다. 인종은 어떤가?

비합리적 얼굴 평가의 이유

우리는 일상에서 수십, 수백 또는 수천 명의 낯선 이들과 마주친다. 마트나 사무실처럼 자주 가는 장소에서도 완전히 모르는 사람과 스쳐 지나가는 일이 생긴다. 비행기를 자주 타고 다니거나 주요 대도시에서 사는 사람이라면 다른 나라 말을 하고, 다른 옷을 입고, 다른 문화권에서 온 사람과 마주치는 게 일상일 것이다.

그러나 우리의 수렵채집민 조상들에게 이런 만남은 극도로 드문 일이었다. 텃세가 있었기 때문에 미지의 땅을 탐험한다는 것은 러시안룰렛과 같았다. 생물학자이자 저술가인 재레드 다이아몬드는 저서 『어제까지의 세계The World Until Yesterday』에서 수렵채집민들이 모든 사람을 아군, 적군, 이방인이라는 세 가지 집단으로 분류했다고 논했다. 아군은 같이 무리를 이루어 사는 가족 수십 명 또는 좋은 관계를 맺고 있는 무리에 속한 사람들이다. 적군은 누군지는 알지만 같은 지역 내 라이벌 무리에 속한 사람들이다. 세 번째 범주인 이방인은 흔치 않지만, 안전하게 가려면 이들 또한 자동으로 잠재적 적군으로 간주해야만 한다.

선사 시대 수렵채집민은 지구 반대편에서 온 사람과 마주칠 일이 전혀 없었다. 다른 인종의 사람과 마주칠 가능성이 사실상 0에 가까웠다는 뜻이다. 그 결과 인종차별이 지난 수십만 년에 걸쳐 일어난 심리학적 진화에서 키와 젠더에 관한 편향과 같은 방식으로 강화될 수는 없었을 것이다. 게다가 우리 종의 기원을 생각해본다면, 석기 시대 수렵채집민은 대부분 오늘날의 유럽인 또는 미국인과 크게 다르게 생기지 않았다. 그렇다면 인종차별은 모두 문화적으로 습득되는 것일까?

안타깝게도 우리의 석기 시대적 뇌는 우리와 다르게 생긴 사람에 대한 심각한 편향을 만들어낸다. 생존을 위해 우리 사회적 인류는 작은 단서를 빠르게 활용해 누군가가 우리와 비슷한 모습의 아군인지 또는 우리와 다른 모습의 잠재적 적군인지를 판단하도록 진화해왔다. 이 충동 때문에 사회과학자들이 설명하는 개인에 대한 '내집단in-group' 또는 '외집단out-group' 분류가 탄생했다. 내집단의 개인은 포용해야 할 대상인 반면 외집단의 개인은 피하고, 물리치고, 심지어는 죽여야 하는 대상이다. 결정적으로, 외집단에 속한 이들은 잠재적 위협으로 간주될 가능성이 더 크다. 이 점에 대해서는 잠시 후에 다시 살펴보겠다.

이와 같은 불가사의하고 편협한 분류 메커니즘은 완전히 비합리적이지만, 오늘날에도 많은 이들이 여전히 이를 인지적 지름길로 삼고 의존한다. 한 실험에서는 영국의 연구진이 심리학 실험을 위해 축구 팬을 모집했다.[50] 맨체스터 유나이티드 팬이 아니었던 사람은 모두 지원 단계에서 탈락했지만, 참가자는 자신이 이런 이유로 선택됐다는 점을 알지 못했다. 이후 참가자에게 두 가지의 무관한 과제를 주면서, 두 번째 과제는 근방의 다른 건물에서 진행된다고 안내했다. 진짜 실험은 참가자들이 첫 번째 건물에서 두 번째 건물로 이동할 때 일어났다. 모든 참가자는 이동하는 과정에서 눈에 띄게 다쳐 도움이 필요한 사람(위장 투입된 연구진)을 마주쳤다. 모든 경우에서 이 만남은 동일하게 이루어졌지만, 한 가지 무작위 차이가 있었다. 전체의 3분의 1은 다친 사람이 맨체스터 유나이티드 유니폼을 입고 있었다. 다른 3분의 1은 다친 사람이 경쟁 팀인 리버풀 유니폼을 입고 있었다. 나머지 3분의 1은 다친 사람이 평범한 셔츠를 입고 있었다. 참가자들은 가던 길을 멈추고 맨체스터 유나이티드 유니폼을 입은 사람을 92퍼센트라는 놀라운 확률로 도왔다. 평범한 셔츠를 입은 경우의 35퍼센트, 경쟁 팀 유니폼을 입은 경우의 30퍼센트와 비교되는 확률이다. 사람을 도와줄 확률이 오직 로고 하나 차이로 세 배나 증가한 것이다.

또 다른 실험에서는 대학생을 대상으로 협동과 신뢰가 성공의 핵심인 팀 기반의 게임을 진행했다. 참가자들에게는 리더를 선택하는 데 두 가지 선택지가 주어졌다. 패배 전적이 있지만 우연히 참가자와 같은 대학교 출신인 사람 그리고 승리 전적이 있지만 다른 대학교 출신인 사람 중에서 리더를 선택할 수 있었다. 학생들은 일관적으로 모교 출신의 나쁜 리더를 선택했다.[51] 왜 그러는 걸까? 내집단과 외집단을 판별하는 우리의 선사 시대적 틀은 우리의 행동을 바꿔놓는다. 비합리적이고 최선의 이익에 해가 되는 경우라도 마찬가지다. 우리는 자신과 동일시할 수 있는 사람을 신뢰하고, '우리'에 속하지 않는 것처럼 보이는 사람을 의심한다.

현대 세계에서 선사 시대적 뇌가 가진 틀은 수 세기에 걸쳐 명시적 또는 묵시적 문화를 통해 습득한 인종차별과 만나 다른 인종 집단, 특히 소수 집단에 대해 한층 더 편향된 평가를 내놓는다. 이는 백인 서양인들이 때때로 흑인을 마치 잠재적 위협인 '이방인'처럼 대한다는 점을 보여주는 몇몇 비관적인 연구에서 잘 드러난다. 이 현상은 현대 사회를 좀먹는 체계적이고 제도적인 인종차별을 한층 더 복잡하게 만든다.

모든 인간의 얼굴은 얼마나 동안babyfaceness으로 보이는지에 의해 점수를 매길 수 있다('동안' 자체가 전문 용어다). 수없이 많은 실험이 증명해 보였듯, 우리는 다른 사람을 평가할 때 본능적으로 이 특징에 주의를 기울이고 이를 바탕으로 상대방을 판단한다. 사법제도에서 판사와 배심원은 동안인 피고인을 동안이 아닌 피고인에 비해 책임과 유죄 가능성이 적은 것처럼 대하며, 심지어는 피고인의 실제 나이가 같아도 마찬가지라는 증거가 있다.[52] 우리는 동안이 결백의 대명사라고 자연스레 믿는 듯하다. 동안은 대개 단단하고 어른스러운 특징을 가진 얼굴보다 덜 위협적이라고 인식되니 말이다.

그런데 여기에는 절망스러운 반전이 숨어 있다.

여러 연구에 따르면, 동안이 권력 획득에 도움이 되는지 해가 되는지는 인종에 따라 달라진다. 이 연구에서 드러나는 점을 살펴보자. 흑인들은 백인들의 눈에 위협적으로 보일 가능성이 크다. 어느 정도는 우리의 석기 시대적 뇌가 가진 '이방인' 틀 때문이며, 어느 정도는 오랜 세월에 걸쳐 습득되고 내재화된 인종차별의 기괴한 역사 때문이다. 여기까지는 놀라울 게 없다. 그러나 여러 실험에 따르면, 백인들은 흑인을 위협으로 보는 경향이 강한 만큼 동안인 흑인은 위협으로 보지 않는 경향이 있다.

후속 연구에서는 이로 인해 동안인 흑인이 동안이 아닌 흑인보다 백인 주도 사회에서 권력을 얻을 가능성이 더 크다는 점이 드러났다.[53] 백인은 더 어른스러운 얼굴의 흑인을 위협으로 보며, 이는 이들의 경력 성장이 축소되는 결과로 이어진다. 동 연구에 따르면 이 관계는 백인에게 거꾸로 적용된다. 비슷한 상황에서 동안인 백인 CEO는 위협적이라기보다는 더 약한 사람으로 인식된다.

정리하자면, 백인 주도 사회에서는 흑인일 경우 동안이 도움이 되고 백인일 경우 동안이 해가 되는 것처럼 여겨진다. 끔찍하기 짝이 없는 소리다. 하지만 이를 하나로 모아보면 사회에 이미 존재하는 인종적 편견들에 변화를 가져다주는 것처럼 보인다.

요점은 이렇다. 원시적인 위협 본능을 기반으로 하는 비합리적인 얼굴 평가는 현대 세계에서도 여전히 굳건하다. 이는 자질이 매우 뛰어난 민족적 소수 집단 출신의 사람들이 종종 자질 면에서 떨어지는 백인에게 밀려 지도자 자리를 내어주는 이유를 어느 정도 설명해준다(물론 이것이 변명거리가 될 수는 없다). 문제는 얼굴에서 그치지 않는다는 것이다. 연구자들은 채용공고에 에밀리Emily, 그레그Greg 등의 이름으로 가짜 이력서를 보냈을 때 같은 이력서를 라키샤Lakisha, 자말Jamal 등의 이름으로 보냈을 때보다 훨씬 더 많은 연락을 받았다. 흑인 같아 보이는 이름이 객관적 자질에 비해 차별당한 것이다.

한편으론 좋은 소식도 있다. 내집단 및 외집단 소속 기준이 반드시 인종이 될 필요는 없다는 것이다. 맨체스터 유나이티드 연구에서 알 수 있듯, 우리는 온갖 이유로 다른 사람을 자신과 동일시할 수 있다. 간단한 해결책이나 축구 유니폼으로 인종차별을 해결할 수는 없겠지만, 폭넓은 형태의 공동 정체성을 형성하는 것은 지도자 자리에 서양인이나 백인이어서가 아닌 가장 뛰어나고 빛나는 사람을 앉히기 위한 (수많은 단계 중) 중요한 첫 단계다.

그렇다면 어떤 조치가 이루어질 수 있을까?

첫째, 위계질서가 있는 모든 집단은 지도자 구성에 관한 인구 통계학적 데이터를 제공해야 한다. 포천 500대 기업 CEO 목록이 눈부신 이유 중 하나는 그 데이터를 쉽게 이용할 수 있기 때문이다. 인종차별과 성차별이 한눈에 보인다. 하지만 대부분의 기업에서는 인종과 젠더에 따른 심각한 왜곡을 그 기업에서 일하는 사람들이 정량화하기가 쉽지 않다. 문제를 해결하려면 문제가 존재함을 인지해야만 한다.

둘째, 만병통치약은 아니겠지만 블라인드 채용 및 승진을 가능한 한 모든 경우에 활용해야 한다. 실현 불가능한 상황도 많을 것이다. 어쨌든 작은 회사라면 이력서에 이름이 있든 없든 누구의 이력서인지 분간할 수 있을 테고, 대통령을 블라인드 테스트를 통해 뽑을 수는 없을 테니 말이다. 하지만 대규모 기업이나 최초 채용 시라면 지원서에 이름을 쓰지 않는 익명화 방법이 더 공평한 결정으로 이어질 것이다.

셋째, 채용 및 선발 심사단은 가능한 한 다양한 배경을 가진 사람들로 구성되어야 한다. 인간이 자신과 닮은 사람을 선호하는 편향을 기본적으로 장착한 듯하다는 점을 고려하면, 이런 근시안을 제거해야 더 나은 결정을 내릴 수 있을 것이다.

마지막으로 넷째, 이런 종류의 개입은 생애 중 훨씬 더 이른 단계에서 이루어져야 한다. 이상하게 들릴 수도 있겠지만, 학교 과제와 시험을 가능한 한 모든 경우에서 익명화하면 교사의 편향으로 생기는 어린 시절의 심각한 불평등을 줄이는 데 도움이 될 것이다(내가 수업하는 유니버시티칼리지런던에서는 내가 채점하는 모든 과제가 익명이다. 이 방법은 더 공정한 시스템을 만든다).

이 모든 방법을 쓰더라도 우리의 정신, 문화 그리고 인종차별 및 성차별 역사에 깊게 뿌리내린 체계적 불평등을 없앨 수는 없다. 하지만 각 방법을 통해 불평등에 의미 있는 흠집을 낼 순 있다. 이 흠집들이 모여 결국에는 우리와 다르게 생긴 사람들에 대한 원시적이고 습득된 우리의 편향에 구멍을 낼 것이다.

지금까지 우리는 인간 사회에 위계가 존재하는 이유와 부패하는 사람들이 위계의 정점에 오르려고 할 가능성이 더 큰 이유를 알아봤다. 또한 우리의 석기 시대적 뇌 탓에 특정 유형의 사람들에게 더 권력을 주게 되는 이유도 알아봤다. 그런데 여기에는 알아봐야 할 또 다른 문제가 있다. 부패한 사람이나 부패할 사람이 권력에 오르는 길을 효과적으로 조작할 수 있는 이유는 무엇일까? 더 노골적으로 말하자면 이런 것이다. 사회 지도자 중 나르시시스트 사이코패스 같은 사람이 왜 이렇게 많을까?

4장

악한 리더를
감지하는 신호

감정은 패자 측에서 발견되는 화학적 이상이다.

– 셜록 홈스Sherlock Holmes

성격을 이루는 어둠의 3요소

리치 아그넬로Rich Agnello는 교실 온도에 관해서 특별히 선호하는 바가 없었다. 뉴욕 스키넥터디라는 도시에서 특수학급을 가르치는 교사였던 그에게는 신경 써야 할 다른 문제들이 많았다. 그러나 2005년 말의 어느 겨울날이 되자 상황이 달라졌다. 교실이 너무 추웠다. 주철로 만든 라디에이터는 만져볼 생각도 들지 않을 만큼 차가웠다. 수업하기에 안전한 환경이 아니었다. "실제로 과학을 가르치는 친구한테 작은 온도계를 빌려서 벽에 붙였어요. 노동조합에 근무 환경을 얘기하려고요."[1] 아그넬로가 내게 말했다. 그는 실제 온도를 근거로 여러 번 문제를 제기했지만 전혀 나아지지 않았다. 결국 그는 직접 문제를 해결하기 위해 집에서 난로 두 개를 가져왔다.

다음 날 아그넬로가 출근해서 잠긴 교실 문을 열고 있을 때, 등 뒤에서 누군가가 슬그머니 다가오는 게 느껴졌다. "그래서 뒤를 돌아봤더니 스티브 라우치Steve Raucci가 저를 무슨 반인륜적 범죄라도 저지른 사람처럼 쳐다보고 있었어요."[2] 아그넬로가 회상했다. "그는 신경질적으로 난로를 가리키면서 저한테 소리를 지르기 시작했어요. '저건 불법입니다. 저런 걸 여기에 가져오면 안 돼요'라고요." (10년 전, 아그넬로는 〈미국인의 삶This American Life〉이라는 팟캐스트에 출연해 저널리스트 세라 쾨닉Sarah Koenig에게 당시 상황을 말하면서 라우치가 '두 눈이 튀어나올 것 같았고, 관자놀이의 혈관이 꿈틀거릴 만큼' 화를 냈다고 묘사했다.[3]) 아그넬로는 침착하게 대응해야겠다고 생각하고는 온도계를 가리키며 난로를 가져온 이유를 설명했다. 라우치는 설득되지 않았고 씩씩거리면서 가버렸다.

라우치는 스키넥터디 교육구의 관리 담당 공무원이었다. 교육구의 상부는 그에게 교육구의 에너지 요금을 줄이라는 명료한 임무를 내렸다. 라우치는 상부의 메시지를 기꺼이 받아들였다. 전기와 난방 요금을 줄이면 확실히 상사를 기쁘게 할 수 있을 터였다. 만약 성공한다면 승진까지 기대해볼 수도 있을 것이었다.

"제가 아는 선생님들은 이런 일도 당했어요." 아그넬로가 말했다. "컴퓨터를 켜놓은 채 퇴근하거나 허용되지 않은 커피 메이커 따위를 교무실에 두기라도 하면, 그가 관리인 직원을 시켜서 전선을 가위로 싹둑 자르고 다니게 했어요." 아그넬로가 가져온 난로는 전선이 잘리진 않았지만, 난로 자체가 사라지고 말았다.

"다음 날 학교에 출근할 때였어요. 걸어가고 있는데, 우리 교육구의 전기 기술자처럼 보이는 분이 제 난로 두 개를 옆구리에 끼고 계단을 달려 내려오시는 거예요." 아그넬로가 말했다. 그가 항의하자 전기 기술자는 주뼛거리며 "중앙관리사무소랑 얘기하세요"라고 말하더니 난로를 차에 싣고 급하게 떠났다는 것이다. "웃음밖에 안 나오더라고요. '지금 이게 무슨 일이지?' 싶었고요." 아그넬로는 지금도 스티브 라우치와 충돌했던 이야기를 떠올리면 웃음이 난다고 했다. 그의 동료들도 라우치와 갈등을 빚곤 했다.

라우치는 서열의 꼭대기와는 거리가 멀었다. 그의 연봉은 4만 2,000달러로, 학교 관리 공무원치고는 나쁘지 않지만 특별히 많은 금액도 아니었다. 그러던 중 그는 더 높은 곳으로 빠르게 올라갈 수 있는 길을 포착했다. 동료 중 하나였던 루 시미온Lou Semione이 교육구의 에너지 절약 황제 자리에 오른 것이다.[4] 이 자리에는 상당한 연봉 인상과 더 많은 승진 기회가 따랐다. 라우치는 자기가 그 자리에 오르고 싶었다. 그래서 그는 종종 하던 대로 음모를 꾸미기 시작했다. 누구도 그에게 권력을 안겨줄 생각이 없다는 걸 알기에 자신이 직접 손에 쥘 생각이었다.

라우치는 라이벌을 파멸로 몰아넣을 계획을 세웠다. 시미온의 비용 절감을 돕기 위해 상부에서는 에너지 사용량을 추적할 수 있는 새로운 소프트웨어 시스템을 배포했다. 이를 이용하면 에너지가 낭비되는 부분을 정확히 알아내고 중앙에서 조명을 소등하거나 점등할 수 있었다. 그런데 시미온이 새로운 소프트웨어를 어려워하는 것처럼 보였기 때문에 라우치가 자진해서 소프트웨어 관리를 맡았다. 그는 시미온에게 주기적으로 보고하면서 아무 문제도 없다고 확언했다. 그러나 시미온이 자리를 비울 때면 몰래 소프트웨어를 조작했다.[5] 에너지 사용량을 늘려놓으면 교육구에서 시미온을 해고하고 새로운 황제를 찾으리라는 생각에서였다. 캠퍼스에 아무도 없는 공휴일에 교육구에서 에너지를 가장 많이 잡아먹는 건물인 풋볼 경기장의 조명을 온종일 켜둔 적도 있었다. 또는 주말 내내 여러 건물의 불을 모두 켜놓기도 했다. 효과가 있었다. 시미온이 자리에서 쫓겨났다. 라우치는 상부에 자신에게 기회를 달라고 설득했다. 작은 왕국일지는 몰라도, 라우치는 그 왕좌에 올랐다.

시미온과 마지막으로 만나는 자리에서 라우치가 말했다. "루, 함께해서 엿 같았다고 말하고 싶네요."[6] 권력을 탐하는 비열한 자들이 대개 그러하듯, 라우치도 라이벌을 곱게 보내줄 수는 없었다. 모욕까지 해야 성에 찼다. 어쨌거나 그가 원하던 것을 손에 넣었다는 데에는 의심의 여지가 없었다. 교육구의 에너지 절약 책임자가 된 이후 그의 연봉은 여섯 자릿수로 올랐다. 자기 손으로 에너지 비용을 절감할 차례가 되자 라우치는 교육구의 전기 스크루지로 거듭났다. 아무리 한겨울이라고 해도 리치 아그넬로의 난로를 참아줄 순 없었다.

스크루지와 달리 라우치에게는 도덕적 각성의 순간이란 것도 없었다. 그의 행동은 오히려 갈수록 악해졌다. 그는 부하 직원들을 성희롱했으며, 그에게 도전하는 사람은 누구든 위협에 맞닥뜨렸다. 휴게실에서 잡담을 나누다가 '라우치가 내 타입은 아니'라고 말한 그의 비서는 대번에 더 열악한 사무실로 쫓겨나기도 했다.[7]

라우치는 매년 하는 크리스마스 연설(보통은 상사가 건배사를 외치고 모든 직원에게 덕담을 하는 자리)에서 누구도 자신을 뒤에서 욕해서는 안 되며 만약 그런 사람이 있다면 '제거'할 수밖에 없다고 경고했다. "벌은 저만 내릴 수 있습니다."[8] 라우치가 낮게 말했다. 오늘날 실제로 타이니 팀(찰스 디킨스Charles Dickens의 『크리스마스 캐럴Christmas Carol』에 등장하는 병약한 소년으로, 정신을 차린 스크루지가 후견인이 되어준다-옮긴이)이 있다면 라우치는 그 소년이 전동 휠체어를 충전하는 동안 충전 선을 끊어버리고도 남았을 사람이다.

라우치는 직장에서 더 많은 권력을 얻어가면서 교육구 조합이라는 새로운 왕국을 정복하고자 했다. 그러나 그가 조합 정치를 향해 원정의 깃발을 올리자, 고발장이 접수됐다. 익명의 제보자는 라우치가 관리부의 수장으로서 저지른 만행을 상세하게 적어 보냈다. 익명의 투서는 그가 조합의 지도자에 어울리지 않는다고 말하고 있었다.[9]

라우치는 격노했다. 누군가가 그를 배신한 것이다. 라우치는 할 그레이Hal Gray와 데보라 그레이Deborah Gray 부부의 짓이라고 짐작했다. 할은 관리부에서 라우치의 부하 직원으로 일했고, 데보라는 조합에서 근무하고 있었다.

2005년 5월 1일, 그레이 부부는 휴가차 라스베이거스로 가는 비행기를 타기 위해 아침 일찍 일어났다. 할은 집밖에 나섰다가 사방에 빨간색 스프레이 페인트 칠갑이 된 광경과 마주했다. 집 벽면에 커다란 글씨로 '쥐새끼'라는 단어가 적혀 있었다.[10] 페인트를 온갖 곳에 뿌려놓은 탓에 원상 복구하려면 막대한 돈이 들 것으로 보였다. 그레이 부부는 큰 충격을 받았다. 라스베이거스에서 잭팟을 터트려도 수리 비용을 감당할 수는 없을 것 같았다.

반달리즘vandalism(공공기물을 훼손하는 행위-옮긴이) 소식이 전해지 자 라우치는 직원들이 '정체를 알 수 없는' 범인의 작품을 직접 감 상할 수 있도록 순례 프로그램을 마련했다. 직원들은 (그것도 근무 시간 중에) 교육구 차량에 올라타고 편도 20분 거리의 그레이 부부 집으로 가 그 광경을 봤다.[11] 각 직원은 그레이 부부가 마땅히 당해 야 할 일을 당해서 기분이 좋다는 점을 라우치에게 보여야 했다.

2006년에는 교육구 직원이었던 그레이 디놀라Gary DiNola가 교육 구 감독관에게 라우치의 만행을 고발했다. 라우치가 이를 알아냈 다. 어느 날 디놀라가 차를 타려고 하는데, 자동차 타이어가 난도 질되어 있었다. 앞 유리 와이퍼 한쪽 아래에는 불이 붙지 않은 폭 발물 장치가 놓여 있었다. 메시지가 무엇인지 모를 수가 없었다.

반달리즘과 폭발물은 곧 감히 라우치에게 맞서고자 하는 이들 을 위협하는 언어가 됐다. 앞서 라우치의 괴롭힘에 시달렸던 론 크리스Ron Kriss는 상사에게 목소리를 내려다가 심하게 망가진 자기 트럭과 마주해야 했다. 라우치는 이 사건을 다른 이들에게 자랑했 다. "론 크리스는 내가 여기서 없애버린 자식이야. 걔는 항상 자기 트럭, 멋지고 자그마한 트럭을 홈디포에 주차해놓곤 했지. 누가 자기 차에 손이라도 댈까 봐 딱 정중앙에 세워놓더라고."[12] 라우치 의 말투가 마피아 보스처럼 들린대도 우연은 아니다. 그는 실제로 영화 〈대부〉에 나오는 돈 코를레오네Don Corleone의 사진을 사무실에 걸어놓았다.[13] "저희는 5년 넘게 공포 속에 살았어요." 크리스가 내게 말했다.

라우치의 부하 직원들이 공포에 떠는 동안, 그의 상사들은 희열에 젖었다. 라우치의 공격적인 에너지 경비 절감 덕분에 교육구는 수백만 달러를 절약할 수 있었다. 라우치가 해낸 것이다. 라우치는 아래에서부터 그를 쫓아오는 내부고발자로부터 자신을 보호하고 권력을 더욱 공고히 하기 위해 동맹을 맺어 제국을 건설하고자 했다. 교육위원회의 한 위원이 극심한 재정난에 시달리고 있다는 사실을 알게 된 라우치는 그에게 돈을 빌려주었다.[14] 대부가 된 관리인이 도움의 돈 봉투를 건네주고 다닌 셈이다.

그러나 모든 사람은 실수를 저지른다. 라우치처럼 꼼꼼한 계획자도 마찬가지였다. 라우치는 또 하나의 잠재적 라이벌을 위협하기 위해 폭발물을 심으면서 도화선으로 쓸 요량으로 피우다 만 담배 한 개비를 남겨두었다. 담배에는 DNA 흔적이 남아 있었다.[15] 라우치의 개입을 오래전부터 의심해왔던 조사팀에게 이를 증명할 기회가 찾아왔다. 어느 날 아침, 라우치는 자신이 가장 좋아하는 식당이자 전형적인 미국식 식당에서 산더미 같은 팬케이크와 거대한 오믈렛을 먹고 있었다.[16] 경찰은 그가 아침을 다 먹을 때까지 기다렸다. 그리고 라우치가 자리를 뜨자마자 그가 쓴 포크를 가져와 감식반에 보냈다. 결과는 '일치'였다. 라우치의 DNA가 불붙지 않은 담배 도화선에 남아 있었다.

이 증거만으로는 라우치를 그가 저지른 다른 범행들과 연결할 수 없었다. 그래서 경찰은 전직 경찰이자 현직 마약 중독자인 라우치의 친구 하나를 섭외해 녹음기를 숨겨 라우치의 행적을 녹음하게 했다. 음성 녹음본을 들어보면 정신 착란과 망상에 빠진 어느 직장인의 말을 들을 수 있다. 론 크리스의 표현을 빌리자면, 녹음본은 라우치가 '역겨운 자아도취'에 빠진 '나르시시스트 거짓말쟁이'라는 점을 보여주었다.[17]

테이프 중 하나에서 스티브 라우치는 학교 관리인의 전형과는 거리가 먼 망상을 드러냈다. "내가 세상을 떠나면 사람들은 늘 스티브가 어떤 일을 해냈는지 또 내가 무엇을 할 수 있었는지 이야기하겠지."[18] 라우치는 한 문장 안에서 1인칭과 3인칭을 오가며 으스댔다. "나는 모두의 영웅이야. 다들 스티브가 있어서 행운인 줄 알라고"[19] 라면서 자기 같은 사람은 '멸종 위기종'이라고 개탄했다. 또 자기 어머니가 쌍둥이를 낳았더라면 "나에게도 찾아갈 스티브가 있었을 테니" 좋았을 것이라고도 말했다.

또 다른 녹음본에서 라우치는 비밀 정보원에게 사제 폭탄물을 보여주었다. 자랑을 끝마친 라우치는 폭발물이 보이지 않도록 조심스레 화분 뒤에 숨겼다. 그곳은 어느 중학교에 있는 라우치의 사무실이었다. 수사관들은 테이프를 듣자마자 빠르게 움직였다. 아이들이 위험에 처해 있었다. 이들은 라우치를 체포했다. 경찰은 폭발물과 함께 야간투시경 또한 발견했다. 고등학교 체육관 바닥에 광을 낼 때는 필요하지 않으나 불빛 한 점 없이 캄캄한 밤에 남의 집을 파괴할 때는 꽤 유용할 물건이다. 2010년, 라우치는 최소 23년형에서 최대 종신형을 선고받았다.

라우치는 극단적인 예이지만, 권력을 남용하는 관리자는 직장에서 정수기만큼 흔하게 볼 수 있다. 이런 상사들은 악의는 없이 자만하고 자기중심적인 허풍쟁이부터 매우 사악한 유형까지 다양한 스펙트럼으로 존재한다. 이번 장에서는 왜 부패한 사람과 부패하는 사람이 그토록 효과적으로 승승장구하는지에 대해 알아보려고 한다. 그들은 어떻게 승진하는 걸까? 여기서 생각해봐야 할 심란한 문제가 하나 더 있다. 사이코패스는 더 좋은 리더일까?

라우치와 같은 사이코패스 나르시시스트 음모자 유형의 특징부터 살펴보자. 사실 이런 사람은 드물다. 당신의 상사나 코치, 당신을 멈춰 세운 경찰관이 선의의 사이코패스일 확률은 높지 않다. 그러나 이런 유형의 사람이 권좌에 오르면 너무나 막대한 피해를 일으킬 수 있으므로 특별히 주의할 필요가 있다.

우선 라우치와 같은 사람이 성가신 인물로 거듭나는 이유를 알아보겠다. 그런 다음에는 상대적으로 평범하게 못된 상사로 넘어가, 자만심과 오만함이 이런 인물들의 공통적인 특징인 이유를 살펴보겠다.

스티브 라우치를 보면 '어둠의 3요소dark triad'라는 전형적인 신호가 드러난다.[20] 어둠의 3요소는 마키아벨리즘, 나르시시즘, 사이코패스 성향이라는 세 가지 요소로 구성된다. 마키아벨리즘은 이탈리아의 정치철학가 니콜로 마키아벨리Niccolò Machiavelli가 남긴 '목적은 수단을 정당화한다'는 말은 한 가지 개념을 지나치게 단순화한 캐리커처에서 비롯됐으며 음모, 대인관계 조작, 타인에 대한 도덕적 무관심 등이 두드러지는 성격 특성을 가리킨다. 그리스 신화 속 나르키소스Narcissus(그는 자기 자신과 완전히 사랑에 빠진 탓에 파멸했다)의 이름을 딴 나르시시즘은 오만, 자아도취, 과장, 타인의 인정을 받으려는 욕구 등으로 나타나는 성격 특성을 가리킨다. 세 가지 요소 중 가장 어두운 요소인 사이코패스 성향은 공감 능력의 결여와 충동, 무분별, 조작, 공격성 등의 모습으로 나타난다. 세 가지 요소 모두 각기 다양한 정도로 존재한다. 어쩌면 당신의 핏줄에도 각 특성이 조금씩 녹아 있을지 모른다(그리고 이 문장을 읽는 사람 중 소수는 아직 진단받지 않은 '나르시시스트 마키아벨리주의자 사이코패스'일 것이다). 그러나 대부분 사람은 이런 특징을 해가 되지 않을 정도로 아주 조금씩만 가지고 있다. 한 사람에게 세 가지 요소가 극단적인 수준으로 응축돼 있을 때 문제가 된다. 그리고 이는 주변 사람에게도 문제가 된다.

모든 심리학적·정신의학적 프로파일링이 그러하듯, 어둠의 3요소는 다소 주관적으로 측정된다. 본래 진단 표준은 기나긴 설문지 형태였다. 그러다가 2010년 두 연구자가 단 열두 개의 질문을 통해 기존과 같은 결과를 효과적으로 얻을 수 있다는 점을 발견했다. 어떤 사람이 어둠의 3요소를 포함한 정신을 가졌는지 신속하고 대략적으로 측정할 수 있는 이 질문들은 '더티 더즌Dirty Dozen'으로 알려져 있다.[21] 여기에는 '나는 다른 사람을 내 뜻대로 움직이기 위해 조종하는 경향이 있다', '나는 양심의 가책을 느끼지 않는 경향이 있다', '나는 명성과 위신을 추구하는 경향이 있다' 등의 질문이 포함된다. 몇몇 질문에 '그렇다'고 대답하는 사람은 많겠지만, 모든 질문에 걸쳐 고르게 '매우 그렇다'고 대답하는 사람은 어둠의 3요소라는 특성을 높은 수준으로 가지고 있을 가능성이 크다.

물론 마키아벨리주의자 사이코패스가 자가 설문조사에서 자신의 완벽하지 못한 행동을 자백하지는 않을 것이다. 거짓말쟁이를 잡아내려면 더 탄탄한 측정법이 필요하다. 예컨대 사이코패스에 대한 임상 진단에서는 진단 대상자가 거의 취조처럼 느껴지는 기나긴 설문조사를 거쳐야 한다. 폭력범을 진단할 때는 대상자가 거짓말을 하지 않는지 확인하기 위해 증인 진술 및 사건 파일을 이용해 대상자에게 취조한 바를 검증한다.[22] 그러나 어둠의 3요소 특성을 가진 수많은 사이코패스는 화려한 기술로 다른 이들을 속여 그들이 친절하고 인정 많으며 책임자가 되어야 한다고 생각하게 만든다. 게다가 감옥 바깥에서는 사건 파일이나 증인 진술도 없다. 우리 사이에 웅크리고 숨어 있는 라우치들을 찾아내려면 우리가 직접 시도해보는 수밖에 없다. 그렇다면 어떻게 이들을 발견하고 그들이 우리의 지도자가 되지 않게 할 수 있을까?

치명적인 기만의 대가들

빅토리아호 연안의 동부-중앙아프리카에는 검은발개미거미 Myrmarachne melanotarsa라는 거미강 동물이 살고 있다.[23] 다른 거미종은 몸통이 둥그런 반면, 이 거미는 몸통이 길며 특히 마치 개미처럼 머리·가슴·배라는 세 부분으로 나뉘는 듯한 모양새다. 다른 거미강 동물처럼 네 쌍의 다리로 걷는 대신, 검은발개미거미는 세 쌍의 다리로만 걸으며 나머지 두 앞다리는 개미 더듬이를 흉내 내듯 높이 쳐들고 다닌다. 이동하는 모습도 개미 같다. 심지어 최근 연구에서는 이 거미들이 마치 그들만의 포템킨 빌리지를 형성하는 것처럼 개미 식민지에다 '비단결 아파트'를 짓고 공동으로 생활한다는 점이 발견됐다.[24] 한 연구자의 말을 빌리자면 '오스카상에 손색없는 연기'다.[25]

이처럼 복잡하게 위장하는 데에는 이유가 있다. 정확히 말하자면 두 가지 이유다. 첫째, 검은발개미거미는 포식자에게 잡아먹히지 않는데, 이들이 따라 하는 개미가 두려운 먹잇감이기 때문이다. 둘째, 검은발개미거미는 거미알을 더 쉽게 먹을 수 있기 때문에 개미로 위장한다. 거미들은 보통 개미를 경계하지 않는다. 이들을 잡아챌 거미줄이 있기 때문이다. 검은발개미거미를 보면 거미들은 방심한다. 그러면 개미처럼 생긴 이 거미들은 들키지도 않고 숨어들어 거미줄 사이를 유유히 돌아다니며 거미알을 우적우적 씹어먹는다. 〈내셔널지오그래픽National Geographic〉의 에드 영Ed Yong이 말했듯, 이들은 "기본적으로 거미에게 잡아먹히지 않고 거미를 먹기 위해 개미처럼 생긴"[26] 거미다. 과연 치명적인 기만의 대가들이라고 할 만하다.

사이코패스는 검은발개미거미와 공통점이 많다. 거미알을 먹거나 팔을 개미 더듬이처럼 공중에 쳐들고 다니지는 않지만, 정상적으로 작동하는 뇌를 가진 사람들을 모방하려 한다. 그리고 일단 위장하고 나면 대개는 다른 사람을 먹잇감으로 삼는다.

200년도 더 전, 프랑스 의사 필립 피넬Philippe Pinel은 한 남자가 개를 죽을 때까지 걷어차는 모습을 충격에 빠진 채 지켜봤다.[27] 남자는 아무런 양심의 가책 없이 무덤덤한 표정으로 개를 걷어차 죽였다. 마치 망치로 못을 박거나 쓰레기를 버리는 것처럼 평범한 일을 처리하는 듯 굴었다. 피넬은 이런 유형의 행동을 가리키는 새로운 분류를 만들고 'manie sans delire'라는 이름을 붙였다.[28] 이를 단어 그대로 해석하면 '섬망 없는 정신 이상'인데, 대개는 '도덕적 정신 이상moral insanity'으로 번역한다.

보통 사람에게 예컨대 무력한 동물이나 어린아이 등이 극도의 고통을 드러내는 것과 같은 폭력적인 이미지를 보여주면, 뇌에서 감정과 관련된 영역에 마치 불꽃놀이처럼 불이 켜진다. 공감의 생물학은 신경과학자들이 여전히 이해하기 위해 애쓰고 있는 영역이지만, 대체로 '상향식'과 '하향식'이라는 두 가지 시스템을 통해 작동하는 것으로 보인다. 상향식 시스템은 '마음 이론theory of mind' 또는 '멘탈라이징mentalizing'에서 비롯된 것으로,[29] 다른 이들이 무엇을 느끼고 어떤 의도를 가지는지를 이해하고자 한다. 하향식 시스템은 우리 뇌의 활동이 우리가 보고 있는 사람의 뇌 활동을 거울처럼 반영한다는 '거울 뉴런계mirror neuron system'와 관련이 있다고 알려져 있다.[30] 예컨대 뇌 스캔을 보면 누군가가 끔찍한 냄새를 맡은 듯 역겹다는 표정을 짓는 경우, 그 표정을 본 사람의 뇌도 해당 영역이 활성화된다.[31] 신경과학자들에 따르면, 이는 행복한 사람을 보면 더 행복해지고 슬픈 사람을 보면 더 슬퍼지는 '감정 전염' 현상을 일으키는 메커니즘일 수 있다. 대부분 사람은 극심한 고통이나 정서적 고통을 겪고 있는 사람을 보면 매우 불편한 기분을 느낀다.

하지만 인간이라고 해서 다 똑같지는 않다. 일부는 다른 이들보다 고통에 더 크게 반응하고, 또 일부는 반응하지 않기도 한다.

과학자들은 우리가 고통을 겪고 있는 사람을 봤을 때 그 반응으로 뇌 활동이 기준치에서 얼마나 변화하는지를 기능적 자기공명영상fMRI 장치를 이용해 정량화할 수 있다. 공감은 믿을 수 없을 만큼 복잡하지만, 이 방법을 이용하면 과학자들이 대략적으로나마 대체 측정을 할 수 있다.

발레리아 가졸라Valeria Gazzola와 크리스티안 키서스Christian Keysers는 여기서 영감을 얻어 사이코패스의 공감력을 측정했다. 이 연구에서는 임상적으로 폭력적 사이코패스 진단을 받은 스물한 명을 실험실로 옮겨 뇌를 스캔했다. 이때 스캔 장비 안에서 어떤 사람이 다른 사람을 해치고 있는 모습을 보게 했다. 연구자들의 예상대로, 사이코패스의 뇌에서는 보통 사람들과 다르게 뉴런 불꽃놀이가 전혀 일어나지 않았다. 감정과 연관되는 뇌 영역이 둔하고 잠잠했다. 타인의 고통을 신경 쓰지 않는다는 증거다.

그러나 여전히 수수께끼가 남아 있다. 사이코패스에 관한 책을 아무거나 펼쳐 읽어보면 십중팔구 첫 페이지에 '피상적 매력superficial charm'이라는 말이 등장한다. 사이코패스들은 말을 잘한다. 입담 때문일지언정 놀라울 만큼 호감이 가는 경우도 많다. 함께 있으면 재미있는 사람처럼 보인다. 이들의 성공 비결은 타인을 조종하는 것인데, 그렇게 하려면 타인의 경계심을 허물 수 있어야 한다. 타인의 감정에 전혀 공감하지 못하는 사람이 어떻게 그토록 효과적으로 사람들의 호감을 얻을 수 있는 걸까?

이를 알아보기 위해 가졸라와 키서스는 폭력적인 사이코패스의 뇌를 다시 스캔하기로 했다. 이번에는 가졸라 교수에게 다른 아이디어가 있었다. 교수는 사이코패스들에게 타인에 대한 감정을 시도해보라고, 즉 타인이 고통받는 모습을 보고 거기에 공감해보라고 명시적으로 요청했다. 그러자 실험 결과가 완전히 달라졌다.[32] 사이코패스의 뇌는 일반 사람들이 보이는 공감의 신경학적 징후를 그대로 흉내 냈다. 이로 인해 과학자들은 놀라운 결론에 도달했다. 사이코패스도 타인에게 공감할 수 있다는 것이다. 다만 공감이 자연스럽게 일어나지 않을 뿐이다. 이들은 하향식 및 상향식 처리 과정을 우리와 다른 방식으로 조절한다.

사이코패스가 평범한 사람을 흉내 내도록 지도할 수 있다면, 일반적인 뇌도 사이코패스처럼 생각하게 만들 수 있을까? 어느 정도 그렇다. "사람들은 누군가를 해고해야 함을 인지하는 경우, 그 일을 할 수 있도록 공감력을 하향 조절한다." 가졸라의 설명이다. "매력적인 데이트 상대가 되고 싶을 때는 공감력을 상향 조절해 상대가 드러내는 감정의 가장 작은 신호에도 완전히 주의를 기울인다." '정상적인' 뇌에서는 기본적으로 공감력이 더 자주 활성화되는 경향이 있는 반면, 사이코패스의 뇌에서는 기본적으로 비활성화되어 있는 것으로 보인다.

우리 또한 자기 자극magnetic stimulation을 비롯한 기술을 이용해 뇌의 공감 스위치를 어느 정도 끌 수 있다. 연구진은 '비침습적 뇌자극noninvasive brain stimulation'을 이용해 정상적인 사람의 공감력을 일시적으로 낮추는 데 성공했다.[33] 적절한 영역에 자극을 주면 당신도 끔찍한 이미지 앞에서 평소와는 달리 거의 아무런 영향을 받지 않을 수 있다. 짧은 순간 동안 무감각한 사이코패스의 사고방식으로 들어갈 수 있는 것이다.

사이코패스에겐 자연적인 상태를 무시하고 공감 스위치를 켜는 데 아무런 기술적 도움이 필요하지 않은 것으로 보인다. 이들은 자기 필요에 따라 마음의 스위치를 켜고 끌 수 있다. 어쩌면 이들은 오직 자기 마음에 들 때만 감정을 표적 무기처럼 이용하는 듯하다.

사이코패스가 타인에 대해 자연스러운 감정을 느끼지 못한다고 해서 이들에게 감정이 없는 것은 아니다. 사실 한 가지 감정은 사이코패스에게서 자연스럽게 매우 높은 수준으로 나타난다. 바로 분노다. 사이코패스의 뇌가 공감의 사막이라면, 한편으로는 분노의 우림이라고 할 수 있다. 그렇다면 이처럼 비정상적인 뇌는 사이코패스적 개인이 권력을 더 효과적으로 차지할 수 있는 이점으로 작용할까?

사이코패스라는 말을 들으면 희대의 연쇄살인마 테드 번디Ted Bundy(1970년을 전후로 미국 여러 주에서 연쇄살인, 유괴, 강간, 시체 훼손 등의 범죄를 저지른 자로 1989년 사형이 집행됐다-옮긴이)와 같은 악명 높은 이름들이 떠오를 것이다. 번디는 피상적 매력이라는 전형적인 사이코패스적 특징을 이용해 희생자들을 끌어들였다. 하지만 사이코패스를 연구하는 전문가와 이야기해보면 모두 같은 점을 지적한다. 끝내 감옥에 갇힌 사이코패스들은 실패한 사이코패스라는 것이다. 예컨대 스티브 라우치는 자신의 사이코패스적 성향을 숨기지 못했다. 타인을 공포에 몰아넣거나 유혹을 이기지 못했다. 분노를 조절하지도 못했다. 그의 크리스마스 연설에서 드러난

악의를 눈치채지 못한 사람은 많지 않았다. 라우치는 검은발개미 거미처럼 섞여 들어가지 못했다. 그는 말하자면 앞다리를 쳐들고 더듬이인 척해야 할 때 그렇게 하는 대신 폭탄을 심었다. 라우치에게는 자신에게 부족한 무언가를 흉내 내는 데 필요한 자제력이 없었다.

그러나 섞여 들어갈 줄 '아는' 사이코패스들도 많다. 성공적인 사이코패스들은 이사회실에 앉아 있다. 법안에 서명하고, 헤지펀드를 관리한다. 사이코패스 전문가 로버트 헤어Robert Hare는 이들을 "양복 입은 뱀"이라고 칭했다.34 이 뱀들이 권좌를 향해 미끄러지듯 나아갈 때, 어둠의 3요소가 종종 도움이 된다.

직원을 채용하고 승진시키는 과정을 떠올려보자. 성공은 매력, 카리스마, 호감에 달려 있다. 면접은 퍼포먼스다. 그 자리까지의 관문은 이력서와 멋진 자기소개서, 좋은 추천서로 통과했을지도 모른다. 하지만 면접실에 들어서는 순간부터는 사람들의 마음에 들면서 자신이 자질을 갖췄다는 인상을 주어야 한다. 만약 긴장하거나 소심하거나 부끄러워하는 모습을 보이면 채용될 가능성이 작다. 반면 자신 있고 세련된 태도를 보이고 날아오는 모든 질문에 제대로 대답한다면 선택받을 가능성이 더 크다. 나르시시스트이자 마키아벨리즘적인 사이코패스들에게 일반적인 채용 면접은 완벽한 무대다. 이들은 자기 자신에 대해 이야기하기를 좋아한다. 원하는 것을 손에 넣기 위해 전략을 짠다. 목적이 수단을 정당화한다. 그 수단이라는 게 자신에 대해 거짓말을 지어내거나 가짜 자격을 지어내는 일이라고 해도 상관하지 않는다. 게다가 피상적인 매력과 카리스마를 자연스럽게 드러내는 재능까지 있다. 우리의 채용 방식은 어둠의 3요소를 불균형적으로 높이 산다.

과학자들은 이를 추적하기 위해 채용 면접 퍼포먼스와 '인상 관리impression management'를 평가했다.[35] 우리는 누군가에게 잘 보이려고 애쓸 때마다 인상 관리를 한다. 잘못된 일은 아니다. 정상적인 행위이고, 누구나 그렇게 한다. 그러나 쓸데없이 큰 집게발을 가진 농게처럼, 때때로 우리는 인상을 관리하는 도중에 정직하지 못한 신호를 보낸다. 어떤 사람은 다른 이들보다 돋보이고자 거짓말을 서슴지 않는다. 그런데 사이코패스와 마키아벨리주의자는 채용 면접에서 평가를 받을 때 흥미로운 지점에서 다른 사람들과 차이를 보였다. 예상했겠지만, 강한 마키아벨리즘을 드러내는 사람들은 더 많은 이야기를 지어내고, 과장하고, 거짓말했다. 그런데 사이코패스들은 어떤 면접인지에 따라 이야기를 지어내고, 과장하고, 거짓말하기도 했다. 몇몇 부정직한 사람들은 이력서에 약간의 살을 덧대 더듬이를 흉내 내는 반면, 사이코패스는 채용 면접 때마다 마치 카멜레온처럼 움직이면서 면접자가 원하는 채용 인재상에 '따라' 자기 자신을 완전히 바꿔버린다. 모든 이력서에 걸쳐 일관되게 대학교 학점을 0.1점 올려 쓰고, 은행 면접에서는 가짜 경제학 학위를 대고 로펌 면접에서는 법률 관련 인턴십 경험을 지어낸다. 몇몇은 아예 허황된 페르소나를 기꺼이 만들어낸다. 지능적인 사이코패스라면(다수가 그렇다) 이들의 거짓말은 들통나지 않는다.

또 다른 연구에서는 연구진이 1,000명 가까이 되는 직장인을 대상으로 어둠의 3요소를 평가했다. 이들의 발견에 따르면 나르시시스트들은 더 많은 돈을 벌었고, 마키아벨리주의자들은 기업 내에서 승진하는 데 더 능했다.[36] 그러나 사이코패스적 성향은 더 높은 수준의 사이코패스적 성향을 기록한 이들의 경력에 해가 됐는데, 아마 다른 사람들과 섞여 들어가지 못하는 '실패한' 사이코패스 또는 자제력이 없는 사이코패스들 때문에 좋은 실적을 내기가 어려워서일 것이다. 충동적, 공격적, 심지어는 폭력적 행동을 조절하지 못하는 사이코패스가 직장에서 그에 따른 결과를 맞이한다는 증거는 많다. 상사에게 고함치거나 정수기에 주먹을 날리는 게 승진을 보장하는 확실한 방법은 아니잖은가. 게다가 당연한 말이지만, 그다지 똑똑하지 않은 사이코패스들도 있다.

하지만 어둠의 3요소는 대개 단독으로 존재하지 않는다. 세 가지 요소가 조화를 이뤄 작동하는 경우, 사이코패스의 가장 해로운 특징들은 노골적으로 드러나는 데 그치지 않고 이점으로 변모한다. 이사회실에 앉아 있는 사이코패스들은 자신을 제어하는 한편 타인을 제어할 방법까지 알고 있는 지능적 사이코패스들이다.

폴 바비악Paul Babiak, 크레이그 노이만Craig Neumann, 로버트 헤어(이들은 직장 내 사이코패스에 관한 세계 최고의 전문가다)는 어둠의 3요소가 기업 내 최고위 계층에서 어느 정도로 나타나는지 알고자 했다. 이들은 일곱 개 기업의 임원 200명 이상을 연구했다.[37] 연구 대상자들을 한데 묶어준 공통점은 이들이 모두 회사의 선택을 받아 경영 능력 개발 프로그램을 통해 기업 위계질서에서 더 높은 계층으로 올라가기 위한 훈련을 받은 사람들이라는 점이었다.

연구진이 발견한 사항 중 몇 가지는 놀라울 게 없었다. 최고 점수가 40점인 사이코패스 문답에서 압도적 다수의 대상자가 0, 1, 2점을 기록했다(테드 번디는 39점이었다). 이 문답에는 사이코패스 연구에서 흔히 사용되는 두 가지 기준점이 있다. 연구진은 22점 이상인 사람을 사이코패스가 될 수 있는 사람 또는 '잠재적' 사이코패스로 간주하고, 30점 이상은 확실한 사이코패스로 본다. 최상위 계층으로 올라서기 위해 단장하고 있는 200여 명의 관리자 중에서는 열두 명(6퍼센트)이 첫 번째 기준점을 넘어섰다. 이 중 30점 이상을 기록한 참가자가 무려 여덟 명(4퍼센트)에 달했다. 한 사람은 33점, 또 다른 사람은 34점을 기록했다. 감옥에 갇혀 있는 남성 범죄자들의 평균이 몇 점인지 아는가? 22점이다.

인정하건대 200여 명의 단편적인 그림만으로는 기업의 세계 전체를 대표할 수 없다(게다가 연구 대상자가 모두 미국인이었기 때문에 문화적 왜곡도 존재했을 것이다). 그러나 사적 부문의 지도자들을 살짝 들여다본 것치고는 심란한 결과다. 사회 전반을 표본으로 사이코패스 성향을 검사한 결과를 보면, 대략 500명당 한 명 정도가 30점 이상을 기록해 사이코패스 기준선을 넘어선다. 그런데 놀랍게도, 야망 있는 기업 관리자들을 대상으로 한 연구에서는 25명당 한 명꼴이었다. 결과가 일반적이지 않을 수도 있겠지만, 이 연구는 일반적인 인구보다 기업 임원진 중에 사이코패스가 약 20배나 많다는 점을 시사한다(몇몇 연구는 사이코패스가 일반적으로 100명당 한 명꼴이므로 기업 임원진 쪽이 네 배 더 높다고 주장한다[38]). 무엇보다도 흥미로운 점은 25점을 넘긴 아홉 명의 연구 대상자 중 '두 명이 부회장, 두 명이 이사, 두 명이 경영인 또는 관리자, 한 명이 기타 관리 직급'이었다는 점이다.[39] 표본 속 사이코패스는 정상으로 올라가기 위해 애쓰는 이들이 아니었다. 이미 정상에 있었다.

단순한 우연은 아닐 것이다. 어둠의 3요소가 이중 효과를 발휘하는 것일 수도 있다. 부패하는 사람의 권력욕을 더욱 키워주는 한편, 권력을 더 효과적으로 손에 넣을 수 있도록 만들어준다는 것이다. 이는 자비 없이 오직 사리사욕에 칼같이 초점을 맞추는 능력으로 귀결될 수도 있다.

일본의 한 연구진은 '최후통첩 게임ultimatum game'이라는 간단한 과제를 고안했다.[40] 규칙은 간단하다. 100엔을 받을 기회가 있다. 참여자 한 명이 무작위로 제안자가 되고, 나머지 참여자 한 명이 응답자가 된다. 제안자는 100엔을 어떻게 나눠 가질지 제안한다. 그가 공정한 사고방식을 가지고 있다면 각자 50엔씩 갖자고 제안할 것이다. 반면 이기적이라면 80:20 또는 90:10을 제안할 수 있다. 그런데 여기에는 반전이 있다. 만약 응답자가 제안을 거절한다면, 두 참여자 모두 아무것도 받지 못한다. 이 게임은 공정을 원하는 인간의 타고난 욕망과 경제적 사리사욕을 대결시키기 위해 설계됐다. 예컨대 이기적인 파트너가 95:5를 제안한다면 제안자에게 한 방 먹이고 싶긴 하겠지만, 객관적으로는 제안을 받아들이는 것이 경제적으로 이득이다. 수락하면 5엔을 받을 수 있지만 거절하면 그마저도 없다. 그러나 이기적인 행동을 벌하고 싶다는 우리의 본능적 욕구는 종종 사리사욕을 뛰어넘는다. 실험을 진행해보면 한계점이 70:30에서 발견되는 경향이 있다. 제안이 이보다 더 불공정한 경우에는 대개 제안자와 응답자 모두 빈손으로 떠난다.

그렇다면 사이코패스적 특징을 가진 사람들이 이 게임을 한다면 어떤 일이 일어날까? 사이코패스들은 더 합리적으로 결정하고, 자신에게 이익이 되기만 한다면 불공정에도 영향을 덜 받을까? 옳음과 그름, 정의와 불의, 공정과 불공정의 문제로부터 자신을 멀리 떼어놓는 차갑고 계산적인 뱀의 두뇌를 가지고 있는 걸까? 연구진은 정확히 그렇다는 것을 발견했다. 사이코패스 성향이 강할수록, 자신에게 이익이 되기만 한다면 아무리 불공정한 제안이라도 받아들일 의사가 더 강했다.

더 정확한 지점을 찾기 위해 연구진은 '피부 전도 반응skin conductance response' 또한 측정했다. 기묘하게도 피부는 우리가 '감정적 각성' 상태일 때 전도율이 더 높아진다. 그래서 피부의 전기 전도도를 측정하면 대략적인 감정 반응을 대체 측정할 수 있다. 앞서 살펴본 일본 연구에서 사이코패스 특징이 없는 사람들은 공정한 제안을 받았을 때 별다른 변화를 겪지 않았다. 그러나 뱀 같은 파트너에게 이용당하는 듯한 불공정한 제안을 받자 감정이 치솟고 격양됐다. 반면 사이코패스 특징이 더 강한 사람들은 공정하건 불공정하건 제안을 받았을 때 피부 전도율에 눈에 띄는 차이가 발생하지 않았다. 공정함이라는 문제가 이들에겐 별다른 영향을 미치지 않는 것처럼 보였다.

최후통첩 게임을 이용한 또 다른 연구에서는 참여자들이 MRI 기계에서 뇌를 스캔하는 와중에 게임을 진행했다. 이 연구에서 사이코패스 특징이 강한 참여자와 약한 참여자는 결과 면에서 큰 차이를 보이지 않았으며, 양측 모두 비슷한 정도로 불공정한 제안을 거절했다. 그러나 제안을 거절할 때 활성화되는 뇌의 영역이 달랐다. 일반적인 사람의 경우에는 불공정한 제안을 수락하거나 거절하는 결정을 내리는 동안 무엇이 옳고 무엇이 그른지 판단하는 규범적 의사결정과 관련된 뇌 영역이 가장 크게 활성화됐다. 이 결정은 도덕적 결정으로, 어떤 세상이 '마땅한지'에 관한 감정적 단서와 연결되어 있다.[41] 그러나 높은 사이코패스 성향을 기록한 이들은 같은 뇌 영역이 비교적 활성화되지 않았다. 대신 사이코패스들에게서 두드러지는 뇌 영역, 즉 분노와 관련된 뇌 영역이 80:20 제안을 받았을 때 활성화됐다. 세상이 이래서는 안 되기 때문에 화가 난 게 아니라, 자신이 받아 마땅하다고 생각하는 결과를 받지 못한다는 게 개인적 모욕으로 느껴지기 때문에 화가 난 것이다. 미묘해 보이지만 중요한 차이다. 라우치와 같은 실패하는 사이코패스는 화를 조절하지 못하며, 폭력적으로 변할 수도 있다. 80:20 같은 제안을 받았다가는 그 제안을 거절하고 제안자의 집에 불을 지를 수도 있다. 그러나 성공하는 사이코패스는 화를 다스릴 수 있는 한편, 연민에 흔들리지도 않는다. 많은 이들이 두 가지 요소의 조합을 이용해 상위 계층으로 올라간다. 성공하기 위해서라면 이들은 두 번 생각할 겨를도 없이 동료를 버릴 것이다. 이들의 무감각한 뱀의 뇌는 양복 입은 뱀이 되는 데 도움이 된다.

이런 특성 때문에 어둠의 3요소가 선택하는 직업군을 어느 정도 분류할 수 있다. 권력에 굶주린 나르시시스트 마키아벨리주의자 사이코패스들은 일반적으로 자선사업 따위에는 이끌리지 않는다(검은발개미거미처럼 약자들 사이에 몰래 섞여들려는 의도라면 또 모르지만). 옥스퍼드대학교의 연구심리학자이자 『천재의 두 얼굴, 사이코패스The Wisdom of Psychopaths』의 저자인 케빈 더튼Kevin Dutton에 따르면, 사이코패스가 가장 많은 10대 직업은 CEO, 변호사, TV/라디오 방송인, 판매원, 외과 의사, 저널리스트, 경찰관, 성직자, 셰프, 공무원이다.[42] 또 다른 연구에서는 어둠의 3요소 특성을 가진 이들이 지배적인 리더십, 즉 타인에 대한 통제와 관련된 리더십을 가질 기회가 따르는 지위에 강하게 이끌리며 특히 금융, 판매, 법률에서 두드러진다는 점이 발견됐다. 더튼의 목록에는 정치인이 언급되지 않았지만(아마 표본 크기가 너무 작아서였을 것이다), 한 연구에 따르면 워싱턴DC에는 미국 내 다른 어떤 지역보다도 인구 대비 사이코패스 수가 단연코 가장 많다.[43] 어둠의 3요소를 갖춘 사람이 가장 많은 분야 중 다수가 사회에서 가장 영향력 있는 분야에 속한다. 그 때문에 소수의 파괴적인 이들만으로도 큰 변화가 초래될 수 있다.

그렇다면 이런 생각이 떠오른다. 사이코패스는 드물지만, 권력에 더 강하게 이끌리고 권력을 손에 쥐는 데 더 능하다. 그러므로 권위 있는 자리를 비례 이상으로 많이 차지한다. 그렇다면 이들은 권위를 가지고 무엇을 할까? 계층 상승 과정에서 타인을 신경 쓰지 않는 사람들이라면, 더 많은 권력을 손에 쥔 이후에는 타인을 해치는 경향이 더 크지 않을까?

대학교에서 철학 입문 수업을 들어본 사람이라면 다음의 시나리오에 대해 고민해본 적이 있을 것이다. 온 동네 사람들이 게릴라 극단주의자를 피해 숨어 있다. 게릴라군은 남녀노소 가리지 않고 눈에 띄는 모든 사람을 죽인다. 아무도 발각되지 않고 살아남을 수 있겠다는 희망이 싹틀 무렵, 한 아기가 울기 시작한다. 온갖 방법으로 아기를 달래려고 애써도 소용없다. 아기가 울음을 멈추지 않는다면 온 동네 사람이 학살당하게 된다. 당신은 모두의 목숨을 구하기 위해 아기의 목을 조르겠는가?

이 괴로운 선택은 우리의 합리성과 가장 깊은 도덕적 본능 간에 갈등을 일으킨다. 당신이 직접 목을 조르지 않는다고 하더라도 아기는 어차피 게릴라의 손에 죽을 것이다. 반면 아기를 죽인다면 다른 모두가 살겠지만, '당신이' 아기의 삶을 끝내버리는 선택을 한 셈이다. 이 고통스러운 시나리오를 두고 사람들은 맹렬하게 대립한다. 아기의 목을 조르겠다는 사람도 있고, 절대 그럴 순 없다는 사람도 있다. 그러나 사이코패스들은 의견이 덜 갈린다.[44] 다수의 연구에 따르면, 이들은 더 초연하고 공리주의적인 태도로 사악하고 이기적인 행동을 보이는 경향이 있다. 자기 목숨을 부지하기 위해 무시무시한 일을 저질러야 할 때, 사이코패스는 덜 고민한다.

이 발견은 심란한 결론을 시사한다. 어쩌면 도덕적 자기반성에 면역이 있는 상태는 현대 사회를 살아가는 데 도움이 되는 것일지도 모른다. 어떤 이들은 부도덕한 CEO, 대통령, 총리가 나올까 봐 두려워한다. 또 어떤 이들은 지도자들이 비용과 편익에만 비정하게 초점을 맞출 수 있다는 데 안심한다(사이코패스 지도자들이 자신의 비용과 편익만을 계산하는지 또는 타인의 비용과 편익도 계산하는지는 또 다른 문제다). 다행히도 우리는 이런 문제들을 검증해볼 수 있다.

차갑고 계산적인 두뇌들은 남들보다 수행 능력이 더 좋을까? 연민의 족쇄를 벗어던질 수 있다는 건 재능일까?

브리티시컬럼비아대학교의 리앤 텐 브린케Leanne ten Brinke 교수가 내게 말해준 바에 따르면, 증거들은 다른 결론을 시사한다. "사이코패스는 매력적이고 카리스마 있어 보이는 덕분에 승진에 성공합니다. 그러나 사이코패스적 특징이 적은 사람에 비해 덜 유능한 경향이 있습니다."[45]

텐 브린케는 선출직 공무원을 연구했는데, 결과는 충격적이었다. 어둠의 3요소 스펙트럼에서 최대치에 더 가까운 의원들은 일반적인 뇌를 가진 동료 의원들보다 재선될 확률이 높았지만, 법안 통과율은 더 낮았다. 사람들을 설득해 권력을 얻어내기는 했으나 이를 제대로 사용하지는 못하는 것이다. 사회에서 어둠의 3요소는 물심양면으로 최악인 듯하다. 권력을 남용하는 사람들을 최상위 계층으로 올려주지만, 거기까지 올라간 이후에는 그들이 기대만큼 해내지 못하는 이유가 되기 때문이다.

텐 브린케는 또한 101명의 헤지펀드 매니저를 대상으로 하는 연구를 주도했다.[46] 헤지펀드 매니저라는 직업의 전문적 능력은 재정적 수익으로 쉽게 측정할 수 있다. 운이 좋아서 경제 성장 기간에 좋은 결과를 얻은 사람들만 연구 대상에 포함되는 일을 막기 위해, 연구진은 2005년부터 2015년까지 10년에 걸쳐 이들의 수행 능력을 연구했다. 이들은 사이코패스 수가 증가할수록 성과가 감소한다는 점을 발견했다. 이에 대한 한 가지 설명은 어둠의 3요소 특성을 가진 사람에게서 드러나는 높은 수준의 충동성 및 무분별한 위험 감수 경향과 관계가 있다. 사이코패스는 자신이 다른 사람들보다 영리하다고 생각한다. 우리와 마찬가지로 위험을 인식하지만, 대가를 치르지 않을 방법을 궁리한다. 이들은 멍청이들이나 자승자박에 빠진다고 생각한다. 따라서 사이코패스 헤지펀드 매니저들은 신중함 따위는 바람에 날려버리고 주사위를 굴린다. 그러다가 종종 큰돈을 잃기도 한다.

사이코패스가 위험을 체계적으로 간과한다는 말을 텐 브린케에게 들었을 때, 나는 이 말이 독재자의 많은 부분을 설명해준다는 생각이 들었다. 지난 10여 년간 나는 다수의 전직 독재자를 연구하고 인터뷰해왔다. 모든 독재자는 조금씩 다르다. 몇몇은 매력적인 사람이고, 몇몇은 기이하고 거리감이 느껴진다. 그런데 이들 모두는 비대한 자아를 가지고 있으며, 모두가 같은 위험을 안고 있다. 독재자가 된다는 것은 위험한 일이다. 사담 후세인Saddam Hussein, 무아마르 카다피Mu'ammar Gaddhafi, 니콜라에 차우셰스쿠Nicolae Ceauşescu는 목숨으로 대가를 치렀다. 미국이나 프랑스에서는 지도자가 실각하면 저서 집필에 나선다. 원로 정치인으로 대접받는다. 나이가 지긋해질 때까지 부와 존경 속에 살다가 세상을 떠난다. 그러나 독재자들은 그렇지 못하다. 대부분은 세 가지 중 하나의 방법으로 자리에서 내려온다. 어두컴컴한 밤 다른 나라로 날아가는 편도 비행기표 한 장을 손에 쥐고 떠나거나, 수갑을 차고 떠나거나, 관에 담겨 떠난다. 수를 헤아려보니 아프리카의 실각한 독재자 중 절반 가까이가 결국 추방되거나, 감옥에서 썩거나, 처형당했다.[47] 동전의 양면 같은 일이다. 아이티에서는 확률이 더 나빠져, 대통령 세 명 중 두 명이 이와 같은 처참한 최후를 맞이했다(피에 굶주렸던 어느 기간에는 아이티 대통령들이 차례대로 '추방, 추방, 폭격 피해, 투옥, 추방, 처형, 추방'됐다. 그 뒤를 이은 자는 특히 끔찍하게도 프랑스 공관에서 성난 폭도에게 끌려 나와 공관 주변의 철책에 찔리고 갈기갈기 찢겨 사망했다48).

여기서 문제를 하나 내보겠다. 이런 최후를 보고도 '나도 해보고 싶다'라고 생각하는 사람이 과연 있을까? 안타깝게도, 있다. 어둠의 3요소 특성을 가진 사람들이다. 이들은 자신이 특별하다고 확신하기 때문에 전임자의 위험이 자기에게는 적용되지 않는다고 여긴다. "'저들은' 멍청하니까 갈기갈기 찢겨 죽는 거지. 하지만 '나는' 절대 그렇게 되지 않을 거야." 게다가 독재자란 어둠의 3요소가 최대치인 자들에게 꿈의 직업이다. 이들은 마키아벨리주의자처럼 완전한 지배력을 손에 넣을 때까지 음모를 꾸민다. 내면의 사이코패스 덕에 누구든 골라 학대하고 고문도 할 수 있다. 그리고 그렇게 하는 동안 나르시시스트적 면모에 보너스를 더하듯 모든 사람에게 칭송받는다. 부하들이 "보스, 오늘은 발톱을 특히 멋지게 뽑으셨습니다"라고 알랑거릴지도 모른다.

다행히 우리 중 독재자의 폭력을 견뎌야 하는 사람은 많지 않다. 그러나 독재자의 권력에 박차를 가해주는 어둠의 3요소 특성은 우리가 일상생활에서 마주하는 몇몇 사람에게도 도움이 될 수 있다. 어쩌면 어떤 직업에는 일정 수준의 마키아벨리즘 또는 사이코패스 성향 또는 나르시시즘이 요구되는 것일지도 모른다. 이것이 바로『천재의 두 얼굴, 사이코패스』에서 더튼이 주장하는 바다.

그는 높은 수준의 어둠의 3요소 특성은 사람을 제대로 기능하지 못하는 괴물로 만들어버리지만, 다수의 '제대로 기능하는 사이코패스'들은 자신의 이익을 위해 비정상적인 두뇌를 활용한다고 주장했다. 새로운 주장은 아니다. 1980년대에 사회학자 존 레이John Ray는 이례적으로 낮거나 높은 수준의 사이코패스 성향은 우리에게 악영향을 미치지만, 적당히 제어된 수준의 성향은 압박감이 있는 상황에서의 수행 능력을 높여주고 비합리적인 감정을 바탕으로 한 나쁜 결정을 피하는 데 도움이 된다고 주장했다.[49]

더튼과 레이의 주장에는 일리가 있다. 어떤 직업에서는 압박감이나 감정에 흔들리지 않는 차가운 성격이 크게 도움이 된다. 더튼은 몇 가지 예를 들면서 외과 의사와 특수부대 군인을 강조했다. 두 직업 모두 감정을 최대한 배제할 때 최고의 성과를 낼 수 있다. 기능적 사이코패스는 또한 어떤 압박감에도 절대 무너지지 않는 훌륭한 폭탄 해체 기술자가 될 수 있다. 앞서 언급한 연구에서 엘리트 군인과 폭탄 해체 기술자는 강한 압박감을 받을 때도 심장 박동수가 큰 폭으로 증가하지 않았다. 몇몇은 실제로 압박감이 높은 상황에서 오히려 '더' 진정됐다.[50] 이와 같은 생리적 비정상성 덕분에 극한의 과제 앞에서도 압도되지 않고 과제를 수행할 수 있는 것이다. 어쩌면 어둠의 3요소를 이용해 사회를 조금 더 밝게 만들 방법이 있을지도 모른다.

그런데 문제가 하나 있다. 사이코패스가 기능적 사이코패스인지 아닌지를 어떻게 구별할 수 있을까? 사이코패스는 남을 조종하는 피상적 매력을 타고난다. 이들 중 대부분이 기만의 대가다.

잘못 판단했다가는 어떻게 되겠는가? 제대로 기능하지 못하는 사이코패스가 제대로 기능하는 사이코패스처럼 둔갑하고 특수부대에 들어간다면? 선별 검사와 심리 평가는 유용하긴 하지만 완벽하지는 않다. 게다가 만약 어떤 의사가 '기능적' 사이코패스라는 점을 정확히 알게 된다면, 그 사람에게 수술을 맡길 수 있을까?

다행히도 대부분의 상사는 어둠의 3요소에서 두각을 드러내지 않는다. 운 나쁜 경우가 아니라면, 당신의 상관은 완전한 사이코패스가 아닐 확률이 상당히 높다. 어느 면에서는 안심되고 또 다른 면에서는 심란해지는 말이다. 권위 있는 자리를 차지한 사람 중 압도적 다수가 사이코패스가 아니라면, 신경학적으로는 정상인 세상의 모든 작은 폭군들을 어떻게 설명해야 할까? 달리 말하자면, 모든 사이코패스는 자만이 심하지만 자만이 심하다고 모두 사이코패스는 아니다. 자만이 심한 사람은 우리 주변에도 흔하다. 어둠의 3요소를 갖춘 조종자를 운 좋게 피할 수 있다고 하더라도, 왜 우리는 자만심 가득한 멍청이를 일상의 온갖 측면에서 마주해야 하는 걸까?

'자만심'이라는 전략

거들먹거리는 상사를 만나게 되는 미스터리에 관해서는 의외로 미어캣이 통찰을 준다. 미어캣은 느슨한 무리를 지어 움직이는 약탈자로, 다음 먹잇감을 찾아 칼라하리 사막을 이리저리 떠돌아다닌다. 미어캣은 이제 어디로 갈지를 어떻게 정할까?

과학자들은 이들이 소리 내어 '이동 신호'를 보낼 수 있음을 발견했다.[51] 이동 신호는 이제 움직일 시간이라는 분명한 메시지를 담고 있다. 때때로 무시당할 때도 있지만, 대개는 이동 신호를 따라 움직인다. 어떤 차이가 있을까? 과학자들은 일련의 실험을 통해 독특한 사실을 발견했다. 어느 미어캣이 이동 신호를 보냈는지는 중요하지 않았다. 사회적 지위는 관계없었다. 오히려 얼마나 분명한 모습으로 신호를 보냈는지가 중요했다. 자신감은 우리의 채용 면접에서만 중요한 게 아니었다. 미어캣에게도 중요했다.

아프리카 들개는 이동하자고 울지 않는다.[52] 대신 무리 중 한 마리가 사냥하고 싶어지면 재채기 같은 소리를 낸다. 미어캣과 달리, 아프리카 들개에게는 재채기 소리를 낸 들개의 지위가 중요하다. 지배적인 들개가 재채기 소리를 내면, 한두 마리의 다른 들개가 동의의 표시로 재채기 소리를 내기만 해도 무리가 사냥에 나선다. 그러나 종속적인 들개가 사냥을 나가자고 할 때는 함께 재채기 소리를 내주는 들개가 열 마리는 되어야 한다.

인간은 사실상 두 유형을 섞어놓은 모습이다. 지위가 중요하지만, 자신감도 중요하다. 우리는 위계질서에서 우리보다 상위에 있는 사람을 따르지만, 한편으로는 우리가 나아가야 할 길에 대해 자신 있는(심지어 자만하는) 사람을 더 따르는 경향이 있다. 불확실한 상황에서 확신을 보여주는 사람에게 우리는 껌뻑 넘어간다.

과학 학술지 「네이처」에 최근 게재된 논문에서는 자만심이 한때 인간의 생존에 도움이 됐기 때문에 존재한다고 논한다.[53] 매일 생존을 위해 투쟁하던 먼 과거에는 대담한 사람에게 행운이 따랐다. 이 발견 뒤에는 복잡한 수학이 숨어 있지만, 개인 수준에서 자만심은 식량 등의 희소 자원을 얻을 확률을 높여주었다. 예컨대 라이벌과 결전을 치를 때 약간의 허세와 공격적인 자만심을 드러낸다면, 다른 방법으로는 얻지 못할 식량을 종종 손에 넣었을 것이다. 단순히 허세가 먹혔기 때문이다. 자만심과 고함을 제대로 보여준다면 더 강한 라이벌이라도 겁을 먹고 도망치게 할 수 있었다. 물론 이때는 실체를 간파한 라이벌에게 두들겨 맞거나 목숨을 빼앗길 위험을 감수해야 했다. 그러나 이렇게 하지 않으면 굶어 죽을 수도 있었던 시대에 이런 도박은 합리적 선택이었다.

마찬가지로 사회 수준에서도 무사안일주의와 신중함은 곧 굶주림으로 이어질 수 있었다. 따라서 대개는 생존을 위한 싸움에서 (성공할 가능성이 희박할지언정) '뭐라도' 해보는 편이 나았다. 이로 인해 집단은 약간의 자만심을 드러내는 지도자를 따르는 법을 습득했다. 사람이 미어캣처럼 이동 신호를 보낸다고 해보자. 이럴 때 "이론상으로는 넓게 뻗은 저쪽 사바나에 물웅덩이가 있을 수 있지만 사실 나도 잘 모른다"라는 말보다 "저쪽에 분명 물웅덩이가 있다. 날 따르라!"라는 말이 훨씬 더 설득력이 있을 것이다. 더욱이 이미 목말라 죽어가고 있는 사람이라면, 잘못된 확신을 가진 사람을 따라 나서는 것이 아무것도 하지 않는 것보다 낫다고 생각할 것이다.

오늘날에는 사냥감을 잡지 못하거나 오아시스를 찾지 못해 죽을 위기에 처하는 사람들이 많진 않다. 그래서 늘 확신에 차 있지만 자주 틀리는 사람을 따른다는 것은 별다른 보상이 없는 위험이 됐다. 진화적 불일치, 즉 과거에는 적응적이었던 행동(자만심)

이 세상이 바뀌면서 이제는 '부적응적' 행동으로 전락한 또 다른 예라고 볼 수 있다. 그러나 자만심은 계속해서 무성하게 살아남았다. 캐머런 앤더슨Cameron Anderson 교수와 세바스티앙 브리옹Sebastien Brion 교수가 진행한 일련의 연구에서는 무능하지만 자만하는 개인이 실험 집단 내에서 사회적 지위를 빠르게 확립한다는 점을 발견했다. 능력을 쉽게 측정할 수 있고 누구나 볼 수 있게 제시된 경우에도, 사람들은 자만심을 드러내는 사람을 실제보다 더 유능한 사람으로 인식했다. 이렇게 보면 우리는 미어캣과 닮은 면이 너무나 많다.

2019년 빌&멀린다게이츠재단에 접수된 연구비 지원 신청서를 검토한 결과도 있다.[54] 제안하는 연구의 잠재적 영향력을 더 광범위하고 압도적인 어투로 설명한 신청서가 더 좁고 기술적인 어투로 설명한 신청서보다 연구비를 더 많이 지원받았다. 연구 제안을 실행에 옮기고 난 이후의 연구 품질은 자신감 넘치고 폭넓은 주장을 펼쳤던 연구진과 더 기술적인 주장을 내놓았던 연구진 간에 차이가 없었다. 암울하게도 성별에 따른 왜곡 또한 대대적으로 나타났다. 여자들은 대부분 신중한 어투로 뒷받침할 수 있는 주장을 솔직하게 제시했다. 남자들은 마치 별도 따다 줄 것만 같은 어투를 썼다. 이처럼 자만심에 대한 경향성 덕에 남자들이 연구비 지원을 더 많이 받았다. 자주 틀리지만 늘 확신을 잃지 않는 태도는 오늘날의 세계에서도 너무나 많은 영역에서 필승 전략으로 남아 있다.

사다리를 기어오르는 사이코패스 관리인부터 더 유능한 동료를 따돌리고 올라서는 자만심 가득한 멍청이들까지, 세상에는 그럴 자격도 없으면서 권좌에 앉아 있는 사람들이 너무나 많다. 지금까지 우리는 부패하는 '개인'이 권력을 추구하고 획득하는 경우를 중점적으로 살펴봤다. 라우치, 애리조나 HOA의 맥파이프, 중앙아프리카공화국의 보카사 황제와 같은 자들은 다른 사람들보다 더 강하게 권력에 이끌린다. 권력에 굶주린 사람 중 일부는 자만심 넘치는 사이코패스, 나르시시스트 또는 마키아벨리주의자로, 조작과 위협을 통해 권력과 지위를 획득하는 데 더 능하다. 그러나 우리가 경계해야 할 대상은 부패하는 개인뿐만이 아니다.

사회과학자로서 나는 사람과 시스템 사이의 상호작용을 연구한다. 우리가 운영하고 살아가는 시스템에 책임이 없다고는 아직 단언할 수 없다. 스티브 라우치는 스키넥터디에서 파괴적인 행보를 보였다. 만약 교육구에 대한 관리 감독이 더 잘 이루어졌더라면, 라우치의 가장 악랄한 충동도 억제될 수 있었을까? 문화가 영향을 미치지는 않았을까? 라우치가 뉴욕이 아니라 난징의 관리인이었어도 비슷한 수준으로 파괴적인 행보를 보였을까?

이런 질문에 대한 답을 찾으려면 쌀에 관해 생각해보고, 자전거의 발달을 바탕으로 인간이 역사적으로 가장 악랄한 잔학 행위를 저지를 수 있었던 이유를 알아보고, 독재정권을 물려받은 남자와 스키 강습을 받아보고, 벌집의 구조를 탐구해봐야 한다.

5장

나쁜 시스템의
부산물

내게 건강하고 온전한 열두 명의 갓난아기가 있고 내가 구체적으로 정한 세상에서 이들을 기를 수 있다면, 장담하건대 그들 중 아무나 무작위로 골라 재능, 취향, 성향, 능력, 천직, 조상의 인종과는 관계없이 내가 선택하는 대로 의사, 변호사, 예술가, 거상, 심지어는 거지와 도둑까지 어떤 유형이든 그 분야에서 전문가가 되도록 훈련할 수 있다.

– 존 왓슨John Watson, 행동주의 창시자, 1925년에 남긴 글

개인의 행동 이면에는 시스템이 자리한다

스타벅스에 앉아 커피를 홀짝이면서 사람들이 어떻게 행동하는지 관찰하는 것으로 인류에 대해 얼마나 알 수 있을까? 다음에서 증명하듯, 사실 꽤 많은 것을 알 수 있다.

연구진은 중국 여섯 개 도시의 다양한 스타벅스 매장에 앉아 약 9,000명의 사람들을 관찰했다.[1] 이들은 평범하게 모닝커피를 마시는 사람처럼 앉아 두 가지 관찰 사실에 대한 데이터를 기록했다. 첫 번째 연구에서는 얼마나 많은 사람이 혼자 앉아 있고, 얼마나 많은 사람이 다른 사람과 같이 앉아 있는지 측정했다. 그리고 두 번째 연구에서는 '의자 테스트'라고 명명한 실험을 진행했다.[2] 연구진은 평소 같으면 테이블 아래에 가지런히 놓여 있을 의자를 꺼내 통로에 놔두었다. 주문을 하든 무언가를 가지러 가든, 매장

안에서 움직이려면 누구든 이 의자가 가로막은 길을 지나야 했다. 연구진은 이후 앉아서 지켜봤다. 얼마나 많은 사람이 의자를 제자리에 돌려놓았고, 얼마나 많은 사람이 의자를 있는 그대로 받아들이고 옆으로 비켜 지나갔을까?

연구진이 발견한 바는 이렇다. 중국의 여섯 도시 중 두 곳에서는 다른 네 곳보다 훨씬 더 많은 사람이 혼자 앉았고, 나머지 네 도시에서는 압도적 다수의 손님이 적어도 한 명 이상의 일행과 함께 앉았다. 그렇다면 왜 어떤 지점에는 혼자 커피를 마시는 사람이 다른 지점보다 더 많은 걸까? 연구진은 데이터를 더 자세히 분석하다가 또 다른 수수께끼를 발견했다. 혼자 커피를 마시는 사람이 더 많았던 두 도시에서는 의자를 제자리로 돌려놓는 사람의 비중이 훨씬 더 컸다. 이런 행동의 차이는 결코 우연으로 치부할 수 없을 만큼 극명하게 드러났다.

모종의 예감을 느낀 연구진은 동일한 의자 테스트를 일본과 미국 내 다수의 스타벅스 지점에서도 진행했다. 미국인의 경우 의자를 치우는 사람이 두 배 더 많았다. 이 역시 데이터의 임의성 때문이라고 치부할 수 없을 정도였다. 어떤 일이 벌어진 걸까?

중국의 여섯 개 도시를 지도에 표시해보니 일종의 패턴이 드러났다. 혼자 커피를 마시고 의자를 치우는 사람이 더 많은 곳은 북부였다. 의자를 그대로 놔두고 친구들과 함께 커피를 마시는 사람이 더 많은 곳은 남부였다. 사람들이 동네 스타벅스에서 보이는 이런 행동을 지리적 요인으로 설명할 수 있을까?

이 연구들은 '쌀 이론rice theory'을 검증하기 위해 설계됐다. 남중국 대부분의 지역에서는 수천 년 동안 협동이 필요한 벼농사를 지었다. 풍성한 수확에 꼭 필요한 관개 기반시설은 개별 가족 단위로 만들 수 있는 게 아니다. 이웃끼리 서로 의지해야만 한다. 한 가족이 이른 시기에 논에 물을 댔다가는 다른 가족의 수확까지 망칠 수 있다. 협동하지 않으면 모두가 굶을 확률이 높아진다.

반면 양쯔강 이북에서는 다수의 중국인 공동체가 오랫동안 밀에 의존해 살아왔다. 쌀과 달리, 밀 농사에는 협동이나 협력이 거의 필요하지 않다. 밭에 밀을 심으면 알아서 잘 자란다. 각 가족은 다른 누구의 작물에도 영향을 미치지 않고 독립적으로 행동할 수 있다. 과학자들은 작물의 선택이 수백 세대에 걸쳐 문화에 영향을 미치는지 궁금증을 가졌다. 그리하여 쌀 이론이 탄생했다. 이 이론의 챔피언은 시카고대학교의 토머스 탈헬름Thomas Talhelm이다. 이론의 핵심 전제는 간단하다. 수천 년 동안 쌀에 의존해 살아온 지역은 공동체 의식이 더 강하고, 밀을 길러온 지역은 더 개인주의적이라는 것이다.

우리가 자라나거나 살고 있는 문화가 잠재의식을 통해 우리의 행동에 영향을 미친다는 점은 이미 수많은 연구로 증명됐다. 개인주의적 문화권에서는 사람들의 자립성이 더 강하다. 이들은 더 많은 일을 스스로 해내며, 환경이 자신에게 적합하지 않을 때 먼저 나서서 환경을 바꿀 가능성도 더 크다. 이와는 대조적으로 공동체 문화권에서는 사람들이 일행 없이 혼자 외출하려는 의향이 더 적고, 먼저 나서서 환경을 바꾸려고 할 가능성도 작다. 이들은 외부 환경을 있는 그대로 받아들이고 자기 자신을 주변에 맞추는 경향이 있다.

스타벅스 연구에서 드러난 차이가 바로 이것이다. 밀 농사가 주를 이루는 지역에서 혼자 커피를 마시고 의자를 옮긴 사람들은 개인주의적인 미국인에 더 가까운 행동을 보였다. 벼농사가 지배적인 지역에서 일행과 함께 커피를 마시고 의자를 그대로 둔 사람들은 공동체주의가 강하고 쌀을 먹는 일본인에 더 가깝게 행동했다. 연구진이 스타벅스에서 관찰한 손님 중 직접 농사를 짓는 사람은 거의 없었을 것이다. 그렇지만 조상들의 농경 방식이 지금까지도 사람들이 스타벅스에서 하는 행동과 같은 너무나 사소한 부분에까지 영향을 미치고 있는 듯하다.

문화의 영향을 받는 것은 행동만이 아니다. 우리는 생각도 다르게 한다. 다음의 세 가지를 생각해보자. 기차, 버스, 철도. 이 중에서 같은 카테고리에 속하는 두 가지 단어를 골라보라.

'기차'와 '버스'를 고른 당신은 '분석적' 사고방식을 가졌을 가능성이 더 크다. 두 단어는 모두 교통수단으로서 한 카테고리에 속한다. 만약 '기차'와 '철도'를 골랐다면 '전체론적' 사고방식을 가졌을 가능성이 더 크다.[3] 두 단어는 서로 연관되어 있으므로 한 카테고리에 속한다. 기차에는 철도가 필요하다. 일본인은 평균적으로 전체론적 사고방식을, 미국인은 평균적으로 분석적 사고방식을 가지고 있다. 그리고 일반적으로 공동체 사회의 성격이 더 강한 중국에서는 다시 한번 벼농사와 밀 농사 지역으로 구분할 수 있다. '기차'와 '버스'를 고르는 경우는 벼농사 지역보다 밀 농사 지역의 중국인이 훨씬 더 많다.

당신도 쌀을 더 많이 먹고 자랐다면, 앞으로 스타벅스에 가서 혼자 앉아 있거나 의자를 옮기거나 머릿속으로 단어를 분류할 일이 생길 때 어떤 방식으로 행동할지 궁금해질 것이다. 이처럼 깔끔하고 포괄적인 거대 이론은 늘 지나치게 단순화되고 과장된다. 어떤 멋진 통계 분석이 나타나든, 우리의 운명은 수천 년 전 조상이 쟁기질하던 논밭 위에 적혀 있지 않다. 그러나 쌀 이론은 적어도 하나의 부분적인 설명을 제시한다. 만일 조상이 기르던 작물처럼 눈에 보이지도 않고 멀게만 느껴지는 요소가 우리의 행동과 생각에 조금이라도 영향을 미칠 수 있다면, 직장 내 문화, 상사가 주는 압박감, 주변의 악인들에게서 습득한 악행 등의 차이에 따라 권력을 가진 이들의 행동은 얼마나 달라질 수 있을까?

한 가지는 명백하게 알 수 있다. 시스템이 중요하다는 것이다.

문제는 어느 정도의 영향을 미치느냐다. 누구나 권력 있는 자리에 앉은 가학적이고 끔찍한 사람과 만나본 적이 있을 것이다. 부하 직원의 값어치가 월급 명세서에 적힌 숫자 정도에 불과하다고 생각하는 상사, 운동선수가 공을 놓쳤다고 욕설을 퍼붓는 데 재미 들린 고등학교 체육 선생 등 지금까지 우리는 사람들이 더 높은 자리에 오를수록 얼마나 더 끔찍해지는지를 수많은 사례를 통해 봐왔다. 그러나 우리가 마주한 괴물 같은 사람이 사실은 전혀 괴물이 아닌 경우도 종종 있다. 권력을 남용하는 사람이 악인인지, 아니면 나쁜 시스템의 부산물인지는 어떻게 구분할 수 있을까?

더 나은 세상을 만들고 싶다면 이는 매우 중요한 질문이다. 권력을 가진 자가 포악한 괴물처럼 행동할 때면, 우리는 그들의 행동이 전적으로 개인의 선택이나 성격적 결함의 산물이라고 해석하는 경향이 있다. 앞서 살펴봤듯, 그것이 정확한 사실일 때도 있다. 사이코패스와 작은 폭군들은 의심할 가치도 없는 경우가 대부분이다. 그러나 때로는 권력이 잘못 사용되거나 남용되는 게 책임자가 '악한' 사람이기 때문은 아닐 때도 있다.

우리 인간은 끔찍한 사람과 끔찍한 시스템의 차이를 판독하는 데 처참할 만큼 서투르다. 불운에 의한 상황을 악의라고 오해할 때도 많다. 이는 '기본적 귀인 오류fundamental attribution error' 때문이다.[4] 가장 최근에 다른 사람이 마트 주차장에서 딱 하나 남은 자리를 잽싸게 채갔거나, 길을 가는데 어깨를 부딪치고 지나간 사람이 있다거나, 도로에서 옆 차선의 차가 끼어들었던 때를 떠올려보라. 당신은 가장 먼저 어떤 반응이 튀어나왔는가? 구제 불능의 멍청이를 만났다고 생각하거나, 저러는 게 과연 우연이었을지 곰곰이 생각해보거나, 혹시 방금 어머니가 돌아가셔서 저렇게 행동하는 것일지 궁금해하지는 않았는가? 누군가가 나에게 잘못을 저지르거나 마치 내가 피해자가 된 듯한 기분이 들게 할 때면 우리는 공감을 바탕으로 하는 해석을 체계적으로 무시한다. 반대로, 우리가 나쁘게 행동할 때도 마찬가지다. 엘리베이터에서 누군가와 실수로 부딪히거나, 다른 사람의 옷에 커피를 엎지르거나, 출구 램프 바로 앞에서 차선을 바꿀 일이 생긴다면, 과연 그 행동을 근거로 자기 자신을 끔찍한 사람이라고 여기게 될지 생각해보라. 자기혐오가 취미가 아니라면 외부적인 요소를 근거로 자신의 행동을 변명하고 싶을 것이다. 엘리베이터에 사람이 너무 많았다든가, 손이 미끄러졌다든가, 잠시 딴생각을 하느라 운전에 집중하지 못했다는 식으로 이해가 갈 만한 변명을 늘어놓을 것이다.

우리는 같은 행동을 남이 하면 유죄 선고를 내리고, 내가 하면 무죄를 선언한다. 이런 종류의 기본적 귀인 오류를 오스트리아에서 체계적으로 검증한 적이 있다.[5] 연구 결과는 투명할 만큼 분명했다. 오토바이 운전자는 다른 사람들의 부주의한 운전을 악의적인 행동으로 해석했지만, 본인의 부주의한 운전은 불가피하거나 정당화된 행동이라며 합리화했다. 타인이 나쁘게 행동하면 우리는 곧장 그 사람의 못된 성격이 드러났다고 생각해버린다. 그러나 자신이 나쁘게 행동할 때는 못돼서 그렇게 한 게 전혀 아님을 안다.

그런데 여기에는 문제가 하나 있다. 더 나쁜 상황이나 시스템에 놓여 있다면, 당신은 규칙을 어기거나 타인을 해치면서까지 나쁘게 행동하고 싶다는 유혹을 느끼게 될 확률이 높다. 어쩌면 그토록 싫어하는, 부패하는 괴물이 본인이 될 수도 있다.

부패 문화가 개인 행동에 미치는 영향

'법 위에는 아무도 없다'고 흔히 말하지만, 이는 사실이 아니다. 어떤 사람들은 법 위에 있다. 예컨대 뉴욕시에 온 UN 공식 사절단과 그 가족들은 외교관 면책특권을 가지고 있다. 이들은 범죄를 저질러도 대부분 기소할 수 없다. 다행히도 면책특권이 있다고 해서 사절단이 연쇄살인마가 되어 길거리를 배회하지는 않는다. 그러나 연쇄 주차위반에 관해서라면 이야기가 약간 달라진다.

뉴욕 시민은 까딱하면 지각하게 생겼다고 해서 불법 주차를 했다가는 큰 대가를 치러야 한다. 주차권 자동판매기에 할당된 시간이 넘어갈 때까지 차를 세워뒀다가는 60달러를 내야 하고, 소화전 근처에 차를 세웠다가는 115달러가 날아간다. 그러나 외교관의 차량이라면 얘기가 다르다. 소화전을 가로막고 주차했을 때 과태료 고지서는 발급되겠지만, 과태료를 내고 싶어 하는 외교관은 아무도 없다. 외교관 번호판은 불법 주차를 하고도 면피를 할 수 있는 궁극의 카드다. 여기에는 상당한 유혹도 따른다. 1997년부터 2002년까지 5년 동안 미납된 주차 딱지 중 UN 외교관 차량에 발급된 횟수가 15만 회에 달한다.[6] 하루당 80회 이상이다. 누적된 미납 과태료는 무려 1,800만 달러다(다행히도 뉴욕 시민은 개처럼 주차하는 사람들에게 공감하고 침착하게 대응하는 것으로 유명하므로 누구도 신경 쓰지 않으리라고 확신한다).

2002년, 뉴욕 시장 마이크 블룸버그Mike Bloomberg는 여기에 제재를 가하기로 했다. 블룸버그 행정부는 과태료 미납이 세 번 이상 누적된 외교관 차량의 외교관 번호판을 취소하는 '삼진아웃' 규칙을 도입했다. 그해 10월, 불법 주차된 외교관 차량이 길가에 난무하던 맨해튼 개척 시대가 막을 내렸다. 도시에 새로운 보안관이 왔음을 알리기 위해, 시 행정부는 한 달에 30개국의 면책 번호판을 빼앗기도 했다.

사회과학자들은 이런 상황을 두고 '자연 실험natural experiment'이라고 부른다. '자연'이라는 이름이 붙은 이유는 연구진의 개입 없이 진행되기 때문이다. 자연 실험은 실험실 바깥에서 이루어지지만,

같은 논리에 따라 진행된다. 의학 실험에서 치료군과 대조군을 두 듯, 뉴욕시의 자연 실험에서도 대조군(법 시행 이전의 외교관)과 치료군(법 시행 이후의 외교관)이 있었다. 다른 요인들은 대체로 동일했다. 행동의 변화를 설명할 수 있는 주요한 차이는 외교관 스스로 불법 주차를 해도 처벌을 빠져나갈 수 있다고 생각하는지 아닌지뿐이었다.

보스턴대학교의 레이 피스맨Ray Fisman과 UC버클리대학교의 에드워드 미겔Edward Miguel은 경제학자로서 데이터를 분석해 어떤 패턴이 나타나는지 살펴봤다. 이들이 발견한 바를 추측해보려고 한다면 아마 두 진영 중 하나에 안착하게 될 것이다. 첫 번째 진영은 불법 주차를 하는 사람들이 단순히 규칙을 어기는 경솔한 사람들이라고 믿는다. 나르시시스트냐 아니냐를 따지는 것과 같은 방식으로, 어떤 사람은 불법 주차자이거나 불법 주차자가 아니다. 두 번째 진영은 개인을 비난하는 대신 개인의 행동을 문화 또는 맥락의 산물로 본다. 어쩌면 불법 주차는 관계자가 자신에게 규칙이 적용되지 않음을 알고 있는 사회에서 비롯된 것일 수 있다. 또는 단지 사람들이 대가를 치르게 될 확률에 따라 규칙을 지킬지 말지를 결정하기 때문일지도 모른다.

피스맨과 미겔은 어떤 점을 발견했을까?

이들이 발견한 증거는 문화 및 맥락이 원인이라는 설명을 결정적으로 뒷받침했다. 법 시행 이전의 시기에 불법 주차를 하던 사람들 사이에는 극명한 차이가 존재했다. 스웨덴, 노르웨이, 일본 등에서 온 외교관들은 지난 5년 동안 미납된 주차 딱지가 한 장도 없었다. 이들은 규칙을 벗어날 수 있었을 때조차 규칙대로 행동했다. 반면 저울의 반대편에 놓인 쿠웨이트 외교관들의 주차위반 건수는 '외교관 한 명당 평균 249회'였다. 최악의 10대 국가에 이름을 올린 나머지 9개국(이집트, 차드, 수단, 불가리아, 모잠비크, 알바니아, 앙골라, 세네갈, 파키스탄)은 모두 부패의 온상이었다. 부패 문화가 개인의 행동에 강한 영향을 미치는 게 분명함을 보여준다.

그러나 시스템 또한 중요했다. 마치 올림픽 종목이나 되는 것처럼 앞다투어 주차위반을 해대던 부패한 국가 출신의 외교관들은 삼진아웃 규칙 시행 하루 만에 불법 주차를 완전히 그만뒀다. 금메달리스트 쿠웨이트는 주차위반 건수가 외교관 한 명당 평균 250회 남짓에서 0.15회로 줄어들었다. 은메달리스트 이집트는 141회에서 0.33회로, 동메달리스트 차드는 126회에서 0회로 줄었다. 하룻밤 새에 차드 외교관들이 적어도 주차 방법에서만큼은 노르웨이 외교관들과 똑같은 방식으로 행동하게 됐다.

앞서 성격과 인성이 가장 중요할 것이라고 예감했던 사람들(첫 번째 진영)은 아마 지금쯤 항의하고 싶을 것이다. "부패한 정권을 대표하는 개인은 부패한 사람일 가능성이 크다! 예컨대 UN의 베네수엘라 대표단이 되는 길은 노르웨이 대표단이 되는 길과 매우 다르다!"라고 말이다. 확실히 옳은 얘기다. 베네수엘라 외교관은 노르웨이 외교관이었다면 잘렸을 법한 행동을 통해 승진할 수 있다. 그러나 피스맨과 미겔의 분석은 그 반대의 답을 내놓는다. 시행 이전의 시기 동안, 티끌 하나 없는 국가의 외교관들도 뉴욕에 거주한 기간이 오래될수록 불법 주차를 더 자주 하는 경향이 있었다. 시행 공백에 익숙해질수록, 부패한 국가의 외교관들이 보이는 행동을 따라 하고 싶다는 유혹은 점점 더 거세졌다. 문화가 중요하긴 하지만, 사회적 영향도 마찬가지였다.

주차뿐만이 아니었다. 부패 면에서 극명한 지역적 차이가 존재하는 이탈리아에서도 비슷한 효과가 발견됐다. 마피아의 발상지인 이탈리아 남부는 이탈리아 북부보다 부패의 정도가 훨씬 심하다. 연구자 안드레아 이치노Andrea Ichino와 조반니 매기Giovanni Maggi는 사람들이 자라난 지역 바깥으로 이동했을 때 문화적 흔적이 행동에 얼마나 많은 영향을 미칠지 알아보고자 했다.[7] 이를 위해 연구진은 또 다른 영리한 자연 실험을 이용했다. 이들은 이탈리아 전역에 지점을 둔 전국은행을 연구했다. 우선 한 지역에서 다른 지역으로 발령된 직원들, 즉 남부 태생으로 북부에 발령된 직원들과 북부 태생으로 남부에 발령된 직원들을 가려냈다. 연구진이 발견한 바는 불법 주차 연구의 결론과 비슷했다. 문화는 중요했지만, 직원들이 일하는 지역 시스템 또한 엄청나게 중요했다. 북부로 전근한 직원 대부분이 더 좋은 행동을 보이기 시작한 반면, 남부로 전근한 직원 대부분은 더 나쁘게 행동하기 시작했다.

우리는 심지어 어떤 시스템이 실제로 어떻게 작동하는지보다는 어떻게 작동한다고 '생각하는지'에 따라 다르게 행동한다. 남아메리카의 탄탄한 민주주의 국가인 칠레는 부패 수준이 태국, 스페인, 프랑스, 미국과 비슷한 수준으로 낮다. 그러나 뉴욕대학교의 안드레스 리베르만Andres Liberman이 지적했듯, 칠레인들은 국경의 남쪽에서는 모든 것이 완전히 부패했으리라고 지레짐작하는 외국인(주로 미국인)들의 소식을 주기적으로 접하고는 즐거워한다. 일부 미국인 관광객은 경찰의 검문에 걸렸을 때 칠레 경찰에게 뇌물을 주려고 하는데, 이는 범죄다. 캘리포니아나 코네티컷이었더라면 경찰관에게 뇌물을 준다는 건 꿈도 꾸지 않았을 것이다. 하지만 칠레에서는 모두 시도라도 해보려고 한다. 이는 역효과를 낳는다. 일부는 뇌물 수수 미수 혐의로 투옥된다. 모두 시스템 작동 방식에 대한 잘못된 믿음 때문이다. 나쁜 행동은 확실히 나쁜 인성에서만 비롯되지는 않는다.

이런 통찰은 권력이 사람을 악하게 만드는지 아닌지를 이해하는 데 지대한 영향을 미친다. 만약 시스템에 잘못이 있다면 우리는 맥락을 깨끗이 만드는 일을 개혁의 목표로 삼아야 한다. 그러나 나쁜 선택을 내리는 개인에게 잘못이 있다면, 더 나은 사람에게 책임을 맡기고 악한 사람의 행동을 고치려고 시도라도 해보는 것을 개혁의 목표로 삼아야 한다.

시스템이 개인보다 더 중요한지 아닌지를 알아보는 방법 중에는 선택 변수를 (적어도 우리가 이해하는 한) 제거하는 방법이 있다. 인간은 끊임없이 의도적인 선택을 하기 때문에 이 방법을 실행에 옮기기란 사실상 불가능하다. 대신 동물의 왕국으로 눈길을 돌려보자. 우리만큼 자기반성적이지는 않은 종 안에서는 어떤 요인이 '부패', 즉 이기적으로 보이는 행동을 유발할까?

벌과 말벌이 개인주의적 선택을 한다고 여기는 사람은 거의 없을 것이다. 우리가 '꿀벌처럼 일한다'나 '하이브 마인드hive mind(벌집의 벌떼처럼 지식이나 의견을 집단적으로 공유한다는 개념-옮긴이)'라는 표현을 쓴다는 점에서도 이를 분명히 알 수 있다. 그러나 시스템과 주변의 영향은 동물의 왕국에서도 행동을 극단적으로 바꿔놓는다. 믿기 힘들겠지만 말벌과 벌 중 일부 종에는 어느 정도의 부패가 존재하며, 심지어 벌 경찰처럼 행동하는 개체들도 있다. 그러나 벌떼가 나쁘게 행동하는지 아닌지는 개체에 달려 있기보다는 벌떼 주변을 둘러싼 규칙과 구조에 달려 있다.

벌과 말벌 집단은 영국이나 덴마크처럼 여왕이 다스린다. 인간과 마찬가지로, 군주는 한 번에 한 마리만 존재할 수 있다. 여왕벌이 된다는 건 달콤한 일이다. 여왕벌은 온 벌떼의 헌신을 누리고, 향락과 함께 자신의 유전물질을 뿌린다. 여왕벌은 진화적 도박에서 로또에 당첨된 개체다. 벌집의 모든 벌이나 말벌이 여왕벌의 유전자를 물려받는다. 그런데 일벌에게도 자신의 유전자를 후대에 남기고 싶어 하는 본능이 숨어 있다. 벌집 내부에서는 극적인 진화 경쟁이 펼쳐지고 있으며, 이 경쟁에서는 각 개체를 위한 최선의 선택지와 벌집 전체를 위한 최선의 선택지가 맞붙는다.[8]

모든 암컷 유충은 올바른 식단만 있으면 여왕벌이 될 수 있다. 적절한 이유식만 먹는다면 그곳이 바로 벌집 버전의 버킹엄 궁전이 된다. 각 유충에게는 '최후의' 여왕벌이 되는 게 진화의 이상적인 결과다. 그러나 벌떼 입장에서 하나 이상의 여왕벌은 사치다. 여왕벌은 일벌에게 일반적으로 배정되는 일과를 수행할 수 없다. 마치 엘리자베스 2세 여왕의 복제인간을 무한히 만들어낸다고 해서 영국 철강 산업의 생산성에 특별히 도움이 되지는 않는 것과 마찬가지다. 벌의 경우에는 상황이 더 심각하다. 여분의 여왕벌은

모두 여왕벌이 되지 않았더라면 일벌이 됐을 테니, 여분의 여왕벌은 곧 생산성의 저하를 뜻한다.[9]

벌과 말벌은 정교하고 사회적인 동물답게 이 문제를 해결하기 위해 경찰 활동을 발달시켰다. 일벌은 벌떼의 경찰관이 되고 압수수색 작전을 벌여, 왕족이 되려는 야심 찬 불량 출세주의자를 찾아낸다. 사회적 곤충의 행동을 연구하는 전문가 프랜시스 라트니엑스Francis Ratnieks와 톰 웬슬리어스Tom Wenseleers 교수는 이렇게 설명했다. "이 불운한 생명체들은 양육 벌집에서 나오자마자 일벌의 손에 의해 참수당하거나 갈기갈기 찢깁니다."[10] 그러나 인간의 경우와 마찬가지로, 경찰 활동을 하는 말벌이 자신의 이익을 위해 권력을 남용할 때도 종종 있다. 라트니엑스가 내게 말한 바에 따르면, 일부 말벌은 부패 경찰처럼 행동한다. "알을 없애버리는 일벌 중 일부는 '자기 알'을 낳기도 합니다. 벌떼 전체에 좋은 일은 아니지만, 벌 자신에게는 좋은 일이죠."[11]

여기서 흥미로운 의문 한 가지가 떠오른다. 벌 또는 말벌 중 일부 종에서 다른 종에 비해 기회주의적이고 부패한 행동이 더 많이 나타나는 원인은 무엇일까? 예컨대 멜리포나의 경우 암컷 유충 중 최대 20퍼센트가 여왕벌로 성장하기 시작하면서 압도적 확률로 참수라는 최후를 맞이하게 될 도박에 발을 들인다.[12] 꿀벌의 경우 암컷 유충 중 단 0.01퍼센트만이 여분의 여왕벌로 성장하기 시작한다. 그렇다면 과연 멜리포나는 꿀벌보다 2,000배 더 탐욕스러울까? 그들은 사회적 곤충 세계의 이기적인 나쁜 놈일까?

해답은 개별 개체가 아니라 시스템에 있다. 사회적 곤충이 집을 짓는 방식은 다양하다. 몇몇 종은 다른 벌들이 알집을 들여다보기 어렵게 밀봉한다. 몇몇 종은 알집을 열어놓기 때문에 경찰 벌들이 (아마 영장도 없이) 들이닥쳐 진화적 부당 거래가 일어나지는 않는지 검사할 수 있다. 또 몇몇 종은 여왕벌용 거대한 특실을 짓고 나중에 여왕이 될 유충용 칸을 분리해두는 반면, 몇몇 종은 알집을 한데 두어 미래의 여왕벌이 미래의 일벌과 똑같아 보이게 한다. 알집을 쉽게 검사할 수 있고 여왕벌 알집을 쉽게 구별할 수 있는 경우에 경찰 벌들의 활동이 훨씬 더 효과적으로 이루어진다. 저들의 머리를 자르라! 알집이 닫혀 있고 여왕벌이 되려는 유충이 일벌 유충과 섞여 있는 경우에는 경찰 활동이 제대로 이루어지지 않는다.[13]

인간 세계에서와 마찬가지로, 무능한 경찰 활동은 새로운 유혹을 낳는다. 경찰에게 걸리지 않을 수도 있다면 시도해보지 않을 이유가 있을까? 벌과 말벌에게서 무능한 경찰 활동은 몇몇 개체가 벌떼 전체에 도움이 되는 행동보다 '이기적' 행동을 우선시하게 하는 결과를 낳는다. "경찰 활동이 더 효과적일수록 일벌이 알을 낳으려고 시도하는 경우가 적어집니다." 라트니엑스가 말했다. 멜리포나는 꿀벌보다 2,000배 더 '나쁘지' 않다. 이기적 행동을 하고도 걸리지 않을 수 있는 시스템을 가졌기 때문에 진화적으로 더 이기적일 뿐이다. 인간은 이런 면에서 벌과 많이 닮았다.

스타벅스부터 은행과 벌집까지, 시스템은 분명 행동을 유도한다. 하지만 여전히 미심쩍은 부분이 있다. 진짜 나쁜 사람이라면 맥락과 상관없이 나쁘게 행동하지 않을까? 게다가 정말 좋은 사람이라면 나쁜 시스템의 유혹을 이겨내고 훌륭하게 행동할 수 있지 않을까?

이를 알아보려면 또 하나의 자연 실험을 살펴봐야 한다. 같은 사람이 정확히 같은 시간에 나쁜 시스템 하나와 좋은 시스템 하나를 다스리는 경우가 이상적일 것이다. 한 사람이 어떤 시스템에서는 폭군이 되고 또 어떤 시스템에서는 선도자가 된다면, 우리는 개인에게만 전적으로 초점을 맞춰서는 안 된다는 결론을 얻을 수 있다. 이를 바탕으로 새로운 가설이 탄생할 수도 있다. 어쩌면 권력은 나쁜 시스템에서 가장 크게 부패하는 것일지도 모른다. 과연 이 말이 사실인지 알아보자.

건축왕의 인간 동물원

미국에서 노예제가 막을 내린 1865년, 벨기에에서는 레오폴드 2세Leopold II가 왕위에 올랐다. 서른세 살의 이 왕은 개혁 군주가 될 것이라는 기대가 높았다. 초반에는 기대를 저버리지 않았다. 레오폴드 2세는 초등학교 무상 의무교육, 남성의 보편적 참정권, 아동 노동을 더 엄격하게 금지하는 법률 등을 비롯해 인기 많고 진보적인 계획을 다수 시행했다. 일요일을 의무적인 휴일로 삼아 주말이라는 개념을 처음 만들기도 했다. 그는 또한 '건축왕Builder King'이라는 새로운 별명도 얻었다.[14] 재위 기간에 화려하게 장식된 공공건물과 공원들을 건설했기 때문이다. 사적으로 광대한 토지와 다수의 시골 영지를 쌓아 올리자 자신이 누린 것을 미래의 모든 벨기에 국민도 누릴 수 있도록 왕실 신탁Royal Trust을 만들었다.

이후 레오폴드 2세는 벨기에 내에서 노동권을 개선하고, 교육을 확대하고, 인상적일 만큼 다양한 공공사업을 펼쳤다. 왕국 내에서는 자비로운 개혁가라는 명성을 얻었다. 그러나 그는 벨기에를 결코 상으로 여기지 않았다. 한번은 경멸적인 어조로 "작은 나라, 적은 인구"라고 개탄한 적도 있다.[15] 그는 더 큰 무언가를 꿈꿨다.

어느 날 레오폴드 2세는 『자바, 또는 식민지를 관리하는 방법 Java, or How to Manage a Colony』이라는 책에 매료됐다. 식민지 건설을 위한 실용적 지침서인 이 책은 두 세기 전 운 나쁜 바타비아호의 목적지였던 섬에 관한 이야기가 담겨 있다. 레오폴드 2세는 마음을 빼앗겼다. 문제가 있다면 벨기에 국민 대부분이 국왕과는 달리 식민지에 매료되지 않았다는 점이다. 식민지 건설은 벨기에와 같은 작은 나라로서는 너무 비싼 사업처럼 보였다. 레오폴드 2세는 대중의 인식을 바꿔 왕국의 지역주의를 해소해야겠다고 마음먹었다. "벨기에는 세계를 착취하지 않고 있다." 그는 개탄했다. "국가라면 착취의 맛을 알아야 한다."[16] 때마침 유럽 열강들이 아프리카를 서로 나눠 가지기 시작하면서 그의 입맛을 더욱 돋웠다. "장엄한 아프리카 케이크의 한 조각을 맛볼 좋은 기회를 놓치고 싶지 않다."[17]

결국 그는 콩고자유국을 점령했다. 이 새로운 영토는 벨기에 본국보다 76배 더 큰 거대한 아프리카 한 조각이었다. 다만, 이 조각은 벨기에가 아니라 레오폴드 2세에게 속했다. 이곳은 사실상 그의 소유였다. 콩고는 레오폴드 2세의 개인 영지가 됐다. 그러나 레오폴드는 식민지를 관리하는 방법을 전혀 몰랐다. 오래지 않아 식민지를 감당할 수 없다는 사실이 속속 드러났다. 부채가 쌓이고 있었다. 실용적인 지침서를 읽었어도 다가오는 재정적 파탄을 이겨낼 준비는 되어 있지 않았다. 그런데 파탄이 닥치기 전, 레오폴드 2세는 뜻밖의 과학적 우연과 수많은 자전거 덕분에 궁지에서 벗어날 수 있었다.

이보다 수십 년 전, 고무 열풍이 미국 전역을 휩쓸었다. 브라질 나무에서 나오는 끈끈한 수액을 이용하면 흥미롭고 새로운 온갖 상품을 만들 수 있었다. 투자자들은 고무 생산에 수백만 달러를 쏟아부었다. 그러나 고무가 너무 뜨거우면 녹아서 냄새가 나는 끈끈이가 되고, 너무 차가우면 갈라져 떨어진다는 사실을 사람들이 알게 되면서 열풍도 차차 식었다. 한여름에 고무 우비를 입으면, 그 우비를 입은 사람에게서 말 그대로 고무가 뚝뚝 떨어질 수도 있었다.

그러다가 1839년 어느 날, 찰스 굿이어Charles Goodyear라는 사람이 실수로 녹은 고무에 황을 쏟았다.[18] 일반 고무와 달리, 그가 우연히 합성해낸 '가황 고무'에는 방수가 된다는 기적 같은 성질이 있었다. 그러나 이와 같은 혁신이 이뤄졌음에도 고무에 대한 수요는 높지 않았다. 굿이어는 최소 20만 달러의 빚더미에 앉은 채 세상을 떠났다.[19]

수요는 뒤늦게 찾아왔다. 굿이어가 세상을 떠난 이후인 1880년대 말, 존 던럽John Dunlop이라는 이름의 스코틀랜드인 수의사가 아들이 세발자전거를 타고 울퉁불퉁한 거리를 달릴 때 쓸 수 있도록 새로운 고무 타이어를 발명했다.[20] 이 혁신으로 '자전거 붐'이 일어났다.[21] 1890년 미국에서 생산된 자전거는 4만여 대였다. 6년 후

그 수는 120만 대로 늘어났다. 한순간에 모두가 고무를 원하게 됐다. 유럽인들은 식민지 전역에 걸쳐 고무나무를 심으면서 맨땅에 재산을 싹 틔울 꿈을 꾸었다. 그러나 고무나무가 다 자라려면 시간이 필요했다. 레오폴드 2세는 자신이 부지불식간에 초록빛 금광에 앉아 있다는 사실을 알아챘다. 콩고 식민지 전역에 자생하는 고무나무를 이용하면 전 세계의 수요를 지금 당장 맞출 수 있었다. 그에게 필요한 것은 끈끈한 황금을 모아 유럽으로 보낼 일꾼들뿐이었다.

벨기에를 비롯한 여러 지역에 고무를 들여오던 때, 잉글랜드의 E. D. 모렐E. D. Morel이라는 열여덟 살 난 선적 사무원은 뭔가 이상한 점을 눈치챘다.[22] 고무를 구매하기 위한 대금이 전혀 선적되지 않고 있었다. 대신 아프리카로 가는 증기선의 화물에는 현대 사회에서는 거의 찾아보기 힘든 속박용 쇠사슬, 족쇄와 총기가 잔뜩 실려 있었다. 모렐은 레오폴드 2세의 비밀을 알아차렸다. 레오폴드 2세의 사유 식민지에서 펼쳐진 잔혹 행위는 아담 호크쉴드Adam Hochschild의 저서 『레오폴드 왕의 유령King Leopold's Ghost』에 인상 깊게 묘사되어 있다.

콩고자유국에서 레오폴드 왕의 야만적인 계획을 주로 실천에 옮긴 이들은 벨기에 군인과 탐욕스러운 용병이 한데 뒤섞인 무장 집단, 포스 퍼블리크Force Publique였다. 이들은 마을 주민들을 강제로 고무 추출에 동원했는데, 추출 시 온 몸 곳곳에 잔뜩 묻은 고무나무의 수액이 점차 단단해져 결국 떼어내야 했기 때문에 굉장히 고통스러운 과정이었다.[23]

저항하는 이들은 누구든 가차 없이 응징을 당했다. 레오폴드 2세의 무장 병력은 붙잡을 수 있는 모든 여자를 붙잡아 인질로 삼았다. 그리고 일정량의 고무를 벨기에에 공급하면 여자들을 풀어 주겠다는 메시지를 마을 지도자를 통해 남자들에게 전했다. 남자들이 이를 따르지 않으면 여자들은 살해당했다. 남자들이 사랑하는 사람을 구하기 위해 정글을 헤치고 나갔을 때, 포스 퍼블리크의 병사는 가장 매력적인 여자를 골라 강간했다. 마을 사람들은 마침내 할당량을 채운 뒤에도 '한 명당 두 마리의 염소를 주고' 여자들을 다시 사 와야 했다.[24] 마을 사람들이 계속해서 저항하면 병사들은 남녀노소 가리지 않고 마을의 모든 주민을 학살해 주변 마을에 본보기로 삼았다. 벨기에 관리자들은 병사들이 명령을 제대로 이행하는지 확인하기 위해 증거를 요구했다. 각 시신의 오른손을 잘라 보내는 것이 표준적인 방법이었다. 때로는 지루해진 병사들이 콩고 사람들을 연습용 표적으로 삼기도 했다. 포스 퍼블리크의 어느 병사는 자신의 정원 화단에 스무 개의 사람 머리를 장식으로 두었다는 말도 전해진다.[25]

벨기에 본토에서는 '이국적인' 콩고에 상당한 관심을 가졌다. 호크쉴드가 설명한 바에 따르면, 레오폴드 2세는 1897년 브뤼셀에서 열린 세계박람회에 전시하기 위해 콩고 사람들을 '수입'했다. 국왕은 시민들의 즐거움을 위해 267명의 남자, 여자, 어린이들을 전시했다. '문명화'의 다양한 수준을 보여주기 위해 갓 지은 마을 세트장에서 콩고인들은 자신들의 생활 방식을 강제로 보여주어야 했다. 박람회를 방문한 이들은 이 '마을 주민들'이 한 번도 먹어본 적 없는 벨기에 사탕을 던져주며 즐거워했다. 사탕을 너무 많이 먹은 탓에 몇몇 콩고인이 앓아눕자, 전시 주최 측은 이를 막기 위해 다음과 같은 표지판을 붙였다. '흑인은 조직위원회에서 먹이를 주고 있습니다.'[26] 건축왕이 인간 동물원을 건축한 것이다.

레오폴드 2세가 세상을 떠날 때까지 200만~1,200만 명의 콩고인이 목숨을 잃었다(아프리카계 미국인인 탐사보도 저널리스트 조지 워싱턴 윌리엄스George Washington Williams는 이토록 많은 사람을 학살한 사건을 묘사하면서 '인도에 반하는 죄crimes against humanity'라는 용어를 처음으로 사용했다[27]). 충격적인 사망자 수였다. 그러나 이윤 또한 충격적이었다.『레오폴드 왕의 유령』에서 상세히 설명한 보수적인 집계에 따르면, 레오폴드 2세는 현재 가치로 11억 달러에 달하는 재산을 개인적으로 손에 쥐었다.[28] 이 금액 중 일부는 벨기에에의 장엄한 건물들을 짓는 데 사용됐다. 오늘날에도 수많은 관광객이 부지불식간에 역사상 가장 끔찍했던 사건 중 하나의 돈으로 건설된 건물을 방문하고 그 그늘 안에 선다. 그의 잔학 행위가 옛날 옛적의 역사라고 오해하는 사람들이 있을지 모르겠지만, 레오폴드 2세의 장례식 당시 갓난아기였던 사람 중 몇몇은 지금도 살아 있다.

한 사람과 두 개의 시스템. 벨기에에서 레오폴드는 책임과 감시를 마주했다. 생명에는 가치가 있었다. 콩고자유국에서 레오폴드 2세는 폭군이었으며, 그의 악행은 알려지지 않았다. 가치가 있는 것은 고무였다. 정치학자 브루스 부에노 드 메스키타Bruce Bueno de Mesquita가 논했듯, 이는 인종차별주의자 괴물이 한 시스템에서는 억제되고 다른 시스템에서는 폭발할 수 있다는 점을 보여준 세계

최악의 자연 실험이었다.[29]

그러나 종종 역사는 정반대의 이야기를 써 내려가기도 한다. 만약 훌륭한 사람이 권좌에 올라 끔찍한 시스템을 통제해야 한다면 어떤 일이 벌어질까?

독재정권의 계승자였던 스키 강사

"공원 벤치와 스키 강사 간의 차이가 무엇인지 아시나요?"[30] L. 폴 브리머 3세L. Paul Bremer III가 물었다.

나는 웃으며 고개를 저었다.

"그중 한 쪽만 일가족을 지탱할 수 있죠."

가벼운 눈발이 날리고 있었고, 버몬트산을 따라 늘어선 푸른 소나무 가지마다 새하얀 눈이 쌓이고 있었다. 나는 정상으로 올라가는 리프트인 그린 릿지 트리플에 타고 있었다. 리프트는 크게 덜컹거리더니 끽 소리를 내며 멈췄다. 약하게 바람이 불었으나 리프트는 거의 흔들리지 않았다. 정상 휴게소로 이어지는 케이블이 우리가 탄 리프트의 바퀴를 단단히 붙잡고 있었다. 우리가 멈춰 선 곳은 탑 바로 아래였다.

"저는 늘 아이들한테 리프트가 지금처럼 바퀴 바로 아래에 멈추면 행운이 찾아온다고 가르쳤어요." 폴이 말했다. "눈을 감고 소원을 빌어야 해요. 하지만 소원을 입 밖에 내면 이루어지지 않으니까 말하지는 마세요."

나는 고개를 끄덕이며 어색하게 웃었다. 우리가 리프트를 함께 타는 것도 처음이었고, 내가 예상했던 것과도 다른 상황이었다.

유니폼인 파란색 방한복 바지와 스키 점퍼를 아래위로 갖춰 입고 내 옆에 앉아 있는 이 스키 강사는 어쨌든 독재정권을 물려받은 사람이었다. 그가 우다이 후세인Uday Hussein의 집에 살면서 사담 후세인의 옛 궁전으로 출퇴근하던 지난 수개월 동안에는 아침 4시 반만 되면 그를 죽이려는 박격포 소리가 그의 단잠을 깨우곤 했다. 스키 리조트 직원이 되려는 사람의 이력서에서 흔히 볼 수 있는 경력은 아니었다. 패스트푸드 체인점에서 햄버거를 만들었을 수는 있겠지만, 사담 후세인의 궁전이라니. 확인해본 적은 없지만, 이곳 스키 강사 중에는 오사마 빈 라덴Osama bin Laden이 현상금을 내건 사람은 또 없는 것 같다.[31]

제리Jerry라는 이름으로도 알려진 브리머는 이제 여든 살이다. 그는 진주만 공습 9주 전에 태어났다. 빳빳한 머리칼은 회색빛이지만, 얼굴은 실제 나이보다 스무 살은 어려 보인다. 수영, 사이클, 마라톤이 버무려진 철인 3종 경기를 평생 즐긴 덕분이라고 했다. 그토록 먼 거리를 달리는 게 무릎에 무리가 되기 시작하자 그는 달리기를 그만두고 사이클링에 전념했다. 겨울이면 그는 무릎이 허락해주는 한 스키를 탄다.

브리머는 평생을 외교관으로 살았다. 그는 아프가니스탄, 말라위, 노르웨이, 워싱턴에서 근무했다. 로널드 레이건Ronald Reagan 대통령은 그를 네덜란드 대사로 지명하고 대테러리즘의 황제 자리에 앉혔다. 이후 브리머는 특별히 조직된 전국 대테러위원회National Commission on Terrorism 의장에 임명됐다.

2000년 6월 7일, 브리머는 대테러위원회 보고서를 통해 '대량의 인명피해가 따르는 공격의 위협이 커지고 있다'라고 경고했다.[32] 그해 여름에 열린 의회 청문회에서는 일본이 아니라 그림자에 싸인 테러리스트 네트워크가 또 다른 진주만 공습을 일으킬 위험이 있다고 증언했다. 15개월 후인 2001년 9월 11일 오전 8시 46분, 별다른 주목을 받지 못했던 그의 발언이 비극적인 예언으로 드러났다. 당시 브리머의 개인 집무실은 세계무역센터 북쪽 타워에 비행기가 충돌한 지점보다 조금 위에 자리하고 있었다. 운 좋게도 그는 그날 아침 워싱턴DC에 있었지만, 그의 동료 몇 명은 운이 좋지 못했다.

2003년 봄, 브리머는 자신의 인생을 영원히 뒤바꿔놓을 전화 한 통을 받았다. 조지 W. 부시George W. Bush 정권의 국방부 장관인 도널드 럼스펠드Donald Rumsfeld였다. 럼스펠드는 최근의 이라크 침공과 관련된 '중요한 일'의 적임자로 브리머가 거론되고 있다고 말해주었다.[33] 위험할 게 분명했지만, 브리머의 아내 프랜시Francie는 한 치의 망설임도 없이 그를 지지해주었다. "요청이 오면 꼭 받아들이세요." 아내는 외교관이라면 대통령이 요청하는 일을 수행할 의무가 있다고 말했다. 2003년 5월 6일, 부시 대통령은 이라크가 독재 정권에서 민주주의로 원활하게 전환할 수 있도록 지원하는 과정을 책임지는 기구인 연합군임시행정처Coalition Provisional Authority의 수장으로 브리머를 임명했다.

그러나 전환은 원활하게 이루어지지 않았다.

브리머는 2003년 5월 중순 C-130 군용 수송기를 타고 바그다드에 도착했다. 타는 듯한 열기에도 그는 각 잡힌 검은 양복에 넥타이를 매고 전투화 스타일의 팀버랜드 부츠를 신었다.[34] 이 제복은 이라크 총독으로서의 그를 상징하는 이미지가 됐다. 민간인이지만, 전쟁 지역에 들어선 민간인의 모습이었다.

부임 첫날, 브리머는 심각한 회의에 참석했다. 바그다드의 치안 상태는 절망적이었다. 무장 강도가 사방에서 가게와 정부 공관, 유적지, 사유 주택을 약탈하고 있었다. 폭력과 혼돈의 도가니였다. 회의에서 브리머는 약탈자들에게 질서가 재정립됐다는 메시지를 전하기 위해 미군이 총기를 발사할 수 있다는 가능성을 제시했다. 누군가가 그의 아이디어를 언론에 흘렸다. 「뉴욕타임스」가 이와 관련하여 기사를 보도했다.[35] 소식은 곧바로 이라크로 다시 전해졌다. 만약 브리머가 미국에서 같은 명령을 내리려고 했다면 민간인 대량 학살을 시도한 혐의로 기소됐을 것이 분명하다. 어쨌든 누군가가 TV를 훔친다는 이유로 총을 쏠 수는 없으니 말이다. 수많은 미국인이 분노했다.

그러나 수많은 이라크인은 그렇게 생각하지 않았다. 바그다드는 버몬트주 벌링턴과 달랐다. 사담 후세인은 지난 수십 년 동안 무력으로 질서를 유지해왔다. 적법 절차는 애초에 시스템에 포함되지도 않았다. 브리머는 민주주의와 법치주의를 확립할 수 있다고 믿었다. 그러나 한편으로는 독재정치가 하룻밤 사이에 뒤바뀌지는 않는다는 점도 알았다. 그는 총구에서 질서가 시작된다는 믿음이 널리 퍼져 있는 곳에서 폭력적인 시스템을 물려받는 선택지와 법치를 통해 질서를 세워야 한다고 생각하는 민주주의 본국의 여론 사이에서 이러지도 저러지도 못하는 상황에 처했다.

바그다드에서 음료수와 담배를 파는 디아 자바르Dia Jabar는 당시 언론인들에게 브리머가 제안대로 약탈자를 향해 발포하는 정책을 시행하기 바란다고 말했다.[36] 그러면서 강력한 조치가 없다면 "수니파와 시아파 사이에 종파적 내전이 발발할 것"이라고 경고했다. 그의 두려움은 머지않아 현실이 됐다. 수십만 명이 종파 간 폭력으로 목숨을 잃었다.

"애 이름은 벨라입니다." 브리머가 자그마한 몰티즈 구조견의 등을 토닥이며 말했다. 스키 강습이 끝난 뒤 커피를 마시자며 그가 나를 자택에 초대한 터였다. 브리머는 2019년 아내가 세상을 떠난 이후로 혼자 살고 있었지만, 집에는 여덟 개의 침실이 있었다. "손주들이 다 와서 살아도 될 만한 공간을 원했거든요." 그가 설명했다.

브리머는 파란색 스키 유니폼에서 흰색 터틀넥으로 갈아입고 돌아왔다. 그가 찬 벨트에는 성조기가 그려져 있었다. 그의 안내를 따라 들어간 서재에는 그가 평생 공직 생활을 하면서 받은 상패들이 장식되어 있었다. 컴퓨터 모니터 너머로 보이는 벽에는 이라크 국기가 걸려 있었다. 그가 이라크를 떠날 때 받았던 이 국기에는 다음과 같은 헌정사가 수놓여 있었다. '귀하께서 보여주신 놀라운 영웅적 면모, 비전, 에너지, 리더십 그리고 비할 데 없는 헌신에 감사드립니다. 역사는 귀하를 민족을 재건한 사람으로로 기억할 것입니다.' 나는 그의 유산에 관한 저 말이 다소 낙관적이라는 생각을 지울 수 없었다.

벨라를 발치에 두고 에스프레소를 마시는 동안, 나는 그에게 악명 높은 '약탈자 명령'에 관해 질문했다. 언짢은 기색이 브리머의 얼굴을 스쳐 지나갔다.

"모든 정부의 제1 역할은 공공의 안전 유지입니다." 그가 말했다. "우리 측에는 병사들이 꽤 많았지만, 병사들에게 약탈을 막으라고 하는 교전 규칙은 없었습니다. (…) 약탈자에게 발포해도 된다고 하면 병사들의 목숨을 구할 수 있을 것 같았습니다."

나는 약간 몰아붙일 요량으로, 본인이 대신 버몬트의 총독이 되려는 생각을 약간이라도 해본 적이 없느냐고 물었다.

"물론이죠." 그가 대답했다. "하지만 우리가 그곳에서 했던 '모든 일'은 미국에서와는 너무나 달랐습니다."[37]

생각에 잠긴 듯한 브리머는 그가 처음으로 이라크로 떠날 때 품었던 희망을 이야기했다. 당신이 전쟁과 전후 계획의 비극적인 부재 그리고 그것이 수많은 이라크인에게 미친 참혹한 영향을 어떻게 바라보든, 브리머는 만화 속 악당과는 다르다. 그가 전쟁을 지지한다는 이유로 악당 취급을 하는 사람들이 종종 있다. 비판자들은 그가 무능하고 위험할 만큼 순진하다고 말한다. 그리고 몇몇은 그가 제국주의 전쟁 범죄자라고 비난한다. 그러나 여타 전쟁광들과는 달리, 그는 적어도 자신이 약속한 대로 자금을 사용하려는 의지를 보였다. 또한 지구상 가장 위험한 곳에서 최악의 직업을 수행했다. 그는 진심으로 자신이 다른 사람들의 삶을 더 낫게 만들 수 있다는 믿음(뒤돌아보니 틀렸을지언정)으로 자신의 직업을 수행했다. 수많은 사람이 인터뷰에서 나에게 거짓말을 한다. 나는 브리머가 자신의 의도를 진실하게 밝혔다는 데 한 치의 의심도 들지 않는다. 그는 진정으로 민주주의와 자유를 믿었으며, 자신이 그 두 가지를 위해 싸웠다고 생각한다.

그러나 이라크에서 그의 가치관은 시험에 들었다. 급진주의 성직자 무크타다 알 사디르Muqtada al-Sadr가 미국인을 대상으로 폭력을 조장하는 글을 게재하기 시작하자, 브리머는 그의 신문사를 폐쇄하라는 명령을 내렸다. 병사들이 건물을 사슬로 걸어 잠그고 신문사를 휴업시켰다. "또 다른 사담 후세인은 필요 없다!" 시위대가 브리머를 향해 외쳤다. 한 시위자는 PBS 뉴스에 출연해 이렇게 말했다. "지금 일어나고 있는 일들은 사담 후세인의 시대에 일어났던 일들과 같습니다. 표현의 자유가 사라졌습니다."[38] 그러나 브리머가 우려하는 이유는 따로 있었다. 알 사디르의 마흐디 군대는 연합군을 상대로 이른바 성전jihad을 벌이겠다면서 수많은 미국인을 학살할 기회만을 노리고 있었다(이는 추상적인 위협이 아니었다. 브리머 또한 급조 폭발물의 목표가 된 탓에 간발의 차이로 죽음을 모면한 적이 있다). 알 사디르는 폭력을 조장하여 피비린내 나는 이라크 내전 중에서도 최악의 시기를 초래하는 데 크게 일조했다. 그에게 폭력을 선동하는 신문을 출판할 자유를 주었어야 했던 것일까?

나쁜 시스템을 물려받은 훌륭한 사람은 신문사가 유혈 폭동을 부추기지도 않고 약탈자들이 종파 간 전쟁을 예고하지도 않는 좋은 시스템에서였더라면 내리지 않았을 결정을 내려야만 한다. 브리머는 군에 대한 직접적인 권한이 없었지만, 그가 내리는 모든 결정에는 생사가 달려 있었다.

그는 이라크에 부임한 지 얼마 되지 않아 병원을 방문한 뒤 이를 분명히 깨달았다. 불이 다 꺼져 있었고, 기계도 작동하지 않았다. 전기가 끊긴 것이다. 국가 전력망은 전쟁 전과 비교했을 때 고작 10퍼센트의 전력만을 생산하고 있었다.

"신생아실을 보여주더군요." 브리머가 회상했다. "신생아실에는 작은 아기 하나가 있었습니다. 몸무게가 2.7킬로그램 정도밖에 나가지 않는데, 태어난 지 거의 6개월이 됐다고 하더라고요. 그러면 갑자기 이 병원에 전기를 공급하는 일이 내 책임이 되는 겁니다. 이 일을 대신 해줄 사람도 없고, 할 수 있는 사람도 달리 없었습니다."[39] 그때부터 브리머는 매일 아침 이라크 전역에 걸친 전기 공급량 도표를 검토하는 회의를 열고 공급을 더 빠르게 회복시킬 방법을 찾으려 했다.

강아지를 데리고 그의 서재에 앉아서 이런 이야기를 듣고 있자니, 몇 시간 전 우리가 스키 슬로프에서 가볍게 대화를 나누었던 순간이 다시 떠올랐다. 전력을 재공급하고, 안전을 책임지고, 수백만 명의 이라크인에게 공적 급여를 지급하고, 민주주의로 전환하는 작업을 모두 한 번에 책임졌던 브리머는 나에게 스키 리조트에서 리프트의 위치를 바꾸려고 한다는 이야기를 들려주었다.

"상당히 야심 찬 계획이죠." 그는 마치 믿을 수 없을 만큼 원대한 계획에 외경심 담긴 찬사를 보내듯 말했다. "이번 여름에 리프트를 통째로 옮긴다고 하네요. 과연 해낼 수 있을지 지켜봐야 할 것 같습니다."

레오폴드 2세와 달리, 브리머는 옳은 일을 하려고 했다. 그러나 그에게는 제약이 있었다. 그거 하는 행동은 공격적 감시의 대상이었다. 그러나 망가진 폭력적 시스템하에서 이상주의적 행동은 그다지 멀리 가지 못할 것임을 그는 간파했다. 제대로 된 계획 없이 침공이 진행됐으므로, 브리머는 즉석에서 해결책을 만들어낼 수밖에 없었다. 몇몇 임시방편이 재앙과도 같은 결과를 낳았다는 것은 누구보다도 그가 가장 먼저 알았을 것이다. 하지만 그렇다고 해서 임시방편이 악의적이었던 것은 아니다. 그보다는 이라크의 시스템이 그의 선택을 규정한 셈이었다. 또 다른 시스템에서였다면 그는 또 다른 선택을 했을 것이다. 예컨대 그가 노르웨이 대사로 근무할 당시에는 약탈자에게 발포하는 정책을 옹호하지 않았다.

브리머와 몇 시간 동안 이야기를 나눈 나는 돌아가기 위해 자리에서 일어났다. 책꽂이를 지나치다 보니 부시 대통령이 '제리에게, 고생하셨습니다!'라고 서명한 사진이 눈에 띄었다. 그 옆에는 그가 상으로 받은 다른 재산 두 가지가 놓여 있었다. 하나는 제1급 스키 강사 자격증이었고, 다른 하나는 첫 스키 시즌이 끝난 뒤 받았다는 '베스트 루키' 모자였다.

인간은 복잡한 존재다.

독재정권을 물려받는 사람은 거의 없다. 그러나 우리 중 많은 이들은 망가진 시스템하에서 살아가고 있다. 맥락이 부여하는 제약으로 인해, 우리는 완전한 자유의지를 누리지 못한다. 우리 행동은 좋든 나쁘든 이런 시스템의 영향을 받는다.

이제 이전 장과 이번 장을 같이 생각해보자. 과대망상에 빠진 스티브 라우치처럼, 분명 시스템을 조작하여 권력을 얻는 데 더 능한 사람들이 있다. 그러나 나쁜 시스템이 권력 남용을 부추기고 좋은 시스템이 남용을 방지하는 것도 분명하다. 뒤이은 장에서 살펴보겠지만, 시스템 개혁을 통해 부패하는 사람을 덜 끌어당기는 한편, 권력을 얻은 사람이 그 권력을 남용하지 못하게 저지하는 게 해결책이 될 수 있다. 말로는 쉽지만, 시스템을 어떻게 고칠지 고민하기에 앞서 우리는 지금까지 기저에 깔려 있던 중요한 질문 하나를 생각해봐야 한다. 권력은 실제로 부패하는 걸까, 아니면 뭔가 다른 일이 일어나고 있는 것일까?

6장

모든 권력은
부패하는가

부패하는 사람들은 권력에 이끌리며 대개 권력을 얻는 데 더 능하다. 우리 인간은 석기 시대적 뇌와 관련된 비이성적인 이유로 잘못된 지도자들을 따르는 데 이끌린다. 나쁜 시스템은 모든 것을 악화시킨다.

권력자를 왜곡하는 네 가지 현상

남자의 옷이 벗겨진다. 두 손은 등 뒤로 묶여 있다. 밧줄이 손목을 파고든다. 조악한 도르래에 매달린 남자의 몸이 허공 높이 뜬다. 매듭이 피부에 자국을 새긴다. 남자는 무력하게 울부짖으면서 풀어달라고 애원한다. "저는 정말 아무도 몰라요, 아무것도 몰라요. 저는 누구에게도 책을 보여주지 않았습니다. 누구에게도요! 저조차도 이 책을 읽어본 적이 없습니다."[1] 그가 비명을 지른다. 몸이 바닥으로 떨어진다. 그러나 바닥에 닿기 직전 밧줄이 팽팽하게 당겨진다. 도르래에서 끽끽거리는 소리가 난다. 바닥에서 불과 몇 센티미터 떨어진 곳에서 그의 발이 대롱거린다. 어깨가 뽑혀 나간다. 비명을 지르며 바닥에 털썩 떨어진 그가 몸을 일으키려고 애쓰다가 의식을 잃는다.

이는 상세히 기록한 스페인 종교 재판의 기본적인 장면이다. 스트라파도strappado라고 알려진 이 고문 기계는 자백을 강요할 때 사용했다.[2] 이 기구를 쓰면 피고인은 자신의 죄와 이단을 자백할 힘만 남을 정도로 몸이 산산이 부서진 뒤 곧이어 죽음으로 그 죄를 갚았다. 어쨌든 피고인 중 다수가 처형됐다. 그들은 몇몇을 무시무시한 형틀에 묶고 사지를 잡아당겨 죽였다. 또 몇몇은 머리 분쇄기라는 적절한 이름의 헬멧과 턱 받침대를 씌우고 조금씩 나사를 조여 두개골을 뭉개 죽였다. 읽기만 해도 섬뜩한 장면이다.

수 세기 이후인 1800년대 말, 영국의 주교 맨델 크레이턴Mandell Creighton이 일련의 역사서를 통해 해당 시기의 연대기를 저술했다.[3] 그러나 그는 교회의 잔혹성을 비판하는 대신 감정을 배제한 기록을 남겼다. 크레이턴은 도덕적 고찰은 역사가의 몫이 아니라고 생각했다. 종교적인 역사가의 역할은 직업적 변증자와 유사해서, 강력한 교회 인물의 권력 남용을 비판할 게 아니라 그들의 무죄를 추정해야 한다고 여긴 것이다.

크레이턴의 연대기에 감명받지 않은 독자도 있었다. 제1대 액턴 남작이자 제13대 그로폴리 후작이면서 대개 액턴 경이라 불리는 존 에머리치 에드워드 달버그 액턴John Emerich Edward Dalberg-Acton(왜 그렇게 다들 줄여서 부르는지 도무지 모르겠다)은 주교 크레이턴이 고문과 무고한 자의 처형에 대해 보인 무관심을 논하기 시작했다. 액턴 경은 크레이턴을 다음과 같이 평했다. "그는 역사를 문학의 형태로 받아들이는 더 많은 대중을 선호한다. 사건을 입증하거나 결론까지 파고들려고 애쓰지 않고, 논쟁과 열정이 들끓는 장면들을 고요한 호기심과 분열된 판단 그리고 흰 장갑 한 컬레와 함께 유유히 빠져나가려고 한다."[4] 마치 교회 인사들이 실제로 자기 손을 매우 더럽혔던 사건을 묘사하는 역사가가 자기 손은 더럽히지 않으려고 한다는 식이었다. 액턴 경은 크레이턴의 도덕적 무관심이 역사의 의무, 즉 권력을 쥔 자가 제대로 처벌받지 않는 일이 만연한 이 세상에서 권력 남용의 책임을 물을 의무를 저버린다고 생각했다.

1887년 주교 크레이턴에게 보내는 서한에서 액턴 경은 이렇게 썼다. "저는 우리가 교황과 왕을 보통 사람과는 다르게 판단해야 하고 그들이 부정을 저지르지 않을 것이라는 호의적인 전제를 두어야 한다는 귀하의 기준을 받아들일 수 없습니다. 전제를 두어야 한다면 반대로 권력을 가진 이에게 불리하게 두어야 하고, 권력이 커질수록 전제도 커져야 합니다. 역사적 책임은 법적 책임의 빈곳을 메워야 합니다. '권력은 부패하는 경향이 있고, 절대 권력은 절대 부패합니다.' 대인은 거의 모두가 악인입니다."[5] 이렇게 역사상 가장 유명한 인용구 중 하나가 탄생했다.

액턴 경의 격언은 새로웠으나 그 아이디어는 새로운 것이 아니다. 비슷한 격언을 역사 곳곳에서 찾아볼 수 있다. 예컨대 1770년 윌리엄 피트William Pitt the Elder는 상원에서 유사한 현상에 대해 논하면서 "무제한적 권력은 그 권력을 쥔 자의 정신을 부패시키기 쉽다"라고 주장했다. 액턴 경이 같은 말을 더 입에 잘 붙게 표현한 것뿐이다(오늘날에는 대개 '경향이 있다'라는 표현을 생략한다. 대부분은 '권력은 부패하고, 절대 권력은 절대 부패한다'라는 격언으로 알고 있을 것이다). 널리 알려지고 인정받은 이 격언은 칵테일파티에서 위트 있어 보이고 싶은 사람이 시사 스캔들 이야기를 꺼내면서 곁들이곤 한다. 그러나 과연 정말 그럴까?

우리는 대개 권력을 비뚤어진 시선으로 바라보면서, 권력의 불가피한 특성과 그 특성이 '야기하는' 부패를 혼동한다. 다음 장에서 살펴보겠지만, 권력은 실제로 부패한다. 그러나 권력이 부패하는 정도에 관한 우리의 매우 냉소적인 시각은 잘못됐다. 이 중 일부는 권력을 가진 인물을 칭찬하거나 비난할 때 우리가 너무 자주 간과하곤 하는 네 가지 현상과 관련이 있다. 나는 이 네 가지 현상을 가리켜 '더러운 손', '나쁜 짓 잘하는 법 배우기', '기회는 찾아온다', '현미경 아래에서'라고 부른다. 각 현상은 우리에게 왜곡된 관점을 안겨주고, 우리는 이로 인해 권력이 사람을 실제보다 더 부패시킨다고 믿게 된다. 권력을 가진 사람이 선하게 행동한다는 말이 아니라, '권력이 사람을 나쁘게 만든다'는 널리 인정된 시각이 우리가 책임자를 평가할 때 저지르는 인지적 실수 때문에 한껏 과장되는 경우가 많다는 얘기다.

더러운 손

나는 스마트폰으로 시간을 확인했다. 오전 8시 7분, 전 태국 총리 아피싯 웨차치와Abhisit Vejjajiva와 만나기로 한 시간이 이미 7분이나 지났다. 장소는 방콕 업무지구에 자리한 우아한 호텔 수코타이의 카페였다. 드높은 호텔 건물은 섬세하게 꾸며놓은 열대 정원의 한가운데에 있었다. 끊임없이 경적을 울려대는 오토바이 택시들과 달콤하고 부드러운 태국식 아이스티를 파는 길거리 상인들이 빚어내는 불협화음을 길게 늘어선 야자수들이 마치 방패처럼 막 아내고 있었다.

나는 엄청나게 비싼 아메리카노를 한 모금 마시면서 카페 내부를 한 번 더 훑어봤다. 카페에 앉아 있는 유일한 다른 손님인 어느 태국인 남성의 노란색 티셔츠가 호텔 바깥을 서둘러 지나치는 남자들의 검은색 양복과 어색하리만치 대비됐다. 나는 스마트폰의 잠금을 풀고 빠르게 메시지를 보냈다. '저는 약속 장소에 와 있습니다. 혹시 도착하시기 전에 필요하신 거 있으세요?' 잠시 후 스마트폰 알람이 울렸다. 아피싯이 보낸 메시지였다. '저도 와 있습니다.' 고개를 들자 노란색 티셔츠를 입은 남자가 웃어 보였다. 나는 그의 테이블로 자리를 옮겼다.[6]

"죄송합니다. 티셔츠를 입고 계실 줄은 몰랐어요." 내가 멋쩍게 말했다.

"괜찮습니다. 저는 나이가 더 많으실 줄 알았어요."

그야말로 직장에서 권력이 안겨주는 착각이다. 우리는 권력과 지위에 관한 지레짐작에 자승자박으로 당한다. 나는 아피싯과 악수했다. 그러면서도 대량 학살을 저질렀다는 비난을 받는 남자와 악수하고 있다는 꺼림칙한 생각을 머릿속에서 지울 수가 없었다. 아피싯은 우아한 영국식 악센트를 썼는데, 초엘리트 사립학교인 이튼칼리지와 그 이후 옥스퍼드대학교에서 보리스 존슨Boris Johnson 과 어울려 다녔던 학창 시절의 부산물이다. 그는 오늘이 정기적으로 헌혈하는 날이어서 티셔츠를 입었다고 설명했다. 나는 이것이 그가 인터뷰를 앞두고 종종 꺼내 드는 낙관적 공감의 카드일지 궁금했다. 그럴 수도 있고 아닐 수도 있었다 어쩌면 진정으로 이타적이고 연민을 가진 사람일지도 모른다. 또는 그저 사람을 조종하는 마키아벨리주의자일 수도 있다. 정치에서는 두 극단이 선명하게 구분되지 않는 경우가 많다.

나는 쉬운 질문부터 시작했다. 언제 정치인이 되고 싶다는 걸 깨달았나요? 지금의 궤도에 오르게 된 결정적인 순간이 있었나요?

"1973년 학생 시위가 일어났을 때 저는 아홉 살이었습니다." 그가 대답했다 "기본적으로 민주주의와 성문 헌법을 요구하는 시위였죠. 물론 저는 정교하거나 깊은 수준에서 어떤 일이 벌어지는지 이해하기에는 너무 어렸습니다. 하지만 저에게 영감을 준 건 젊은 사람들이 길거리에 나와 나라를 변화시키려고 한다는 사실이었습니다."[7]

37년 후, 반대파는 아피싯을 가리켜 자신이 지배하던 나라에 변화를 일으키고자 길거리로 나온 사람들을 학살한 남자라고 부른다. 서양인이라면 대부분 태국 또는 그 수도인 방콕을 생각할 때 맑고 깨끗한 바다나 붉은빛 조명의 시끌벅적한 밤 문화를 떠올릴 것이다. 그러나 태국은 지구상의 어떤 나라보다 더 많은 쿠데타가 일어난 곳이기도 하다. 2006년 쿠데타가 끝난 뒤 새로운 총리가 선출됐다. 그러나 그는 〈테이스팅, 그럼블링Tasting, Grumbling〉이라는 이름의 TV 요리 프로그램을 4회 진행하고 350달러를 받았다는 이유로 실각했다(지어낸 이야기가 아니다).[8] 이 자금이 정부 공무원의 재직 중 상업적 이익 추구를 금지하는 규칙에 어긋난다고 간주됐기 때문이다. 약간의 부패가 섞여 있다고 알려진 과정 끝에 아피싯이 책임자의 자리를 차지했다. 그는 국민이 아니라 군부와 왕이 선택한 비선출직 총리의 역할을 맡게 됐다.

"저는 정계에 발을 들이고도 부패하지 않은 채로 나올 수 있음을 증명해 보이겠다는 강한 확신이 있었습니다." 아피싯이 말했다. "그래서 늘 그 부분을 의식적으로 신경 썼죠. 그리고 정직과 솔직함, 원칙을 고수한다는 면에서만큼은 본보기가 되고 싶었습니다. 제가 성공했기를 바랍니다."[9]

그러나 2010년 초, 아피싯의 반대자들이 시위를 조직하기 시작했다. 12만 명의 반대파 지지자가 방콕 길거리를 메웠다. 이들은 아피싯의 사임을 요구했다. 처음에는 평화 시위였다. 그러나 4월이 되자 시위대는 의사당에 들이닥쳐 정부를 건물에서 강제로 몰아냈다. 어느 날 저녁에는 정부가 시위 지역을 진압하려다가 쏟아지는 총알과 수류탄을 마주해야만 했다. 사령관이 수류탄에 맞아 사망하는 일까지 벌어졌다. 네 명의 병사도 목숨을 잃었다. 군부는 시민군에게 반격했다. 스물여섯 명이 죽었고 부상자가 1,000명에 달했다.[10]

중무장한 시위대는 이에 대한 대응으로 내전을 논하기 시작하면서, 정부가 길거리 시위를 진압하려 한다면 대규모 폭동을 일으킬 것이라고 위협했다. 시위대 중 일부는 태국 군대를 이탈한 이들이었으므로 유혈 충돌이 벌어질 가능성도 있었다. 시위대는 심지어 캄캄한 밤을 틈타 쓰레기봉지에 중화기를 담아 시위 지역으로 몰래 들여왔다. 5월 중순이 되자 도시 전체가 화약고나 다름없었다. 아피싯은 방콕에서 도화선에 불이 붙는다면 몇 시간 안에 전국적으로 대화재가 일어날 것임을 알았다.

"두 달 동안 많이 자야 서너 시간 정도밖에 못 잤던 것 같습니다."[11] 아피싯이 커피를 마시며 회상했다.

도시의 일상적인 소음에 산발적인 총성이 포함되기 시작하자, 아피싯은 헬리콥터를 동원해 지상의 시위대와 시민군에게 전단을 살포했다. 거기에는 정부가 시위대와 정부군 사이의 완충 지대를 설정하기 위해 '실탄 사용 허가' 구역을 설정했다는 경고가 적혀 있었다.[12] 아피싯은 해당 출입 금지 구역에 들어오는 모든 사람(비무장 민간인 포함)에게 병사들이 실탄을 발포할 수 있음을 분명하게 밝혔다.

이와 같은 경고에도 불구하고, 시민군은 도시 전역에 걸쳐 체계적인 방화 공격을 저지르기 시작했다. 일부 시민군은 목숨을 걸고 실탄 사용 허가 구역에 들어가기도 했다. 정부군 저격수가 쏜 총에 많은 사람이 목숨을 잃었다. 2010년 5월 19일, 태국 군부대가 시위대의 바리케이드를 뚫었다. 시위대 지도자가 투항했고, 점차 질서가 찾아왔다. 잔혹했던 탄압이 목적을 달성한 것이다. 피바다는 진압됐으나, 그 대가는 참혹했다. 총 여든일곱 명이 목숨을 잃었으며, 여기에는 시위를 취재하던 두 명의 외국인 저널리스트도 포함됐다. 여기에 포함되지 않은 수십 명의 민간인이 더 있었으므로, 전체 사망자 수는 더 많을 것이다. 부상자는 2,000명이 넘었고, 그중 다수가 평화 시위대였다.

이듬해 선거가 열렸다. 아피싯은 35퍼센트의 득표율로 패배했다. 권력을 잃은 아피싯은 대량 학살 혐의로 기소됐다. 그러나 2014년 쿠데타로 태국 군부가 다시 한번 권력을 잡으면서 아피싯의 살인 혐의는 취하됐다.[13]

지금 이 우아한 카페에서, 아피싯은 커피잔을 만지작거리며 눈을 내리깔고 말했다. "권력이 있는 상태에서는 질서를 유지하고 시위를 끝내기 위해 노력해야 한다는 막중한 중압감에 시달리게 됩니다." 조용한 목소리였다. "그러나 동시에 아무런 피해도 발생하지 않도록 최선을 다해야만 하죠. 결국 피해가 발생했다는 점은 유감이지만, 제가 재임하던 동안에는 그 부분이 가장 어려웠습니다."[14]

내가 인터뷰한 태국의 몇몇 장군도 같은 감정을 드러냈다. "리비아나 시리아에서 어떤 일이 일어났는지 아실 겁니다. 우리는 태국에서 그런 사태가 발생하도록 둘 수 없었습니다. 아피싯은 선택을 해야만 했습니다. 소수의 테러리스트를 죽여서 질서를 바로잡을 것이냐, 아니면 피비린내 나는 내전으로 수십만 명의 무고한 태국 국민을 죽음으로 내몰 것이냐 하는 문제였습니다."[15] 적어도 이것이 이들이 사태를 바라보는 시각이었다. 또는 이처럼 포장하려고 했다.

어둠의 3요소 특성을 가진 사람이라면 도덕적으로 끔찍한 결정을 내리는 데 양심의 가책을 덜 느낀다는 점은 앞서 이미 살펴봤다. 마을 사람들을 살리기 위해 아기의 목을 조르는 것과 같은 도덕적 수수께끼는 대학교 철학 수업에서 사고 실험으로 자주 사용하지만, 망가진 시스템에서는 정치인들이 일상적으로 마주하는 현실적인 결정 사안이다. 아피싯처럼 인구 7,000만 명의 가난하고 불안정한 나라를 통치하는 경우라면 대부분의 결정에 (심지어는 예산 할당까지도) 정말로 생사가 걸려 있다. 교사의 보수를 늘리기 위해 정신건강 지원 예산을 삭감한다면 사람들이 죽을 것이다. 팬데믹 기간에 경제 셧다운 조치를 일주일만 늦게 해제하더라도 사람들이 죽을 것이다. 수류탄을 로켓처럼 던지는 시위대가 도시를 불태우거나 병사들에게 총을 쏴도 그대로 놔둔다면 사람들은 죽을 것이다. 그리고 도심 폭동이 내전으로 확대된다면 정말, 정말 많은 사람이 죽을 것이다.

아피싯과 함께 카페에 앉아 있는 동안, 나는 적어도 여든일곱 명의 목숨을 앗아간 그의 선택에 대해 생각을 멈출 수가 없었다. 실로 경악스러운 일이었다. 하지만 만약 그가 다른 길을 선택했더라면 얼마나 더 많은 사람이 목숨을 잃었을지는 누구도 모른다. 훨씬 더 적은 수였을 수도 있고, 기하급수적으로 많았을 수도 있다. 알 방법은 없다.

이제 그의 입장이 되어보자. 그가 다르게 행동했더라면 어떤 일이 '일어날지' 정확히 알 수 있다고 상상해보자. 사회과학자들은 이를 가리켜 '반사실적 조건문counterfactual'이라고 한다. 반사실적 조건문이 다음과 같이 명백하다고 해보자. 아피싯이 시위대의 확산을 그대로 두었더라면 시위대는 내전을 일으키는 데 성공했을 것이고, 내전으로 인해 2만 5,000명이 목숨을 잃었을 것이다. 아피싯을 가리켜 잔혹한 살인자라고 말하기는 쉽다. 그러나 우리 자신이 수천 명의 목숨을 어깨에 짊어지고 권좌에 앉아 있다면 어떻게 행동했을지 말하기는 어렵다.

아피싯과 같은 사람들은 언제나, 세계 어디서든 이처럼 심란하고 도덕적으로 구역질 나는 정치적 계산을 하고 있다. 몇몇은 폭력을 선호하고 오직 자기 이익을 향해 기울어지는 나침반을 따라 결정을 내린다. 또 몇몇은 차악의 선택지를 택해 끔찍한 일을 저지른다. 아피싯과 만난 지 6~7분 정도 지나자 나는 그가 후자의 유형의 속하는 지도자이기를 바라게 됐다. 그러나 확실히 알 방법은 없다.

장 폴 사르트르Jean-Paul Sartre의 희곡 「더러운 손Dirty Hands」에서 허구의 공산주의 서기장 에드레르Hoederer는 이처럼 벗어날 수 없는 딜레마를 논한다. "내 팔꿈치 바로 위에는 더러운 손이 붙어 있다. 나는 이 손을 오물과 피에 담갔다. 당신이라면 순수하게 지배할 수 있다고 생각하는가?"[16] 평범한 사람들은 심각한 도덕적 범죄를 피할 수 있다. 끔찍한 일을 저지르지 않아도 되는 또 다른 길, 또 다른 선택지가 '언제나' 존재한다. 압도적 다수의 사람들은 수많은 이들의 삶을 망치게 될 결정을 의도적으로 내리거나 그 기미를 눈치채고 다른 결정을 내려야 할 필요가 없다. 대신 우리는 그 결정을 다른 사람에게 맡긴다. 차마 마주할 수도 없고 참을 수도 없는 선택을 대신 해줄 사람을 선출하고, 임명하고, 고용한다. 이에 따라 우리의 권력을 위임받은 사람은 때때로 '모든' 선택지가 부도덕한 상황에 내몰린다. 어떤 것을 선택하든 처참한 결과가 뒤따를 수밖에 없다. 권력자들의 괴기스러운 남용 행위 또는 폭력을 용서

하자거나, 눈감아주자거나, 정상화하자는 말이 아니다. 오히려 그 반대다. 정치 지도자는 자신이 허가하거나 가능케 한 모든 인권 유린의 책임을 져야 한다. 그러나 때로는 권력자가 두 가지 끔찍한 선택지의 무게를 재고 그중 차악을 선택한다는 점을 기억하면 좋을 것이다.

"정치에서는 손을 더럽히기 쉽고, 보통은 그렇게 하는 게 옳다."[17] 뉴저지 프린스턴고등연구소의 명예 교수 마이클 왈저Michael Walzer가 한 말이다. 그는 정치인을 비롯해 권좌에 앉은 사람이 일상적으로 마주하는 일련의 고유한 도덕적 딜레마를 가리켜 '더러운 손 문제dirty hands problem'라고 칭했다.

아피싯은 자신의 손을 더럽혔다. 그는 시위대를 향해 발포를 명령했다. 이 말을 듣고도 소름이 끼치지 않는다면 사이코패스 검사를 받아보는 것도 좋을 것이다. 그러나 우리는 환상에서 벗어나야 한다. 아피싯이 어떤 선택을 했든, 누군가는 목숨을 잃을 수밖에 없었다. 막대한 권력을 가진 사람들에게는 종종 벌어지는 일이지만, 대부분 사람은 겪지 않아도 되는 일이다.

2019년, 아피싯은 정당을 이끌어 선거를 치르면서 원칙에 입각한 입장을 내세웠다가 큰 대가를 치렀다. 그는 지배적 군부를 지지하는 수많은 당내 원로 의원의 의견과는 반대로, 민간이 주도하는 민주주의의 회복을 주장했다. 이 결정으로 그의 정치 경력은 사실상 막을 내렸다. 그는 태국의 최고 지도자 자리에 다시 한번 오를 기회를 버리고 민주주의를 위한 싸움을 선택했다. 권력으로 인해 돌이킬 수 없이 부패한 사람에게서는 기대하기 힘든 행보였다.

더러운 손 문제는 당선되지 못한 태국 정치인만의 문제도 아니고, 망가진 국가의 독재자나 폭군만이 담당하는 영역도 아니다. 수많은 사람을 통제해야 하는 모든 이들이 이 문제의 영향을 받는다. 심지어 영국이나 미국에서 역사상 가장 존경을 받았던 인물 몇몇도 이 문제 때문에 손을 더럽혔다. 유니버시티칼리지런던의 정치학 교수 리처드 벨러미Richard Bellamy는 이렇게 말했다. "우리는 원칙을 지키는 정치인을 원하면서 파렴치한 행동을 기대하고, 심지어는 강요한다."18

1941년 말, 윈스턴 처칠Winston Churchill에게는 비밀이 있었다. 블레츨리 공원의 암호 해독가들에게 도움을 받은 영국 정부는 겉보기에는 풀 수 없을 것만 같은 나치 이니그마Enigma 머신의 암호를 해독할 방법을 찾아냈다. 히틀러가 전 세계의 독일군 사령관에게 암호로 된 메시지를 은밀하게 전달하면 영국 정부는 그 메시지를 읽었다. 나치의 암호를 해독한다는 것은 전쟁을 통틀어 가장 큰 비밀이었으며 영국군이 보유한 가장 값진 무기였다. 만약 암호가 뚫렸다는 사실을 독일이 알게 된다면 이니그마 머신을 교체할 터였고, 그렇게 되면 영국은 치명적인 전쟁에 또다시 두 눈을 가린 채 뛰어들어야만 한다.

대부분의 시기에 처칠은 두 마리 토끼를 한 번에 잡을 수 있었다. 그는 해독한 암호에서 얻은 정보를 그럴듯하게 다양한 요원과 정보원의 공으로 돌렸다. 이렇게 하면 해독한 정보를 이용하면서 의심을 사지 않을 수 있었다. 그러나 어떤 정보는 너무나 상세했다. 게다가 정보 입수 방법을 많은 이에게 알리기에는 너무 위험했다. 전시 포스터가 경고하듯, '입이 가벼우면 배가 가라앉기' 때문이었다.

그러나 입이 무거워도 배는 가라앉는다. 호주 해군 소속의 순양함 HMAS 시드니함이 그중 하나였다. 역사가들은 처칠이 해독된 암호를 통해 시드니함을 비롯한 다수의 호주 군함이 곧 공격을 받는다는 정보를 입수했다고 본다. 처칠은 침묵을 지킨다면 해당 군함이 위험에 처한다는 사실을 완벽하게 인식하고 있었음에도 그 정보를 호주에 알리지 않기로 했다.[19] 시드니함에 경고를 한다면 이니그마 암호가 풀렸다는 사실을 독일이 알아낼 가능성이 너무 컸다.

1941년 11월 19일, 시드니함은 독일 순양함의 공격을 받아 침몰했다. 승선한 645명 전원이 사망했다. 처칠은 이들의 죽음을 막을 수도 있었을 것이다. 그러나 그는 의도적으로 그렇게 하지 않았다. 그는 자신의 손을 더럽혀 훗날 나치를 상대로 승리를 거두는 데 일조했다.

마찬가지로 미국 남북전쟁이 막바지에 달했던 1865년 초, '정직한 에이브러햄honest Abe'으로 역사에 이름을 남긴 에이브러햄 링컨Abraham Lincoln은 노골적일 만큼 정직하지 못한 방식으로 행동했다. 미국 내 노예제를 폐지할 수정헌법 제13조의 통과를 확실히 하기 위하여, 링컨은 사실상 하원 내 반대파 의원들에게 뇌물을 주었다. 노예제와는 무관한 입법적 뇌물을 이용해 그들의 표를 산 것이다. 하원 의원 새디어스 스티븐스Thaddeus Stevens는 이렇게 말했다. "19세기에 가장 위대한 조치는 미국 역사상 가장 완전무결한 사람이 지원하고 선동한 부패를 바탕으로 통과됐다."[20] 완전무결했지만, 훨씬 더 큰 대의를 위해 손을 더럽히는 일은 예외였다.

처칠과 링컨은 너무나 많은 존경을 받는 인물이므로, 이 일화들은 저명한 역사가들의 손을 거쳐 미화되어왔다. 그러나 다른 많은 권력자의 경우, 더러운 손 문제는 지도자를 실제보다 더 나쁜 사람으로 보이게 해 우리의 평가를 왜곡시킨다. '권력은 부패한다'고 하면 보통 권력으로 인해 사람들이 전보다 더 악하게 행동한다는 뜻이다. 그러나 대부분의 경우 권력자들은 단지 더 나쁜 결정을 내려야 할 뿐이다. 둘은 엄연히 다르다. 우리는 정직한 에이브러햄이 기꺼이 자신의 손을 더럽혀 노예제를 폐지하고 처칠이 나치를 무찌르는 데 필요한 일을 결단력 있게 해냈음에 감사해야 한다. 권력자에게는 부도덕한 행동이 가장 도덕적인 선택지일 때가 있다.

그러나 권력이 사람을 부패시킨다고 오해하게 되는 이유는 더러운 손 문제뿐만이 아니다. 때때로 권력자가 더 나쁜 사람이 된 것처럼 보이는 이유는 부패했기 때문이 아니라 새로운 기술을 습득했기 때문일 수도 있다.

나쁜 짓 잘하는 법 배우기

"훔치지 않고 살았던 적은 딱히 없었던 것 같습니다."[21] 에릭 앨리슨Eric Allison이 말했다.

"집안 내력인가요?" 내가 물었다.

"형이 둘인데, 다 정정하게 살아 있거든요. 둘 다 과속 딱지는 끊어봤으려나 모르겠네요. 어머니와 아버지도 열심히 일하셨지만 늘 가난했어요."

앨리슨은 잉글랜드 북부의 빈곤한 지역에서 자랐다. 그가 살던 블록에서는 자동차를 가진 집이 하나밖에 없었다. 그는 이 사실을 매우 어릴 때 눈치챘다. "다섯 집쯤 내려가면 그 가족이 살았는데요, 자동차가 있고 아이가 없었기 때문에 부자일 거라고 생각했어요." 에릭이 회상했다. "그래서 열한 살 때 그 집에 침입하기로 했죠."

앨리슨은 학교도 일찍이 그만두었다. "저도 학교가 싫었고, 학교도 저를 싫어했어요." 그가 무미건조하게 말했다.

어느 날 그는 집 안에서 흥미로운 점을 발견했다. 통풍문을 통해 지붕 아래의 서까래로 올라갈 수 있다는 점을 발견한 것이다. 서까래로 기어올라 주변을 둘러보니 그의 가족이 사는 집과 옆집 사이에는 낮은 벽 하나밖에 없었다. 옆집과 그 옆집을 비롯해 그 줄에 있는 모든 집이 마찬가지였다. 그는 밖으로 한 발자국도 나가지 않고 블록의 모든 집에 들어갈 수 있다는 사실을 깨달았다.

이웃에 살던 두 소년에게 망을 보라고 한 뒤, 자동차를 가진 부부가 출근할 때까지 기다렸다. 그러고는 서까래를 타고 그 집에 침입했다. "아주 좋은 상품이 눈에 띄었죠. 그 집에는 동전이 가득 든 단지가 있었어요. 2실링짜리와 하프 크라운(2실링 6펜스-옮긴이) 동전이었다고요. 당시로서는 상당한 금액이었죠. 합쳐서 20파운드 정도는 됐던 것 같은데, 부모님의 일주일 치 급여보다도 많은 돈이었죠."

앨리슨은 대부분의 열한 살짜리 소년보다 똑똑했다. 그는 내부에서 일어난 일이 아니라 누군가가 침입했다는 의심이 들지 않는다면 그가 잡힐 수도 있다는 점을 알고 있었다. "저는 서까래에서 떨어진 먼지를 누구도 보지 못하게 바닥을 닦았어요. 그리고 뒷문을 열어놓고 그 옆에 있는 작은 창문을 깼죠." 그는 경찰이 무작위 강도 사건으로 여기리라고 생각했다.

걸리지 않고 빠져나갈 수도 있었지만, 대신 앨리슨은 중요한 교훈을 배우게 됐다. 공범을 현명하게 골라야 한다는 것이다. 그의 계획에 참여한 다른 열한 살짜리 소년들에게 돈을 곧바로 쓰지 말라고 단단히 일러두었음에도, 그중 한 소년은 참지 못했다. "그 자식들 중 하나인 존이라는 애가 오리발을 산 거예요. 수영장 오리발이요." 앨리슨이 말했다. 존의 아버지가 어떻게 오리발을 샀는지 추궁하자 존은 결국 앨리슨이 절도를 진두지휘했다는 사실을 털어놓았다. 앨리슨은 치안 판사에게 유죄를 선고받고 조건부 석방으로 풀려났다.

에릭 앨리슨이 신뢰할 수 없는 공범 때문에 발각된 것은 이번이 마지막이 아니었다. 그는 어느 가게 바깥에 놓인 풍선껌 기계를 훔쳤다. 상품(앨리슨은 훔친 물건을 상품이라고 불렀다)은 수많은 페니 동전과 풍선껌 약간이었다. 그는 절도를 저지른 뒤 곧바로 집으로 돌아갔고, 경찰이 찾으러 올 경우를 대비해 자신이 얻은 상품을 꼼꼼하게 숨겨두었다. 그러나 그다지 똑똑하지 못했던 공범은 풍선껌을 입안 가득 씹으면서 동네를 이리저리 돌아다녔다. "경찰에 저를 넘겼더라고요." 앨리슨이 말했다. 그는 소년원에 수

감됐다.

어린 도둑은 출소하자마자 다시 절도로 돌아갔다. "그때부터는 더 신중하게 굴었죠." 앨리슨이 회상했다. 그는 수익을 극대화하고 위험을 최소화할 방법을 궁리하기 시작했다. 그리고 잠재적 파트너를 훨씬 더 신중하게 고르기 시작했다. 같은 실수를 다시 저지를 수는 없었다.

여전히 절도를 저지르고 다니던 스물한 살 무렵, 그는 고급 레스토랑의 웨이터라는 좋은 직업을 가지게 됐다. 웨이터 유니폼을 입지 않고 고급 레스토랑에 있는 자신의 모습은 상상하기 어려웠다. "누군가한테 음식을 서빙하기보다는 그 테이블에 앉아서 먹어야겠다는 생각이 들었어요. 그래서 저는 정말 의식적으로 전업 범죄자가 되기로 마음먹었습니다. 그렇게 된 겁니다."

앨리슨은 몇 년 동안 실험을 거듭했다. 연습과 오류를 거치면서 야망은 점점 커졌고, 기술도 늘었으며, 실수는 줄어들었다. 지갑도 점점 두둑해졌다. 그는 연간 총 여섯 자릿수에 달하는 돈을 훔치기 시작했는데, 당시로서는 엄청난 금액이었다. "저는 돈에 대해서 신경 쓴 적이 한 번도 없어요. 그냥 훔치는 게 좋았습니다."

앨리슨은 작업을 앞두고 엄청난 양의 조사를 벌이기 시작했다. 예컨대 영국 애스콧 경마에 경주마를 내보내는 부유한 가족, 그의 말을 빌리자면 '늙은 돈'을 가진 가족을 조사했다. 그리고 이 가족이 귀중한 말과 함께 경마장에 가 있는 동안, 앨리슨은 그들의 집에서 자기만의 상품을 챙겼다.

엘리스는 또한 위조 수표를 이용해 은행에서 현금을 찾는 수표 사기법을 알아냈다. "당시 은행이 한 군데 이상 있는 곳은 다 다녀 온 것 같습니다." 그가 설명했다. 절도는 경쟁이자 자신의 한계를 시험하는 게임이었고, 돈 때문에 하는 일이 아니라 훔칠 때의 스릴을 즐기기 위해 벌이는 일이었다. 그는 심지어 하루 동안 최대 몇 개의 은행에 사기를 칠 수 있는지를 두고 개인 기록을 셈하기도 했다. "가장 많이 했던 날은 75곳이었습니다." 그가 자랑스럽게 말했다.

앨리슨은 훔치고 있지 않을 때면 늘 더 잘 훔치는 방법을 고민했다. 만약 상당한 금액이 든 계좌를 알아낼 수 있다면 수표 사기로 더 많은 금액을 훔칠 수 있고, 계좌 잔액을 자주 확인하지 않는 계좌주를 알아낼 수 있다면 큰돈이 없어진 뒤에도 이를 알아채기까지 상당한 시일이 걸리리라는 생각이 떠올랐다. 그래서 앨리슨은 몇몇 공범과 함께(그는 이들의 이름을 말해주지 않았다. "죄인을 보호하려면 말할 수 없는 부분도 있습니다"라고 하면서) 어느 은행 직원의 집에 침입해 출입 카드를 훔쳤다. 그리고 은행 기록 일부를 입수하여 어떤 계좌가 좋은 목표물인지 알아내고 막대한 상품을 챙겼다. 문제는 돈을 인출하는 방법이었다. "예를 들면 첼튼엄에 있는 로이드은행에 가서 무턱대고 '50만 파운드를 현금으로 주세요'라고 할 수는 없는 거거든요." 그가 말했다. 그러나 당시 앨리슨은 이미 수준 높은 범죄자로 거듭난 이후였기 때문에 중간책에게 수익을 나눠주고 지브롤터와 제네바의 은행을 통해 현금을 인출하는 방법을 찾아냈다.

"전화 통화를 할 때 독수리가 날아올랐다는 말이 들리면 현금이 실제로 인출되어서 이쪽으로 오고 있다는 뜻이었습니다. 그러면 저는 나가서 정말 좋은 와인 한 병을 사 오곤 했죠." 그가 회상했다. "저는 사 온 와인을 들고 앉아서 가만히 생각하곤 했어요. '나쁘지 않다, 에릭. 나쁘지 않아. 풍선껌 기계에서 여기까지 오다니'라고 말이에요."

앨리슨은 점점 더 정교한 방법으로 수없이 많은 절도를 저지르고도 발각되지 않았다. 약 60년간 전업 절도범으로 살면서 발각된 횟수는 몇 번 되지 않았다. 마지막으로 벌인 큰 판은 영국에서 가장 큰 은행 중 하나인 바클레이은행에서 100만 파운드를 훔친 일이다. 여기서 발각된 그는 감옥에서 7년을 살면서 자신을 돌아볼 시간을 넘치게 선물 받았다.

현재 그는 범죄자의 삶(그의 말을 빌리자면 경력)을 그만두고 영국의 일간지 「가디언」의 감옥 특파원으로 일하고 있다. 나는 옛 생활이 그립지는 않냐고 물어봤다. "그립죠." 그가 한숨을 쉬며 말했다. "그 떨림이 그리워요." 그러고는 만약 「가디언」이 기회를 주지 않았더라면 지금도 절도를 하며 살고 있었을 것이라고 말했다. "당신과 이야기를 나눌 일도 물론 없었겠죠." 그가 웃으며 덧붙였다.

앨리슨은 공식적인 위계질서의 꼭대기에 올라가 본 적이 없지만, 그럼에도 권력을 휘두르는 사람들에 관한 핵심 교훈을 잘 보여준다. "저는 더 나쁜 사람이 됐던 게 아닙니다." 그가 힘주어 말했다. "전혀 정확한 설명이 아니네요. 저는 제가 하는 일을 더 잘하게 됐을 뿐입니다." '평생 배운다'라는 표현이 적절할지는 모르겠지만, 사실 그는 평생 배우며 살았다.

학습은 권력을 획득하고 유지하는 데 필요한 요소다. 여기서 오해가 발생한다. 데이터를 분석해보면 사람이 마치 권력에 의해 부패하는 것처럼 시간이 갈수록 점점 더 나빠지는 모습을 보일 때가 있다. 그러나 사실 같은 수준의 악의를 가지고 그 효과만 증대됐을 수도 있다. 그들은 언제나 부패해 있었다. 다만 악행을 더 잘 저지르게 됐을 뿐이다.

독재자와 폭군들 사이에서는 이 현상을 '권위주의자 학습authoritarian learning'이라고 부른다.[22] 때때로 독재자들은 정상회담을 통해 아이디어를 교환한다. 만약 학술회의였다면 '시위 진압하기: 사례 연구' 또는 '반대파를 없애는 방법에 관한 패널 토론' 같은 제목이 붙을 것이다. 1958년 실제로 있었던 특히 이국적인 한 사례에서는 마오쩌둥Mao Zedong이 소련의 지도자 니키타 흐루쇼프Nikita Khrushchev를 수영장에서 맞이했다.[23] 흐루쇼프는 수영을 할 줄 몰랐기 때문에 양팔에 부낭을 낀 채로 외교를 수행하고 전략을 교환했다. 두 사람이 이야기를 나누는 동안 통역사들은 수영장 레인을 따라 이리저리 걸었다.

독재자가 단순하게 쇄신할 때도 있다. 앨리슨이 연습과 오류를 거치며 절도 실력을 키웠듯, 독재자도 같은 방식으로 선거를 훔치는 실력을 키운다. 선거 조작이라고 하면 과거에는 투표함에 자기 표를 더 집어넣는 서투른 방식이 주를 이뤘다. 조악한 방법이었다. 꼬리가 잡힐 가능성이 컸다. 보는 눈도 많았고, 부하가 일을 그르칠 때도 있었다. 투표함을 잘못 가져다 놓았다가 선거인이 500명뿐인 선거구에서 1,000표가 집계되기라도 한다면 낭패가 될 것이다. 혁신이 일어나기 딱 좋은 원시적인 영역이었다.

2000년대 초, 우크라이나 정부는 독창적인 전략을 사용했다. 선거 당일, 반대파 지지자의 밀도가 높은 지역에서 선거는 겉보기에 정상적으로 진행됐다. 사람들은 평소와 같이 투표했다. 그러나 공무원들이 개표하려고 봤더니 모든 투표용지가 공란이었다. 저항의 기권표가 아니었다. 현 정권이 반대파 선거구의 펜을 시간이 지나면 잉크가 사라지는 펜으로 바꿔치기한 것이었다.[24] 몇 분만 지나면 투표용지의 X표가 사라졌다. 선거 조작은 더욱 지능적으로 변해갔다.

짐바브웨 정부는 결실을 보기까지 18년이나 걸린 계획 하나를 선보였다. 공무원들은 반대파 지역에서 태어나는 아기들에게 출생신고서를 조직적으로 발급해주지 않았다. 이 아기들은 성인이 되어(대부분 현 정부의 반대파로 자라나) 유권자 등록을 하러 갔다가 신분을 증명하지 못해 등록에 실패했다. "우리를 이기려면 굉장히 이른 시간에 일어나야 합니다."[25] 짐바브웨 정부의 한 공무원이 버밍엄대학교 교수 닉 치즈맨Nic Cheeseman에게 한 말이다.

이상은 모두 부패하고 악의적인 정부가 한층 더 부패하고 악의적으로 변한 사례다. 이들이 더 나빠진 이유는 이전에는 올곧고 도덕적이었던 성품이 권력에 좀먹혀서가 아니라, 수법이 발달했기 때문이다.

그런데 누군가, 특히 칵테일파티에서 위트 있어 보이려고 격언을 외우고 다닐 정도로 꼴불견인 사람이 액턴 경의 닳고 닳은 격언을 꺼낼 때면 대개는 과대망상이라는 또 다른 현상이 함께 화두에 오를 것이다. "왜 모든 독재자는 미친 사람인 걸까요? 김정은이 자기가 갓난아기일 때 운전하는 방법을 배웠다고 주장하는 거 아세요? 왜 독재자들은 제정신이라면 믿을 수 없는 기괴한 신화를 지어내는 걸까요?" 그러고는 꼴불견답게 잘난 척하는 미소를 지으며 자문자답할 것이다. "왜냐하면 권력은 부패하고, 절대 권력은 절대 부패하기 때문이죠."

그러나 이 잘난 척하는 칵테일파티 만담꾼은 틀렸다(처음 틀린 것도 아닐 게 분명하다). 독재자들은 미친 듯한 방식으로 행동한다. 이들의 신화(정치학에서는 이를 두고 '우상화cults of personality'라고 한다)는 대개 기괴하다. 그러나 이런 행동은 사실 전략적이고 합리적이며, 정상의 자리를 지키는 방법을 습득하고 거기에 맞추어 선보이는 행동이다.

북한에서는 김씨 왕족이 주체사상이라는 통치 신학을 통째로 개발했다. 이들의 기괴한 신화를 암송하는 것은 목숨을 부지하는 데 매우 중요한 일인데, 국가 교리에 도전했다가는 처형당하거나 강제노동수용소로 가는 편도 표를 받게 될 가능성이 크기 때문이다. 그러나 김씨 일가에 관한 이야기들은 객관적으로 말도 안 된다. 공식적으로 전해지는 이야기에 따르면, 김씨 일가는 수천 편의 오페라를 작곡했다. 이들은 보통 사람과 달리 화장실을 갈 필요도 없다. 심지어는 햄버거도 이들이 발명했다고 한다(북한에서는 햄버거를 '고기겹빵'이라고 하는데,[26] 공정하게 말하자면 이쪽이 훨씬 정확한 이름이다.)

이 모든 것에는 독재자가 오랜 시간에 걸쳐 습득한 핵심적인 목적이 있다. 바로 신뢰할 수 있는 사람과 신뢰할 수 없는 사람을 분류하는 충성심 테스트다. 부끄러움을 무릅쓰고 공개적으로 '친애하는 지도자'에 관한 말도 안 되는 거짓말을 입 밖에 낼 수 있는 사람이라면 정권의 신뢰를 받아도 좋을 사람일 가능성이 더 크다. 말도 안 되는 말을 앵무새처럼 반복할 수 있는 부하는 투자해도 좋은 부하다.

문제는 지도자를 둘러싼 신화가 사회에서 너무 흔한 이야기가 된 탓에 아무도 굳이 나서서 그 신화를 반복하지 않으려고 한다는 점이다. 해법은 한층 더 미친 듯한 신화를 발명하고, 누가 믿는지 또는 믿지 않는지를 살펴보면서 정권과 사회에 속한 사람들을 끊임없이 테스트하는 것이다. 이 전략은 톱니 효과를 일으키기 때문에, 더 극단적인 거짓말을 개발하지 못하면 충성심 테스트는 쓸모가 없어진다.[27] 겉으로 보기에는 독재자가 절대 권력을 향한 갈증 때문에 점점 더 정신을 놓고 있는 듯하지만, 사실은 더욱 정교한 전략을 사용하고 있는 경우가 많다. 권력 탓에 부패한 게 아니다. 그들은 나쁜 짓을 더 잘하는 방법을 배웠을 뿐이다.

기회는 찾아온다

이제 가상의 세계를 떠올려보자. 이 세계에서 인간의 도덕은 정확한 통계적 확률이 지배한다. 모든 사람은 부도덕하거나 폭력적인 일을 할 기회가 있을 때 정확히 10퍼센트의 확률로 나쁜 행동을 한다. 길에서 현금이 잔뜩 든 지갑을 주우면 모든 사람이 열 번에 한 번은 자기가 슬쩍 챙긴다. 달리 말해, 열 번 중 아홉 번은 돈을 전혀 건드리지 않고 주인에게 지갑을 돌려준다.

이런 세계에서는 누가 가장 덜 도덕적인 사람일까?

두 가지의 그럴듯한 대답을 살펴보자. 첫째, 모든 사람이 똑같이 도덕적이다. 이들은 같은 확률로 나쁜 행동을 선택한다. 미스터리는 이것으로 해결됐다. 사건 종결이다.

둘째, 가장 덜 도덕적인 사람은 부도덕한 행동을 가장 자주 하는 사람 또는 타인에게 가장 큰 피해를 미치는 사람이다(일반적으로는 이렇게 대답할 것이다). 이 관점이 얼마나 임의적인지 살펴보기 위해 이 세계에 사는 두 사람을 상상해보자. 한 사람은 시골 지역의 진흙탕 길에 있는 농장에 살고, 다른 한 사람은 북적거리는 대도시에서도 가장 번잡한 대로변에 산다. 시골에 사는 사람은 1년에 한 번 누군가가 잃어버린 지갑을 줍고, 번화가에 사는 사람은 1년에 다섯 번 누군가가 잃어버린 지갑을 줍는다. 10년이 지나면 도시 주민은 50개의 잃어버린 지갑을 줍고 다섯 번 돈을 챙긴다. 시골에 사는 사람은 10개의 잃어버린 지갑을 줍고 한 번 자기 주머니를 채운다. 그렇다고 해서 도시 사람이 다섯 배 더 나쁜 사람이라고 할 수 있을까?

물론 이 논리는 말이 되지 않는다. 이들의 선과 악은 단순히 인구밀도에 따른 함수가 될 것이다. 같은 맥락으로 끝까지 나아가 보면, 무인도에 홀로 표류하는 가학적 사이코패스 연쇄살인마는 자동으로 가장 도덕적인 사람이 된다. 이를 두고 합리적인 도덕적 판단 방식이라고 하기는 어렵지 않을까?

이 논리는 심각하게 왜곡된 것처럼 보이지만, 현실에서 우리는 사람을 이와 같은 방식으로 비난하는 경향이 있다. 누가 '악인'인지를 판단하는 우리의 본능은 그 사람이 얼마나 자주 악행을 저질렀는가를 바탕으로 한다. 이런 판단은 악행을 저지르고 타인에게 피해를 미칠 쉬운 기회를 개인이 얼마나 자주 마주하는가를 고려하지 않은 것이다. 이런 통찰은 권력자와 특히 관련이 있는데, 권력이 따르는 자리에 앉으면 필연적으로 더 자주(그리고 더 결정적인) 악행을 저지를 기회와 마주하게 되기 때문이다.

예컨대 인간이 신과 같은 존재가 될 수밖에 없을 때 어떤 일이 생기는지 살펴보자. 200여 년 전 나폴레옹 전쟁 당시 도미니크 장래리Dominique-Jean Larrey라는 이름의 프랑스인 외과 의사가 전투로 인한 부상을 다루는 방법을 바꿔놓았다.[28] 과거에는 빠르게 전투에 복귀할 수 있는 병사들의 목숨을 살리는 데 초점을 맞췄다. 래리는 이를 변화시켜, 목숨을 부지하기 위해 가장 시급하게 치료를 받아야 하는 병사들에게 초점을 맞췄다. 제1차 세계대전 당시에 이르러서는 환자를 세 가지 범주로 분류하게 됐다. 어떻게 되든 살아남을 환자, 어떻게 하든 죽을 환자, 그리고 응급 치료를 받는다면 생존할 확률이 더 높은 환자다. 근대 트리아쥬Triage('분류하다'라는 뜻의 프랑스어 단어 'trier'에서 비롯됐다)의 탄생이다. 전쟁이 발발하거나 재앙이 닥치면 의사는 엄청난 힘을 가지게 된다. 촌각을 다투거나 시간이 부족한 상황에서 응급 치료를 받을 가치가 있는 사람(그리고 그렇지 않은 사람)을 판단하기 때문에 하얀 가운을 입은 신이나 다름없다.

뉴올리언스는 나폴레옹 전쟁의 전쟁터가 아니었지만, 도시의 프렌치 쿼터에서 서쪽으로 5킬로미터 떨어진 곳에 자리한 붉은 색 벽돌의 병원에서는 트리아쥬가 끔찍한 비극의 핵심적인 역할을 담당했다. 2005년, 이 병원의 이름인 메모리얼 메디컬 센터는 도시의 제방이 무너진 이후 악명으로 기억되기 시작했다. 허리케인 카트리나가 닥치자 넘쳐난 물이 병원으로 밀려들었다. 병원은 디스토피아적 섬이 되어버렸고, 병원을 둘러싼 회색빛 흐린 바다에는 나무 꼭대기와 구급차 천장만 간신히 고개를 내밀고 있었다. 쓰레기와 잔해가 창문 밖을 떠다녔고, 200명의 환자와 600명의 직원이 여전히 병원에 갇혀 있었다.

도시의 전력 공급이 끊겼기 때문에 병원은 예비 발전기로 운영됐다. 식량이 바닥나고 있었다. 에어컨이 작동하지 않아 내부 온도는 삽시간에 섭씨 43도를 넘어섰다. 그러던 중 8월 31일 수요일 이른 시각, 예비 발전기가 작동을 멈췄다. 모든 불이 꺼졌다. 생명이 달린 인공호흡기가 비상 배터리 전력으로 가동되기 시작했다. 30분이 지나자 기계가 작동을 멈췄다. 배터리가 죽으면서 환자들도 죽기 시작했다. 매우 존경받는 내과 의사이자 환자에게 헌신한다는 평가를 받았던 의사 애나 푸Anna Pou는 인공호흡 없이는 생존할 수 없는 환자의 폐에 수동 인공호흡기로 공기를 펌핑해 넣으려 애썼다.[29] 시간과의 사투를 벌인 끝에 의사들은 해안 구조대가 올 때까지 몇몇 환자를 살려놓을 수 있었다. 그러나 푸와 함께 있던 환자를 비롯해 많은 이들은 버티지 못했다.

다음 날 아침이 되자 사태는 더욱 심각해졌다. 푸와 동료 의사들은 남은 환자를 트리아쥬에 따라 세 범주로 분류하기로 했다.

퓰리처상을 받은 저널리스트 셰리 핑크Sheri Fink가 보도한 바에 따르면,[30] 비교적 건강 상태가 양호하고 앉거나 걸을 수 있는 환자는 구조 1순위인 '1'로 분류됐다. '2'는 비교적 상태가 나쁘고, 살아남을 수는 있으나 도움이 필요한 환자들이었다. '3'은 상태가 가장 나쁜 환자로, 생존 확률이 가장 낮아 구조에서도 가장 마지막 순서가 될 이들이었다. 논쟁이 될 수 있지만, 연명치료거부신청DNR에 서명한 환자들은 마치 연명치료거부가 재난 발생 시 포기해도 된다는 허가인 듯 '3'에 포함됐다. 푸는 환자를 분류하는 이 음울한 과제에서 핵심 역할을 담당했다. 의사들은 결정을 내린 뒤 번호를 종이 쪼가리에 적어 환자의 가슴팍에 붙이거나 지워지지 않는 마커로 환자가 입고 있는 환자복에 적었다.

그 와중에 상황은 더욱 절박해졌다. 아무도 그들을 구조하러 오지 않았다. 병원의 물자가 바닥나고 있었기 때문에 직원들은 물자를 배급하기 시작했다. 의사와 간호사들은 허리케인이 닥친 이후 거의 잠을 자지 못했다. 몇몇 환자는 이미 심각한 상태에 더해 밤낮으로 끈적거리는 열기가 덮치면서 더욱 끔찍한 상태가 되어갔다. 의사 중 하나였던 유잉 쿡Ewing Cook의 눈에는 아마도 살아남지 못할 수많은 환자가 사방에 보였다. 그는 어쨌든 지금 누운 자리에서 죽게 될 가능성이 큰 환자들을 안락사하는 방안을 고민했다. 훗날 그는 자신이 그 충동에 따라 행동하지 않았던 이유를 다음과 같이 간단하게 설명했다. "우리가 그렇게 하지 않았던 것은 목격자가 너무 많았기 때문입니다."[31] 그가 셰리 핑크에게 한 말이다. "하느님께 맹세하자면 이것이 진실입니다."

그러나 쿡은 여전히 환자들을 안락사하는 방법이 좋은 아이디어라고 생각했다. 그는 결국 보트를 타고 병원을 떠났다(허리케인의 피해를 입은 자기 가족을 구출하기 위해서였다). 떠나기 전, 그는 푸와 대화하면서 일부 환자가 '잠들어 죽을' 수 있도록 모르핀과 벤조디아제핀 진정제 혼합물을 투여하는 방법을 알려주었다.[32] 훗날 간호사 한 명은 푸가 3으로 분류된 환자 일부에게 '진정제 치사량을 투여하기로 결정됐다'라는 말을 했다고 증언했다(푸의 변호사는 푸가 '치사량'이라는 표현을 쓰지 않았다고 주장했다). 이 목록에는 죽어가는 상태는 아니나 몸무게가 너무 많이 나가는 탓에 구조가 불가능해 보이는 환자들도 포함됐다. 전력이 끊긴 상황에서 환자를 구조하려면 계단을 오르내리며 옮겨야 했다. 몇몇 환자는 몸무게가 거의 180킬로그램에 달했다. 이들을 병원 바깥으로 내보내는 방법을 상상하기는 쉽지 않았다.

이처럼 고도비만이었던 환자 중에는 예순한 살의 에밋 에버렛 Emmett Everett도 있었다. 에버렛은 젊은 시절 부상으로 하반신이 마비된 상태였고 정기적인 수술을 기다리는 중이었다. 이를 제외하면 멀쩡했다. 그는 카트리나가 닥치기 전인 목요일 아침에도 혼자 식사할 만큼 건강했고, 핑크의 보도에 따르면 병원 직원에게 "신나게 놀아볼 준비 됐나요?"라고 얘기하기도 했다.[33]

훗날 수사관들이 밝힌 바에 따르면, 그럼에도 푸는 모르핀 한 병과 수술 전 환자를 진정시키는 데 사용하는 미다졸람이라는 약물을 들고 에버렛이 있는 7층으로 올라갔다. 충분한 양의 미다졸람을 모르핀과 함께 투여하면 치명적일 수 있었다. 핑크가 묘사한 바에 따르면, '푸는 에버렛의 병실로 들어가 문을 닫았다.' 에버렛은 푸가 병실에 들어간 지 얼마 지나지 않아 죽었다. 7층에 있던 다른 환자 여덟 명도 죽었다.[34]

물이 빠지기 시작할 무렵, 메모리얼 병원에서 시체 마흔다섯 구가 발견됐다. 절반이 넘는 스물세 명의 혈관에서 모르핀과 미다졸람 중 하나 이상이 발견됐는데, 홍수 이전에 진통 목적으로 처방된 양은 소량에 불과했다. 에버렛과 해당 층에 있었던 환자들의 사망 원인을 밝히기 위해 투입된 두 명의 법의학자는 사망자 아홉 명 중 여덟 명의 사망 원인이 살인이라는 데 의견을 모았다. 또 다른 전문가는 아홉 명 모두 살해됐다고 봤다. 어느 법의학 조사관은 다음과 같이 간결하게 견해를 밝혔다. "한 층의 모든 환자가 3시간 반 동안 독극물에 의해 사망한 것을 우연으로 볼 수는 없다."

애나 푸는 살인 혐의로 기소됐다. 그러나 대배심은 기소를 거부했고, 결국 혐의가 취하됐다. 푸를 비롯한 이들에 대해 세 건의 민사 소송이 이어졌으나 모두 합의로 끝났다(핑크는 훗날 이 충격적인 사건의 일대기를 『메모리얼에서의 5일Five Days at Memorial』에 담았다).

애나 푸가 이 사건 이전 또는 이후에 환자를 해치려고 했다는 증거는 없다. 그러나 전문가들은 비참했던 그 며칠 동안 그녀가 내린 결정이 아니었더라면 살아남을 수도 있었을 환자들이 그 결정 탓에 때 이른 죽음을 맞이했을 가능성이 매우 크다는 데 입을 모은다. 몇몇은 이런 이유에서 푸가 살인자라고 주장한다. 다른 몇몇은 그녀가 끔찍한 위기 상황에서 최선을 다했으며, 지나고 나서 보니 분명해 보이지만 당시에는 한 치 앞을 가늠할 수 없었던 상황에서 불확실성과 공포, 피로 때문에 의사결정 능력이 약해졌을 뿐이라고 말한다.

판단은 당신에게 맡기겠다. 그런데 논쟁에 등장하지 않은 진실이 하나 있다. 애나 푸가 의사가 아니라 건물 관리인이나 경비원 또는 행정직원이었다면, 환자를 살해했다는 혐의를 받을 일은 없었을 것이다. 타인의 운명을 결정해야 하는 위치에 있었기 때문에 타인을 해칠 기회도 주어진 것이다. 권좌에 앉은 모든 사람에게도 같은 현상이 적용된다. 이들은 타인을 해칠 수 있는 상황에 더 자주 직면한다. 이들이 잘못된 지시를 내리면 더 많은 사람이 고통받는다. 그렇다고 해서 권력이 이들을 더 나쁜 사람으로 만들었다고 할 수 있을까? 기회가 늘어나고 영향력이 커진 탓에 단순히 더 나빠진 것처럼 '보이는' 건 아닐까? 많은 경우가 후자에 속한다.

현미경 아래에서

이제 부패가 예정된 사람들이 칼같이 10퍼센트의 확률로 악행을 저지르는 상상 속 세계로 돌아가 보자. 이번에는 누군가가 잃어버린 지갑을 줍는 대신 피고용자들의 돈을 횡령한다고 해보자. 한 사람은 미국 펜실베이니아의 작은 마을에 자리한 중간 규모의 제지 회사에서 일하고, 또 한 사람은 영국 런던 교외의 음울한 통근 도시에 자리한 중간 규모의 제지 회사에서 일한다. 횡령할 기회는 두 사람 모두에게 동일한 횟수가 주어진다. 그러나 차이점이 하나 있다. 이 상상 속 세계에서 횡령을 감시하는 기구에 영국에는 열 명의 직원이 있고, 미국에는 예산 삭감 때문에 단 한 명의 직원만 있다. 횡령 데이터를 검토하면 어떤 일이 일어날까? 아마 영국의 횡령자가 미국의 횡령자보다 훨씬 더 나쁘게 보일 것이다. 두 사람이 똑같이 행동하더라도 영국의 횡령자가 훨씬 자주 발각되기 때문이다. 에릭 앨리슨의 오랜 절도 경력이 실제보다 문서상에서 훨씬 더 괜찮아 보이는 이유는 그가 저지른 범죄 중 극소수만이 전과 기록으로 남아 있기 때문이다. 악행을 저지르는 사람을 평가할 때면 그 사람이 마주하는 감시의 수준을 반드시 고려해야 그 사람의 행동을 올바르게 평가할 수 있다.

이는 막대한 권력을 가진 지위의 사람에게 특히 중요한데, 이 중 다수가 지속적인 현미경 감시 아래에서 일하기 때문이다. 종종 부유하고 강력한 이들은 관심을 다른 데로 돌리거나 자신의 권력 남용 또는 범죄를 합법적인 행위로 둔갑시키기 위해 막대한 자원을 쏟아붓기도 한다. 그러나 많은 경우에는 겉보기에 악랄한 권력자의 행동도 우리가 자주 고려하지 않는 이유로 설명될 수 있다. 이들이 단지 나머지 사람들보다 더 면밀한 감시에 놓여 있기 때문이다.

버나드 메이도프Bernard Madoff의 예를 살펴보자. 세계 경제가 무너지던 2008년 말, 역사상 최대 규모의 폰지Ponzi 사기가 드러났다. 메이도프는 640억 달러에 상당하는 대규모 사기를 조작했다. 수많은 사람의 평생 저축이 날아갔고, 수많은 가정이 무너졌다. 그러나 모든 먼지가 가라앉고 메이도프가 투옥된 이후에도 피해자들에게는 풀리지 않는, 미칠 듯한 질문 하나가 남았다. 어떻게 메이도프는 그토록 오랫동안 발각되지 않았던 것일까?

메이도프는 적어도 1990년대부터 사기를 저질러왔으며, 몇몇 수사관은 그가 1970년대부터 조작된 수익을 바탕으로 영업했다는 의혹을 제기했다.[35] 메이도프에게는 수십 년 동안 발각되지 않고 범죄를 저지를 수 있었던 주요 이점이 두 가지 있었다. 첫째, 투자금이 불어나는 한 누구도 불만을 제기하지 않았기 때문에 자세히 들여다보는 사람이 없었다. 둘째, 메이도프가 자신을 무너뜨릴 수 있는 사람 다수와 친밀한 관계를 형성했기 때문에, 내부고발자가 그의 작전을 침몰시키려 할 때조차(실제로 여러 차례의 시도가 있었다) 수사관은 그 사태를 자세히 들여다보지 않았다. 여기에 한술 더 떠서, 메이도프는 증권산업협회Securities Industry Association 이사진이기도 했다.

몇몇 비판자는 메이도프가 미국 최대의 금융 규제 당국인 증권거래위원회Securities and Exchange Commission, SEC와 개인적인 관계가 있었기 때문에 상대적으로 약한 감시의 대상이 됐으리라는 의혹을 제기했다. 메이도프는 사업상 행사에서 증권거래위원회 변호사들과의 긴밀한 관계를 자랑하면서 "내 조카도 여기 변호사하고 결혼했다"라고 말하고 다녔다[36](추후 위원회 내부감사에서 잠재적 이익 충돌과 관련된 부정은 발견되지 않았다[37]).

사실상 증권거래위원회도 일이 커지는 데 한몫했다. 2006년에 이미 메이도프가 '사상 최대 규모의 폰지 사기'를 벌이고 있을지도 모른다는 이메일 제보를 받았기 때문이다.[38] 증권 관리자 해리 마르코폴로스Harry Markopolos는 메이도프의 사기에 관한 증거를 모아 2001년부터 2005년 사이에 세 번 이상 증권거래위원회에 제보했다.[39] 마르코폴로스는 메이도프의 펀드 중 하나를 보고 단 5분 만에 수익이 가짜라는 점을 눈치챌 수 있었다. 4시간 후에는 이것이 조작된 수치임을 수학적으로 증명해냈다. 그러나 탄탄한 증거가 뒷받침하는 문제 제기가 반복됐음에도 겉핥기식 조사 이외에는 아무런 조치가 이루어지지 않았다.

메이도프가 수십 년 동안 발각되지 않을 수 있었다는 점은 규칙을 증명하는 예외다. 그가 꽤 많은 돈을 관리하고 있었던 만큼, 엄격한 관리 감독을 수행해야 할 당국을 능수능란하게 조종하지 못했더라면 아마 빠르게 발각됐을 것이다. 한편 수백만 건의 소규모 사기 사건은 감시망에 걸리지 않고 남아 있을 수 있는데, 조사가 들어올 정도로 큰 규모의 자금을 다루지 않으므로 발각을 피하고자 공들일 필요조차 없기 때문이다.

이와 같은 '빙산의 일각' 문제를 완벽하게 보여주는 예가 있다. 1987년 미국 의회가 세금 보고서에서 언뜻 미미해 보이는 작은 사항을 수정했을 때의 일이다. 과거에는 세금 우대 혜택을 받으려면 가구마다 피부양자를 보고서에 적기만 하면 됐다. 그런데 사람들이 세금 우대 혜택을 받기 위해 허구의 피부양자나 애완동물의 이름을 적지는 않는지 궁금해하는 직원이 있었다. 그래서 새로이 개선된 보고서 양식에는 각 피부양자 옆에 피부양자의 고유한 사회보장번호를 적는 칸을 추가했다.

700만 명이 사라졌다.[40] 1986년 세금 감면을 위해 신고된 미국인 피부양자는 7,700만 명이었지만, 1987년에는 7,000만 명에 불과했다. 이처럼 급작스러운 변화는 미국 내 세금 감면을 위해 신고된 피부양자 열 명 중 최대 한 명의 '사람'이 존재하지 않았음을 시사한다. 미 국세청은 심지어 특히 대담한 1,100개 가구가 과세연도 1년 사이에 최소 일곱 명의 피부양자를 알 수 없는 이유로 잃었다는 점도 발견했다. 정부는 이듬해 28억 달러의 추가 세수를 거뒀다. 아무도 눈치채지 못하게 매년 조세 사기를 저지르던 사람들에게 돌아갔을 금액이다. 수많은 악행이 거대한 빙산처럼 수면 아래에 숨어 있었다. 우리는 대개 일각만을 보고 살지만, 권력자들은 애써 들여다보는 사람들로 인해 늘 노출되어 있다. 우리는 모두 겉보기보다 더 나쁜 사람이지만, 권력자는 더 많은 감시를 받기 때문에 더 자주 발각된다.

그림의 초점이 맞춰지기 시작한다. 부패하는 사람들은 권력에 이끌린다. 이들은 대개 권력을 얻는 데 더 능하다. 우리 인간은 석기 시대적 뇌와 관련된 비이성적인 이유로 잘못된 지도자들을 따르는 데 이끌린다. 나쁜 시스템은 모든 것을 악화시킨다.

그러나 권력에 대한 우리의 직관에는 결함과 오해가 있을 수 있다. 더러운 손, 학습, 기회, 감시 등의 네 가지 현상은 권력이 실제보다 더 나쁜 영향을 미치는 것처럼 보이게 한다. 때때로 우리는 권력의 효과와 권력 유지의 본질적인 측면을 혼동한다. 그러나 이 네 가지 완화 요소 또한 이야기의 일부일 뿐이다. 권력의 부패 효과는 이 요소들만으로는 충분히 설명할 수 없다. 왜냐하면, 우리 모두 알고 있듯, 액턴 경이 옳았기 때문이다. 권력은 실제로 부패한다.

7장

권력은 우리를
어떻게 바꾸는가

권력자가 된다는 것은 더 이기적이고, 동정심 없고, 위선적이고, 힘을
남용하기 쉬워진다는 것이다.

생물테러리스트가 된 미술 학도

스위스 중북부에는 라인강에서 남쪽으로 약 10킬로미터 떨어진 곳에 그림엽서 같은 마을이 있다. 초록이 무성한 언덕과 마치 여행 잡지에서 오려다 붙인 것만 같은 농가를 보고 있자면 은근한 퐁듀 냄새가 코끝에 감도는 듯하다. 중심가에 들어설 무렵 눈 한 번만 깜짝해도 보지 못하고 지나갈 수 있지만, 마을의 비탈 중턱에는 중간 규모의 요양시설이 하나 있다. 이곳에는 장애인 20여 명과 이들을 돌보는 여자 한 명이 살고 있다. 이 여자는 작고 연약한 인도 태생의 70대 노인이자 미국 역사상 최악의 생물테러리스트로 밝혀진 사람이다.

"물이라도 좀 드릴까요?" 내가 노트북을 꺼내자 간호사가 물었다. 나는 망설였다. "괜찮습니다. 이미 마셨어요." 누군가가 물을 권할 때 일반적으로 나오는 대답은 아니었지만, 당황한 나머지 더 자연스러운 거절의 말이 떠오르지 않았다(나는 이곳에서 뭔가 권하면 절대 먹지 않겠다고 다짐한 터였다).

독립 인도가 탄생한 지 얼마 되지 않았던 1949년 말, 실라 앰발랄 파텔Sheela Ambalal Patel도 태어났다. 그녀의 가족은 사랑이 넘쳤고, 대부분의 인도인이 누리지 못하는 기회를 그녀에게 줄 수 있을 만큼 자원도 넉넉했다.[1] 1967년, 실라는 열여덟 살의 나이에 미국으로 떠나 뉴저지의 몽클레어주립대학교에 입학했다. "저는 회화를 전공해 예술가가 되고 싶었어요." 그녀가 말했다. "지금은 삶을 살아가는 방법에 대한 예술가가 됐죠."[2]

실라는 몽클레어주립대를 시작으로 완전히 미국적인 삶을 살았다. 그녀는 일리노이 출신의 남자와 결혼했다. 그러나 1960년대 미국의 문화적 각성에 영향을 받은 수많은 젊은 세대와 마찬가지로, 1972년 실라와 그의 남편 또한 틀에 박힌 교외 생활에서 벗어나 그 이상의 것을 찾아 나섰다. 이들이 원한 것은 영적 각성이었다. 두 사람은 구루를 찾아 함께 인도로 떠났다. 이들이 들어간 아시람은 바그완 시리 라즈니시Bhagwan Shree Rajneesh의 가르침에 헌신하는 수도원 집단이었다. 키가 크고 말랐으며 툭 튀어나온 눈에 마법사 같은 회색 수염을 기른 이 남자는 제자들에게 깨달음을 약속했다. 그는 바그완Bhagwan 또는 오쇼Osho로 알려졌으며, 그를 추종하는 이들은 산냐신sannyasin 또는 라즈니시Rajneeshee로 알려지게 됐다. 바그완의 뉴에이지 종교 운동은 언제나 다소 모호했다. 그러나 자유로운 사랑과 성적 해방을 추구하면서 외관상 계층 없는 코뮌에서 자본주의를 넘치게 누리는 게 핵심 교리인 듯했다. 라즈니시들은 실험적인 '테라피'에 참여했는데, 여기에는 긴 시간에 걸친 집단 성교도 포함되어 있었다(여기에 폭력과 성폭력 또한 포함됐다는 주장이 훗날 제기됐다[3]).

바그완의 가르침으로 전향한 실라는 마 아난드 실라Ma Anand Sheela라는 산냐신 이름을 사용하기 시작했다. 1980년에 남편이 호지킨병으로 세상을 떠나면서 실라는 젊은 과부가 됐다. 그녀의 진정한 사랑은 바그완이었다. 구루 또한 그녀를 마음에 두고 있었다. 두 사람은 가까워졌다. "저는 그냥 단순하고 어린 사람이었어요." 실라가 생각에 잠긴 듯한 미소를 지으며 말했다. "저는 제가 무슨 짓을 하고 있는지 몰랐어요."[4]

1981년, 실라는 바그완의 오른팔이 됐다. 바그완과 관련된 사안이라면 모두 그녀를 거쳐야 했다.

곧이어 실라에게는 뉴에이지 유토피아를 건설할 장소를 물색하는 과제가 맡겨졌다. 온통 바그완을 중심으로 전개되는 세상이었다. 실라는 미국으로 건너가 다양한 부지를 물색하다가 오리건 중부에서 빅 머디 목장Big Muddy Ranch을 봤다. 실로 거대한 목장이었다. 약 260제곱킬로미터에 이르는 건조하고 햇볕 따뜻한 언덕에 산쑥이 점점이 자라고 있었다. 실라는 이 농장을 매입했다. 그리고 이름을 란초 라즈니시Rancho Rajneesh로 바꿨다.[5]

북서쪽으로 27킬로미터를 가면 가장 가까운 마을인 안텔로프의 초록색 표지판이 반겨주었다. '안텔로프 진입. 인구 40명. 운전 주의.' 안텔로프 주민들은 새로운 이웃사촌을 처음부터 미심쩍어

했다. 카우보이모자를 쓰고 중심가의 소박한 식당에서 밥을 먹는 목장 노동자들에게 산냐신은 외계인 같아 보였다. 새로운 이웃사촌은 머리끝부터 발끝까지 빨간색 옷을 입었다. 이들이 걸고 다니는 말라스malas라는 비즈 목걸이에는 푸른 눈의 구루 사진을 넣은 로켓이 달랑거렸다. 앞으로 계속 머무를 생각인 게 분명한 듯했다.

1982년에 이르자 긴장이 한층 더 고조됐다. 안텔로프의 기존 주민들은 외국인 섹스 구루가 수천 명의 젊은 신도를 데리고 마을을 '침략'한다고 보고 이를 저지하려 했다. 신도 중 상당수는 뉴에이지 캘리포니아의 영적 각성을 뒤로하고 이곳 태평양 북서부의 외딴 지역에서 진행될 위대한 실험에 몸을 던진 미국인이었다. 이 미국인들은 할리우드의 돈을 가져와 바그완의 금고에 쏟아부었다. 이들이 가져온 것 중에는 더 귀중한 것도 있었다. 바로 투표권이었다. 안텔로프 마을 주민은 라즈시니들의 대규모 코뮌 건설 계획을 저지하고자 했지만, 실라는 안텔로프 주민보다 미국인 라즈니시들이 더 많다는 사실을 깨달았다. 마을을 그대로 탈취할 수 있는 셈이었다.

1982년 11월, 산냐신은 지역 선거에서 승리하고 안텔로프 시의회를 탈취했다.[6] 마을 이름을 라즈니시푸람으로 바꾸고, 지역 주민세를 세 배로 늘렸다. 마을 어귀에 서 있던 표지판을 없애고 그 자리에 '라즈니시의 도시에 오신 것을 환영합니다!'라는 새 표지판을 세웠다. 중심가의 식당은 라즈니시 조브라라는 불교 음식점으로 탈바꿈했다. 청바지를 입은 트럭 운전수들은 허브차와 알팔파 싹 샌드위치에 무엇이 들었는지 알지도 못한 채, 긴 수염을 기

른 인도 남자가 내려다보는 초상화 앞에 서서 블랙커피 주전자를 찾아 눈을 굴렸다.[7]

이즈음 실라는 권력의 맛을 보기 시작했다. 바그완의 강력한 2인자가 되자 갑자기 막대한 자원을 마음대로 사용할 수 있게 됐다. 실라는 공항을 건설했다. "미친 생각을 한 거죠." 실라가 말했다. "비행기를 사면 어떨까? 아주 저렴한 DC-3 정도는 살 수 있을 텐데, 싶었죠. 바그완에게 말했더니 이렇게 대답했어요. '그래, 사자.'"[8] DC-3는 기함 에어 라즈니시Air Rajneesh가 됐고, 이 외에도 비즈니스 제트기 한 대, 헬리콥터 두 대, 소형 프로펠러 비행기 여러 대도 샀다. 신도들은 바그완의 유토피아를 건설하기 위해 주 7일, 하루 12시간씩 일했다. 이들의 공짜 노동 덕분에 실라는 쇼핑몰, 메디컬 코퍼레이션Medical Corporation, 3억 5,000만 갤런의 물을 저장할 수 있는 120미터 높이의 댐, 우체국, 신도들을 위한 공공 버스 시스템, 식량의 90퍼센트를 공급하는 농장 등을 건설했다.[9] 목장에 사는 '붉은 민족red people'은 오래지 않아 수천 명으로 늘어났다. 사람들은 중요한 교훈 하나를 금세 습득했다. 위험을 피하고 싶다면 실라를 거역하지 말아야 한다.

실라는 물리적인 제국뿐만 아니라 미디어 제국 또한 건설했다. 코뮌의 성장에 언론이 관심을 가지기 시작하자 실라는 스타로 거듭났다. 그녀는 전 세계를 돌아다니면서 논란의 대상이 됐다. 앞으로 벌어질 일을 암시하는 듯했던 어느 공격적인 인터뷰에서 실라는 바그완의 유토피아적 꿈을 구현하는 데 방해가 되는 오리건 주민들을 어떻게 생각하느냐는 질문을 받았다. "아직 못 깨달으신 거죠."[10] 실라가 다 알고 있다는 듯한 미소를 지으며 대답했다. "아직은요."

실라는 본인만의 컬트 같은 스타덤을 만끽하는 한편으로 라즈니시푸람의 밀실에서도 권력을 공고히 하고 있었다. 바그완이 침묵의 서약을 맹세했다. 이로 인해 실라는 신도 집단에 대해 독특한 유형의 권력을 가지게 됐다. 그녀가 곧 신의 목소리였다. 실라는 이 힘을 마치 곤봉처럼 휘둘렀다. 1980년대 중반 이 지역 일간지 「오리거니안Oregonian」의 리포터 윈 매코맥Win McCormack은 조사 보고서를 바탕으로 이렇게 보도했다. "바그완 시리 라즈니시의 참모 중 가장 폭군 같고, 부도덕하고, 자비 없는 사람이 실라라는 데에는 논쟁의 여지가 없다."

실라는 또한 중무장한 '평화군'을 창설했다. 이들은 반자동 공격용 무기를 가지고 사격 훈련을 했다. 총을 든 채 헬리콥터를 타고 향나무가 뒤덮인 언덕을 훑어보기도 했다. 모든 방문자는 네 곳의 감시 초소와 검문소를 지나야만 했다. 일부 오리건 언론은 대규모 폭력과 집단 자살로 세상을 충격에 빠뜨렸던 존스타운 사건(1978년 남아메리카 가이아나의 수도 존스타운에서 일어난 사이비 종교의 집단 자살 사건으로, 어린아이 포함 총 918명이 사망했다-옮긴이)과 같은 일이 벌어질까 우려하기 시작했다.

불길한 예감에 빠진 지역 주민들은 지역공동체의 지배권을 되찾아 오기로 마음먹었다. 타운 수준에서는 숫자와 기량 면에서 주민들이 열세였지만, 카운티 수준에서는 수적으로 우세했다. 카운티 정부가 바그완, 실라, 라즈니시에게 온갖 종류의 건축 및 토지 사용 규칙을 어긴 책임을 묻기만 하면 지역 주민들의 뜻대로 될 터였다. 그러나 이미 구루의 권력을 양껏 들이마시고 취한 실라는 일개 카운티 공무원에게 당할 생각이 추호도 없었다. "당나귀는 걷어차야 말을 듣죠." 그녀가 주간지 「뉴요커New Yorker」의 기자 프랜시스 피츠제럴드Frances FitzGerald에게 한 말이다.

1984년 8월 29일 세 명의 카운티 정부 공무원이 목장을 검사하러 왔다. 둘은 라즈니시에게 적대적이라고 알려져 있었던 반면, 나머지 한 명은 우호적이었다. 방문이 끝날 무렵, 라즈니시 메디컬 코퍼레이션에서 나온 대표자가 감시단에게 물 한 잔을 권했다. 날이 더웠으므로 세 사람 모두 물을 꿀꺽꿀꺽 마셨다. 다음 날 아침, 라즈니시 반대파로 알려진 두 사람은 '참을 수 없는 복통' 때문에 잠에서 깼다.[11] 물에 탄 강력한 박테리아 때문에 두 사람 모두 병원 신세를 졌으며 심하게 앓았다. 생명에는 지장이 없었다. 비교적 우호적이었던 카운티 공무원은 아무런 피해가 없었다. 비슷한 시기, 실라는 부하 직원들에게 이렇게 말했다. "깨닫지 못한 사람 1,000명과 깨달음을 얻은 주인 한 명 중 한쪽을 구할 기회가 있다면, 언제나 깨달음을 얻은 주인을 선택해야 합니다."[12] 그녀는 이게 어떤 의미였는지를 직접 보여줄 계획이었다.

카운티 수준의 단속을 피하고자 실라는 선거율을 낮춰 선거를 조작하기로 마음먹었다. 9월 말부터 10월 초까지, 실라가 가장 신뢰하는 두 명의 보좌관이 지역 레스토랑을 돌아다니며 샐러드 바에 소량의 살모넬라 티피뮤리움균을 뿌렸다. 11월 선거를 앞두고 벌인 '실험'이었다. 라즈니시의 이 실험 때문에 1,000명이 식중독

에 걸렸다. 대부분이 병원 신세를 졌고, 그중 하나였던 갓난아기
는 거의 죽을 뻔했다.

초기에는 식품 관리 미흡으로 인한 식중독으로 추정됐지만, 조
사관들이 란초 라즈니시를 단속하면서 진실이 밝혀졌다. "우리는
메디컬 코퍼레이션이 보유한 살모넬라균과 식중독에 걸렸던 사
람들의 표본을 확보했습니다."[13] 전 검사 배리 셸달Barry Sheldahl이 내
게 말했다. "이를 애틀랜타 질병관리센터로 보냈고, 대조 결과 동
일 계통의 살모넬라 티피뮤리움균이라는 답을 받았습니다. 완벽
하게 일치한다고요." 사법기관은 또한 라즈니시 메디컬 코퍼레이
션에서 살모넬라균 구매 주문서를 발견했다. 목격자들은 실라가
식중독 사태를 진두지휘했다고 증언했다(이들은 또한 비버를 갈아서
카운티 상수도에 푸는 방안이 진지하게 논의됐다고도 증언했다.[14] 비버의
내장에는 해로운 박테리아가 있다고 알려져 있다).

아직 실행되지 않은 또 다른 계획도 밝혀냈는데, 그간 실행한
것들보다 훨씬 심각한 것이었다. 증언에 따르면, 실라는 훨씬 더
치명적인 장티푸스균을 사용하는 방안도 검토했다. 그리고 라즈
니시가 HIV 바이러스를 무기로 사용할 가능성을 검토했다는 증
거도 발견됐다.[15] HIV 바이러스는 당시로서는 새롭고 불가사의
한 균이었다. 미국 변호사를 암살하려는 또 다른 계획도 발각됐
다. 실라는 심지어 '암살'해야 할 열세 명의 목록을 냅킨에 쓴 뒤
'암살팀'으로 활동하게 될 산냐신들을 직접 골랐다는 의혹도 받았
다. 또한 바그완의 개인 주치의를 살해하기 위한 계획을 세웠다는
주장도 나왔다. 주치의가 구루와 가까웠기 때문에 잠재적 위협으

로 봤던 게 분명하다. 또한 조사관이 메디컬 코퍼레이션 건물에서 압수한 소량의 서적에는 『살인하는 방법How to Kill』, 『치명적인 물질 Deadly Substances』, 『독살 지침서Handbook for Poisoning』, 『완전 범죄를 저지르는 방법The Perfect Crime and How to Commit It』 등이 포함돼 있었다.[16] 그들의 의도가 정확히 드러나는 도서 목록이다. 감수성이 풍부했고 예술가가 되고 싶었으며 자신이 '무슨 짓을 하고 있는지 몰랐다'던 어린 학생은 이제 일을 저지르는 방법을 꽤 많이 알아낸 듯하다.

1985년, 모든 것이 무너졌다. 실라는 목장을 버리고 도망쳤지만 이후 체포됐다. 그녀는 오랜 형을 선고받았지만 단 4년 동안의 수감 생활 끝에 추방됐다. 바그완은 실라에게 등을 돌리고 그녀를 비난했다. 그 또한 미국에서 추방됐고, 1990년 세상을 떠났다. 란초 라즈니시가 있던 자리에는 이제 워싱턴 패밀리 목장 영 라이프 크리스천Washington Family Ranch Young Life Christian 여름 캠프가 있다. 홈페이지를 봐도 이 목장의 기원은 흔적조차 찾을 수 없다.

오늘날 그림 같은 스위스 마을에 사는 실라는 까마귀처럼 까맣던 머리칼이 회색빛으로 바랬고 1980년대 스타일의 디바 선글라스 대신 독서 안경을 쓰고 있었으나, 한창때와 다름없이 활기가 넘쳤다. 그녀는 따뜻하고 정중한 사람이었고, 재판 기록에서 볼 수 있었던 괴물 같은 모습과는 딴판이었다. 요양원의 검소한 방 안에는 두 개의 초상화가 그녀를 내려다보고 있었다. 하나는 그녀의 부모님이고, 하나는 바그완이었다. 열려 있는 침실 문 옆으로 조현병 환자들이 지나쳐 걸어가는 동안 그녀와 마주 앉은 나는 그녀가 자신의 잃어버린 과거, 즉 이제는 먼 기억으로만 남은 란초 라즈니시의 강력했던 존재에 대해 이야기하면서 들떠 있음을 알 수 있었다.

나는 그녀에게 자신이 권력 때문에 부패했다고 생각하는지 물었다. 그녀는 한 치의 망설임도 없이 대답했다. "제 권력은 바그완과 바그완의 사람들에 대한 사랑의 힘이었어요. 제 권력은 부패하지 않았습니다. 세상은 떠들고 싶은 대로 떠들겠지만, 저는 제가 느끼는 바를 말씀드리는 겁니다."

나는 뭐라고 대꾸해야 할지 알 수 없었다. 하지만 실라의 경험이 극단적이었다는 건 확실히 알 수 있었다. 권력을 맛본 사람이라고 할지라도 대부분은 HIV 바이러스를 무기화하거나, 검사를 암살하거나, 비버를 갈아 상수도를 오염시킬 생각을 하지는 않는다. 순진하고 야망 있는 미술 학도에서 구루의 적을 저돌적으로 제거하기 위해 생물테러리스트까지 된 그녀의 여정은 액턴 경의 격언과 장단이 잘 맞지는 않아 보인다. 어쨌든 모든 권력을 잃은 뒤로 실라가 다른 사람을 해쳤다는 증거는 없다. 스위스 정부가 그녀에게 취약 계층을 돌볼 수 있는 면허까지 발급해줄 정도다. 실라는 권력에 의해 나쁘게 변했던 좋은 사람 중 한 명일까?

사회과학자들이 지적하기 좋아하는 바와 같이, 다수의 일화가 데이터는 아니다. 이제 데이터를 살펴봐야 한다. 권력은 실제로 우리에게 어떤 영향을 미칠까?

켈트너의 권력 연구

대커 켈트너Dacher Keltner는 뉴에이지 컬트 구루는 아니지만, 권력의 인지적 효과를 연구하는 사람들에게는 학문적 구루다. 프로 서퍼들 사이에서도 잘 녹아들것 같은 긴 금발과 사람 좋아 보이는 시원한 미소를 가진 켈트너는 그가 연구하는 다수의 학대자와 대조되는 사람이다. 내가 그의 자택을 방문했을 때, 켈트너가 나를 맞이하면서 처음 한 말은 이랬다. "뭐 좀 드셨나요?"[17]

UC버클리대학교 연구실, 이름하여 '더 나은 선을 위한 과학 센터Greater Good Science Center'에서 켈트너는 감정, 느낌, 권력, 외경심 그리고 사람을 특정 방식으로 행동하게 하는 원인의 과학에 관하여 놀라울 정도로 방대한 연구를 쏟아냈다. 다른 연구자들이 인용한 횟수가 무려 5만 8,851회에 달하는 그의 연구들은 픽사 영화 〈인사이드 아웃〉의 바탕이 된 감정 과학의 기초 대부분을 구성했다. 그는 실리콘밸리의 야심 찬 리더들에게 정기적으로 조언한다. 미국 최고의 여러 심리학 기관에서 권력을 연구하는 가장 저명한 연구자 다수는 한때 그의 지도하에서 박사 과정을 보낸 사람들이다.

인간은 켈트너가 있기 수천 년 전부터 권력에 매료되어 있었다. 그러나 권력 연구가 체계화된 건 제2차 세계대전 이후, 연구자들이 막 세상에 풀려난 해악을 이해하고자 하면서부터다. 1960년대 진행된 밀그램Milgram 실험에서는 수많은 평범한 실험 참가자가 권위자의 지시에 따라 타인에게 치명적인 수준의 전기충격을 가할 의사를 드러냈다. 밀그램 실험은 해나 아렌트Hannah Arendt가 평범한 사람이 홀로코스트라는 악행에 얼마나 적극적으로 참여할 수 있는지를 설명하기 위해 도입한 '악의 평범성banality of evil'이라는 개념에 딱 들어맞는다. 1970년대에는 우리가 이미 살펴본 필립 짐바르도의 스탠퍼드 감옥 실험이 큰 파문을 일으켰다.

그러나 권력이 우리에게 어떤 영향을 미치는지에 관한 과학적 문헌은 지난 수십 년 동안 한정적인 수준에 그쳤다. 연구자가 실험 대상에게 할 수 있는 행위에 대해 윤리적 제한이 도입된 게 그 이유 중 하나다(밀그램 실험과 짐바르도의 시험은 모두 오늘날 허용되지 않을 것이다). 그러다가 2003년, 켈트너가 데보라 그런펠드Deborah Gruenfeld, 캐머런 앤더슨Cameron Anderson과 함께 제시한 새로운 이론이 연구 광풍을 일으켰다. '권력의 접근과 억제 이론Power Approach and Inhibition Theory'[18]이라는 이름은 사실 기억에 남을 만큼 입에 착 붙진 않는다(켈트너와 공동 저자들에게 사과드린다). 그러나 이론의 아이디어는 쉽게 이해할 수 있다. 기본적으로 권력은 '접근' 행동을 유도한다. 사람들은 더 많이 행동을 취하고, 목적을 추구하고, 위험을 감수하고, 보상을 구하고, 자신을 드러내게 된다. 권력을 가진 자들은, 마치 도박꾼과 같은 태도로, 게임에 나서지 않으면 승리할 수 없다는 듯 삶을 대한다. 권력은 더 많은 사람이 게임에 나서게 하고, 승리할 수 있다는 자신감을 불어넣는다. 반면 권력이 없는 이들은 억제되어 있다. 이들은 적극적으로 나서는 대신 대응에 주력한다. 신중하고, 위험을 무릅쓰기보다는 이미 가진 것을 보호하려고 한다. 이들은 타인의 위협이나 위험에 더 민감하다. 권력을 가진 자가 도박꾼처럼 산다면, 권력 없는 이들은 수중의 몇 푼을 아끼며 산다.

켈트너의 접근 방식은 실험과 관찰 데이터를 바탕으로 한다. 그는 가설을 현실에서 검증한다. 때로는 자기 자신을 관찰하는 데서 이론이 시작된다("나는 내가 더 강력한 사람이라는 기분이 들 때 욕을 더 하게 됩니다."[19] 그가 내게 말했다. "참을 수가 없어요." 이로써 그는 권력을 획득할수록 타인에게 더 많은 욕을 하게 된다는 경향성을 발견했다).

또 때로는 실제 경험에서 이론이 탄생하기도 한다. 어느 날, 켈트너는 자전거를 타고 출근하다가 어떤 남자가 운전하는 새까만 벤츠 자동차에 치일 뻔했다. 새까만 벤츠 자동차는 종종 지위를 상징하는 역할을 한다. 켈트너는 문득 이런 생각이 떠올랐다. 비싼 차의 운전자일수록 사고가 나면 잃을 것이 많을 텐데, 왜 이처럼 위기일발의 상황은 늘 고물 자동차보다 비싼 자동차와 생기는 걸까? 대부분 사람에게 짜증에 불과했을 일상의 경험이 켈트너에겐 가설 수립의 기회가 됐다. 가설을 얻은 그는 검증에 나섰다.

켈트너는 실험에 착수했다. 차가 많이 지나다니는 버클리의 어느 도로에서 연구자 한 명은 덤불에 숨은 채 다가오는 자동차의 브랜드와 모델을 기록했다. 그동안 또 다른 연구자 한 명은 차가 다가오기를 기다렸다가 횡단보도로 진입했다. 타이밍을 재고 움직였기 때문에, 자동차는 그보다 앞서 횡단보도를 지날 수도 있지만 그렇게 하려면 다소 공격적으로 운전해야 했다. 어떤 일이 생겼을까?

"비교적 싼 차, 즉 유고스나 플리머스 새틀라이트 등을 모는 운전자 중에서는 그대로 돌진한 사람이 아무도 없었습니다."[20] 그가 2016년 미국 공영라디오에 출연해 설명했다. 반면 "부자 차, 이를테면 벤츠 같은 차를 모는 운전자 중에서는 46퍼센트가 속도를 높여 횡단보도를 지나갔죠." 켈트너가 연구 결과를 공개하자, 값비싼 토요타 프리우스 하이브리드의 주인이라는 한 운전자가 특히 기분이 상한 듯 편지를 보내왔다. 그는 자동차가 비싼지 아닌지보다는 값비싼 차 중에서도 어떤 종류냐가 중요하다고 차근차근 설명했다. 이렇게 경쟁 가설이 등장했다. 부유한 프리우스 운전자는 부유한 벤츠 또는 BMW 운전자보다 신중할까? 켈트너는 이 또한 검증했다. 그가 웃으며 말했다. "사실 프리우스 운전자들이 최악이었습니다."[21]

켈트너의 권력 연구는 권력자들이 자제력을 잃는 경향이 있다는 점을 분명히 강조한다. '권력에 취한다'라는 말은 적절한 표현이다. 자신이 강력한 사람이라는 기분이 들수록, 타인이 자신을 어떻게 생각하는지에 신경을 덜 쓴다. 타인의 기분을 읽는 능률이 떨어지는데, 타인과 공감해야 할 필요성을 덜 느끼기 때문이다. 이들은 규칙이 자신에게는 적용되지 않는 듯한 기분을 느끼기 시작한다. 켈트너는 이렇게 설명했다. "고조된 권력을 누리는 사람들은 충동적으로 먹고 성관계를 가지거나, 도로의 규칙을 위반하거나, 거짓말하고 사기 치거나, 절도하거나, 야비하게 이득을 취하거나, 상스럽고 속된 말 또는 무례한 방식으로 소통할 가능성이 더 큽니다."[22] 액턴 경이 옳았다.

켈트너는 2016년 『선한 권력의 탄생The Power Paradox』(직역하면 '권력의 역설'이다-옮긴이)을 썼다. 이 책의 주제는 간명하다. 그의 주장에 따르면 좋은 사람, 즉 상냥하고, 이타적이고, 유능하고, 친절한 사람이 될수록 권력을 획득하는 데 도움이 된다. 당신이 이런 특징을 가지고 있다면 사람들은 당신을 좋아하게 된다. 당신을 신뢰한다. 그리고 자기 상관에게 당신을 칭찬한다. 이 모든 요소는 출세의 밑거름이다. 그러나(여기서 역설이 등장한다) 당신이 최고의 자리까지 오르는 데 도움이 됐던 바로 그 특징들은 권력의 부패 효과에 의해 빠르게 깎여나간다. 따라서 당신은 최고의 자리에 오른 이후로 권력을 남용할 가능성이 더 커진다.

켈트너가 연구하는 시스템과 사람들은 대부분 미국 내에 있으며, 기숙사와 대학가 또는 이사회가 주를 이룬다. 이는 내가 연구하는 영역, 이를테면 벨라루스에서 선거를 조작하는 독재자나 서아프리카에서 어린이를 병사로 징집하는 반란군과는 꽤 다른 환경에서 권력을 행사하는 경우들이다. 그래서 나는 켈트너와 대화를 나누면서 중요한 질문 하나를 던졌다. '권력의 역설'의 장밋빛 측면, 즉 선한 사람이 되는 편이 출세에 도움이 된다는 아이디어는 예컨대 부유하고 산업화 민주주의 사회에서 탄탄한 인사과와 이사회가 감독하며 높은 수준의 규제를 받는 포천 500대 기업에나 적용되는 이야기는 아닐까? 작은 폭군이 이끄는 소규모 기업체에서 승진하려고 애쓸 때나 마약왕, 사이비종교 지도자, 러시아의 에너지 대기업 가스프롬Gazprom의 관리자가 되고 싶을 때도 같은 논리를 따를 수 있을까? 어쨌든 '권력의 역설'의 장밋빛 측면은 마 아난드 실라의 세계에는 적용되지 않을 듯하다.

켈트너처럼 압도적인 이론을 보유한 학자들은 이처럼 날 선 질문에 대부분 방어적으로 반응한다. 그러나 켈트너는 자신의 자존심을 지키기보다는 세계를 정확하게 설명하는 데 더 관심을 가진 진정한 과학자다. 그는 곧바로 따뜻한 미소를 지으며 지적을 인정했다. "그럼요. 그것도 맞는 말입니다. 그건 우리의 주요 한계 중 하나이기도 합니다. 다수의 발견에서 표본이 편향되어 있다는 게 우리의 문제죠."[23]

현대 심리학 연구는 두 가지 고질적인 문제에 시달리고 있다. 하나는 재현성 위기이고, 다른 하나는 WEIRD 문제다. 앞서 미심쩍은 '파워 포즈' 연구를 살펴보면서 논한 바 있듯이, 재현성 위기는 별개의 독립적 연구진이 같은 연구를 수행했을 때 똑같이 재현되지 않는 연구 결과를 지칭한다. 식초에 베이킹소다를 더하면 거품이 생긴다. 누가 베이킹소다를 넣든, 실험을 지구상 어디에서 하든, 어떤 브랜드의 베이킹소다를 사용하든 상관없다. 마찬가지로 같은 심리학 연구를 다른 맥락에서 다른 참여자와 진행할 때 같은 결과를 얻을 수 있다면, 이 결과가 통계 잡음에 의한 우연이 아니라 '진짜' 발견이라고 믿을 만하다. "단일 장소에서 얻은 일회성 발견은 주의해야 합니다." 켈트너가 내게 말했다.

다음은 WEIRD 문제다. WEIRD는 '서양의Western 교육받은Educated 산업사회의Industrialized 부유한Rich 민주주의Democracies'를 가리킨다. 심리학 연구 논문을 읽다 보면 연구 방법 부분에서 가장 자주 마주치는 문장 중 하나는 예컨대 다음과 같다. '참여자는 미국 동부 사립대학의 학부생 31명(여성 17명, 남성 14명, 평균 나이 만 19.7세)으로 학점을 위해 본 실험에 참여했다.' 쉽게 말해 이런 얘기다. '내가 가르치는 수업의 엘리트 대학생들이 멀쩡한 성적을 받기 위해 내 지시로 이 실험에 참여했다.' 이런 방식을 '편의 표본 추출convenience sampling'이라고 한다. 연구 프로젝트의 대상자가 일반 대중을 대표해서 선택된 것이 아니라 편하게, 쉽게 또는 값싸게 구할 수 있는 표본이라는 이유로 선택된 경우를 말한다. 만약 불균형하게 부유하고 높은 수준의 교육을 받은 미국인 대학생이 특정 방식으로 행동하게 되는 원인을 알아보는 연구였다면 아무런 문제가 되지 않을 것이다. 그러나 심리학은 무엇이 인간을 특정 방식으로 행동하게 하는지 알아내고자 하는 학문이다. 이런 목적에서라면 WEIRD 대학생 문제는 심각한 편향을 드러낼 수밖에 없다.

2010년 학술지 「브레인 사이언스Brain Sciences」의 한 연구는 미국의 심리학 연구 세 건 중 두 건이 오직 학부생을 대상으로 삼았다는 점을 발견했다(미국 외의 나라에서 이 수치는 다섯 건 중 네 건꼴이었다). 대상이 된 학부생 중 압도적 다수는 서양인이었다. 앞에서 살펴봤듯이, 공동체주의가 강한 사회의 사람들이 더 개인주의적인 사회의 사람들과 다른 방식으로 사고한다는 점과 쌀 이론을 고려해보면, 이는 사소한 문제가 아니다. 이 연구에서는 다음과 같이 노골적으로 지적했다. "무작위로 선택한 미국의 대학생은 미국 바깥의 세계에서 무작위로 선택된 사람보다 연구 대상이 될 가능성이 4,000배 높다."[24] 정말 엄청난 차이다.

켈트너가 논했듯, 이 중대한 문제가 고쳐져야 하는 이유는 권력 연구에 관한 학문적 문헌 중 다수가 WEIRD의 남자 대학생에게는 적용되고 나이 지긋한 중국의 어느 중역에게는 적용되지 않을 통찰을 논하고 있기 때문이다. 열아홉 살짜리 심리학 전공 대학생을 이용해 피에 굶주린 독재자나 살벌한 CEO에 관한 교훈을 추론한다는 건 상당한 비약이다. 켈트너는 대체로 편의 표본 추출을 삼가고, 정기적으로 자신의 연구를 검증한다(그의 자동차 연구는 다른 맥락에서도 그대로 재현된다). 하지만 켈트너만큼 근면하지 않은 연구자들도 많다. 이는 우리가 다음으로 넘어가기 전에 반드시 주의해야 할 점인데, 다음의 연구 일부가 WEIRD 현상의 영향을 받았기 때문이다. 그럼에도 이 연구들은 살펴볼 가치가 있다. 연구 결과가 비교적 탄탄하기도 하고, 왜곡에도 불구하고 권력이 우리를 바꿔놓는 방식을 이해하는 데 많은 가르침을 주기 때문이다.

권력이 우리의 행동을 바꾸는 과정에 관한 연구 방식으로는 크게 네 가지가 있다. 첫째는 '구조적 조작structural manipulation'을 이용하는 방식이다. 구조적 조작이란 '사람이 타인에게 직접 영향을 미치는 결정을 내리는 실험'을 가리키는 학문적 용어다. 이는 더 신뢰할 수 있는 방식인데, 타인에 대한 권력이라는 느낌은 상상이 아니라 실제이기 때문이다. 둘째는 실험 대상자를 한두 집단에 무작위로 배정하는 프라이밍priming 접근법이다. 한 집단에는 예컨대 자신이 특히 강력하다는 기분을 느꼈던 순간에 관한 짧은 수기를 작성하라고 하고, 다른 한 집단(통제 집단)에는 예컨대 지난 화요일에 무엇을 했는지 적어보라고 한다. 한 집단에서 권력이라는 기분과 관련된 뇌 영역을 활성화한 뒤, 그런 사고를 하지 않은 집단의 뇌와 비교하는 것이다.

나머지 둘은 내가 보기에는 신빙성이 떨어지는 방법들이다. 셋째는 사람들에게 잠재의식적 단서를 주입하는 방법이다(예컨대 참가자에게 낱말 퍼즐을 과제로 주는데, 이 낱말 퍼즐에 '권위, 상사' 등 권력이나 지위와 관련된 단어가 자주 등장하는 식이다). 넷째는 사람들에게 파워 포즈와 같은 특정한 신체적 자세를 취하게 하는 방식이다. 마지막 두 가지 방법을 사용한 연구 결과는 논의에 포함하지 않았다. 지금까지 이야기한 주의사항을 충분히 이해했다면, 이제 권력의 효과에 대해 과학이 제시하는 이야기들을 살펴보자.

대부분의 연구는 권력이 우리를 더 나쁘게 만든다는 결론에 도달한다. 흔히 사용하는 실험 설계 중에는 '독재자 게임'이 있다. 이 실험에서는 여러 사람이 일정한 금액을 나눠 가지게 된다. 무작위로 선택된 한 사람이 독재자가 되어 누가 무엇을 가질지 결정할 권력을 얻고, 실제 돈을 나눠 가진다. 여기서 조건을 다양하게 두고, 각 조건에서 사람들이 이기적으로 행동하는지 이타적으로 행동하는지를 살펴보는 것이 골자다.

2015년의 어느 연구에서 연구진은 세 가지 조건으로 독재자 게임을 진행했다.[25] 첫 번째 '낮은 권력' 시나리오에서 독재자는 다른 한 사람에게만 권력을 행사할 수 있었다. 이 독재자는 60:40, 50:50 또는 90:10 중 한 가지 비율로 돈을 분배할 수 있었다. '중간 권력' 조건에서는 독재자가 다른 세 사람에게 권력을 행사하면서 똑같은 방식의 선택지를 가졌다. '높은 권력' 조건에서는 권력자가 다른 세 사람에게 권력을 행사하되, 더 불공정한 분배인 96:4라는 선택지가 추가됐다. 안타깝게도, 연구진은 권력이 커질수록 이기적인 행동이 증가한다는 점을 발견했다. 낮은 권력 조건에서 독재자가 타인에게 불리하게 돈을 분배할 확률은 39퍼센트였다. 중간 권력 조건에서 이 수치는 61퍼센트로 증가했다. 마지막으로 높은 권력 조건에서는 무려 78퍼센트에 달했다.

다음으로 연구진은 또 다른 참가자 집단을 대상으로 같은 실험을 했는데, 이번에는 약간의 변화를 주었다. 독재자 게임을 시작하기에 앞서, 연구진은 참여자에게 지도자가 자원 분배와 같은 과제를 맡은 상황에서 어떻게 행동해야 '하는지'를 물었다. 예상했겠지만, 대부분은 지도자라면 관대해야 하고 자원을 타인과 공정하게 나눠야 한다고 말했다. 그러나 곧이어 지도자의 입장이 되어 앞서와 같은 선택지를 마주하게 됐을 때, 낮은 권력 집단의 참가자 중 자신이 말한 지도자처럼 행동한 이들은 절반가량에 불과했다. 높은 권력 집단의 경우에는 입 밖에 낸 원칙을 고수하고 자원을 공정하게 나눈 사람이 고작 다섯 명 중 한 명꼴이었다. 권력은 부패하기만 하는 게 아니다. 당신을 위선자로 만들기도 한다.

또 다른 변주에서, 연구진은 참가자의 타액을 검사했다. 이를 통해 연구진은 실험 참가자의 테스토스테론 수준을 측정할 수 있었다. 데이터를 분석한 연구진은 눈에 띄는 특징을 발견했다. 높은 권력 집단에 속하고 테스토스테론 수준이 높은 참가자는 이기적으로 돈을 챙길 확률이 유달리 높았다(권력, 테스토스테론, 자아도취적 남용 사이의 상호 효과는 다수의 연구를 통해 증명되어 있다.[26] 한 실험에서 연구진은 긴꼬리원숭이에게 테스토스테론을 주사했을 때 지배적 수컷이 다른 개체에게 훨씬 더 강한 공격성을 드러낸다는 점을 발견했다[27]).

탄탄하고 재현 가능한 또 다른 연구 결과로는 권력이 커질수록 위험을 감수하게 된다는 점이 있다. 어느 연구에서는 지원자들에게 상사 역할과 부하 역할을 무작위로 배정하고 일정 과제를 수행하게 했다. 그다음 지원자들에게 블랙잭 게임을 시켰다. 앞선 과제에서 상사 역할을 맡았던 지원자는 위험성이 클 때조차 '힛'을 외치고 한 장의 카드를 추가로 뒤집을 확률이 더 높았다. 이 결과는 직관적으로 이해할 수 있다. 권좌에 앉은 사람은 말 그대로 인생의 승리자다. 지난날 주사위를 굴려 승리한 적이 있는 사람이라는 뜻이다. 게다가 상대적으로 강력한 사람이기 때문에, 더 많이 잃더라도 이를 감당하고 여전히 최고의 자리를 지킬 수 있다. 보잘것없는 지위와 권력을 가진 사람은 실패를 감당할 수 없으므로 불필요한 위험을 피해야 한다(다만 사람이 바닥을 찍고 더는 잃을 것이 없다고 느끼게 되면, 이때부터는 위험을 무릅쓰고 행동하는 경향이 더 강해질 수 있다).

희한하게도, 강력하다는 기분이 들면 더 많은 위험을 무릅쓰게 될 뿐만 아니라 자신이 통제할 수 없을 게 분명한 위험까지도 통제할 수 있다는 잘못된 감각을 가지게 되기도 한다. 과학자들은 이 개념을 가리켜 '환상 통제illusory control'라고 부른다.[28] 어느 연구에서는 참여자를 세 집단에 무작위 배정했다. 한 집단은 자신이 강력하다는 기분을 느꼈던 때에 관한 짧은 수기를 작성했다. 또 다른 집단은 중립적인 주제에 관한 글을 썼다. 세 번째 집단은 타인이 자신에게 권력을 행사했던 때에 관한 글을 썼다. 다음으로 세 집단 모두에게 주사위 던지기의 결과(완전 무작위의 결과)를 정확하게 예측하면 돈을 받을 수 있다고 말해주었다. 그리고 참가자에게 직접 주사위를 굴릴지 연구진이 대신 굴릴지 선택하게 했다. 이 선택으로 결과가 달라지지 않으리라는 점이 분명한데도, 강력한 집단에 속한 모든 참여자가 직접 주사위를 굴리는 편을 선택했다.

반면 권력을 가지지 못한 집단은 절반 정도만 직접 굴리는 편을 선택했다(이 연구는 서른여덟 명의 대학생을 대상으로 진행됐으므로 다소 약한 면이 있지만, 환상 통제라는 개념은 다른 연구에서도 문서화가 잘 되어 있다). 현실에서 권력자가 자신이 위험을 관리할 수 있다는 잘못된 믿음을 가지고 직접 주사위를 굴릴 경우, 즉 잘못된 믿음을 바탕으로 타인의 삶을 도박에 거는 경우 얼마나 큰 피해가 발생할지는 어렵지 않게 상상할 수 있다.

다른 연구 결과도 마찬가지로 암담했다. 2008년의 어느 실험에서 연구진은 표준적인 방법에 따라 특정 사람이 얼마나 강력한 기분을 느낄지 결정했다.[29] 이후 참여자끼리 일대일 대화를 나누면서 지금까지 살아오는 동안 겪은 고통스러웠던 사건이나 순간을 털어놓게 했다. 충격적인 이야기들도 포함되어 있었다. 연구진은 이 끔찍했던 경험담을 들은 사람의 반응을 측정했다. 자신이 더 강력하다는 기분을 느낀 참여자는 자신이 들은 이야기에 영향을 덜 받았다. 공감을 덜 하게 된 것이다. 켈트너 또한 본인의 연구에서 이와 마찬가지의 결과를 얻었다.

권력을 가진 사람들이 위계질서에서 자신보다 아래에 있는 사람에게 신경을 덜 쓴다는 생각은 특별히 새로운 아이디어가 아니다. 독일의 철학자 게오르크 빌헬름 프리드리히 헤겔Georg Wilhelm Friedrich Hegel은 1807년 주인과 노예의 심오한 관계에 관한 글을 통해 이를 탐구했다.[30] 헤겔의 설명에 따르면, 주인은 노예에 관해 그다지 많은 것을 알 필요가 없다. 노예가 활달한 성격인지 또는 가장 좋아하는 색깔이 무엇인지는 주인의 관점에서 중요하지 않다. 그러나 노예에게는 주인을 아는 것, 주인을 이해하는 일이 구타를 피하고 목숨을 부지하는 데 필수적이다. 이로 인해 비대칭적인 권력관계는 종속자가 자신을 통제하는 사람에게 맞추고, 반대의 경우도 마찬가지인 결과를 낳는다(당신은 상사의 생일을 알아도 상사는 당신의 생일을 모르는 이유가 이것이다).

이와 같은 연구 이외에도, 권력을 획득하면 더 나쁜 방식으로 행동하게 된다는 경향성은 수많은 연구에서 드러났다. 권력을 가진 이들은 다른 사람을 더 많이 방해하고, 더 많은 고정관념을 가지고, 의사결정에서 덜 도덕적으로 생각하고, 타인의 행동을 비판하면서도 정작 본인은 그렇게 행동하는 경우가 더 많아진다.[31] 타인에 대한 지배권이 우리에게 그토록 부정적인 영향을 미치는 정확한 '이유'를 과학적 증거가 명확히 알려주지 않을 때도 있지만, 권력이 사람을 더 선하게 만든다고 주장하는 연구는 거의 없다.

그러나 이런 연구 결과들에는 여전히 큰 문제가 하나 있다. 대부분의 연구가 통제 상태에서 진행됐다는 점이다. 너무 WEIRD하지 않고 대학생뿐만 아니라 더 다양한 집단을 대표하는 표본을 찾더라도, 여전히 참여자들은 자신이 '실제로' 강력하지는 않음을 알고 있다는 문제가 남는다. 독재자 게임의 모든 참여자는 이것이 단순히 게임임을 안다. 연구진이 얼마나 애를 쓰든 실험실 안에서 누군가에게 지속적인 실제 권력을 부여할 수는 없다. 게다가 단순히 실험을 위해 누군가를 무력하게 또는 강력하게 만들어 실제 생활을 조작하는 일은 (다행히도) 윤리적인 규칙 때문에 불가능하다.

그러므로 우리는 권력이 부패하는지 아닌지를 검증하는 데 두 가지의 완벽하지 않은 방법을 사용할 수밖에 없다. 첫째, (실라의 경우가 그러했듯) 현실 세계의 권력을 관찰하는 방식은 일반적으로 자기 선택 효과에 의해 편향된다. 실라는 권력을 원했고, 권력을 얻었으며, 그 이후 권력 때문에 부패한 것처럼 보인다. 그러나 그녀의 파괴적 행동에 깔린 기저 원인이 그녀의 성격적 결함인지, 그녀가 몸담았던 컬트 시스템인지, 권력 그 자체인지를 알아내기란 불가능하다. 켈트너의 자동차-횡단보도 실험에도 같은 문제가 존재한다. BMW 운전자들은 BMW를 운전하기 '때문에' 더 공격적이었을까? 아니면 공격적인 사람은 인정이 없기 '때문에' 부자가 되고 BMW를 살 가능성이 더 큰 것일까? 확실히 알 수는 없다.

두 번째 방식은 통제된 상황 속 실험을 이용하는 방법인데, 이는 진짜 권력을 실제로 경험하는 바를 다소 엉성하게 재현하는 데 그친다. 실험실에서 100달러를 나눠 가지는 실험은 실제로 CEO나 독재자, 스포츠팀 코치가 되는 경험과는 상당한 거리가 있다. 이런 연구는 없는 것보단 확실히 낫지만, 그래도 같다고 할 수는 없다.

이처럼 주의해야 할 이유가 있음에도, 우리가 살펴볼 수 있는 증거들은 모두 한 방향을 가리키고 있다. 권력자가 된다는 것은 더 이기적이고, 동정심 없고, 위선적이고, 힘을 남용하기 쉬워진다는 것이다. 다시 한번, 액턴 경이 옳았다. 권력은 부패하는 경향이 있다. 문제는 전통적인 격언이 틀렸다는 게 아니라, 바로 그 전통적 격언이 그림의 아주 작은 부분에만 초점을 맞추고 있다는 점이다. 우리는 빙산의 일각, 즉 우리가 볼 수 있는 권력자들에게만 집착한다. 하지만 앞서 살펴봤듯, 정점에만 초점을 맞춘다는 건 수면 아래에 도사린 훨씬 더 큰 위험을 놓치고 있다는 뜻이다. 왜 부패한 사람들은 권력에 이끌리는가? 왜 이들은 권력을 더 잘 획득하는가? 그리고 어떻게 이들은 우리 석기 시대적 뇌의 인지적 편향을 이용해 자신들이 권력을 누릴 자격이 있다고 설득하는가?

지금까지의 초점은 대체로 마음에 있었다. 우리는 어떤 성격적 특성이 권력을 더 추구하게 하는지, 또 수중의 권력이 의사결정에 어떤 영향을 미치는지 살펴봤다. 그러나 아직 퍼즐의 핵심 조각이 남아 있다. 권력자가 된다는 것이 우리의 사고방식만 바꿔놓지 않기 때문이다. 권력은 우리의 몸을 물리적으로 변화시킨다.

8장

권력이
건강에
미치는 영향

건강해지고 싶다면 가능한 한 자신의 삶에 대한 지배력을 늘려야 한다.
사회적 지위가 낮거나 정상 가까이에 있는 사람이라면 특히 더 그렇다.

지배력 획득과 뇌 내 화학물질

미국 마약단속국Drug Enforcement Administration, DEA에서는 주요 단속 성과를 올리면 연단과 마이크가 있는 방에 기자들을 불러모아 마약으로 가득 찬 테이블을 보여준다. 그러고는 정치인 또는 마약단속국 임원이 나와 압수한 마약의 시가를 기자들에게 자랑스럽게 이야기한다. 유인원이 가슴을 치는 행위의 인간 버전이다. 그런데 카메라가 모두 꺼지고 모든 사람이 연단을 떠난 뒤, 이 마약들은 어디로 가게 될까? 정부의 어느 창고 안에 썩어가는 초록빛 마리화나산이나 하얀색 코카인산이라도 있는 걸까?

주요 단속에서 압수한 마약 대부분은 소각한다[1](그 과정에서 뜻하지 않게 흡입하는 사람이 없도록 신중을 기한다). 그리고 일부는 메릴랜드의 국립약물남용연구소National Institute on Drug Abuse라는 기관으로 간다. 이곳에서는 선별한 일부 코카인을 정제한 뒤 웨이크포레스트대학교의 네이더 실험실Nader Lab로 보낸다.

"모든 조사관은 마약단속국 라이선스를 취득해야 합니다." 마이클 네이더Michael Nader 박사가 내게 말했다. "저는 스케줄 IISchedule II(미국 규제물질법의 규제를 받는, 남용 및 의존 가능성이 큰 약물 및 기타 물질 목록-옮긴이) 라이선스를 가지고 있죠."[2] 그가 받은 코카인은 순도가 매우 높고, 시가도 엄청날 터였다. 코카인은 밀실 안 두 개의 자물쇠가 달린 금고에 보관된다. 금고 안의 코카인을 꺼내 옮기려면 두 명의 참석자가 필요하다.

이런 안전장치는 사람들이 코카인에 손대지 못하도록 하기 위해서인데, 네이더는 인간을 대상으로 연구하지 않는다. 대신 그는 원숭이에게 코카인을 준다.

"구세계 유인원의 계통 발생론을 따져보고 수백만 년 전 우리가 그 계통에서 분기한 지점을 살펴보면, 생체 의학 연구에서 사용할 수 있는 가장 가까운 종은 개코원숭이와 마카크입니다." 네이더가 말했다(침팬지와 고릴라를 대상으로 하는 약물 연구는 비윤리적으로 간주되는데, 인간과 너무나 유사하기 때문이다). 개코원숭이와 마카크 중 하나를 실험 대상으로 선택해야 한다면 승자는 이미 결정되어 있다. "개코원숭이는 마카크보다 서너 배 더 큽니다." 네이더가 설명했다. "송곳니도 상당히 크고, 육식성입니다. 연구용으로 사회적 상황에 두고 함께 긴밀하게 일하고 싶은 종류의 동물은 아니죠."[3] 그래서 네이더와 그의 연구진은 붉은빛 얼굴과 회갈색 털을 가진 귀여운 원숭이 종, 레서스 마카크와 연구를 함께한다.

수년 전, 네이더의 연구진은 새로운 아이디어를 떠올렸다. 이들은 위계, 계급, 지위가 약물 사용 경험에 어떤 영향을 미치는지 검증하기로 했다. 이는 탐구할 가치가 있는 질문이었는데, 약물 중독이 인간의 사회적 계층에 따라 다른 영향을 미치는 것으로 보이기 때문이다. 꼭대기 계층의 알파메일과 사회 위계의 바닥에 떨어진 자들 중 누가 더 중독될 가능성이 클까?

네이더의 실험은 다음과 같은 방식으로 진행됐다. 이들은 스물네 마리의 마카크를 개별 우리에 넣었다. 다른 원숭이가 없으므로 사회적 위계도 없었다. 마카크가 혼자 있는 데 익숙해진 이후, 각각의 우리를 나누는 가림막을 없앴다. 원숭이들은 한순간에 네 마리씩 여섯 무리로 묶였다. 거의 곧바로 서열이 정해졌고, 우두머리부터 가장 낮은 네 번째 서열까지 분명하게 정리됐다. "이들은 상당히 빠르게 위계질서를 정립했으며, 그 위계가 그대로 유지됐습니다." 네이더가 말했다.

사회적 질서가 정립된 이후, 연구진은 마카크의 뇌를 스캔해 도파민 수용체의 수를 측정했다.[4] 도파민은 뇌의 보상 경로와 관련된 주요 신경 전달 물질이다. 수용체는 이름에서 알 수 있듯, 도파민을 수용한다. 우리 뇌에는 D1과 D2라는 두 종류의 도파민 수용체가 있다. 도파민이 D1 수용체에 들어가면 우리는 기쁨을 느끼고, 이로 인해 해당 도파민의 분비를 촉진하는 행동을 하고자 하는 유혹이 강화된다. 반면 D2 수용체에 도파민이 닿는 경우는 행동이 강화되지 않는다. 가설상 D1 수용체만 가진 사람은 도파민이 분비될 때마다 앞선 행동(예컨대 마약 복용)에 더 빠르고 강하게 중독될 것이다. 반면 D2 수용체만 가지고 있다면 효과가 둔해지고, 마약을 끊을 수도 있다.

마카크의 뇌를 스캔한 네이더와 동료 연구진은 말문이 막힐 정도로 놀라운 결과를 얻었다. 단순히 위계를 형성하는 것만으로도 도파민 수용체의 비율과 수를 바꿀 수 있다는 것이었다. "우리가 알아낸 바는 이렇습니다." 네이더가 설명했다. "마카크가 개별 주거 환경에서 사회적 집단으로 이동한 뒤 지배적 개체가 된 경우, 코카인 이용 욕구가 그다지 강화되지 않았습니다."[5] 가설에 따르면 지배적 원숭이가 되는 경우 코카인에 중독될 가능성이 줄어들어야 했다. 그러나 이 가설은 검증이 필요했다.

뒤이은 실험에서는 마카크 원숭이에게 정맥주사를 연결했다. 그리고 특수 제작한 유인원용 휠체어에 각 마카크를 앉혀 실험실로 데려왔다. 이후 지능 패널 앞에 마카크를 앉혔는데, 이 패널에는 마카크가 조작할 수 있는 한 벌의 레버가 있었다. 한 레버를 당기면 불빛이 들어온 뒤 바나나 한 조각이 먹이 그릇에 떨어졌다. 또 다른 레버를 당기면 불빛이 들어오고 주입 펌프 소리가 나면서 코카인 몇 방울이 혈관에 바로 투여됐다. 시간이 지날수록 마카크는 각 보상과 레버, 불빛 패턴, 소리의 연관성을 습득했다. 이들은 오른쪽 레버가 달콤한 음식이고, 왼쪽 레버가 코카인임을 이해했다.

투여량이 어느 정도 높아지면 모든 마카크가 코카인을 선택했다(이는 인간의 경우에서도 마찬가지다). 그런데 낮거나 중간 정도의 복용량에서는 종속적인 원숭이들이 음식보다 코카인을 훨씬 더 많이 선택했다. 권력이 약한 마카크가 중독되는 셈이다. 지배적

원숭이들은 음식을 선택했다.[6]

뒤이은 실험에서 연구진은 한 무리의 원숭이 네 마리를 이미 사회적 위계가 형성된 다른 무리의 원숭이 네 마리와 합쳤다. 마치 새로운 고등학교에 전학 간 첫날 이미 삼삼오오 짝을 이룬 패거리와 같이 점심을 먹으려 애쓸 때처럼, 무리가 바뀌면 스트레스를 받게 된다. 원숭이들이 혼란스러운 사회적 경험을 겪은 직후, 연구진은 코카인 대 바나나 실험을 진행했다. 종속적 원숭이들은 코카인 자가 투여에 더욱 민감해진 반면, 지배적 원숭이들은 회복력을 보이면서 계속해서 코카인보다 음식을 선택했다.[7]

실험이 끝난 뒤, 연구진은 마카크의 뇌를 다시 한번 스캔했다. 예상한 것처럼, 지배적 원숭이의 D2 수용체 수가 늘어나 있었다. 뇌의 화학적 조성이 권력에 의해 변화한 것이다.

이 실험에 반대하는 사람들도 있다. 그러나 네이더 박사는 마카크가 좋은 삶을 살 수 있도록 연구진이 매우 노력한다고 주장한다. 사용된 코카인 용량은 고통을 유발할 정도로 많지 않다. "수의사들은 마카크들이 마약에 중독된 채 끔찍한 모습을 하고 있으리라고 생각하면서 실험실을 방문하곤 합니다." 네이더가 말했다. "지금까지 방문한 모든 수의사가 마카크가 얼마나 건강한 모습인지 보고 놀라워했어요. 어쩌면 당신도 그런 생각을 하셨을지 모르겠습니다. 뼈가 앙상하고 털이 듬성듬성 난 원숭이를 보게 되지 않을까 하고 말이죠. 하지만 그건 전혀 사실이 아닙니다. 마카크들은 제대로 보살핌을 받고 있습니다."[8]

네이더는 무엇보다도 이 마카크들이 인간의 생명을 파괴적인 중독의 손아귀에서 구해내려고 노력하는 영웅이라고 말한다. 연구의 목적은 중독을 더 잘 이해하여 인간 내면에서 중독의 매력을 끊어내는 것이다. "마카크가 코카인과 같은 자극제를 손에 넣을 수 있을 때조차 '나는 여기 남아서 바나나 조각을 선택할 거야'라는 듯 행동하는 때를 알아내는 게 저희 목표입니다." 인간 버전의 바나나 조각은 아마도 건강한 샐러드에 가깝겠지만, 아이디어는 동일하다.

네이더의 연구는 흥미로운 가능성을 제시한다. 만약 권력과 지배력의 획득이 원숭이의 뇌내 화학물질을 변화시킨다면, 이들의 유인원 사촌인 우리 또한 타인에 대한 지배력을 얻었을 때 생물학적 변화를 일으키지 않는 편이 더 이상할 것이다. 원숭이 코카인 연구는 권력이 우리 몸에 좋고, 우리의 회복력을 키워준다는 간단한 결론을 제시하는 듯하다. 과연 맞는 말일까?

해답은 그렇게 간단하지 않다.

권력과 스트레스에 관한 잘못된 믿음

계급, 권력, 지위 그리고 신체적 건강은 서로 어떻게 연결되어 있을까? 우연이 아니라 이런 요소들이 우리의 신체적 건강에 생물학적 변화를 일으킨다고 어떻게 확신할 수 있을까?

이 두 질문은 유니버시티칼리지런던의 교수 마이클 마멋Michael Marmot 경이 평생을 바쳐 답하려고 했던 것들이다. 대부분의 관찰 연구(실험실에서 세심하게 통제된 실험을 이용하기보다는 현실의 데이터를 들여다보는 연구)에서는 원인과 결과를 구분하기 쉽지 않다. 예컨대 CEO와 건물 관리인을 비교해보면 확실히 건강 면에서 큰 차이가 발견될 것이다. 그런데 두 집단 사이에는 그 밖에도 너무나 많은 차이점이 있다. 설령 지위와 건강 사이의 어떤 관계를 발견한다고 하더라도 교육, 어린 시절의 경험, 영양 등 수백 가지의 다른 변수로 유발된 것일 수도 있다. 지위 또는 위계 상승이 누군가의 생리에 변화를 일으킨다는 점을 증명하기란 불가능할지도 모른다.

마멋이 권력과 건강 사이의 관계성을 주장할 때마다 대부분 사람은 스트레스와 돈 중 하나가 원인이라고 여겼다. 이를테면 권력을 가진 사람은 스트레스가 심하므로 건강이 나쁘다거나, 부유하기 때문에 건강이 더 좋을 것이라는 식이었다.

1985년, 마멋은 이런 가설들을 검증하기로 했다. 그는 화이트홀 2 연구Whitehall II Study를 전개하여 위계와 지위에 중점을 두어 건강 격차를 관찰하기 시작했다.[9] 화이트홀은 영국 정부 공관이 다수 자리한 런던 웨스트민스터 지역 도로의 이름이다. 이 연구는 1만 308명의 영국 공무원을 각자 정부에서 일한 기간 전반에 걸쳐 추적했다. 같은 직업을 가지고 있으며 대체로 같은 지위에서 시작한 사람들끼리 비교함으로써, 어떤 효과가 지위와 위계에 따른 것이고 어떤 효과가 그렇지 않은지 혼란을 일으킬 만한 수많은 변수를 무력화할 수 있었다. 이전의 연구에 비하면 훨씬 비슷한 유형 간의 비교였다.

게다가 같은 사람들을 오랜 시간에 걸쳐 관찰했기 때문에 개인의 상대적 지위 변화가 건강에 미치는 영향도 평가할 수 있었다.

마멋이 이렇게 설명했다. "연구 초반부에서 특정 연차의 사람들을 모아놓은 뒤 해당 코호트cohort(통계상 요소를 공유하는 집단-옮긴이)의 경로를 살펴보는 겁니다. 10년 후 이 집단은 평균적으로 어떤 위치에 있을까요? 그다음으로 해당 사람들이 평균 이상인지 이하인지를 보는 겁니다. 다시 말하자면, 이들이 평균보다 잘했는지 못했는지 살펴보는 거죠."[10]

이런 방법을 통해 마멋과 연구진은 같은 시기에 같은 직급으로 공무원 생활을 시작한 집단을 추적해 시간이 지날수록 승진과 관련해 건강이 어떻게 달라지는지 살펴봤다. 공무원의 연봉 격차는 사적 부문에 비해 작기 때문에, 돈은 그다지 큰 요인이 아닐 터였다. 참가자들은 1985년 처음으로 설문조사에 참여한 뒤 2~5년마다 다시 참여했다.

이 데이터에서 마멋은 투박하지만 분명한 관계를 발견했다. 더 높은 위계에 오를수록 사망률이 낮아졌다. 마멋은 이를 '지위 신드롬Status Syndrome'이라고 불렀다.[11] 가장 낮은 지위에 머무른 이들은 권력의 가장 높은 계층까지 오른 이들에 비해 사망률이 세 배나 높았다. 언뜻 보면 당혹스러운 결과처럼 느껴지는데, 스트레스가 많은 직업과 건강 간에 추정했던 결과와 반대되기 때문이다.

"사람들은 '그래, 스트레스가 중요한 게 아닌가 보다'라고 말할지도 모릅니다." 마멋이 말했다. "물론 높은 직급은 낮은 직급보다 더 많은 스트레스를 받습니다. 예컨대 기한이 코앞인데 장관들이 시도 때도 없이 전화할 수도 있죠." 그러나 마멋은 지위보다는 지배력, 즉 직장에서 어떤 사건을 이끌 수 있는 능력에 더 초점을 맞춘 질문들을 살펴보면서 약간의 통찰을 얻었다. "저는 압박감만이 문제가 아님을 깨달았습니다. 많은 요구와 적은 지배력의 조합이 문제였습니다. 저는 이를 통해 우리 데이터의 모든 것을 설명할 수 있다는 점을 알게 됐습니다."[12]

마멋과 연구진이 데이터를 잘게 쪼개고 뜯어볼수록 이 관계는 더 명확해졌다. 직장에서 엄청난 압박감(마멋의 말을 빌리자면 '요구')을 마주하는 사람이더라도, 스스로 상당한 정도의 지배력을 가지고 있다고 느낀다면 괜찮았다. 그러나 무거운 압박감에 시달리면서도 자신이 운전석에 앉아 있다는 느낌(또는 최소한 가끔은 핸들을 잡을 수 있다는 느낌)을 받지 '못하는' 사람은 건강에 훨씬 해로운 영향이 있었다. 독재자가 될 필요는 없지만, 직장 생활에서 결정에 대한 발언권을 가지고 있다는 느낌은 건강에 꼭 필요하다.

마멋은 권력이 커질수록 스트레스가 늘어나므로 건강이 나빠진다는 전통적 믿음이 잘못됐다는 사실을 발견했다. 그런데 잘못된 이유가 놀라웠다. 밝혀진 바에 따르면, 우리가 스트레스라고 부르는 것과 실제로 우리 몸에 해로운 방식으로 스트레스를 주는 것 사이에는 상당한 차이가 있다.

스탠퍼드대학교의 생물학자 로버트 새폴스키Robert Sapolsky는 (개코원숭이에 대한 연구와 인간에 대한 연구 양측에서) 스트레스가 생존에 필수적인 도구라는 점을 발견했다.[13] 우리 몸이 정상적으로 작동하고 있을 때, 스트레스는 우리에게 도움이 되는 일련의 생물학적 변화를 일으킨다.

다시 한번 우리의 석기 시대 조상들을 생각해보자. 예컨대 아침을 먹기 전에 약간의 사냥과 다량의 채집을 할 수 있기를 바라면서 산책을 나갔는데 갑자기 산마루에서 검치호가 나타나 당신을 노려보며 엄니를 드러낸다고 상상해보자. 당신과 검치호 양쪽 모두에게 스트레스가 유발하는 반응이 나타난다. 몸은 정상적인 소화를 잠시 멈추고, 장기적으로 저장된 지방으로 만든 에너지의 방향을 돌려 혈류로 곧장 주입한다. 그럴 만도 하다. 당신과 검치호 모두 원하는 바를 이루려면 추가적인 에너지가 필요하기 때문이다. 소화가 중지됐으므로 타액 분비가 느려진다(새폴스키가 말했듯, 이는 긴장할 때 입이 마르는 현상을 설명해준다[14]). 성장, 세포 재생 등 건강 유지에 필요한 장기적 작용 또한 중지된다. 이는 환영할 만한 몸의 트리아쥐인데, 검치호에게 잡혔다가는 재생할 세포도 남지 않을 것이기 때문이다. 동시에 시상하부는 뇌하수체에 당장 일하라고 말한다. 교감신경계가 최고 속도로 작동하면서 호르몬을 뿜어내 심장 박동수와 혈압이 올라간다. 아드레날린이 혈관으로 쏟아져 들어온다. 모든 것이 제대로 작동한다면 당신의 생존 가능성은 커진다. 이를 가리켜 일반적인 용어로 '투쟁-도피 반응fight-or-flight response**'이라고 한다. 스트레스는 우리가 목숨을 이어가는 데 도움이 되도록 설계됐다.

그러나 현대 사회의 다른 수많은 요소가 석기 시대 진화적 설계를 벗어났듯, 우리의 스트레스 반응 또한 달라졌다. 발표를 두

---

* 최근의 연구들은 투쟁-도피 반응이 남성과 여성에게서 다르게 나타나며, 여성의 경우 '배려-친교 반응tend-and-befriend response'을 보일 가능성이 더 크다는 점을 시사한다. 여기서 배려란 어린이 등의 취약자를 보호하는 행위이며, 친교는 상호 방어에 도움이 되는 타인을 찾는 행위를 말한다.

려워하는 사람은 연설을 위해 대중 앞에 설 때 우리의 조상이 포식자 앞에서 느꼈던 전형적인 스트레스 반응을 느낀다. 매우 정상적인 현상이며, 대개 별다른 문제가 되지는 않는다. 그러나 마멋과 새폴스키 모두 논했듯, 문제는 스트레스에 대한 투쟁-도피 반응이 일부 직장 또는 생활 방식에서 단기적인 응급 상황이 아니라 만성적인 조건으로 자리 잡았다는 점이다.[15] 치명적인 포식자와 마주한 예외적인 일촉즉발의 순간이 아니라 특정 직업의 일과가 우리를 스트레스 모드로 내몬다. 급성 스트레스로 그쳐야 할 것이 지금은 많은 이들에게 일상이 됐다.

이 관계를 이해하기가 매우 까다로운 이유 중 하나는 현대 사회에서 스트레스라는 단어가 생물학적 스트레스가 아니라 강도 높은 일을 지칭할 때 사용되기 때문이다. 막대한 권력이 따르는 직업 중 대다수는 강도가 높지만(마멋의 말을 빌리자면 '요구가 많지만'), 엄청난 보람이 따르는 한편 결과를 만들어나갈 수 있으므로('큰 지배력'을 가진 경우) 스트레스가 크지는 않다. 자신이 창업한 스타트업의 성장을 지켜보는 CEO가 회사의 급부상 때문에 '스트레스가 크다'라고 할 수는 있지만, 여기서 스트레스는 생리학적 용어와는 거리가 멀다. 매우 흥분되고 멋진 일이기 때문이다. 강도가 높고 힘든 일은 생리학적 스트레스와는 달리 정상적인 신체 작용을 억제하지 않는다. 두 용어를 일반적으로 혼용하는 바람에 열정이나 강도를 탓해야 할 때 애꿎은 스트레스를 탓하게 된다.

그러나 마멋의 연구에 따르면, 낮은 지위에서는 해로운 생리학적 스트레스를 '실제로' 받게 된다. 지위는 높으나 요구가 많고 지배력은 작은 경우에도 동일한 효과가 나타난다. 부당한 대우를 받는 건물 관리인은 지배력 부족 탓에 언제나 건강에 부정적인 영향을 받기 쉽지만, 특정 상황에서라면 CEO도 이렇게 될 수 있다. 그렇다면 현실에서는 어떻게 나타날까? 안타깝지만, 이 질문에 대한 해답을 찾기 위해 건물 관리인과 CEO를 영구적으로 맞바꾸는 실험을 할 수는 없다(리얼리티 예능 프로그램으로 만들면 재밌긴 하겠다). 대신 우리의 영장류 사촌에게 돌아가 해답을 찾아보자.

개코원숭이와 이사회의 알파메일

대부분의 박사 과정 학생은 도서관에서 먼지 쌓인 책들을 들여다보거나, 엑셀 스프레드시트를 응시하거나, 실험실에 처박혀 고생한다. 그러나 제니 텅Jenny Tung 교수의 지도학생 조던 앤더슨Jordan Anderson은 듀크대학교에서 박사 과정 연구를 시작하면서 한동안 눈에 띄지 않게 숨어 긴 대롱으로 다트를 불어 쏘는 기술을 연마하느라 바빴다. "몇 번 하다 보면 익숙해져요."[16] 그가 내게 말했다.

입으로 불어서 다트를 날리는 바람총은 연구를 위해 먼 거리에서 개코원숭이를 마취시키는 데 사용된다. 연구를 망치지 않으려면 무엇보다도 마취의 출처가 개코원숭이의 눈에 띄거나 귀에 들리면 안 된다. 개코원숭이에게 들켰다가는 날카로운 통증에 뒤이어 엄청난 졸음이 몰려오면서 졸도하듯 잠드는 이상한 경험을 관리자 인간과 연관시키기 때문이다.[17]

앤더슨과 텅 그리고 박사 후 연구자 레이철 존스턴Rachel Johnston은 케냐의 킬리만자로 산기슭에 자리한 암보셀리 국립공원에서 개코원숭이를 대상으로 연구를 진행했다. 이들은 인간의 진화, 노화, 건강에 관한 통찰을 얻고자 개코원숭이의 생활과 생물학을 탐구했다. 위계와 지위에 관한 개코원숭이의 생각과 의사소통을 이해할 수 있다면 우리 자신에 대해서도 더 잘 이해할 수 있을 터였다. 왜냐하면 찰스 다윈Charles Darwin이 한때 말했듯, "개코원숭이를 이해하는 사람은 인간의 형이상학에 존 로크John Locke보다 더 크게 기여"하는 셈이기 때문이다.[18]

텅의 연구진은 권력과 지위가 노화 속도에 영향을 미치는지 알아보고자 했다. 이를 위해 연구진은 유전자 내 변화 속도를 관찰하는 혁신적인 방법을 이용했다. 우리(또는 개코원숭이)의 일생에 걸친 생물학적 스크립트는 DNA 염기서열로 구성되는데, 이는 우리가 얼마나 오래 살든 관계없이 절대 변하지 않는다. 고정된 정보다. 하지만 우리 몸은 시간에 따라 상당히 크게 변화한다. 고정적인 스크립트가 대규모의 변화를 일으키는 이유를 이해하는 비결은 유전자 조절, 즉 유전자의 '스위치'를 켜고 끄는 데 있다. 어떤 조절은 불규칙적인데, 이는 스위치가 수많은 외부 요인에 따라 다양한 횟수로 켜지고 꺼진다는 뜻이다. 그러나 게놈의 특정 부분은 시곗바늘처럼 정확한 간격으로 스위치가 켜지고 꺼진다.

이처럼 규칙적인 부분 중 하나는 'DNA 메틸화'라는 과정이다. 우리의 DNA를 구성하는 A, G, C, T 중 C(사이토신)가 이 과정에 영향을 받을 가능성이 가장 크다. 텅은 이렇게 설명했다. "(메틸화는) 추가 탄소 하나와 수소 몇 개가 DNA 기반에 결합되는 작은 화학적 흔적을 특히 개코원숭이나 우리와 같은 존재에게 남깁니다."[19]

오랜 시간에 걸쳐 메틸화 속도를 측정하면 우리가 몇 번의 생일을 축하했는지와는 완전히 별개의 현상인 '유전적' 노화를 대체 측정할 수 있다.[20]

"60세의 특정 개인이 평균적인 60세보다 생리학적으로 훨씬 덜 건강한 경우가 분명히 있습니다." 텅이 설명했다. "반대로, 세포 수준까지 속속들이 훨씬 건강한 사람도 있죠." 주변만 봐도 그렇게 놀랄 일은 아닐 것이다. 겉모습과 실제 나이가 달라 보이는 사람은 얼마든지 찾을 수 있다. 텅의 연구진은 이런 차이를 훨씬 정확하게 측정하는 방법을 활용해 각 개코원숭이 개체가 시간상의 나이보다 생물학적으로 더 빠르게 또는 느리게 노화하는지를 예측할 수 있는지 탐구했다.

연구진은 개코원숭이 집단(정확히 245마리)의 유전적 노화를 측정하고 이것이 집단 내 사회적 서열과 어떻게 연결되는지 살펴봤다. 가장 뻔한 이론은 사회적 서열이 낮으면 더 빨리 늙고, 사회적 서열이 높으면 더 많은 식량을 얻고 짝짓기 상대를 직접 고르기 때문에 더 천천히 늙는다는 설일 것이다. 그러나 연구 결과는 뜻밖이었다. 서열이 높은 수컷이 훨씬 더 빠르게 늙었다.[21] 사회적 서열이 급상승한 어느 야심 찬 수컷 개코원숭이를 서열이 상당히 낮았을 때 한 번 검사한 뒤, 지위가 상당히 상승한 10개월 후에 또 한 번 검사했다. 실제로 시간은 10개월밖에 지나지 않았지만, 생물학적 흔적을 바탕으로 예측한 노화는 거의 3년 가까이 진행됐음이 드러났다. 마치 시간이 빠르게 흐르기라도 한 것처럼 말이다. 예측된 생물학적 노화의 속도가 가장 크게 느려진 개체는 사회적 위계에서 가장 빠르게 내려온 두 개체였다. 연구진이 밝혔듯, 위계의 상승은 짝짓기 상대를 찾는 데에는 상당한 이점이 되는 한편 상당한 대가가 따르는, 이를테면 개코원숭이 식 '짧고 굵게 사는 인생' 전략이다.

그러나 서열이 낮은 개코원숭이로 사는 것도 좋지는 않다는 상당한 증거가 있다. 30년 이상 케냐 사바나의 개코원숭이 수백 마리를 연구한 스탠퍼드대학교의 로버트 새폴스키는 서열이 낮은 개코원숭이의 혈압이 더 높고, 좋은 콜레스테롤 수치가 낮고, 면역체계가 더 약하며, 스트레스가 심한 상황에서 정상적인 신체 기능을 회복하는 데 더 오랜 시간이 걸린다는 점을 증명했다.[22] 그러나 텅의 연구진이 발견한 바와 같은 맥락으로, 새폴스키 또한 특히 권력 투쟁이 존재하는 경우 알파메일의 우두머리 생활도 스트레스가 심할 수 있다고 밝혔다. 새폴스키의 이론은 간명하다. 개코원숭이 왕으로 사는 건 좋지만, 반란의 위험이 있을 때는 개코원숭이 농민으로 사는 것만큼(또는 그 이상으로) 많은 스트레스를 받는다.

2011년 프린스턴대학교의 로런스 게스키에르Laurence Gesquiere가 주도한 연구 또한 새폴스키의 이론을 보강한다.[23] 게스키에르의 연구진은 스트레스와 관련된 호르몬인 글루코코르티코이드를 측정했다. 이들은 특정 개체가 영장류 위계에서 더 높이 올라갈수록 스트레스를 덜 받는다는 점을 발견했다. 그러나 여기에는 예외가 있었다. 위계의 정점에 오른 알파메일은 이례적으로 많은 스트레스를 받았다. 이로 인해 연구진은 우리의 일반적인 생각과는 반대되는 결론에 도달했다. 가장 좋은 자리는 바로 권력의 모든 떡고 물을 누릴 수 있으면서 군주가 되는 데 따르는 모든 위험은 피할 수 있는 '베타'메일의 자리였다.

그런데 이런 발견은 단순히 개코원숭이에 대한 상식일까, 아니면 현대 인류에게도 적용되는 동역학일까? 중간관리자가 되면 좋지만, CEO가 되면 나쁠까? 또 이런 개코원숭이 연구는 마멋의 화이트홀 2 연구와 '높은 요구-낮은 지배력'이라는 개념과 어떻게 접목될까?

해답은 네 명의 경제학자가 2020년 한 연구를 통해 찾은 듯하다. 이 연구 결과는 개코원숭이가 인류보다 약간 더 북슬북슬하지만 무시할 수 없는 본보기라는 다윈의 말이 옳았음을 깨닫게 해준다. 일리노이대학교의 마크 보르그슐트Mark Borgschulte가 이끄는 경제학자 연구진은 다음의 두 질문에 대한 해답을 찾고자 했다.[24] 첫째, CEO는 더 많은 스트레스를 받을 때 더 빠르게 노화하는가? 둘째, CEO는 스트레스가 심할 때 더 이른 죽음을 맞이하는가? 이를 탐구하기 위해 연구진은 미국 기업사의 유명한 자연 실험 하나를 이용했다.

1980년대 중반, 미국의 여러 주에서 적대적 인수합병 금지법이 통과되기 시작하면서 기업 사냥꾼이 기업을 탈취하기가 더 어려워졌다. 그 덕에 CEO들은 직업적 안정성이 증가한 한편 갑작스레 적대적 결과를 맞이할 위험은 줄어들어 스트레스를 덜 받게 됐다. 연구진은 영리한 연구 기법을 이용해 높은 스트레스 환경(법 제정 이전)과 낮은 스트레스 환경(법의 보호가 생긴 이후)에서 책임을 맡은 2,000명 남짓의 CEO(대부분 남성)를 비교했다. 법이 제정된 이후로 책임을 맡은 시간이 더 길었던 CEO는 스트레스가 더 심한 기간에 책임을 맡았던 CEO보다 더 오래 살았다. 연구진은 이렇게 말했다. "표본 내 전형적인 CEO에게 적대적 인수합병 금지법을 (그리고 그로 인한 스트레스 감소를) 경험한 효과는 CEO의 나이가 두 살 줄어드는 효과와 거의 대등했다."[25]

물론 모든 CEO가 같은 수준의 스트레스를 받는 것은 아니다. 더 정확히 말하자면, 모든 CEO가 일에 대한 스트레스가 심하다고 말하겠지만 몇몇 CEO는 다른 CEO보다 더 많은 생물학적 스트레스를 받기 쉽다. 예컨대 끔찍한 팬데믹 상황에서 델타항공이나 브리티시에어웨이를 이끄는 사람은 웹캠이나 홈트레이닝 도구를 판매하는 회사의 CEO보다 훨씬 더 심한 스트레스를 받을 것이다. 이런 가정하에서 경제학자들은 산업 전반에 걸쳐 상당한 위기를 겪은 회사를 지배했던 CEO와 그렇지 않았던 CEO를 비교했다. 당연하지만, 비참한 기간에 회사를 이끌었던 CEO들은 그렇지 않은 CEO들보다 더 빨리 사망했다(이와 유사하게, 「브리티시 메디컬 저널 British Medical Journal」에 게재된 한 연구는 수 세기에 걸쳐 17개국의 사례들을 조사한 결과 선거에서 승리하고 공직을 수행한 정치인들은 선거에서 패배하고 공식을 수행하지 않은 타 후보보다 더 빨리 사망했다고 밝혔다.[26] 정치적 세력 다툼으로 인한 스트레스라는 짐은 정치인의 수명을 단축하는 것으로 보인다).

이처럼 몇몇 증거는 우두머리가 되면 사망이 앞당겨진다는 점을 시사한다. 그렇다면 생애 중에는 어떨까? 특히 스트레스가 많았던 기간을 겪은 CEO는 그렇지 않은 CEO보다 더 빠르게 노화를 겪을까? 여기서 노화는 텅의 연구진이 개코원숭이의 DNA 시계를 이용해 측정했던 노화와는 다르다. 즉 이번에는 게놈에 남은 화학적 흔적이 아니라 우리의 겉모습에 초점을 맞춘다. 그럼에도 스트레스 기반의 노화라는 개념은 낯설지 않을 것이다. 젊은 모습으로 백악관에 입성해 4년 또는 8년 후 수많은 주름과 무성한 회색빛 머리를 하고 떠난 미국 대통령들의 전후 사진을 본 적이 있을 것이다. 마크 보르그슐트가 이끄는 연구진은 우리 눈에 보이는 이런 효과가 면밀한 과학적 조사에서도 그대로 나타나는지 체계적으로 검증하고자 했다

연구진은 이를 확인하기 위해 기계학습을 사용했다. 여기에는 복잡한 컴퓨터 코드가 포함됐지만, 아이디어는 간단했다. 이들은 25만 명의 얼굴을 컴퓨터에 입력해 주름이나 회색빛 머리칼, 귀털 등 인간 노화의 신체적 특징을 식별할 수 있도록 학습시켰다. 모형은 시간이 갈수록 더욱 정교해지면서 시간의 흐름에 따른 차이를 인간의 눈으로는 분간할 수도 없을 만큼 미묘한 수준까지 포착할 수 있게 됐다. 이후 연구진은 CEO가 회사의 알파로 재임한 기간 전반에 걸쳐 다양한 시기의 사진을 모형을 이용해 분석했다. 모형이 분석 결과와 함께 내놓은 의견은 분명했다. 스트레스가 정말 강한 시기는 사람을 더 나이 들어 보이게 했다. 2008~2009년 대침체의 여파를 강하게 맞은 회사를 이끌었던 CEO들은 그처럼 스트레스가 심한 기간에 회사를 이끌지 않았던 CEO들에 비해 이후 10년에 걸쳐 꼬박 1년어치 더 노화한 모습을 보였다.[27] 비싼 주

름 개선 크림이 문제가 아니다. 높은 지위와 낮은 지배력에 따르는 스트레스를 피해야 한다.

그렇다면 우리는 화이트홀 2 연구를 바탕으로 한 마멋의 이론, 케냐 초원의 개코원숭이에게서 얻은 연구 결과, 코카인에 중독된 종속적 원숭이들에게서 얻은 실험 결과를 어떻게 조화롭게 이해할 수 있을까? 이 모든 연구 결과는 모두 낮은 사회적 서열이 건강에 해롭다는 데 동의했다. 연구 결과는 분명하다. 낮은 지위는 더 이른 죽음으로 이어진다.

개인이 지배력을 얻을수록 그림은 더 흐려진다. 연구 결과들은 지위가 높은 경우 권력, 지배력, 서열, 건강 사이에 훨씬 더 복잡한 상호작용이 발생함을 시사하는 듯하다. 상반된 결과들이 존재하긴 하지만, 높은 지위가 어느 지점까지는 건강에 해로운 영향을 막아준다고 봐도 좋을 듯하다. 지위는 높지만 스스로 운명에 대해 지배력이 크지 않다면 신체에 악영향을 미칠 수 있다. 위기의 시기에 높은 지위에 올라 있다면 더 빠르게 노화하고 일찍 죽는다. 정상의 외로운 존재, 알파가 되면 건강에 매우 심각한 악영향을 미칠 수 있으며, 특히 그 자리에서 밀려날 위험이 있는 경우는 더더욱 그렇다. 개코원숭이는 권력을 잃을 위험이 초원 어딘가에 늘 도사리고 있으므로, 높은 지위는 언제나 생물학적 노화를 가속화하는 것으로 보인다. 그에 비해 CEO는 몇몇은 해고를 계속해서 걱정해야 하는 한편 몇몇은 직업적 안정성을 누리므로 상황이 다르다. 이처럼 스트레스 요인이 달라지기 때문에 권력 유무에 따른 인간의 건강 관련 효과에서 차이가 발생한다. 어쨌든 너무 적은 권력이나 너무 많은 권력은 건강에 해로울 수 있으며, 대개는 사회적 계층의 중상부에 오르는 편이 적당하다.

이래도 승진하고 싶은지를 곰씹어보기에 앞서 알아보면 좋을 소식이 하나 있다. 불안정성으로 인한 스트레스에 시달리는 낮은 지위의 직장인이든, 팬데믹 여파를 극복해야 하는 높은 지위의 CEO든, 그저 목숨을 부지하려고 애쓰는 마약왕이든 너무 적거나 많은 권력이 건강에 미치는 악영향으로부터 자기 자신을 보호하는 방법도 있다.

친구들의 작은 도움이 우리를 살게 한다

1997년부터 2001년까지, 159명의 남성과 175명의 여성이 자발적으로 실험실에 들어와 감기 바이러스를 코에 주입한 뒤 개별 방에서 6일간 격리 생활을 하고 800달러와 함께 떠났다.[28] 이 연구는 질병의 생물학을 다뤘으나 약간의 새로운 요인이 포함되어 있었다. 참여자는 바이러스를 의도적으로 주입하고 격리 생활을 시작하기에 앞서 연구진이 마련한 일련의 설문지에 답했다. 그중 하나는 사회적 관계에 관한 설문조사였다. 연구진은 참여자에게 당일 몇 명의 사람과 이야기했는지, 이전 24시간 동안 10분 이상 대화를 나눈 횟수는 몇 번인지, 또 일반적으로 어떤 사회적 역할(엄마, 남편, 동료, 멘토, 코치 등)을 맡고 있는지 물었다.

이런 측정 기준을 바탕으로, 연구진은 '사교성' 점수를 평가하여 참여자들을 외향적인 사교가부터 은둔자까지 등급을 나누었다. 이후 연구진은 자신들이 발견하는 모든 상호 관계가 다른 요인(기존 건강 문제, 체질량지수, 인종, 교육 수준 등)으로 유발되지는 않았는지 확인하기 위해 기타 데이터를 수집했다. 연구진이 필요한 모든 데이터를 확보한 이후, 참여자들은 콧구멍에 바이러스를 주입한 뒤 격리 생활을 시작했다.

연구진은 참여자에게 감기 증상이 나타날 때까지 기다렸다. 참여자들은 격리 생활 6일에 걸쳐 매일 감기 증상을 평가받았다. 과학자들은 점액 분비를 측정하기 위해 참여자의 콧구멍에 염료를 넣고 목구멍에 도달할 때까지 걸리는 시간을 감염 이전 수준과 비교해 기록했으며, 이를 비롯한 일련의 측정법을 이용해 감기 증상을 과학적으로 정밀하게 비교했다. 수치를 계산해보니, 사교성 점수가 낮은 참여자들은 사교성 점수가 높은 참여자에 비해 감기 증상을 보일 가능성이 세 배나 높았다. 이 충격적인 결과는 왕성한 사회적 네트워크가 스트레스를 줄이고 전반적인 웰빙을 증대해 건강을 개선할 수 있다는 점을 시사한다. 반면 낮은 지위와 적은 권력 그리고 외로움은 치명적인 조합이다[29](어느 정도는 사회적인 사람들이 더 많은 바이러스에 노출되는 경우가 더 많으므로 실험실에서도 더 잘 회복한 것일 수 있다. 그러나 이것만으로는 모든 차이를 설명할 수 없다).

사회적 네트워크가 생물학적 수준에서 면역 기능을 증진하는 원리가 모두 알려지지는 않았지만, 다른 종에서 예비적 통찰을 찾을 수 있다.[30] 제니 텅 교수는 네이더의 코카인 연구에서 등장했던 동물인 마카크를 대상으로 지위가 질병과 맞서는 역량에 어떤 영향을 미치는지 살펴봤다. 텅의 연구진은 마카크들 사이에서의 지위를 인공적으로 바꾸기 위해 지배적 개체를 다른 집단으로 옮겨 종속적 지위가 되게 하고, 반대의 경우도 마찬가지로 진행했다. 이처럼 실험적으로 지위를 조작하면 원인과 결과를 분리할 수 있다. 이들은 원숭이 한 마리가 지배적 역할일 때의 표본을 채취한 뒤, 같은 원숭이가 종속적 역할이 된 이후 다시 표본을 채취했다. 동일한 개체에서 오직 지위만 변화했기 때문에 지위가 원숭이에게 생물학적으로 어떤 영향을 미쳤는지 알아볼 수 있었다(실험을 위해 인간의 지위를 변화시킨다는 것은 윤리적 규칙에 어긋나기 때문에 이런 실험들은 비인간 영장류에 대해서만 진행된다).

지배적 지위에서 종속적 지위로 이동한 원숭이들은 면역계의 기능이 악화됐다. 같은 맥락으로, 종속적 지위에서 지배적 지위로 이동한 원숭이들은 면역계의 기능이 향상됐다. 그러나 현실에는 온갖 놀라움이 숨어 있듯, 이 데이터에는 두 가지 흥미로운 점이 있었다. 첫째, 지배적 원숭이들은 바이러스에 맞서 싸우는 데 초점을 맞춘 면역 반응을 보였고, 종속적 원숭이들은 박테리아에 더 잘 맞서 싸울 수 있는 면역 반응을 보였다. 이 난해한 발견은 사회적 서열과 생물학의 관계가 당혹스러울 정도로 복잡하다는 점을 보여준다. 둘째, 감기와 사회적 관계에 관한 연구와 매우 유사하게, 더 자주 그루밍(몸을 닦아주는 한편 두 개체 간의 유대를 강화하는 사회적 행위)을 받은 종속적 원숭이는 그렇지 않은 경우보다 면역 체계의 회복력이 더 강했다.[31]

영장류 사촌은 이처럼 우리에게 중요한 교훈을 줄 수 있다. 적은 권력과 낮은 지위, 또는 높은 지위와 적은 지배력 탓에 상당한 생물학적 스트레스 요인을 마주하는 사람들은 더 나은 사회적 관계를 구축하여 스트레스의 부정적 효과를 물리칠 수 있다. 우리의 생물학은 각자의 사회적 지위에 영향을 받겠지만, 친구들에게 약간의 도움을 받는다면 그 부정적 영향을 완화할 수 있다. 결정적으로, 비인간 영장류와 달리 우리의 사회적 지위는 획일적이지 않다. 회사에서 서열이 낮은 사람도 교회나 성당, 모스크에서 높은 서열에 자리할 수 있다. 지역공동체 소프트볼팀에서 존경받는 주장일 수도 있고, 사랑과 지지를 보내주고 존경해주는 가족 사이에서 자신에게 힘과 결정권이 있다고 느낄 수도 있다. 사회적으로 덜 복잡한 종에서는 죽음과 노화의 위험이 더 일차원적인 사회적 지위와 일률적으로 연결되어 있지만, 태피스트리처럼 촘촘하게 짜인 인간의 현대 사회생활은 우리에게 그 위험을 모면할 기회를 준다.

건강해지고 싶다면 가능한 한 자신의 삶에 대한 지배력을 늘려야 한다. 사회적 지위가 낮거나 정상 가까이에 있는 사람이라면 특히 더 그렇다. 하지만 안타깝게도, 마법처럼 지배력을 한순간에 늘릴 수 있는 사람은 거의 없다. 따라서 승진에 도전할 각오가 됐다면, 이를 위해 당신이 좋아하고 사랑하는 일과 사람을 포기하지 않도록 신경 쓰는 것이 가장 쉬운 길이다.

응원이 담긴 메시지를 뒤로하고, 이제 이 책에서 가장 까다로운 수수께끼를 들여다보자. 부패하는 사람들이 더 많은 권력을 원하고, 권력을 더 잘 획득하고, 좋은 사람도 일부는 권력을 손에 넣음으로써 부패하게 된다면, 우리는 이 역학을 어떻게 뒤집어야 할까? 이를 고치려면 어떤 조치가 필요할까? 이제 좋은 사람들이 권력을 추구하고, 획득하고, 지도자가 되어 권력을 유지할 수 있게 할 방법을 알아볼 차례다.

9장

더 나은 사람을
끌어들이는
전략

겉으로 드러난 결과에만 초점을 맞추고 그 아래에 깔린 맥락이나 의사 결정 과정 자체를 검토하지 않는다면, 결국 나쁜 행동을 저지하지 못하고 오히려 강화하게 될 것이다.

지원자 풀을 늘리고
선별 과정을 강화한다

2010년 10월 16일 이른 새벽, 디다커스 스노볼Didacus Snowball과 그의 여자친구 C.T.는 잠자리에 들 준비를 하고 있었다. 바깥은 영하를 한참 밑도는 날씨였고, 쌀쌀한 바닷바람이 휘몰아치고 있었다. 북극권에서 남쪽으로 겨우 320킬로미터가량 떨어진 곳, 베링해의 오른쪽에 자리한 인구 500명 남짓의 작은 알래스카 마을인 스테빈스에서는 늦가을치고 특별한 날씨는 아니었다. 집 안은 따뜻했고, 두 사람은 잘 준비를 했다. 그런데 거칠게 문을 두드리는 소리가 들려왔다. 디다커스는 누구인지 보기 위해 방을 가로질러 걸어가 문을 열었다.[1]

문이 벌컥 열리자 한 남자가 안으로 쳐들어왔다. 그는 디다커스의 얼굴에 주먹을 날리고 바닥에 메다꽂더니 맨손으로 그의 목을 조르기 시작했다. C.T.는 비명을 지르며 남자에게 나가라고 소리 지르고 디다커스에게 도망쳐서 근처 경찰서에 도움을 요청하라고 했다. 디다커스는 몸싸움 끝에 남자의 손아귀에서 빠져나가 문밖으로 뛰쳐나가면서 근무 중인 경찰관이 있기를 기도했다. 그러나 디다커스가 집 밖으로 나가자 침입자는 C.T.에게 달려들어 그녀를 바닥에 넘어뜨리고 두 손을 머리 위로 결박하더니 목을 조르기 시작했다. 그녀는 소리를 지르려고 했지만 옥죄어오는 그의 손가락 때문에 숨이 가빠졌다. 시야가 캄캄해졌다. 그녀는 의식을 잃었다.

몇 분 후 정신이 든 그녀는 침입자가 니메론 마이크Nimeron Mike라는 이름의 이웃 주민임을 알아봤다. 그는 그녀의 몸 위에 올라타 청바지를 벗기려 하고 있었다.[2] C.T.는 몸싸움을 벌인 끝에 그의 내리누르는 몸뚱이를 벗어날 수 있었다. 그리고 딱 손 닿는 곳에 있던 장전되지 않은 권총을 집었다. C.T.는 총으로 마이크의 머리를 내리쳤다. 그 덕에 그녀는 도망칠 시간을 벌 수 있었다.

때마침 경찰이 도착했다. 마이크는 체포됐다. 그는 유죄를 선고받고 성폭행 미수로 알래스카의 성범죄자 목록에 이름을 올렸다. 마이크가 범죄를 저지른 건 이번이 처음이 아니었다. 그는 가정폭력, 폭행, 난폭 운전, 또 다른 여성에 대한 성추행, 음주운전, 차량 절도 등 다양한 죄목으로 총 6년의 형을 살았다.[3]

그로부터 10년이 지난 시점, 만약 디다커스 스노볼과 C.T.가 또다시 집에서 괴한에게 습격을 받는다면 니메론 마이크도 거기에 다시 한번 개입할 수 있었다. 그러나 이번에는 제복을 입고 경찰 배지를 찬 채로 등장할 것이다. 공항 활주로만큼이나 긴 전과 기록을 가진 이 남자가 이 마을의 정식 경찰관이 됐기 때문이다.

"누군가가 지금 경찰이라는 사실을 알게 됐다고 해봅시다." 「앵커리지 데일리 뉴스Anchorage Daily News」의 취재기자 카일 홉킨스Kyle Hopkins가 내게 말했다. "그 사람의 배경을 들여다봤는데 이해가 가질 않는 겁니다. 이런 유죄 판결이면 경찰관이 될 수 없어야 할 것 같으니까요."[4] 홉킨스는 수년간 계속해서 이런 패턴과 마주했다. 범죄자들이 경찰이 되고 있었다. 이 패턴은 알래스카의 외딴 마을

들에서 가장 두드러졌다.

홉킨스는 이를 더 깊이 파헤쳐보기로 했다. 「프로퍼블리카 ProPublica」와 손을 잡은 그는 대형 뉴스를 터트렸다. 그는 놀라운 사실을 보도한 공으로 퓰리처상을 받았다. 반복적으로 유죄 선고를 받은 범죄자들이 알래스카에서 놀라울 정도로 자주 경찰로 고용되고 있었다. 일어나서는 안 되는 일이 일어나고 있었다. 홉킨스는 또 다른 충격적인 사실을 발견했다. 스테빈스의 경찰관들은 한 명도 빠짐없이 가정폭력으로 유죄를 선고받은 전적이 있었다. 남자친구나 남편에게 폭행을 당할 때 경찰을 부르면 틀림없이 또 다른 가정폭력범을 집 안에 들이게 되는 꼴이었다. 또한 부패가 꼭대기까지 닿아 있었다. 경찰청장은 흉악 범죄와 미성년자 성폭행을 포함한 17개의 범죄에 대해 유죄 판결을 받은 사람이었다.[5] 범죄자들이 경찰서를 장악한 것이다.

왜 이런 일이 생겼을까?

답은 간단하다. 자격 있는 지원자가 없었기 때문이다. 스테빈스 주민 중 자격 있는 사람들은 아무도 지원하지 않았다. 다른 일자리를 구할 수 없었던 범죄자들만 오렌지색 죄수복과 푸른색 제복을 기쁘게 맞교환했다. 시 행정관 조앤 나쇼아나크Joan Nashoanak 는 중범죄자와 지난 5년간 경범죄로 유죄 선고를 받은 자는 지원할 수 없다는 점이 채용공고에 늘 명시되어 있다고 강조한다. 그러나 새로운 경찰관이 필요할 때마다 시 당국은 이 요건을 포기할 수밖에 없었다. 시 당국은 중범죄자를 경찰관으로 만드는 편과 경찰관이 한 명도 없는 편 중 하나를 선택해야만 했다. "범죄 경력이 없는 사람을 단 한 명도 찾을 수 없습니다."[6] 나쇼아나크가 홉킨스에게 한 말이다. 홉킨스가 스테빈스에 대한 취재 보도의 일환으로 니메론 마이크를 추적했을 때, 마이크는 자신이 경찰에 지원한 지불과 몇 시간 만에 채용됐다고 말했다. "제가 이제 경찰이라고요? 이렇게 쉽게요?" 그가 당시의 놀라움을 회고하며 한 말이다.

스테빈스 이야기는 지원자 풀이 부족하고 채용에 신중을 기하지 않을 때 어떤 일이 일어날 수 있는지를 극단적으로 경고해준다. 결국 우리는 최후의 방편에 의지하여 권위 있는 자리에 끔찍한 사람들을 앉히게 될 것이다.

이제 헤아릴 수 없이 중요한 질문을 살펴보자. 어떻게 하면 더 나은 사람들이 권력을 얻으려고 애쓰도록 만들 수 있을까?

채용에 관해서라면 세 가지 주요 답이 있다. 첫째, 충분한 지원자를 확보한다. 둘째, 권력을 주고 싶은 유형의 사람을 적극적으로 찾아 나선다. 셋째, 자기 선택으로 권좌에 오르려는, 부패했거나 부패할 사람을 거르는 데 충분한 자원을 투입한다. 스테빈스는 세 가지 전선 모두에서 실패했다. 극단적인 사례이긴 하지만, 3연패를 당한 유일한 사례는 아니다.

지원자 풀을 늘리고자 할 때는 '심화deepening'와 '확장broadening'을 모두 추구해야 한다. 심화된 지원자 풀은 기존의 지원자와 비슷한 지원자를 더 많이 확보하여 그중에서 고르는 것이 목적이다. 확장된 지원자 풀은 기존과 상당히 다른 지원자들을 모집해 혁신과 개선을 꾀하는 방법이다. 두 방법 모두 결과를 개선하는 데 도움이 되며, 동시에 이루어진다면 특히 유용하다.

초콜릿 30알이 들어가는 M&M 한 봉지를 포장한다고 생각해보자. 만약 초콜릿을 정확하게 30알만 생산한다면 오류를 감당할 여유가 없다. 금이 가거나 깨지고 색 바랜 초콜릿도 모두 포함해야 한다. 모든 초콜릿이 초록색이라고 해보자. 초록색 초콜릿을 60알 생산한다면 여전히 초록색밖에 없는 봉지가 되겠지만, 그래도 그중에서 가장 좋은 30알을 선택할 수 있다. 부서진 초콜릿은 버릴 수 있다. 이것이 심화다.

초콜릿 과학자가 갑자기 깨달음을 얻어 갈색, 노란색, 빨간색, 주황색, 황갈색, 파란색 M&M을 생산하는 게 바로 확장이다. 땅콩 M&M을 개발한다면 더더욱 좋다. 최고의 M&M 한 봉지는 각각의 색마다 심화된 초콜릿 풀에서 가져왔을 뿐만 아니라, 이전에는 없었던 색과 종류(인간으로 치자면 신선한 아이디어, 기술, 관점)의 확장된 풀에서 가져온 초콜릿들이 담긴 봉지일 것이다.

확장은 또한 선순환을 일으킬 수 있다. 『반란자의 아이디어Rebel Ideas』[7]의 저자 매슈 사이드Matthew Syed는 다양성이 조직 내에서 어떻게 혁신을 일으키는지를 설득력 있게 보여줬다. 그런데 다양성은 일반적으로 지도자 자리에 자원하지 않을 사람들이 자기 자신을 미래의 권력자로 보게끔 유도하기도 한다. 예컨대 인도의 한 실험에서 몇몇 마을에는 여성 지도자가 무작위로 배정됐고, 다른 몇몇 마을에는 남성 지도자가 무작위로 배정됐다. 어떤 일이 일어났을까? '롤 모델 효과role model effect'가 분명히 나타났다.[8] 여성이 이끄는 마을의 부모들은 딸에게 기대하는 바가 늘어나면서 딸을 더 야망 있는 사람으로 키우기 시작했다. 또한 이런 마을의 소녀들은 자신을 미래의 잠재적 지도자로 보면서 자신감 있는 방식으로 삶의 선택을 내리기 시작했다. 확장은 곧바로 긍정적인 효과를 낳았고, 나아가 미래의 이익도 만들어냈다.

당신의 지인 중 국회에서 사람들을 대표할 때 강력한 도덕적 세력이 될 수 있는 사람이나 고무적이고 책임감 있는 CEO가 될 만한 사람을 떠올려보자. 모든 사람은 기회만 주어진다면 경이로운 지도자가 될 수 있는 사람들을 알고 있다. 그러나 그중 대부분은(또는 전부는) 무슨 일이 있어도 정치에 손을 대거나 대기업 임원실 근처도 가지 않을 사람들이다. 우리 앞에 놓인 도전 과제는 이처럼 나서지 않고 부패하지 않을 사람들이, 자기야말로 신이 인류에게 내려주신 선물이기 때문에 권력을 가져 마땅하다는 믿음을 타고난 자만하는 나르시시스트이자 부패할 사람들과 더 많이 경쟁하도록 만드는 일이다.

그러나 많은 조직이 이 문제를 전혀 고려하지 않고 채용 절차를 설계한다. 책임자가 될 사람을 찾아야 할 때면 예측 가능한 패턴을 따라 지난번의 절차를 되풀이하는 경우가 너무나 많다. 나는 이를 '쿼티 오류QWERTY mistake'라고 부르는데, 당신이 비논리적으로 설계된 키보드로 이메일과 문자 메시지를 보내는 데 익숙해진 이유를 보여주는 것과 같은 종류의 오류이기 때문이다.

1860년대 말, 미국인 발명가 크리스토퍼 래섬 숄스Christopher Latham Sholes가 타자기의 전신을 발명했다.[9] 초기 버전의 타자기는 직관적인 키보드 설계를 갖추고 있었다. 아랫줄에는 A부터 M까지가 알파벳 순서대로 배열됐고, 윗줄에는 이어서 N부터 Z까지 배열됐다. 알파벳을 안다면 각 글자가 어디에 있는지 알 수 있었다. 그러나 여기에는 문제가 있었다. 이 기계는 타자를 너무 빠르게 칠 때 키가 쉽게 엉켰고, 나란히 놓인 두 자를 연달아 칠 때 특히 그랬다. 그래서 슐스는 펜실베이니아의 교육감인 사위에게 영어에서 함께 사용되는 경우가 가장 많은 글자를 알아내라는 중요한 과제를 맡겼다.[10] 사위의 아마추어적 분석 결과를 바탕으로 알파벳에서 연속된 글자 중 앞뒤로 두어야 하는 글자, 이를테면 S와 T, N과 O 등을 떼어놓을 수 있는 새로운 키보드 레이아웃이 설계됐다. 이렇게 탄생한 설계는 지금의 쿼티 레이아웃과 거의 똑같다. 이 타자 배열에는 한 가지 이점이 더 숨어 있었다. 레이아웃이 처음부터 끝까지 헷갈리기 때문에 누구도 키가 엉킬 만큼 빠르게 타자할 수 없다는 점이다.[11]

120년이 빠르게 흘렀다. 컴퓨터 키보드가 탄생하면서 키가 기계적으로 엉킬 일이 사라졌다. 그러나 컴퓨터 키보드를 사용하는 사람들은 이미 쿼티 레이아웃을 습득한 뒤였다. 초기의 테크 기업들은 선택의 기로에 직면했다. 컴퓨터 키보드의 배열을 더 나은 버전으로 영원히 바꾸든지, 아니면 이미 사라진 문제를 해결하기 위해 설계된 기존의 방식을 고수하든지였다. 이미 잘 알고 있듯, 이들은 오래된 방식을 고수하는 편을 택했다(사회과학자들은 이처럼 새로운 결정이 앞선 결정에 크게 의존하는 현상을 '경로 의존path dependency'이라고 한다. 이 방식은 많은 경우 최악의 결과를 낳지만, 그 순간에는 가장 저항이 적은 길로 여겨진다). 채용 과정에서 옛 모형을 그대로 복제한다면, 예컨대 이전 구인 광고의 문구를 그대로 쓰거나 이전과 같은 지원자 풀에서 직원을 모집한다면 쿼티 접근법으로 책임자를 결정하는 셈이 된다. 이제 이런 방식을 없앨 때가 됐다.

기계적으로 채용하는 방식이 문제인 이유는 지원자 풀을 심화하거나 확장하지 못하기 때문만이 아니다. 너무나 많은 경우 편향 또한 재생산되는데, 조직이 더 포용적인 문화를 받아들이며 변화했다고 해서 언제나 채용 절차까지 같은 방식으로 업데이트되지는 않기 때문이다. 다수의 임의 추출 실험이 증명했듯, 리더급 직위의 채용공고에 사용된 언어에 따라 지원하는 사람들이 크게 달라진다. 예컨대 언어에 성별이 미묘하게 내포될 수 있다. 연구자들은 잠재적 지원자들이 채용공고에서 '경쟁을 압도하는 지배력'을 세우겠다는 식의 표현을 남성 중심적인 조직을 암시하는 말로 인식한다는 증거를 일관되게 발견했다. 이처럼 공격적인 언어는 권위 있는 직위에 대한 여성 지원자 수를 감소시킨다는 점이 드러나고 있다. 편향은 미묘하므로, 의식적으로 대응할 필요가 있다.

이를 바로잡기가 로켓 과학처럼 복잡한 건 아니다. 카네기멜론 대학교 교수진은 컴퓨터공학 전공자 중 여성이 7퍼센트에 불과하다는 점을 깨달았다.[12] 이들은 오래된 일 처리 방식을 버리고(말하자면 쿼티 타자기를 버리고) 컴퓨터공학을 이야기하는 방식을 완전히 개조했다. 이들은 잠재적 전공자들이 겁을 먹기 쉬운 고지식한 수강 전제 조건을 개혁했다. 그리고 잠재적 전공자 풀을 심화하고 확장하기 위해 적극적으로 노력했다. 결과는 어땠을까? 불과 몇 년 만에 학과의 여학생 비율이 7퍼센트에서 42퍼센트로 늘어났다. 필요한 것은 할당제가 아니었다. 이들은 그저 학과에 올 학생들의 풀을 확장할 수 있는 요소가 무엇인지 조금 더 주의 깊게 생각했을 뿐이다. 효과는 확실했다.

요점은 이렇다. 권력의 자리에 앉을 만한 적절한 사람을 찾고자 한다면 어떤 유형의 사람들이 지원하면 좋을지, 예컨대 경찰학교 출신이 좋을지, 선거에 출마했던 사람이 좋을지를 주의 깊게 생각해봐야 한다. 비단 이력서의 구절이나 특정한 기술에 관한 것뿐만이 아니라, 개인적인 성향이나 팀워크와 관련된 개인의 과거 실적을 비롯해 여러 측정 기준 또한 고려해야 한다. 더 나은 정치적 후보를 찾으려는 정당과 시민 사회 단체는 울며 겨자 먹기로 정치에 입문해 공공을 위하여 일할 사람, 도덕적 원칙에 따라 행동하는 사람을 영입하는 역량을 키워야 한다. 부와 명성을 얻기 위해 또는 자아를 화려하게 전시하기 위해 안달 내는 사람이 그 자리를 덥석 차지하지 못하도록 말이다. 다수의 혁신적인 지도자들이 정치와 무관한 직업군, 예컨대 교육, 보건, 과학 등의 분야에서 최고의 지위에 있지만, 훌륭한 공무원이 될 게 분명한데도 정계 진입을 전혀 고려하지 않는다. 쿼티 채용 틀을 깨뜨리려는 약간의 노력만 더해진다면 이들도 바뀔 수 있다.

더 나은 선별 또한 필수적이다. 매력적인 나르시시스트는 일회성 채용 면접에서 매우 다양한 인상을 줄 수 있지만, 더 철저한 검증을 통해 이를 거를 수 있다. 더 엄밀한 진단은 마치 사치스러운 절차처럼 보인다. 그러나 상당한 권력을 추구하는 이들을 초기 단계에서 한층 더 철저히 검증한다면 상당한 시간과 비용을 절약하고 훗날의 피해를 모면할 수 있을 것이다. 게다가 어둠의 3요소와 관련된 심리 검사는 오늘날 특이하거나 모욕적인 일로 여겨지고 있지만, 국가 원수나 주요 기업의 CEO처럼 막대한 영향력을 행사하는 자리라면 이런 심리 검사를 하는 것이 아마 현명한 조치일 것이다. 이 정도 수준의 권력이라면 잠깐의 주제넘은 심문을 걱정하기에는 너무 많은 것이 걸려 있다. 권력을 가져서는 안 되는 사람들이 권력을 추구할 가능성이 더 크다는 핵심 문제를 인식하는 게 이 싸움의 주가 될 것이다. 우리는 권력에 굶주리고 부패할 후보를 걸러내는 것을 목적으로 모든 시스템을 설계해야 한다.

그러나 더 나은 채용 방식이 만병통치약이라고 말할 수는 없다. 분별력 있고 도덕적인 사람들이 지도자의 책임과 위험을 짊어지게 하는 일은 언제나 까다로운 도전일 것이다. 앞서 살펴봤듯, 부패하는 사람들은 마치 불나방처럼 권력에 이끌린다. 그렇다면 부패하지 않을 사람이 그들 사이에 끼어들도록 하려면 우리는 어떻게 해야 할까? 해답은 영국의 황소와 고대 그리스에서 발명된 기이하고 작은 기계에서 찾아볼 수 있다.

무작위 선출로
감독 기관을 구성한다

무성한 구레나룻의 소유자이자 영국의 박식한 우생학자였던 프랜시스 골턴Francis Galton은 데이터에 집착했다. '가능할 때마다 셈하라'가 그의 모토였다.[13] 수량화에 대한 그의 집착은 야비한 편견과 결합해 세계를 숫자로 번역하려는 과정에서 기이한 행동을 낳았다. 예컨대 19세기 말, 골턴은 빅토리아 시대의 영국을 가로질러 여행하면서 젊은 여성들을 특히 흥미롭게 관찰했다. 그리고 '바늘 달린 골무와 십자가 형태의 종잇조각으로 구성된' 새로운 장치인 '프리커pricker'를 이용해 맞춤 설계한 기록지에 구멍을 뚫어 여성의 매력도를 기록했다.[14] 그리고 프리커로 기록한 순위를 모아 '미모 지도'를 만들었다. 당연히 연구 결과의 사용처는 제한적이었다(그의 주관적인 판단에 따르면 런던이 표의 가장 윗줄을 차지했다. 최하위는 스코틀랜드의 에버딘이었다).

그런데 골턴이 수량화를 시도했던 덜 역겨운 사례 중 다수는 꽤 유용한 결과를 낳았다. 1906년, 그는 어느 시골 축제에 갔다. 이곳의 놀거리 중 하나는 사람들이 황소의 무게를 맞히는 게임이었다 골턴은 누구도 무게를 정확하게 맞힐 수 없으리라고 예상했지만, 어쨌든 응답을 통계적으로 분석해보기로 했다. 게임이 끝날 때까지 골턴은 787회의 추측을 분석했다. 그는 놀라운 사실을 발견했다. 중앙값, 즉 787회 전체의 정중앙에 자리한 값은 1,208파운

드였다. 그리고 추측의 통계적 평균값은 1,197파운드였다.[15]

황소의 실제 무게는 얼마였을까? 정확히 1,197파운드였다.

황소 무게 추측하기 게임에 관한 골턴의 일화가 모든 일에 적용되는 것은 아니다. 인간은 종종 크게 틀리고, 생각이나 의견 또는 추측을 모두 합산할 때도 마찬가지다. 그러나 합리적 무작위 분포의 사람들이 집합적 정신을 모아 문제를 해결할 때면 종종 예외적으로 뛰어난 성과를 얻을 수 있다. 어떤 사람들은 300파운드 또는 3만 파운드 등 정답에서 매우 멀리 떨어진 답을 내놓을 것이다. 그러나 추측하는 인간 집단에 체계적인 왜곡이 존재하지 않는 한, 낮은 추측값은 대개 높은 추측값을 상쇄하는 데 그칠 것이다. 아직 우리에겐 수많은 합리적 추측값이 남아 있다.

문제는 의사결정을 하는 집단이 '언제나' 어떤 방식으로든 구조적으로 편향되어 있다는 점이다. 보통 무작위와는 거리가 멀다. 예컨대 1721년 이래 영국에는 쉰다섯 명의 수상이 있었는데, 이 중 마흔한 명이 옥스퍼드대학교 또는 케임브리지대학교에서 수학했다.[16] 게다가 언제나 봐왔듯, 권력을 추구하는 사람들은 무작위로 분포하지 않는다. 이들은 나머지 사람들에 비하면 상대적으로 꽤 독특한 인물들인 경우가 많다. 프리커를 들고 얼쩡거리는 우생학자를 예외로 친다면, 시골 지역 축제에 참여하는 사람들이 지역 인구를 훨씬 더 잘 대표하는 일부일 가능성이 크다.

진정한 무작위는 실질적으로 도움이 되는데, 이기적인 생각이나 비밀스러운 안건을 가진 사람들의 영향력을 상쇄하기 때문이다. 황소의 몸무게를 추측할 때는 정답을 맞히는 게 유일한 동기였을 것이다. 축제에 놀러 온 사람들은 정치적 사리사욕의 영향을 받지도 않았고, 재선이라는 시급한 목표를 위해 도덕과 타협하지도 않았다. 그러므로 골턴의 황소 우화는 일반적인 의사결정 방식과는 반대된다.

그런데 황소 우화가 주는 또 다른 통찰이 있다. 게임을 조작하려면 참가자 787명에게 추측을 바꾸라고 뇌물을 주는 것보다는 검표원 한 사람에게 뇌물을 주는 편이 훨씬 쉬울 것이다. 권력이 부패한다면, 무작위로 구성된 집단을 부패시키는 것보다는 권력에 목마르고 부패하는 사람들로 구성된 소규모의 자기 선택적 집단을 부패시키는 편이 훨씬 더 쉬울 것이다.

수천 년 전, 고대 아테나에서는 무작위 숫자에 부패하지 않는 힘이 있다고 믿었다. 그리하여 이들은 거대한 석판에 섬세하게 구멍을 낸 클레로테리온kleroterion이라는 이름의 민주주의적 반부패 기구를 고안했다. 주요 의사결정을 내릴 때, 시민들은 저마다 나무 또는 청동으로 만든 피나키온pinakion 판을 클레로테리온의 구멍 중 하나에 넣었다.[17] 이후 집행관이 손잡이를 내리면 기계에서 검은색 또는 하얀색 공 하나가 떨어졌다. 검은색 공이 떨어지면 아랫줄의 시민들을 고려 대상에서 제외했다. 하얀색 공이 떨어지면 무작위로 배정된 줄이 의사 결정권자로 선출됐다. 거액의 상금이 걸린 번호 추첨이 아니라 의사 결정권자를 선택하는 데 사용됐다는 점만 제외한다면 사실상 공을 떨어뜨려 뽑는 복권 추첨 기계의 고대 버전인 셈이다.

무작위성을 이용해 시민들을 권좌에 앉히는 방식을 제비뽑기

sortition라고 한다. 제비뽑기 옹호자들은 모든 선거를 대체하고 추첨 방식의 통치를 도입해야 한다고 논한다. 여기에는 많은 문제가 있다. 우선 민주주의적 선택을 약화시킬 것이다. 게다가 핵실험 금지 조약 협상과 같은 일부 정치적 과제에는 경력을 바탕으로 한 특정 전문성이 필요하다. 그렇다고 해서 제비뽑기를 완전히 폐기해야 한다는 말은 아니다. 대신 제비뽑기는 선거를 대체하기보다는 선출직 공무원들에게 조언하는 데 사용되어야 한다.

이를 실현할 방법이 있다. 정계에서 컴퓨터화된 버전의 클레로테리온으로 선택한 사람들을 모아 대규모 연례 민회를 여는 것이다. 강력한 유급 배심원 제도라고 생각하면 된다. 민회의 임기는 1년이다. 이들은 선출직 공무원들의 조언과 함께 한 해 동안 해결해야 할 열 가지 안건을 선택한다. 어떤 해에는 기후변화와 세제 개혁을 다루고, 또 어떤 해에는 보건 정책과 교통 관련 문제를 다룬다. 여기에 더해 선출직 공무원은 입법부에서 긴급하게 논의 중인 문제와 관련해 민회에 동의 여부만을 묻는 빠른 권고 의견을 요청할 수도 있다. 예컨대 '팬데믹 시기에 혼잡한 공공장소에서 마스크 착용을 법적으로 의무화해야 하는가?'라거나 '시리아를 공습해야 하는가?' 같은 문제에 대해서다. 민회는 선출직 공무원과 같은 방식으로 전문가의 의견과 조언을 이용할 수 있다. 민회에서 논의와 토론이 끝나면 민회 의원들은 권고 의견을 공개적으로 발표한다. 선출직 공무원이 이런 조언을 따를 의무는 없지만, 무작위로 선택된 대중의 지혜는 모두가 볼 수 있다. 만약 정치인이 다른 관점을 가지고 있다면 적어도 민회가 제안한 해결법과 자신의 관점이 다른 이유를 설명해야 할 것이다.

다국적 기업부터 경찰서까지, 대규모 조직이라면 어디든 이런 모형을 도입할 수 있다. 대기업은 제비뽑기를 이용해 조직 내 평사원들로 구성된 그림자 이사회를 만들 수 있다. 주요 결정을 내려야 할 때마다 그림자 이사회가 나름의 의견을 내놓는다. 이렇게 하면 손 닿을 수 없이 머나먼 존재인 이사회가 하급 직원의 의견을 적어도 파악은 할 수 있다. 무의미한 분기별 이익 경쟁이라는 근시안적 시각에서 벗어난 그림자 이사회는 회사의 중역들이 너무나 자주 무시하는 큰 그림을 강제로 들여다보게 함으로써 처참한 실패를 방지하는 데 도움을 준다. 경찰서와 같은 공공기관이라면, 경찰서의 운영에 영향을 미치는 주요 의사결정에 관여하는 그림자 시민위원회에 더해 부정행위를 검토하는 민간 심사위원회를 둘 수 있다. 대중이 틀릴 때도 있을 것이다. 그러나 권력자가 자신의 결정에 영향을 받는 사람 중 무작위로 택한 일부 집단이 신중하게 검토해 내놓는 의견에 때때로 귀를 기울인다면 건강한 조직 또는 사회가 될 것이다.

제비뽑기에 의한 관리 감독에는 몇 가지 장점이 있다. 첫째, 무작위 방식이므로 부패하는 사람들이 그림자 이사회나 민회의 자리를 노리는 문제를 겪지 않을 것이다. 대신 민회와 그림자 이사회의 사람들은 대부분 마지못해 그 자리에 앉을 것인데, 이는 반가운 변화다.

둘째, 지도자가 부도덕이나 사리사용에 의해 행동하면 곧바로 명백하게 드러나게 되는데, 민회나 그림자 이사회의 권고와 극명하게 대조되기 때문이다. 대중은 제비뽑기 방식으로 공직에 앉은 사람들이 로비스트의 심기를 거스르거나 편협한 이익집단을 소외시키지 않으려고 의사결정을 하는 일은 없으리라고 믿을 수 있다. 연고주의와 족벌주의는 훨씬 더 어려워질 것이다. 기업의 경우, 그림자 이사회는 분기별 보도자료보다 더 장기적인 관점에서 생각할 만한 충분한 이유가 있으며, 지나치게 근시안적 사고방식을 가진 이들을 교정해줄 것이다.

셋째, 정치 시스템은 대체로 교착상태를 향해 나아가기 쉽지만, 일반적인 사람들은 타협을 향해 나아가는 경향이 있다. 당신이 친구들과 올리브가든에 갈지 T.G.I. 프라이데이에 갈지 결정하기 어렵다고 해서 상대방을 내치고 라이벌 식당의 빵 품질에 대해 공격적인 광고를 내보내는 일은 없을 것이다. 그러나 정치인들은 언제나 그런 식으로 행동한다. 일반적인 사람들이 의사결정에 더 많이 참여한다면 실제로 권력을 가진 이들이 퍼포먼스적 언동보다는 합리적인 해결책을 찾아가도록 압력을 가할 수 있다.

최근의 한 연구는 이런 접근 방식을 탄탄하게 뒷받침한다. 스위스 취리히에서 864명의 참가자를 대상으로 진행된 이 실험은 무작위로 획득한 권력과 경쟁을 통해 획득한 권력을 비교했다.[18] 연구진은 운으로 권력을 얻게 된 사람들이 덜 교만하게 행동한다는 점을 발견했다. 무작위 선택은 경쟁(이를테면 선거)에서 승리하는 방식과 달리 사람을 겸허하게 만든다. 단일 연구이긴 하지만, 고무적인 결과다. 권력을 원하지 않는 사람이야말로 가장 올바르게 권력을 행사할 사람일지도 모른다.

더 나은 채용과 제비뽑기를 이용한 통찰력을 더하면, 나쁜 사람이 나쁜 결정을 내릴 가능성을 줄일 수 있다. 그러나 권력이 따르는 모든 자리에 제비뽑기를 사용할 수도 없을뿐더러 사용해서도 안 되므로, 여전히 중요한 질문 하나가 남는다. 불가피하게 숨어 들어오는 미꾸라지는 어떻게 해야 할까? 이들이 우리에게 미치는 악영향을 어떻게 최소화할 수 있을까?

사람들을 순환시켜
부당 거래를 방지한다

헬렌 킹이 경관이었을 당시, 그녀가 근무하던 경찰서에는 늘 두드러지는 성공을 거두는 듯한 팀이 있었다. 마약 단속에 특화된 잠입 사복경찰 팀이었다. "모두가 그들을 보고 대단하다고 생각했습니다." 킹이 내게 말했다. "조그만 정보라도 있으면 금요일 저녁이라도 상관없이 먼저 발 벗고 나서서 조사하고, 영장을 발부받고 집행했죠. 모든 게 매우 생산적이었고 매우 큰 도움이 됐습니다."19 서류상으로 이들은 눈부신 활약을 펼쳤다.

킹은 이들이 그토록 열과 성을 다한 진짜 이유를 나중에 가서야 알게 됐다. 단속을 나가서 재배 중인 마약용 식물을 발견할 때마다 이를 수확해 마약 거래상에게 팔았던 것이다. 이 수익성 좋은 불법 행위는 꽤 오랫동안 감시망을 빠져나갈 수 있었다. 어떻게 경찰관들이 범죄자처럼 행동하면서도 발각되지 않을 수 있었을까?

이 팀은 설계부터 매우 폐쇄적이었다. 팀 내 모든 경찰관이 불법 행위에 가담해 있었다. 이들을 찔러보거나 달갑지 않은 질문을 던지는 외부인이 없었다는 뜻이다. 열심히 일해서 생산적인 듯한 단속 성과를 내놓으면 사람들은 더는 자세히 따지지 않았다(이런 일들은 생각보다 자주 일어난다. 2014년 영국의 한 경찰관 자택에서는 세탁기 안에 든 11킬로그램의 코카인이 발견됐다.20 영국의 세탁기가 대부분 엄청나게 작다는 점을 고려할 때 더더욱 놀라운 사건이다. 그 안에 무엇이

든 11킬로그램어치를 넣는다는 것 자체가 대단한 위업이다).

킹이 경찰 내부에서 승진을 거듭해 런던 광역경찰청 부청장에
올라 채용과 훈련을 주로 담당하게 됐을 때, 그녀는 부패한 마약
경찰들이 귀중한 통찰력을 남겨주었음을 깨달았다. "단 두 명의
경찰관이든 마약반 전체든, 하나의 팀이 나머지와 분리된 채로 오
랜 기간 서로 밀접한 관계에서 일하도록 허용한다면 여기서 꽤 많
은 부패 사건이 발생하게 됩니다."[21] 킹이 경고했다. 해결책은 간
단하다. 사람들을 순환시켜 누구도 너무 편안해질 수 없게 하는
것이다. 신인은 새로운 관점만 가져다주는 게 아니다. 부패를 막
을 항체도 가져다준다.

순환은 두 가지 이유에서 중요하다. 첫 번째 이유는 분명하다.
한 집단의 사람들이 공모하는 경우 외부인은 위험을 의미한다. 더
많은 외부인이 지나다닐수록 발각되지 않고 성공적으로 공모하
기가 더욱 힘들어진다. 게다가 부당 거래를 알고 있는 내부자가
다른 곳으로 이동하면 무심코 비밀을 누설하게 될 가능성도 커진
다. 일부 조직, 국가, 팀은 부패 문화가 너무나 뿌리 깊게 박혀 아
무리 순환을 시켜도 전혀 달라지지 않을 수 있다. 내부와 외부가
모두 부패해 있기 때문이다. 그러나 대개 순환으로 생기는 추가
발각 위험이 억지력이 되어 권력 남용을 사전에 막아준다.*

순환이 중요한 또 하나의 이유는 '피터의 법칙Peter Principle'과 관련

---

* 이 논리는 은행에서 민감한 직책의 직원들을 매년 2주 연속 휴가를 보내는 방식과 비슷하
다. 2주 휴가는 2주간의 순환과 유사하다. 장부를 책임지던 사람이 몇 주간 자리를 비우면,
그 빈자리를 대신한 사람이 진행 중인 사기를 대부분 밝혀낼 수 있다

이 있다. 로런스 J. 피터Laurence J. Peter가 처음으로 제시한 이 개념은 누구든 '무능의 수준'에 오르게 되는 경향이 있다고 주장한다. 성과주의가 만연한 시스템에서는 성과가 좋은 사람이 승진한다. 그러나 모든 사람은 결국 각자의 능력과 어울리지 않는 직책, 즉 '피터의 정체기Peter's Plateau'에 도달한다. 능력 바깥의 일을 마주하게 되고, 더는 기대를 충족하지 못한다. 그다음은 어떻게 될까? 주요 성과도 내지 못하고, 승진이 이루어지지 않는다. 많은 사람이 이 지점에서 정체된다.

안타깝지만, 정체된 사람은 부패할 수 있는 사람이다. 승진 가능성은 올바른 행동을 끌어내는 강력한 당근이다. 피터의 정체기에 도달한 사람은 당근을 잃어버리는 걸로도 '모자라' 자신의 직업에 싫증을 내기 시작할 가능성이 큰데, 이는 위험한 조합이다. 꼭대기까지 올라서기를 바라며 규칙에 따라 행동하던 사람이 갑자기 커진 좌절감 때문에 규칙을 회피하기 시작할 수도 있다.

순환은 두 문제를 모두 해결하는 데 도움이 된다. 다양성이 인생의 양념이라면, 순환은 우리에게 딱 필요한 유형의 반부패 청양고추다. 여러 곳을 순환하더라도 당사자로서는 인생이 그다지 맛깔나지 않을 수는 있겠지만, 적어도 악의적인 행동을 더 빠르게 발견할 수 있다.

이는 단순히 우리 사회과학자들이 상아탑 안락의자에서 낮잠을 자면서 꿈꾼 추상적인 개념이 아니다. 이 개념은 실제와 실험 양측에서 검증됐다. 예컨대 독일 연방 정부는 공직에서 횡령, 뇌물 수수, 부패가 발생하기 특히 쉬운 특정 영역 몇몇을 지정했다.[22] 이런 영역에서는 누구도 해당 역할을 5년 이상 맡을 수 없다.

규칙에 예외를 적용하려는 경우, 예외에 대한 근거를 문서를 통해 공식적으로 정당화해야 한다. 이 정책은 일견 효과가 있는 듯하다. 이런 직책을 중심으로 별다른 부패가 발생하지 않았기 때문이다. 그러나 독일은 애초에 부패 수준이 낮은 국가다. 그러므로 원인과 결과를 분리하기 어렵다. 공무원이 규칙을 따르기 좋아하는 독일인이며 독일에서 일하고 있기 때문에 부패 수준이 낮은 것일까, 아니면 직책을 순환하기 때문에 낮은 것일까?

카셀대학교의 크리스토프 뷔렌Christoph Bühren이 이를 알아보기 위한 실험을 진행했다. 연구진은 참여자를 둘씩 한 쌍으로 묶고 한 명을 공무원으로 지정한 뒤, 실제 보수를 받을 수 있는 게임에 참여시켰다.[23] 가장 높은 보수를 받기 위해 다양한 전략을 사용할 수 있었는데, 그중 하나는 상대방에게 뇌물을 주는 것이었다. 상황을 더 흥미롭게 만들기 위해 연구진은 약간의 변수를 두었다. 한 집단은 같은 사람과 반복적으로 교류했고, 또 하나의 집단은 파트너가 끊임없이 교체됐다. 결과는 놀라웠다. 해당 연구가 독일에서 진행됐을 때, 참여자가 같은 파트너와 계속해서 교류하는 경우 32퍼센트의 비율로 뇌물 수수가 발생했다. 그러나 매번 다른 파트너와 협업하는 경우, 뇌물 수수 비율은 13퍼센트로 낮아졌다. 반복되는 교류를 하면 서로 더 신뢰하게 되므로, 비밀스러운 계획을 시작하기도 더 편해진다는 사실이 드러났다. 비교적 청정한 국가에서만 이런 효과가 발생하는 것은 아닌지 확인하기 위해 똑같은 연구를 중국에서도 진행했다. 그 결과, 뇌물 수수 비율이 한 파트너와 계속해서 교류할 때 41퍼센트에서 새로운 파트너로 순환할 때 19퍼센트로 낮아졌다.

순환은 기적이 아니다. 그러나 도움이 된다. 또한 순환은 조직, 정당 또는 경찰서 내 사람들이 높은 비율로 이미 정직하고 도덕적일 때 가장 잘 작동한다. 만약 더 좋은 사람들을 채용할 수 있고 쿼티처럼 기존의 방식만 고집하지 않는다면, 순환 체제는 선순환을 만들어낼 수 있다. 더 좋은 사람들을 순환에 참여시킬수록, 권력자의 부정행위를 더 효과적으로 억제하고 저지할 전술이 될 수 있다. 여기에 더해 제비뽑기로 무작위 선출된 뒤죽박죽 그림자 이사회 또는 민회의 감독을 받는다면 더더욱 좋을 것이다.

그러나 슬프게도 이런 개입만으로는 부족하다. 또 다른 문제가 남아 있다. 승진에 성공한 영리한 사이코패스를 마주할 때 알 수 있듯, 인간 버전의 썩은 사과는 깨끗한 사과로 둔갑하는 데 능하다. 이는 우리가 수면 아래를 제대로 들여다보지 않기 때문이다. 우리가 지도자를 평가하는 방식은 사뭇 정직하고 성공적인 사람처럼 보이는 교활한 조작자에게 공을 실어주는 결과를 낳는 일이 흔하다. 이 또한 바꿔야 한다.

결과뿐만 아니라
의사결정 과정까지 검토한다

내가 미네소타주 시골에 자리한 칼턴칼리지의 학부생일 당시, 어느 진취적인 학생 자원 단체가 '노란 자전거'라는 이름의 무료 자전거 공유 사업을 시작했다. 마음이 따뜻해지는 아이디어였다. 학생들은 사람들에게 오래된 고물 자전거를 기부받은 뒤, 이를 수리해서 밝은 노란색으로 칠했다. 그리고 캠퍼스 곳곳에 잠금장치 없이 세워뒀다. 누구든 수업에 걸어가는 대신 자전거를 타고 가고 싶다면 길가에 세워진 자전거를 타고 페달을 밟으면 됐다. 술 취한 학생들이 이 자전거를 타고 캠퍼스 언덕을 따라 내려가다가 브레이크가 제대로 작동하지 않는다는 사실을 발견하는 불상사가 몇 번 있었다고는 들었지만, 그럼에도 이 프로그램은 엄청난 성공을 거뒀다. 심지어 한 학생은 칼턴 철인 3종 경기 대회의 사이클링 파트를 곧 망가질 것 같은 노란 자전거를 타고 완주하기도 했다.

4년 전, 내 형이 다트머스대학교의 동료 학생들도 사실상 동일한 사업을 시도했었다는 이야기를 들려주었다. 자전거를 초록색으로 칠했다는 점 정도가 유일한 차이점이었다. 밝은 초록색 페인트가 빛나는 자전거 함대가 출범한 직후, 한 무리의 학생들이 자전거를 타고 코네티컷강으로 이어지는 경사로를 내달려 강에 그대로 첨벙 빠지면 재밌겠다는 생각을 떠올렸다. 이를 실행에 옮긴 학생들이 신나서 떠드는 동안, 자전거 함대는 모두 강바닥에 가라앉았다.

두 개의 동일한 계획이 하나는 성공하고 하나는 실패했다. 초록 자전거 사업만 평가한 사람은 굳이 자신의 캠퍼스에서 같은 사업을 벌이느라 시간을 낭비하지 않을 것이다. 어차피 실패할 아이디어니까. 만약 노란 자전거 사업만 평가했다면 자전거를 칠하기 시작했을 수도 있다. 반드시 성공할 아이디어니까.

인간은 어떤 결정을 내릴 때 깔끔한 직선으로 원인과 결과를 구분할 수 있다는 잘못된 생각을 단단히 품고 있다. 초록 자전거는 멍청한 생각이기 '때문에' 강바닥에 가라앉았고, 노란 자전거는 좋은 생각이기 '때문에' 좋은 결과를 얻었을까? 그렇지 않다. 현실은 머리가 터질 만큼 복잡하다. 사소한 변수와 우연이 결과를 극단적으로 바꿔놓을 수 있다. 이로 인해 우리는 훌륭한 아이디어를 실패의 원인으로 잘못 탓하는 한편, 요행으로 성공한 끔찍한 아이디어에 찬사를 보내기도 한다. 교훈은 간단하다. 결과에만 초점을 맞춰서는 안 되고, 의사결정 '과정'을 훨씬 더 주의 깊게 조사해야 한다는 것이다.

이는 권력자를 평가하는 데 세 가지 이유로 특히 중요하다. 첫째, 운으로 성공을 얻은 사람에게 성과에 따른 보상을 준다면, 결국 운 좋고 나쁜 지도자 때문에 값비싼 실패를 경험하게 될 것이다. 둘째, 권력 획득에 더 능한 사람은 자기 자신을 실제보다 더 좋아 보이게 하는 이야기를 만들어내는 데에도 능하다. 이들은 일을 망쳤을 때도 잘했다는 생각이 들도록 둘러대는 데 천재다. 의사결정 과정을 더 면밀하게 조사하면 이를 상쇄할 수 있다. 셋째, 좋은 리더가 모든 일을 제대로 하고 있을 때도 때로는 단편적인 장면만 보면 나쁜 사람처럼 보일 수 있다. 이로 인해 좋은 리더를 버리거나 나쁜 리더에 의존하게 될 수 있다.

교훈이 담긴 사례 하나를 야구에서 찾아볼 수 있다. 1989년, 미네소타 트윈스는 승률이 절반에 조금 못 미치는 그저 그런 팀이었다. 팬들은 감독 톰 켈리Tom Kelly를 비롯한 팀 지도부에 분노했다. 때마침 미국 프로리그 사이영상Cy Young Award 수상자인 프랭크 비올라Frank Viola를 다른 투수 세 명과 맞바꾼 참이었다. 1년 후, 트윈스의 승률은 한층 더 낮아졌다. 이들은 1990년 162경기 중 70승밖에 거두지 못해 디비전 내 최악의 팀으로 시즌을 마감했다. 켈리 감독은 절박한 처지에 내몰렸다. 팬들과 스포츠 언론은 새로운 인물을 영입해야 할 때라고 투덜거렸다. 구단주는 이런 비판을 무시하고 켈리에게 기회를 한 번 더 주기로 했다. 1991년 시즌이 시작되고 4월 중반에 이를 때까지 트윈스는 어느 때보다 더 나쁜 성적을 내는 듯했다. 이들은 끔찍한 7연패를 포함한 아홉 번의 패배와 두 번의 승리로 시즌의 막을 열었다. 켈리 감독이 곧 마이너리그 야구에서 자리를 알아봐야 할 것처럼 보였다.

그러다가 6월이 되자 놀라운 일이 벌어졌다. 트윈스가 열다섯 번 연속으로 승리를 거두면서 야구 역사상 가장 긴 연승 기록을 세운 것이다. 1989년 크나큰 실책이 분명해 보였던 맞교환으로 영입한 투수들이 진가를 발휘하기 시작했다. 이들의 승리는 계속됐다. 시즌 막바지에 이를 때까지 트윈스는 1위 자리를 지켰다. 당시 프로야구 역사상 디비전 꼴찌를 기록하며 시즌을 마감한 팀은 총

245개였다.[24] 그러나 그다음 시즌에서 1위로 올라선 팀은 한 팀도 없었다. 1991년 미네소타 트윈스가 최초였다. 같은 해 10월, 트윈스는 월드 시리즈의 일곱 번째이자 마지막 경기에서 애틀랜타 브레이브스를 상대로 승리를 거두며 대기록을 완성했다.

구단주가 압박을 이기지 못하고 두 시즌의 패배를 이유로 켈리를 해고했다면 어떻게 됐을까? 확실히 알 수는 없지만, 켈리 감독은 트윈스가 1991년 챔피언십에 오를 수 있었던 주요 요인이 분명하다. 만약 구단주가 팀의 승패 기록을 단편적으로만 봤다면, 구단주 또한 (우리가 대체로 그러하듯) 좋은 리더를 나쁜 이유로 없애버렸을지도 모른다.

왜 켈리를 해고하면 안 됐는지를 이해하려면 트윈스의 기록을 전체 맥락에서 살펴볼 필요가 있다. 야구팀의 연봉 총액은 팀마다 큰 차이를 보인다. 예컨대 2019년 보스턴 레드삭스는 선수단에 총 2억 2,200만 달러를 지급한 한편, 탬파베이 레이스는 단 6,000만 달러를 지급했다. 다시 말하자면 탬파베이 레이스가 1달러를 쓸 때마다 보스턴은 3.7달러를 썼다는 뜻이다. 많은 돈을 들이면 더 잘하는 선수들을 살 수 있으므로, 두 감독을 비교할 때는 연봉 총액 또한 고려해야 한다. 게다가 역사상 최악의 팀이라고 해도 보통은 전체 게임 중 3분의 1 정도는 승리를 거두므로 최악의 성과에도 하한선이 있다. 즉, 세계 최악의 감독이 지휘하는 역사상 최악의 팀도 예정된 162경기 중 약 54경기에서는 아마 승리를 거둘 것이다. 이 때문에 통계학자들은 성과를 평가하는 훨씬 더 좋은 측정 기준을 고안했다. '최악의 팀도 가져갈 54승을 제외하고, 그 이상의 승리를 거두는 데 한 경기당 얼마가 들었는가' 하는 것이다. 예 컨대 어느 팀이 104경기에서 승리하고 총 1억 달러를 연봉으로 지 급했다면, 50회의 '추가' 승리(104-54=50)에 1억 달러를 사용한 셈 이다.[25] 그러므로 추가 1승당 200만 달러를 지급한 꼴이 된다.

톰 켈리가 위험에 처해 있던 1989년과 1990년, 미네소타 트윈 스는 다른 수많은 팀보다 추가 승리당 사용하는 돈이 훨씬 적었 다.[26] 예컨대 뉴욕 양키스는 승리당 지급하는 금액이 두 배 더 많 았다. 켈리는 불충분한 연봉으로 꽤 좋은 성과를 내고 있었지만, 리그 성적에서는 이런 점이 드러나지 않았다. 켈리가 1989년과 1990년 팀을 재편한 이후 성과가 제대로 드러나는 데에도 얼마 간의 시간이 필요했다. 왜냐하면 어린 선수들이 최고의 재능을 발휘하는 데 승패가 달려 있었기 때문이다.* 구단주의 인내심은 1991년 월드 챔피언이라는 큰 결실로 보답을 받았다. 그러나 보통 의 구단주였다면 1990년 이후 켈리를 해고했을 것이다.

이 사례는 리더십에 관한 의외의 교훈을 준다. 우리는 승패를 만들어낸 결정을 평가하기보다는 승패 그 자체만을 살핀다. 이처 럼 좁은 시야 탓에 좋은 결과가 좋은 리더십이고 나쁜 결과가 나쁜 리더십이라는 잘못된 생각을 가진다. 그러나 현실은 사뭇 다르다.

미묘해 보이는 이 점이 중요한 이유는 야구장보다 훨씬 더 중 대한 왕국을 다스리는 불안정하고 비열한 수많은 리더가 자신의

---

* 여기에 더하여 말하자면, 야구 감독은 어떤 선수를 팀에 잔류시킬지에 대해 제한적인 발 언권만을 가진다. 이런 결정은 대개 필드에 나오지 않는 단장이 한다. 우리는 야구팀이 성 과를 내지 못하면 필드에 나와 있는 감독을 탓하지만 사실은 바깥으로 드러나지 않는 훨 씬 안쪽, 즉 팀 수뇌부에서 내린 결정으로 운영된다는 사실을 고려해야 한다.

결과를 실제보다 더 멋지게 보이도록 만드는 데 매우 능숙하기 때문이다. 스키넥터디의 사이코패스 교육구 관리자 스티브 라우치를 기억하는가? 그는 전임자의 에너지 절약 실적을 실제보다 나쁘게 보이도록 만들기 위해 엄청난 노력을 기울였다. 그는 심지어 폭력적인 협박을 동원해 자신의 초라한 성과를 가리려고 했다. 야구 감독은 승패 기록을 주무를 수 없지만, 정치인이나 CEO, 경찰관 그 외 권좌에 오른 수많은 인물은 많은 경우 통계를 속이거나 데이터를 조작해 잘못된 장밋빛 환상을 만들 수 있다. 일부 나쁜 리더는 이례적일 만큼 타이밍을 포착하는 데 뛰어나다. 최악의 리더들은 불가능한 과제를 차일피일 미루다가 후임자에게 떠넘기고자 하는 의향이 차고 넘친다. 새로운 리더가 지배권을 넘겨받을 때까지는 모든 일이 순조롭게 흘러가고 있었다는 환상을 만들어내는 것이다. 잘못된 일을 저지르고도 남을 탓하거나, 속이거나, 시스템을 조작하는 사람에게 보상을 주면 이런 일이 끊임없이 반복된다. 이런 함정을 피하려면 의사결정 자체를 평가하고, 결과를 적절한 맥락에서 주의 깊게 조사해야 한다.

역사는 좋은 PR 캠페인 덕분에 과분한 찬사를 받은 지도자들로 더럽혀져 있다. 그 예로 베니토 무솔리니Benito Mussolini를 생각해보자. 그는 파시스트 괴물이라는 적절한 평가를 받고 있지만, 그럼에도 작은 찬사 하나가 마치 군사정권이라는 혹에 박혀 있는 외로운 애교점처럼 그의 유산에 착 붙어 있다. 무솔리니가 '기차를 정시에 운행하게 했다'는 격언 말이다. 이 문장에는 문제가 하나 있다. 사실 이는 그의 공이 아니다.

제1차 세계대전 이후 이탈리아의 철도는 끔찍한 상태였다. 이를 수리하고 개혁하는 데 들어간 투자는 대부분 무솔리니가 집권하기 이전에 이루어졌다.[27] 독재자가 된 이후, 무솔리니는 허영심 가득한 인프라에 집중하여 국가 엘리트용으로 화려하게 장식된 기차역을 건설하는 한편 일반 대중이 이용하는 통근 열차는 무시했다.[28] 무솔리니 치하의 건설 사업에서 수백 명이 목숨을 잃었으며, 기차는 대부분 여전히 정시에 운행되지 않았다. 실제로 기차가 정시에 운행되는 경우는 무솔리니의 전임자가 내린 결정이 훨씬 더 큰 역할을 했다. 그러나 이 이탈리아인 파시스트는 다른 수많은 권력자와 마찬가지로, 타인이 내린 결정의 공을 능수능란하게 채갔다. 겉으로 드러난 결과에만 초점을 맞추고 그 아래에 깔린 맥락이나 의사결정 과정 자체를 검토하지 않는다면, 결국 나쁜 행동을 저지하지 못하고 오히려 강화하게 될 것이다.

문제는 결과만 잘 나오면 누구도 의사결정 과정이 어땠는지를 조사하지 않는다는 점이다. 우리는 성공이 아니라 재난 앞에서만 위임자를 찾는다. 이는 바뀌어야 한다. 운은 성공과 실패에서 너무나도 큰 역할을 담당하므로, 성공적인 결과 또한 절차상으로는 실패에서 출발했던 게 아닌지 정기적으로 들여다봐야 한다.

예컨대 1986년 우주왕복선 챌린저호 폭발 사건은 추운 날씨에 발사할 경우 발생할 수 있는 오링O-ring 파손에 더 주의를 기울였더라면 피할 수 있었을 것이다.[29] 그러나 문제를 해결할 권력을 가진 너무나 많은 이들이 이 문제를 무시했다. 바로 그 문제가 아직 폭발로 이어지지 않았기 때문이다. 모든 경고 신호가 이미 드러나 있었다. 발사 후 검토는 절차적 재앙 자체였고, 위험 신호들은 무시하고 내부고발자는 침묵시켰다. 그러나 이때까지는 우주왕복선이 안전하게 지구로 돌아왔으므로 누구도 충분히 주의를 기울이지 않았다. 챌린저호는 1986년에 폭발하지 않았더라도 이후 언제든 폭발했을 것이다. 우발적인 성공에서 가르침을 찾는 일은 비극적인 실패에서 교훈을 얻는 일만큼이나 중요한데도, 우리 인간은 대체로 이를 간과한다.

앞서 우리는 부패할 사람이 어떻게 권력을 추구하는지, 또 많은 경우 어떻게 권력을 더 잘 획득하는지를 살펴봤다. 네 가지 교훈, 즉 '더 영리하게 채용하기, 통찰력을 제공해줄 사람 무작위로 선택하기, 순환 근무 늘리기, 결과뿐만 아니라 의사결정 과정까지 검토하기'는 더 나은 사람들을 권좌에 앉히기 위한 로드맵을 제시한다. 네 가지 전략을 모두 도입한다면 더 나은 권력자와 함께하는 길에 오르게 될 것이다. 그러나 아직 우리는 그 길의 일부밖에 알아보지 못했다. 우리가 어떻게 하든, 부패하는 사람 중 일부는 결국 권력을 얻을 것이다. 그렇다면 책임자가 된 이후에도 부패하는 권력의 영향에 휘둘리지 않게 만들려면 어떻게 해야 할까?

10장

책임의
무게를
견디는 법

자애로운 폭군이 되어야 합니다. 공감할 수 있어야 합니다. 정치적, 실질적 권력에 건강한 공감과 감성을 더해야 합니다.

책임감을 자주, 강하게 상기시키는 장치를 만든다

스트레스가 심한 첫 출근날을 겪어본 적이 있다고 생각한다면, 다시 생각해보자.

영국 총리는 대개 피로와 희열 속에서 취임한다. 승리를 축하하며 전날 밤을 지새운 이들은 여전히 미소와 낙관을 품은 채 다우닝가 10번지에 도착한다. 이들의 얼굴에서 웃음기를 지우는 일이 로빈 버틀러Robin Butler 경의 직업이었다.

"총리는 2~3시간밖에 자지 못한 채로 관저에 도착해 곧바로 업무를 시작해야 합니다."[1] 버틀러가 내게 말했다. 집무실에는 거대한 서류 더미가 새로운 지도자를 기다리고 있다. 잡아야 할 약속, 서명이 필요한 공식 성명서, 한시도 지체할 수 없는 결정 등이 산더미처럼 쌓여 있다. 버틀러가 놓아둔 서류 중에는 일견 무해해 보이는 일련의 서류들이 있는데, 여기에는 도덕적 지뢰이자 인간으로서 마주할 수 있는 가장 어려운 결정이 담겨 있다. 버틀러는 이를 설명해야 한다는 달갑지 않은 의무를 맡고 있었다.

버틀러의 설명은 대략 다음과 같았다. 영국에는 트라이덴트 Trident라고 일컫는 네 척의 핵 잠수함이 있다. 트라이덴트라는 이름은 잠수정에 실린 핵미사일에서 따온 것이다. 당신이 이 글을 읽는 지금도 잠수함 네 척 중 한 척은 상상할 수 없이 파괴적인 힘을 가지고 마치 심해에 도사린 거대 괴물처럼 전 세계 어딘가의 바닷속을 순찰하고 있다. 탑재한 탄두의 폭발 위력은 6.4메가톤으로, 히로시마 원자폭탄의 430배에 달한다.[2] 핵무기 공학자가 빨간색 콜트 45구경 권총 손잡이를 개조해 만든 핸들의 방아쇠를 당기면 몇 개 나라가 몇 분 만에 통째로 사라질 수 있다.[3] 일단 미사일을 발사하면 돌이킬 방법은 없다.

트라이덴트 잠수함은 수개월 동안 순찰하면서 어떤 메시지도 송출하지 않는다. 그저 명령을 받기 위한 긴 안테나를 꽁무니에 달고 조용히 항행할 뿐이다. 비밀 유지가 무엇보다도 중요한데, 잠수함의 위치를 누구에게도 알려서는 안 되기 때문이다. 이 잠수함이 영국의 핵 억지력이니 말이다. 잠수함 위치가 노출되면 이 잠수함에 대한 기습 공격으로 국가가 일순간 핵 억지력을 잃고 취약해질 수 있다. 위치가 밝혀지지 않는 한, 모든 적은 영국에 핵 공격을 가하는 순간 신속하게 보복 공격 명령이 떨어지리라는 사실을 알기에 두려워한다. 영국에 핵 공격을 가하면 곧바로 핵 공격을 돌려받을 각오를 해야 한다는 얘기다. 이른바 '상호확증파괴 mutually assured destruction'에 대한 두려움이다.

그런데 만약 런던이 기습 핵 공격을 받아 단 한 번의 연기 기둥과 방사능으로 영국 정부가 제거된다면 어떻게 될까? 누가 보복 명령을 내려야 할까? 이 음울한 질문에 대한 해답으로 '최후 수단의 편지Letters of Last Resort'라는 독창적이지만 착잡한 프로토콜이 마련됐다.[4] 이 프로토콜은 로빈 버틀러가 트라이덴트 핵 잠수함 한 척당 하나씩 종이와 봉투 네 세트를 총리에게 건네주는 데서 시작된다.

"그리고 나서 저는 그 끔찍하리만치 도덕적인 문제를 설명하곤 했습니다."[5] 버틀러가 웨스트민스터 자택에서 차를 마시면서 말했다. 기사이자 귀족 작위를 받은 버틀러는 키가 크고 체격이 컸으며, 젊은 시절에 럭비를 했던 태가 났다. 80대 초반이고 머리는 하얗게 셌지만, 상상했던 것보다 훨씬 활기찼다.

그가 이 편지에 관하여 설명하면 새로 취임하는 총리의 얼굴은 하얗게 질리곤 했다. 버틀러의 설명은 간명했지만, 후임 지도자가 마주하는 선택은 그렇지 않았다. 지도자는 만약 영국이 핵무기 공격을 받아 사라지는 경우 어떻게 해야 하는지를 수기로 적어야 한다. 총리가 적어야 하는 내용은 정식으로 규정된 바가 없지만, 제시되는 네 가지 선택지는 다음과 같았다. 보복할 것, 보복하지 말 것, 잠수함의 지휘권을 미 해군에 넘길 것, 잠수함의 사령관에게 결정권을 넘긴다 등이다. 문제는 영국의 적이 이 편지에 보복 명령이 담겨 있다고 '믿는' 경우에만 핵 억지력이 작동한다는 점이다. 만일 편지에 보복하지 '말라는' 명령이 적혀 있다면, 적군은 영국의 핵무기를 동원한 보복 공격을 두려워할 필요 없이 공격할 수 있다.

버틀러는 이 명령이 누가 왜 영국을 공격하는지에 관한 아무런 정보 없이 사전에 작성되어야 한다는 점을 설명했다. 보복은 연쇄 반응을 일으켜 지구상의 모든 생명을 없애버릴 수도 있다. 핵겨울을 낳아 인간을 멸종시킬 수 있을 만큼 강력한 무기들이 맞대응에 나설 것이기 때문이다. 총리는 전후 사정을 알지 못하는 채로 결정해야 한다. 우리 종을 지구상에서 없애버리는 결과로 이어질 수 있는 이 명령을 내가 내려야 할까? 총리의 입장이 되어보자. 당신이라면 어떻게 하겠는가?

"총리들은 이 일에 큰 충격을 받았습니다."[6] 버틀러가 회상했다. "그러나 이는 다른 무엇보다도 책임감의 무게가 어떤 것인지 뼈저리게 느낄 수 있는 일일 것입니다."

영국 정부는 고위 공직자에게 권력의 무게를 상기시키는 궁극적인 시스템을 (꽤 우연하게도) 고안해낸 듯하다. 새로운 총리는 자신의 결정이 많은 생명을 파괴할 수도 있으며, 최악의 경우 인간을 멸종시킬 수도 있다는 사실을 첫날부터 깨달을 수밖에 없다. 그렇다면 이는 총리들에게 실제로 어떤 영향을 미쳤을까? 이를 알아보기 위해 나는 전 총리 토니 블레어Tony Blair와 줌으로 대화를 나누었다.

그는 (아마도 차가 담겼을) 머그잔을 들고 편안한 스웨터를 입은 모습으로 화면에 나타났다.

"너무 캐주얼한 차림이라서 미안합니다. 락다운lockdown(봉쇄)이라 정신이 없네요."[7] 그가 설명했다.

나는 그에게 선거에서 승리하고 다우닝가 10번지로 가 버틀러의 브리핑을 받을 때 기분이 어땠느냐고 물었다.

"모두가 행복감에 취해 있었지만, 사실 저는 그렇지 않았습니다." 블레어가 말했다. "저는 제가 맡아야 할 책임감의 무게에 짓눌려 있었고, 그걸 굉장히 잘 알고 있었습니다. 공직을 위해 선거를 치르는 일과 공직에서 통치하는 일은 서로 완전히 다른 일이라는 사실도 잘 알고 있었죠."[8]

그러나 그는 최후 수단의 편지가 내 예상만큼 큰 짐은 전혀 아니었다고 설명했다. "솔직하게 말하자면…, 저는 핵 대재앙이 일어날 가능성은 너무 먼 얘기라고 생각했습니다. 물론 편지를 어떻게 작성할지 정하는 데에는 상당한 주의를 기울였습니다만…" 블레어가 회상하듯 잠시 말을 멈췄다. "그래도 엄청나게 머나먼 가능성 중 하나로밖에 보이지 않았기 때문에, 거기에 온 신경을 빼앗길 수는 없었습니다." 블레어는 다른 브리핑에서 책무의 규모를 뼈저리게 실감하게 되면서 이와 같은 '책임감 효과'를 경험했다고 말했다. 그는 수백만 명을 위한 결정을 내릴 때는 언제나 통계가 아니라 이 결정에 영향을 받는 각각의 사람들을 생각해야 한다는 점을 늘 의식했다고 힘주어 말했다.

"저는 그 두 가지의 차이를 매우 의식했습니다." 블레어가 말했다. "제가 도입한 많은 변화와 개혁은 최전방을 방문한 데서 비롯됐습니다. 공개 행사가 있으면, 예컨대 최전선의 의료계 종사자들이나 경찰관과 몇 시간씩 보내는 겁니다. 이렇게 하면 현실 감각을 잃지 않을 수 있죠. 정치인에게 가장 중요한 점은, (…) 사람들에게 관심이 가지 않는다면 정치를 하지 말라는 것입니다. 실제 사람들, 개인들 말입니다."

영국 정계에서 블레어는 현재 주로 이라크전과 관련된 결정들 때문에 논란의 대상이 되고 있다. 그러나 당신의 정치적 관점이 어떻든, 권력자의 자리가 어떤 느낌인지에 관한 그의 통찰은 눈여겨볼 가치가 있다. 핵전쟁이 실제로 가능한 일처럼 느껴졌던 냉전 시대 총리에게는 최후 수단의 편지가 아마 더 정신이 번쩍 드는 일이었을 것이다. 블레어에게 잠시 멈추어 서서 생각할 시간을 주었던 것은 최전선에서 평범한 사람들과 만나는 일이었다. 여기서 핵심적인 가르침을 얻을 수 있다. 사람들은 대부분 자신의 결정이 타인에게 어떤 영향을 미치는지 계속해서 상기할 때 스스로 더 반성하게 되고, 이를 바탕으로 행동을 개선할 수 있다. 마법의 특효약은 아니지만, 도움은 된다.

권력이 남용될 수 있을 때마다 그 권력을 행사하는 사람에게 권력에 따르는 책임을 상기시키는 것이 매우 중요하다. 이런 요소는 때때로 최후 수단의 편지처럼 계획적으로 만들 수 있다. 그러나 계획이 필요하지 않을 때도 있다. 비참한 일들이 생겨 책임을 상기시키기 때문이다. 예컨대 외과 의사는 자기 수술대에서 사망한 환자의 기억에 시달린다. 많은 외과 의사가 이런 경험이 끔찍할수록 더 생산적인 방법으로 정신을 집중하게 된다고 말한다. 메스를 움직이는 모든 순간이 중요하므로 하나라도 놓칠 수 없다.

몇몇 사람은 막중한 책임이 따르는 역할을 맡게 된다. 예컨대 코넬 윌리엄 브룩스Cornell William Brooks는 전미유색인지위향상협회 NAACP의 회장이 됐을 때 이런 책임감을 느꼈다. 그의 행동은 여느 임원들과 달리 미국 내 특정 집단, 즉 흑인 전체의 지도자로서 평가될 게 분명했다. "제가 하는 말이 저 자신의 말만은 아니라는 걸 알게 됐습니다." 하버드케네디스쿨 연구실에서 만난 그가 말했다. "저 자신보다는 말할 기회를 얻지 못한 사람들을 대신해서 말하는 것이었죠. 겸허해질 수밖에 없었습니다."9

캐나다 최초의 여성 총리 킴 캠벨Kim Campbell도 나에게 비슷한 이야기를 했다. "저 같은 사람이 이 직업을 가진 적은 지금까지 한 번도 없었습니다. 적당히 여성스러워 보이려면 어떻게 해야 할까요? 그와 동시에, 위기나 어려운 상황을 대처할 때 적당히 강하고, 위풍당당하고, 신뢰할 수 있는 사람이 되려면 어떻게 해야 할까요?"[10] 그녀는 자신이 정당이나 그녀 자신이 아니라 한 나라를 이끄는 여성들의 시험 케이스로 여겨진다는 점을 계속해서 마음속에 새겼다. "저는 '킴 캠벨이야말로 여자가 총리가 되어선 안 되는 확실한 이유'라고 말하는 사람을 한 번도 본 적이 없습니다. 만약 그랬다면 걱정이 됐겠죠."

권력이 따르는 어느 자리에 최초로 오른 개척자나 역사적으로 차별을 받아온 집단을 대표하여 공식적인 휘장을 짊어진 사람들에게 책임의 무게는 가끔이 아니라 언제나 올바른 길을 되새겨준다. 정확한 데이터를 얻기는 어렵지만, 이처럼 무거운 부담은 킴 캠벨, 코넬 윌리엄 브룩스와 같은 사람들이 한층 더 깨끗하고 선한 리더십을 행사할 수밖에 없는 이유가 된다. 이들은 자기 일이 자신에 관한 일만은 아님을 알고 있다.

그러나 책임을 머릿속으로 이해한다고 해서 반드시 마법처럼 좋은 행동으로 이어지는 것은 아니다. 그 예로 지금까지의 연구 중 가장 재미있는 방식으로 비관적이었던 연구 하나를 살펴보겠다.[11] 1973년, 프린스턴대학교에서 성직자가 되기 위해 공부하던 학생들은 연구진을 만나 자신이 성직자가 되기로 한 동기를 이야기했다. 이후 신학대 학생들은 성서 속 착한 사마리아인 이야기에 관한 짧은 발표를 준비했다. 착한 사마리아인 이야기는 강도를 당하고 고통스러워하는 피해자를 두 명의 냉담한 사람이 도와주지 않고 지나쳤으나 이내 사마리아인이 와 그를 보살폈다는 이야기다. 착한 사마리아인 이야기에 대한 발표를 준비한 신학대 학생들은 이후 캠퍼스 내 다른 건물의 강의실에서 발표해달라는 요청을 받았다.

여기서부터 흥미로운 얘기가 시작된다. 학생 중 3분의 1은 해당 건물에 갈 시간이 충분히 남아 있다는 말을 들었다. 또 3분의 1은 올바른 길로만 간다면 제시간에 도착할 수 있을 것이라는 말을 들었다. 나머지 3분의 1은 이미 시간이 늦어 서둘러야 한다는 말을 들었다.

연구진은 짓궂게 굴었다. 착한 사마리아인에 대해 발표하러 가는 길, 각 학생은 건물 뒤편 골목길에서 고통스러워하는 낯선 사람과 마주쳤다. 비좁은 골목길이었으므로, 학생이 길을 지나가려면 고통스러워하는 낯선 사람을 물리적으로 뛰어넘어 가야 했다. 고통스러워하던 사람은 실험의 일부 장치였으나, 미래의 사제들은 이를 알지 못했다. 아직 시간이 남아 있던 학생 중 60퍼센트가 가던 길을 멈추고 도왔다. 제시간에 가고 있던 학생 중 절반이 멈춰서 도왔다. 그러나 이미 늦어 서두르던 학생 중에서는 단 10퍼센트만이 낯선 이를 도왔다.[12] 고통스러워하는 행인을 마주하거든 멈춰서 그를 도우라는 가르침이 담긴 성서 속 이야기를 주제로 발표하기 위해 서둘러 가고 있던 미래의 성직자들이라 특히 더 역설적인 결과다.

이 이야기의 핵심은 이것이다. 책임감을 상기시키는 방법은 효과가 있지만, 다른 요인이 이를 압도해버릴 수 있다. 그러므로 더 나은 행동을 끌어내려면 책임감을 상기시키는 데 더해 또 다른 심리학적 조치가 이루어져야 한다. 권좌에 앉은 사람에게 그들의 행동에 따르는 대가와 결과를 보여주는 것이다. 권력자들이 때때로 코앞에서 사람들의 얼굴을 마주하고 불편함을 느끼는 일이 없다면, 아마 그들은 일을 제대로 수행하지 않을 것이다.

과제 6
사람을 추상적인 존재로
여기게 두지 않는다

켄 파인버그Ken Feinberg는 얼룩 하나 없이 다림질된 흰 셔츠, 반짝이는 은빛 커프스 링크에 귀갑테 안경까지 쓰고 있어서 권력과 부를 거머쥔 변호사의 전형 같은 모습이다. 일흔여섯의 그는 나이보다 어려 보이지만, 벗어진 머리 아래의 이마는 지난 수십 년간 그가 맞서 싸워온 고통스러운 결정들이 얼굴에 뚜렷이 새겨진 듯 주름져 있다. 그의 목소리는 동굴처럼 울리고, 말끝마다 과장에 가까운 보스턴 억양이 따라붙는다. 요점을 강조할 때면 그의 목소리는 고함치는 수준까지 높아져서 마치 목소리의 대문자 버전처럼 느껴진다. 높아진 목소리보다 더욱 강렬한 건 말의 정확성이다. 파인버그는 마치 21세기 무기-표적 시스템처럼 단어를 배치한다. 이 능력은 끔찍한 고통을 마주해야 하는 가족들을 상대로 이야기하는 일이 중심이었던 그의 경력에서 핵심 역할을 담당했다.

지난 35년간, 파인버그는 미국의 주요 보상 기금을 모두 관리했다. 샌디훅 초등학교 총기 난사 사건(2012년, 무차별 총기 난사로 어린이 20명을 포함해 26명이 사망한 사건-옮긴이), BP 원유 유출 사건(2010년, 멕시코만 BP 시설 폭발로 11명이 사망하고 대량의 원유가 바다로 유출된 사건-옮긴이), 보스턴 마라톤 폭탄 테러 사건(2013년, 마라톤 대회에서 폭탄이 터져 180명 이상의 사상자가 발생한 사건-옮긴이) 등 미국에서 다수의 사상자를 동반한 끔찍한 사건이 일어날 때마다 켄 파인버그의 전화벨이 울린다.[13] 그에게 주어진 임무 중 가장 어려웠던 일은 두말할 것도 없이 9·11 피해자 보상 기금이었다. 2,977명의 사망자를 발생시킨 이 사건 이후 파인버그는 답할 수 없는 질문 하나에 대한 답을 찾아야 했다. 희생당한 각 생명의 가치는 얼마였는가?

기금의 규모가 막대했으므로 파인버그에게는 여유가 있었다. 그러나 한편으로는 이 때문에 일이 더욱 까다로웠다. 모든 사람의 보상금이 동등할 수는 없었기 때문이다. 그는 실용적인 해결책을 제시했다. 희생자가 9·11 테러리스트 공격으로 목숨을 잃지 않았더라면 앞으로 남은 생에서 벌어들였을 금액을 계산하려고 한 것이다. 이는 사람의 가치를 금전적 수입으로 치환하고 보상 결정에 엄청난 불균형을 내포하게 할 불편한 방법이었다. 그러나 주요 문제 하나는 해결할 수 있었다. 고소득 희생자는 대부분 저소득 희생자보다 재정적 책임을 더 많이 짊어지고 있으므로, 이 방법을 이용하면 이미 너무나 많은 일을 겪은 유족들의 붕괴를 최소화할 수 있었다. 앞으로 수년간 꾸준히 봉급을 받을 것이라는 예상하에 서명했던 담보 대출을 홀로 남은 배우자가 감당하지 못하고 불이행하게 되기를 바라는 사람은 아무도 없었다. 파인버그가 제시한 모형은 유족들이 기존에 예상했던 봉급만큼의(또는 그와 대략 비슷한) 금액이 무기한으로 계속 들어오게 하는 방안이었다.

유족이 최초 제시 금액에 항의할 경우를 대비하여, 파인버그는 개인적으로 이의를 제기할 수 있는 시스템을 만들었다. 그는 직접 유족을 만나 그들이 사랑했던 사람에 관한 이야기를 듣고, 상황에 따라 조정이 필요한지 판단했다. "850명의 피해자와 유족들이 저를 개인적으로 찾아왔습니다."14 파인버그가 말했다. "9·11 테러, 그리고 사랑하는 사람을 먼지 구덩이에 파묻고 시신도 찾지 못한 트라우마와 공포는 저까지 무력하게 만들었습니다." 유족과의 직접적인 면담은 가슴이 미어지는 일이었다.

파인버그는 희생자를 죽음에서 되살려내지는 못하지만, 슬픔에 잠긴 유족의 재정은 소생시킬 수 있었다. 그러므로 파인버그는 날이면 날마다 수개월에 걸쳐 귀를 기울였다. 나는 끔찍한 이야기를 듣는 일이 일과가 된 이후로 감정적으로도 무뎌졌는지 물었다. 그는 곧바로 부정했다. "상담을 몇 번을 하든, 참사의 감정적 돌출과는 조금도 멀어질 수 없습니다. 그런 건 절대로 극복할 수가 없어요."

금전적 계산 또한 명확하지 않기는 매한가지였다. 세계무역센터에서 저소득 바리스타로 일하다가 장애를 입은 젊은 사람들은 남은 생에서 더 많은 수입을 얻었을 것이라고 볼 합리적인 이유가 있었다. 그가 많은 사람에게 들었던 이야기를 떠올리며 말했다. "'파인버그 씨, 당시 저는 이런 저소득 직업을 가지고 있었지만, 이듬해부터 연봉이 다섯 배로 오르는 계약을 했었습니다.' 계약서를 보여주십시오, 문서 증거를 보여주십시오. '파인버그 씨, 저는 X를 벌고 있지만, 막 하버드 로스쿨에 합격했었습니다.' 합격했다는 증거를 보여주십시오." 만약 가정이 합리적이라고 판단되면 파인버그는 보상 금액을 상향 조정했다. 그렇지 않을 때는 거절했다.

슬픔에 잠긴 어머니에게 아들의 삶이 적어도 금전적인 면에서는 그녀가 말한 것만큼의 가치를 지니지 않는다고 말해야 하는 상황을 상상해보라. 유족들이 사랑했던 사람의 직업적 꿈과 열망, 미래의 경력 향상 계획 그리고 그에 따랐을 봉급을 믿을 수 없다는 말을 유족들의 두 눈을 보고 말해야 하는 상황을 상상해보라. 그것이 파인버그가 사무실에서 매일같이 마주한 일과였다.

파인버그는 심지어 피해의 공포에 더해 가족을 분열시킬 수도 있는 결정 역시 내려야만 했다. 그를 찾아온 어떤 여자는 더 많은 돈을 요구하기 위해서가 아니라 단순히 남편에 대해 이야기하기 위해 찾아온 사람이었다. 소방관이었던 남편은 쌍둥이 빌딩에서 사람들을 구하려다가 순직했다. 그녀는 파인버그에게 남편이 세상의 중심이었으며, 이상적인 남편이자 완벽한 아빠였다고 말했다. 그녀는 남편을 '미스터 맘Mr. Mom'이라고 불렀다.[15] 소방서에 출근하지 않는 날이면 그가 여섯 살 난 아이에게 야구를 가르치고, 네 살 난 아이에게 읽는 법을 가르치고, 두 살 난 아이가 잠들 때까지 책을 읽어주곤 했다는 것이다.

"제가 그를 따라 집 옥상으로 올라가 뛰어내리지 않은 이유는 오직 우리 세 아이 때문이에요." 그녀가 눈물을 흘리며 파인버그에게 말했다. "하지만 미스터 맘이 없다면 제 삶은 끝난 거나 다름없습니다. 제게 얼마나 많은 돈을 주시든 상관없어요." 그리고 그녀는 떠났다. 다음 날, 파인버그의 전화기가 울렸다. 변호사였다.

"파인버그 씨, 혹시 어제 여섯 살, 네 살, 두 살짜리 아이들을 기르는 여성분을 만나셨나요? 아이들 아빠를 미스터 맘이라고 부르고요."

"네, 가슴 아프더군요."

"파인버그 씨, 저라면 못 할 일을 하신다는 점 잘 알고 있습니다. 정말 힘든 일을 맡으셨어요. 하지만 그 여성분은 미스터 맘에게 뉴욕 퀸스에 사는 여자친구와의 사이에 다섯 살, 세 살 난 아이 둘이 '더' 있다는 사실을 모르고 있습니다. 저는 이 여자친구와 두 아이를 대리합니다. 파인버그 씨께서 9·11 수표를 끊어주실 때 생존한 아이들이 세 명이 아니라 '다섯 명'이라는 점을 알고 계셨으면 합니다. 분명 파인버그 씨께서 옳은 일을 하시리라고 생각합니다."[16]

딸깍. 변호사는 그렇게 전화를 끊었다.

이 사실을 부인에게 말해야 할까, 아니면 입을 다물고 있어야 할까.

"결국 저는 말하지 않았습니다." 파인버그가 회상했다. "저는 두 차례 따로따로 계산해서 아내분에게 세 아이의 보호자로서 수표 하나를 끊어주었고, 아내분이 알지 못하게 여자친구에게 다른 두 아이의 보호자로서 또 다른 수표를 끊어주었습니다."

파인버그는 수십 년 동안 이런 종류의 딜레마를 대하면서 두 가지 교훈을 얻었다고 한다. 첫째는 삶이 한순간 예상치 못하게 급변할 수 있으므로, 가능한 한 삶을 소중하게 여겨야 한다는 점이다. 그러나 (우리가 자세히 들여다볼) 두 번째 교훈은 일반적으로 변호사들의 차가운 태도에서 연상되지는 않는 교훈이다.

"자애로운 폭군이 되어야 합니다." 파인버그가 힘주어 말했다. "공감할 수 있어야 합니다. 정치적, 실질적 권력에 건강한 공감과 감성을 더해야 합니다. 이런 특성이 없다면, 피해자에게 공감하고 그들의 곤경을 이해할 수 있다는 인식이 없다면, 당신은 망한 겁니다."[17]

이 통찰에는 전략적인 측면이 있었다. 피해자에게 공감하지 못한다면 보상을 받을 사람이 합의된 금액을 수용할 가능성이 작아지고, 피해자들은 수년을 법정 싸움으로 고생하게 될 수도 있었다. 그러나 한편으로 파인버그는 자기 자신에게 결정적인 인간적 측면도 인정했다. 그는 850명의 피해자와 가족들을 면대면으로 만났다. 그리고 각 가족의 고통을 직접 봤다. 생존자를 만날 때는 영원히 남을 장애와 흉터를 봐야만 했다.

"심장이 돌로 된 사람이 아니라면, 이런 사람들과 1:1로 만나 속내를 털어놓는 자리에서는 그들의 감정적 취약성과 표현에 영향을 받게 됩니다." 파인버그가 말했다. "우리에게는 자기 자신을 율리우스 카이사르Julius Caesar나 알렉산더 대왕Alexander the Great이라고 여기지 못하게 막아주는 어느 정도의 인간성이 있습니다. 이는 사리사욕만을 위한 지위 확대를 견제해주는 요소이기도 합니다."

총 70억 달러 이상의 금액이 대부분 파인버그의 결정을 근거로 약 3만 명의 피해자와 가족에게 지급됐다. 파인버그는 자신이 이들의 재정적 운명을 통제하고 있음을 깨달았다. 그 결과, 그는 자신이 영향을 미칠 사람들이 비정형적이고 추상적인 존재가 아님을 확실히 하기 위해 오랜 노력을 기울였다. 그는 결정을 내리기에 앞서 그들을 살펴보고, 목소리를 듣고, 함께 고민하고자 했다. 만약 누군가를 거절해야 한다면 그 사람의 두 눈을 마주하고 거절할 각오가 되어 있었다.

안타깝지만, 의사결정 과정의 추상적인 성격을 제거하려는 파인버그의 고집을 오늘날 세상에서는 찾아보기 힘들다.

오늘날 책상 괴물이 되기란 그 어느 때보다도 쉽다. 편안한 사무실 의자에서 엉덩이조차 떼지 않고 또는 자신이 유발한 고통을 직접 보지도 않고 타인에게 피해를 미치고, 파괴하고, 심지어는 목숨을 앗아가는 책상 괴물이 되기가 어느 때보다도 더 쉽다. 아예 결정권자의 시야에서 불편한 결정들을 치워주는 업계가 따로 존재하기도 한다. 이런 직업군은 대개 '기업 인원 감축 전문가'나 '종료 컨설턴트'라는 완곡한 이름을 가지고 있다. 이들을 통하면 당신의 상사는 오랜 시간 일해온 직원을 해고하고 그 일을 외주로 내보내는 데에서 비롯되는 약간의 불편한 감정을 느끼지 않을 수 있다. 그러나 이것이 중요한 이유는 무엇일까? 심각한 피해가 완곡한 말로 무해한 듯 축소당하고, 타인에게 고통을 유발할 결정을 내리는 사람이 그 고통을 절대로 직접 마주하지 않는다면 어떤 일이 벌어질까?

청명한 1월의 어느 날 캘리포니아 버클리에서 나는 물병을 든 학생들의 곁을 지나쳤다. 한 학생이 멘 책가방에는 전쟁에 반대하고 인권 유린 피해자들을 위한 정의를 촉구하는 슬로건이 새겨져 있었다. 나는 학생 무리를 지나쳐 로스쿨 빌딩의 복도를 걸어가 버클리 교직원 중 가장 논쟁적인 인물인 존 유John Yoo의 사무실 문을 두드렸다. 그는 짙은 색 정장을 입고 넥타이를 매고 있었는데, 청바지와 폴로 셔츠를 입고 컴퓨터 키보드를 두드리는 다른 교직원들과 극명한 대조를 이뤘다. 유는 따뜻한 미소를 지으며 나를 맞이했다. 나는 그와 악수했다. 많은 사람이 내 앞에 선 남자를 법학 교수가 아니라 전쟁 범죄자로 본다는 사실을 나 또한 잘 알고 있었다.

20년 전 9·11 테러가 발생한 직후, 당시 법무부 부차관보였던 존 유는 조지 W. 부시 대통령을 보좌하여 어떤 행동이 합법적이고 어떤 행동이 그렇지 않은지를 판단하는 임무를 맡았다. 30대 초반의 나이에 이미 대통령의 조언자가 된 그는 젊고 야망 있는 변호사였다. 그는 위기의 시기에는 대통령에게 광범위한 권위를 주어야 한다는 논지로 일련의 준비서면을 작성한 이후 부시 행정부의 주목을 받기 시작했다. 훗날 어느 법학 교수가 말했듯, 그는 '진정한 신자'였다.[18]

2002년 1월 9일, 유는 이제는 악명 높아진 메모 하나를 작성했다. 전시 상황에서 억류자 고문을 금지하는 보호 협정인 제네바 협정의 비호가 아프가니스탄에서 체포된 전투원에게는 적용되지 않는다는 논지였다.[19] 메모의 목적은 어느 정도는 미국의 공무원과 병사들이 심문 과정에서 포로를 학대하더라도 전쟁 범죄로 기소되지 않게 만들기 위함이었다. 유는 몇 명의 변호사 및 행정공무원과 함께 이른바 '참모회의War Council'를 꾸리고, 훗날 이들이 말한 완곡한 표현법을 빌리자면 '향상된 심문'을 위한 법적 근거를 찾고자 했다.[20] 이들은 이를 위해 정부 소속의 다른 변호사들을 의사결정 과정에서 배제했다. 아마 그 변호사들이 국제법이 실제로 미국에도 적용된다는, 합리적 관점을 견지했기 때문일 것이다. 뒤이어 많은 법학자와 정부 소속 변호사가 유의 법적 의견이 행정권한과 국제법에 관한 주류 합의와 상당한 거리가 있다는 의견을 내놓았다. 옳든 그르든, 백악관으로서는 유의 의견이 확실히 편리한 것이었다.

2002년 8월, 유는 또 다른 메모를 작성했다. 이번에는 대부분 사람이 고문이라고 간주할 심문 기법들에 청신호를 켰다. 특히 유의 메모는 물고문(억류자가 상당히 긴 시간 동안 익사와 질식사의 감각을 느끼도록 만드는 방법), 포로를 작은 상자에 가두고 살아 있는 벌레들을 쏟아부어 공포에 질리게 하는 방법, 그리고 포로를 최장 11일 연속으로 재우지 않는 방법 등을 정당화할 법적 근거를 제시했다.[21] 유와 같은 몇몇은 이런 기법이 추후 공격을 피하는 데 필요하다고 논한다. 그러나 뒤이은 재조사에서 밝혀졌듯, 9·11 테러 이후 미국 정부에 의해 고문당한 억류자 중 일부는 죄 없는 사람들이었다.

윤리와 깊이 연관되어 있으며 인간의 고통에 심각한 영향을 미칠 수 있는 문제와 씨름하는 사람을 만나면 아무래도 그 사람의 입장에서 생각해보게 된다. 양심을 갉아 먹히는 기분은 어떤 것일까? 그래서 나는 그에게 뻔한 질문을 던졌다. 이런 결정이 개인적으로 어떤 영향을 미쳤는가? 메모 작성 이후로 잠 못 이루는 밤은 없었는가?

그는 냉담한 대답을 내놓았다. "아니요, 잠을 못 잔 날은 없었습니다. 왜냐하면 저는 학자로서 이런 일들에 대해 언제나 생각해왔기 때문입니다. 개인적으로 저는 의사결정에서 많은 스트레스를 느끼지 않습니다."[22]

나는 그의 대답을 물고 늘어졌다. 나는 나 또한 학자로서 많은 논의를 펼쳐왔으나 학문적 논쟁에서 의견을 피력하는 일과 누군가에게 익사하는 듯한 기분을 의도적으로 느끼게 만드는 일로 이어질 수 있는 법적 의견을 내놓는 일에는 커다란 차이가 있다고 느껴진다고 말했다. 유는 고개를 끄덕였다. "물론 다릅니다. 제가 정부에서 함께 일했던 사람 중에도 이런 문제를 다루면서 일종의 붕괴를 겪는 듯한 분들도 있습니다." 동료들은 내적으로 고뇌했지만, 자신은 그렇지 않았다고 했다.

"제 생각은 이렇습니다." 유가 말했다. "심문 기법의 정도에 1부터 12까지가 존재한다고 해봅시다. 4에서 멈출 수도 있을 겁니다. 이는 너무 낮은 수준일 수 있습니다. 훗날 사람들은 우리가 국가 안보를 지키는 데 너무 소홀했다고 비난할지도 모릅니다. 12까지 가면 사람들은 우리가 너무 많은 것을 허용했다고 말할 겁니다. 모든 것은 맞교환입니다. 심문 기법 면에서 어떤 선이든 원하는 선을 고른다면, 어느 지점에서 멈추든 각 선에는 이득이 따르고 대가가 따를 것입니다."[23]

독자 중에는 유의 편에 서서 생명을 구하기 위한 그의 어려운 결정에 박수를 보내는 사람도 있을 것이고, 그 반대편의 사람들은 그가 전쟁 범죄자라고 생각할 것이다. 그러나 그가 옳건 그르건, 내가 가장 인상 깊게 느꼈던 부분은 따로 있다. 바로 그가 주장을 펼치는 방식이었다. 내가 유를 얼마나 압박하든, 그는 한결같이 초연하고 분석적인 대답을 내놓았다. 내가 몰아붙일 때도 그는 상냥하고, 예의 바르고, 신중하게 대답했다. 그리고 질서 정연하고 침착한 태도로 모든 결정의 논리를 간략하게 설명했다. 확실히 그는 이런 질문들에 대해 깊이 생각해온 듯했다. 일말의 감정이나 주저하는 흔적은 어디에서도 느낄 수 없었다.

인사를 하고 다시 버클리의 햇살 아래로 걸어 나오는 동안, 나는 유에게 고문이 추상적인 개념으로 남아 있을 것 같다는 생각이 들었다. 그가 찾은 답은 외딴 감옥의 독방이 아니라 책과 준비서면 안에 있었다. 추정컨대 아마 그는 익사할 것 같은 기분을 강제로 느껴본 사람과 눈을 맞춰보려 하지 않았을 것이다. 어쩌면 그런 경험이 있는데도 그의 견고한 법적 견해가 바뀌지 않았을 수도 있다. 어쨌든 법을 다룰 때는 선입견 없이 냉정하고 감정에 휘둘리지 않아야 하니까. 게다가 유의 견해는 놀라울 만큼 일관적이다. 고문이 자행됐던 블랙 사이트black site(미국의 국외 비밀 군사 시설-옮긴이)를 방문한다고 하더라도 보통 사람들처럼 끔찍하다는 생각을 하지 않을지도 모른다.

그러나 어느 정도의 불편함이야말로 도덕적으로 불편한 결정을 내리는 사람들에게 필요한 것일 수 있다. 파인버그와 유 모두 9·11 테러의 여파 속에서 법의 한계와 씨름했다. 차이점이라면 파인버그가 자신의 결정으로 상처를 입은 사람들의 두 눈을 들여다본 데 비해 유는 결코 그렇게 하지 않았다는 것이다.

이 이야기들은 한낱 일화에서 그치지 않는다. 더 많은 CEO와 경찰관과 정치인들이 유의 노선보다는 파인버그의 노선을 따르도록 만든다면, 냉담한 권력 남용이 덜 일어나는 사회를 만들 수 있다고 믿을 만한 근거가 있다.

근거
밤비, 비인간화, 인공지능

인간관계는 심리적 거리감이라는 개념에 좌우된다. 우리의 사회적 생활은 마치 양파와도 같다. 중심에는 가까운 가족 구성원, 즉 배우자, 자녀, 부모, 형제 등이 있다. 한 겹 바깥에는 친척, 그다음에는 아마도 친구들, 다음에는 동료들 등으로 이어질 것이다. 마치 양파처럼, 각 겹에 무슨 일이라도 생기면 당신은 눈물을 흘리게 될 것이다(동료에 따라서 달라질 수는 있을 것이다). 그러나 충분히 많은 겹이 더해지면 그 이후에는 버려도 좋은 부분부터 껍질을 까기 시작한다. 없어져도 되는지 다시 생각해볼 필요도 없다. 이 겹 너머는 더는 양파에 속하지도 않는다. 그 사람들은 당신의 고려사항에 들지도 않는다.

당연하게도 우리 각각이 가진 양파는 저마다 다르다. 감정적인 유형이라면 양파가 더 클 것이다. 그에 비해 껍질을 더 빨리 까고, 가장 가까운 개인적 관계만을 고려해서 움직이는 사람들도 있다. 그러나 각 겹이 중요한지 아닌지는 고정되어 있지 않고, 시간이 지나면서 변할 수 있다.

윤리철학자 피터 싱어Peter Singer가 썼듯, 인류와 인간성의 이야기는 '확대되는 원expanding circle'의 이야기다.[24] 갓난아기일 때 우리의 도덕적 우주는 매우 작고, 부모 또는 기껏해야 질투심 어린 형제자매 등으로 한정되어 있다. 그러나 우리는 성장하면서 점점 더 많은 사람에게 신경을 쓰게 된다. 싱어는 또한 우리 인류의 역사가 확대되는 도덕적 원으로 정의되어왔다고 논한다. 인간은 본래 가장 가까운 주변인에게만 신경을 썼다. 하지만 오늘날 우리는 만난 적도 없고 알지도 못하는 지구 반대편 사람들의 쓰나미나 테러리스트 공격 이야기에도 큰 영향을 받을 수 있다. 그렇다면 우리는 의도적으로 도덕적 원을 확대하거나 양파를 키울 수 있을까?

어떤 사람이 우리의 마음속에서 묘사되거나 프레이밍되는 방식은 그 사람 또는 집단에 대한 우리의 시각을 극단적으로 바꿀 수 있다. 예컨대 미국인은 대개 이란인을 적으로 생각한다. 그러나 미국인 기독교인은 박해받은 이란인 기독교인에게 연대를 느낄 수도 있다. 할리우드 감독들은 오래전부터 이런 프레이밍의 힘을 이해하고 심리적 거리감에 관한 우리의 감각을 조작해왔다. 화면 속에서 등장인물이 죽을 때, 알려진 바가 거의 없는 등장인물의 죽음은 별다른 반응을 자아내지 않아야 한다. 익명은 우리의 마음을 움직이지 못한다. 이름 없는 등장인물에게도 분명 가족이 있고 꿈이 있으리라는 걸 우리 또한 은연중 알고는 있지만, 이들이 전투 중 칼에 베이는 장면은 대부분 사람에게 별다른 영향을 미치지 않는다. 눈에서 멀어지면 마음도 멀어진다. 하지만 주인공, 즉 이해할 수 있을 것만 같고 응원하고 싶고 나와 비슷한 사람처럼 느껴지는 등장인물이 죽는 장면은 영화에서 눈물을 쏟으라고 만든 부분이다. 이 효과는 매우 강력해서, 예컨대 애니메이션 〈밤비Bambi〉에서 밤비의 엄마가 죽는 장면은 엄마와 같은 어느 사슴의 죽음은 액션 장면에서 죽어 나가는 이름 없는 모든 인간 피해자보다 우리에게 더 큰 충격을 남긴다.

특정은 중요하다. 당신은 아마 일반적인 '컴퓨터광'과 아메리카노를 들고 출근하는 IT팀의 바네사Vanessa를 다른 관점으로 볼 것이다. 또는 일반적인 '이민자'를 바라보는 관점과 우리 회사 풋볼팀에서 활약하는 1세대 이민자 호세José를 바라보는 관점이 다를 수도 있다(실제로 이민자에 대해 가장 적대적인 곳은 이민자가 가장 적은 지역인 경향이 있다는 일관적인 증거가 있다). 어떤 사람을 마주치면 마주칠수록 그 사람은 범주 이상의 인물이 되어간다. 이들의 인성과 내적 삶을 겹겹이 벗겨낼수록 이들은 우리의 사회적, 심리적 양파의 중심에 더 가까운 자리로 이동한다. 반대도 마찬가지다. 추상적인 존재로만 남은 사람은 신경을 덜 쓰기가 훨씬 쉽다. 이런 통찰은 선과 악 양측으로 사용될 수 있는 청사진을 제시한다.

뉴욕대학교의 심리학자 야코프 트로프Yaacov Trope에 따르면, 심리적 거리감에는 어떤 결정이 우리가 관심을 가지는 양파 안에 놓이는지 아닌지를 판단하는 네 가지 차원이 있다.[25] 첫째, 사회적 거리감이다(팬데믹으로 인한 끔찍한 사회적 거리두기와는 다른 개념이다). 사회적 거리감은 당신이 자기 행동에 영향을 받을 사람과 자기 자신을 얼마나 동일시하는지를 말한다. 딸과 가장 친한 동네 친구의 아버지를 해고하는 일은 만나본 적도 없는 사람을 해고하는 일보다 더 어렵다. 둘째, 시간적 거리감이다. 결정을 내리는 순간부터 그 결과가 나타나기까지 얼마나 오랜 시간이 걸리는가? 화학 회사의 CEO로서는 유독물질을 천천히 지하수로 침출시키는 일이 레스토랑에서 다른 손님의 물잔에 독을 타는 일보다 더 쉬울 것이다. 셋째, 공간적 거리감이다. 같은 방 안에 있는 사람보다는 물리적으로 멀리 떨어진 사람에게 피해를 미치기가 더 쉽다. 마지막으로 넷째, 경험적 거리감이다. 피해를 유발하거나 타인을 학대하는 일을 머릿속으로만 생각해도 된다면(유가 그러했듯) 이를 적나라하게 느끼고, 경험하고, 지켜봐야 할 때보다 저지르기 더 쉽다.

전쟁이 제시하는 몇몇 사례는 심리적 거리감이 인간의 행동을 어떻게 정하는지를 특히 잘 보여준다. 인류의 역사 대부분에 걸쳐, 전쟁은 넷 중 세 개 차원에 관해서는 고정되어 있었다. 스파르타인이든 헤이스팅스 전투의 정복왕 윌리엄William the Conqueror이든, 전장에서의 살해는 가깝고 즉각적이고 적나라했다. 상대의 가슴에 창을 꽂아 넣으면, 그때부터 시간적·공간적·경험적 거리감은 완전히 사라진다. 이런 심리적 거리감의 부재가 전투에서 승리하려는 장군들에게 문제가 된 이유는 단순하다. 수많은 사람이 본능적으로 살인에 대한 반감을 느끼기 때문이었다.

19세기, 프랑스 장교 아르당 뒤 피크Ardant du Picq는 1860년대 상당한 비율의 프랑스군이 전장 건너편에서 살아 숨 쉬는 사람들에게 총을 쏘는 대신 의도적으로 허공에 발포했다는 증거를 발견했다.[26] 데이브 그로스먼Dave Grossman의 저서 『살인의 심리학On Killing』은 역사 전반에 걸친 이 현상을 간략하게 설명하면서 놀라울 정도로 많은 병사가 전투 중 사실상 무기를 사용하지 않았다는 충격적인 증거를 제시한다.[27] 게티즈버그 전투에서는 전투 종료 후 회수한 소총 2만 7,574정 중 90퍼센트가 여전히 장전되어 있거나 발포 없이 두 차례 장전된 것으로 드러났다.[28] 또한 병사들이 무기를 사용할 때도 일부는 실제로 사람에게 쏜다는 데 거부감을 느꼈다. 베트남 전쟁에서는 사망자 한 사람당 최대 5만 개의 총알이 사용된 것으로 추산된다.[29] 그로스먼의 저서는 이제 경찰 및 군사 훈련에서 실제로 대인 사격이 필요할 때를 더 잘 대비하기 위해 종이 과녁 대신 더 사람처럼 생긴 목표물을 사용한다는 점을 지적했다.

그러나 한 가지 심란한 기술만 쓸 줄 안다면 방아쇠를 당기는 집게손가락의 망설임을 극복하기가 훨씬 쉬워진다. 죽이려는 사람을 사람으로 생각하지 않는 기술이다. 대신 마음속에서 그 사람을 처분해도 되는 인간 이하의 추상적 존재로 바꿔버리는 것이다. 역사상 최악의 잔혹 행위들이 일어날 때는 대개 인간을 벌레, 해충, 심지어는 물건과 동등한 존재로 여기는 언어가 선행했다. 노예는 '가축'으로 불렸다. 아메리카 원주민은 '야만인'으로 불렸다. 르완다의 종족 집단학살 가해자들은 투치족을 '바퀴벌레'로 묘사했다.* 나치는 유대인을 '쥐새끼'라고 불렀으며 전시 포스터에 이들을 '벼룩'으로 묘사했다.

그러나 가장 흉악한 정권하에서도 표적 집단이 사실 인간이라는 점을 가시적으로 상기시키는 방법은 강력한 효과가 있다. 히틀러 치하에서 유대인 추방을 막아낸 몇 안 되는 저항 행위 중 하나는 비유대계 독일인 여성이 유대계 남편을 억류한 데 항의한 로젠슈트라세 시위였다. 억류자가 온전한 인간인 비유대계 독일인과 공식적으로 연결되어 있었으므로 시위는 효과가 있었다. 이 유대

---

* 르완다의 사례는 이 규칙을 증명하는 데 포함되지 않는다. 극도로 잔인했던 이 집단학살에서는 평범한 사람들이 이웃 사람들을 마체테 칼로 난도질해 죽였다. 신체적·심리적 거리감이 극도로 가까웠음에도 말이다. 이는 비인간화가 거리감을 압도할 만큼 강력하다는 점을 다시 한번 증명해준다.

계 억류자는 결국 풀려나 목숨을 건질 수 있었다. 그러나 인류 최악의 잔혹 행위와 학대를 자행한 가해자들은 대부분 자신과 피해자 사이에 사회적 거리감을 조성하려 했다. 살인의 시간적·공간적·경험적 거리감을 바꿀 수는 없으므로, 남아 있는 선택지는 '적'의 생명이 지닌 가치를 깎아내리는 것이었다. 이는 가해자들이 인간적 본능인 살해에 대한 반감을 이겨내는 데 일조했다.

오늘날에는 이런 반감을 이겨내기가 더욱 쉬워졌다. 현대전의 혁신으로 사회적 거리감이 한층 더 확대됐다. 예컨대 드론 공격은 조종사가 영상 화면을 보고 조이스틱을 조작하는 것만으로 수천 킬로미터 떨어진 곳에서 수많은 사람을 죽일 수 있다. 즉 더 먼 공간적, 경험적 거리감이 조성된다. 전쟁의 소리, 냄새, 광경은 지워진다. 예컨대 네바다 크리치 공군기지로 출퇴근하는 드론 조종사들의 경험은 페르시아만의 항공모함에 전투기를 착륙시키는 조종사들의 경험과는 하늘과 땅만큼 다르다.[30] 네바다의 어떤 드론 조종사는 적군의 전투원에게 치명적인 미사일을 발사한 뒤, 자가용을 타고 마트에 들렀다가 가족과 함께 식탁에 둘러앉아 오붓하게 저녁을 먹는다.[31] 이들에게는 살인이 비디오 게임과 비슷하게 느껴질 수도 있다. 비인간화를 의도하지 않은 경우에도 사람들이 그저 화면 속 작고 멀리 떨어진 점 정도로만 보인다면, 그들이 우리가 사랑하는 도덕적 양파의 일부라고 생각하기는 어렵다.

다행히 우리 중 살인을 할 사람은 거의 없다. 그러나 이처럼 심리적 거리감에 관한 극단적 사례에 숨은 개념을 이해하는 일은 권력자가 더 선하게 행동하게 하는 데 도움이 될 수 있다. 괴물 같은 관리자든, 횡령하는 임원이든, 작은 폭군 같은 이민국 직원이든 책임자들이 심리적 거리감을 경험하는 방식을 변화시키는 것은 더 나은 사회를 만드는 데 꼭 필요하다.

왜 그런지 알아보기 위해 공간적 거리감에 잠시 집중해보자. 과거에는 네덜란드 동인도회사처럼 전 세계를 장악하는 거대한 괴물 기업이 독보적이었다. 이제는 지역적으로 소유하고 영업하는 소규모 기업이 더 유리하다. 서구 자본주의 세계의 중역들이 지구 반대편에 유독 물질을 버리거나 세계 최빈국의 땅 한 번 밟지 않고도 그들의 목숨이 달린 약의 가격 인상을 결정하는 일은 일상이 됐다. 동시에, 방문해본 적도 없는 기업 본사의 직원에게 해고당하는 일도 점점 흔해지고 있다. 이는 우려할 만한 일인데, 사람들 사이의 공간이 늘어나면서 도덕적 억제력이 약해지기 때문이다.

2017년 한 실험에서 참가자들은 무당벌레를 죽이는 기계를 조작하라는 지시를 받았다.[32] 한 집단은 기계가 있는 방 안에서 기계를 볼 수 있는 상태로 멀찍이 떨어져 기계를 조작했다. 다른 한 집단은 같은 지시를 받았으나 기계가 다른 방에 있었기 때문에 직접 볼 수는 없었다. 기계와 공간적 거리가 더 멀었던 집단은 같은 방 안에 있었던 집단보다 더 많은 무당벌레를 죽일 의사를 드러냈다(거대한 도덕적 양파를 가진 이들이라면 이 실험에서 실제로 무당벌레를 죽이지는 않았다는 점에 안도할 것이다. 실험에 사용된 기계는 그럴듯한 가짜였다).

피해를 받을 사람들에 대해 사회적 거리감을 느끼는 능력 또한 현대 들어 극단적으로 커졌다. 석기 시대에는 이웃에서 딸기를 훔치려고만 해도 대부분 가해자가 피해자를 보고, 피해자도 가해자를 볼 수 있었다. 발각되는 경우 그에 따른 결과를 마주하거나 공동체 내에서 낙인과 함께 살아가야 했다. 그러나 오늘날에는 엑셀 스프레드시트에 적힌 얼굴 없는 계좌에서 돈을 훔쳐갈 수도 있다. 유진 솔테스Eugene Soltes는 화이트칼라 범죄를 다룬 저서『그들의 이유Why They Do It』에서 서류나 스프레드시트상에서 아무렇지도 않게 거짓말을 하던 일련의 횡령자들이 다른 사람과 대면하는 상황에서는 거의 곧바로 자백한다는 점을 지적했다.

그러므로 지배자와 피지배자 사이의 심리적 거리를 최소화하는 방안이 책임의 시스템을 만들 수 있는 가장 좋은 방법임이 분명해 보인다. 서둘러서는 안 된다. 포천 500대 기업의 CEO들이 직원 개개인을 알아가는 데 모든 시간을 투자하는 것은 우리가 바라는 바도 아니고, 사람들을 해고하는 데 온 시간을 쏟는 일은 CEO가 시간을 가장 잘 활용하는 방법도 아니다. 조직폭력배가 범죄를 저질러 체포해야 할 경우를 대비해 경찰관이 이들과 주말마다 포커라도 쳐야 할까? 물론 아니다. 이건 부패와 편파주의를 만드는 방법이다.

마찬가지로 외과 의사가 환자의 인간성에 크게 감동한 나머지 냉담하고 질서정연한 정확성으로 환자의 몸에 칼을 대지 못하게 되는 것도 좋은 일은 아닐 것이다. 연구자들은 의사의 뇌가 타인의 고통에 동요하지 않는 데 더 능숙하다는 점을 발견했다.[33] 환자를 필요 이상으로 인간화하는 간호사일수록 직업적 스트레스와 번아웃 비율이 더 높다는 증거도 있다.[34] 의료 부문에서 어느 정도의 비인간화는 꼭 필요한 대응 기제일 수 있다. 내 친형은 의과 대학에 입학한 첫날 육안해부학이라는 이름의 수업에서 시신 한 구를 해부했다. 다른 많은 예비 의사들과 마찬가지로 형 또한 이 경험을 매우 불편해했다. 그래서 교수에게 해부대 위에 누운 이 사람을 고깃덩어리로 봐야 하는지 아니면 누군가의 할아버지로 봐야 하는지 물었다. 교수가 이렇게 대답했다고 한다. "둘 다일세."

이처럼 심리적 거리감은 딜레마이지만, 사회과학자들이 '골디락스 해결법Goldilocks solution'이라고 부르는 방식으로 이 딜레마를 해결할 수 있다. 잠재적으로 피해나 인명 사상을 부를 수 있는 어려운 결정을 내려야 하는 모든 사람은 '딱 적정한 수준의' 감정적 근접성을 유지해야 한다. 심리적 거리감이 너무 가까워지면 막을 수 없는 감상성 탓에 판단력이 흐려진다. 너무 멀어지면 건강한 우려와 경계가 눈 녹듯 사라진다. 현대 사회의 많은 영역에서 이 무게추는 건강하지 않은 수준의 거리까지 밀려나 버렸다.

우리에겐 준비서면에 등장하는 사람들의 얼굴을 마주하는 정부 소속 변호사, 직원들에게 관심을 가지는 CEO 그리고 더 많은 지역 사회 경찰 활동이 필요하다. 그러나 현실은 반대 방향으로 나아가고 있다. 심리적 거리가 가까운 사람들의 자리를 차지했던 심리적 거리가 먼 사람들이 이제는 기계학습으로 구동되는 불투명한 알고리즘에 자리를 내어주고 있다.

지금까지 우리는 더 좋은 사람에게 권력을 주는 방법과 그렇게 권력을 가진 사람들이 더 선하게 행동하도록 만드는 방법을 알아봤다. 권력자에게 책임을 상기시키는 한편 타인을 추상적 존재가 아니라 개별 인간으로 인식하게 한다면 세상을 더 공정한 곳으로 만드는 데 큰 도움이 될 수 있다. 그러나 사회과학자라면 누구나 지적하듯, 문제는 사람이 공식에 맞춰 움직이진 않는다는 점이다. 총리에게 최후 수단의 편지로 정신이 번쩍 드는 교훈을 줄 수도 있고, 중간급 관리자에게 무모하거나 냉담하게 행동하면 타인이 어떤 대가를 치르게 되는지 보여줄 수도 있다. 이런 방식은 언제나 시도해볼 만한 가치가 있는데, 인간의 연민과 공감은 선을 향한 강력한 힘이 될 수 있기 때문이다. 그러나 기저 시스템이 망가져 있다면 좋은 의도를 가진 사람들도 나쁘게 행동하기가 쉽다. 나쁜 구조의 시스템 속에서는 좋은 사람들도 어두운 충동에 넘어갈 수 있다.

　게다가 또 하나 불편한 진실이 남아 있다. 권좌에 있는 사람 중 다수는 책임감을 상기시키거나 사람을 추상적인 존재로 보지 못하도록 노력을 기울여도 눈 하나 깜짝하지 않을 것이다. 예컨대 사이코패스는 최후 수단의 편지에 크게 영향을 받지 않을 테고, 자신이 만든 피해자의 얼굴을 봐도 특별히 신경 쓰지 않을 것이다. 오히려 일부는 고통을 유발할 기회를 즐길 것이다. 걱정해야 할 것은 사이코패스만이 아니다. 익히 봐왔듯, 평범하게 부패했거나 부패할 수많은 이들, 즉 애초에 선하게 행동하려는 '시도조차' 하지 않고 오직 사리사욕과 탐욕, 나르시시즘에 따라 행동하는 많은 이들이 결국 권력을 얻는다. 이처럼 나쁜 시스템이 문제이고 부패하는 권력자가 위협이라면, 우리는 어떻게 시스템을 개선해 부패하는 사람들의 나쁜 행동을 저지할 수 있을까?

11장

감시받는
사람들

모든 사람을 의심하고 사회적 신뢰 따위는 없는 사회에서 살고 싶어 할 사람은 없을 것이다. 유달리 막대한 영향력이 따르는 권좌에 앉은 사람만이 감시받을 걱정을 하도록 만들어야 한다.

'언제나 지켜보고 있다'는 감각을 준다

만약 당신이 시간 여행자이면서 한탕 할 생각으로 범죄를 저지를 장소와 시간을 찾고 있다면, 절대로 골라서는 안 될 곳 중 하나가 19세기의 잉글랜드다. 이들의 처벌과 처형 방식은 (부드럽게 말하자면) 썩 유쾌하지 않다. 더욱이 재판 또한 치명적일 수 있다. 피고인의 유무죄를 판단할 증거가 충분치 않은 경우, 판사는 시죄 ordeal라는 절차를 통해 죄의 유무를 판단했다. 이 의례는 신의 심판 judicium Dei에 기대는 방식인데, 피고인은 대개 끔찍한 고통을 수반하는 행위를 견뎌야 했다. 예컨대 '뜨거운 물' 시죄에서 피고인은 물이 팔팔 끓는 가마솥 안에서 반지 또는 돌멩이를 꺼내 와야 했다.[1] 이 과정에서 살이 익는다면 피고인이 유죄라는 신성한 증거로 봤다. 만약 기적이 일어나 화상을 입지 않는다면 신이 무죄를 선고하시는 게 분명하다고 봤다. '뜨거운 철' 시죄 또한 이름에서 유추할 수 있듯 썩 유쾌하지는 않았다. 피고인은 빨갛게 달아오른 철판을 맨손으로 들어 정확히 아홉 걸음 거리에 옮겨야 했으며, 이후 화상의 유무를 바탕으로 피고인의 죄를 판단했다.

이런 시죄가 중세 잉글랜드에서만 나타난 것은 아니다. 일부 베두인족 공동체에서는 비샤아 Bisha'a라는 절차를 이용해 거짓말을 가려냈다. 용의자는 숟가락을 비롯한 뜨거운 금속 물체를 핥아야 했다.[2] 만약 혀에 화상을 입는다면 거짓말쟁이로 간주됐다. 중세 독일, 폴란드, 스코틀랜드에서는 사후 출혈 현상cruentation을 이용했는데, 살해당한 희생자의 시신이 살인자가 가까이에 있을 때 자연스럽게 피를 흘릴 것이라는 믿음을 바탕으로 했다.[3] 마다가스카르에서는 범죄 용의자에게 토착 식물인 탄제나 나무의 열매에서 얻은 치명적인 독을 닭 껍질 세 조각에 발라 먹였다.[4] 용의자가 죽으면 마법사로 간주하고 불명예스럽게 매장했다. 19세기 라나발로나 1세Ranavalona I 여왕 치세에서는 '매년' 인구 50명 중 한 명이 이런 시죄로 목숨을 잃은 것으로 추정된다.[5]

이런 시스템이 정신 나간 시스템이라고 생각하는 사람이 당신만은 아니다. 독성이 있는 열매, 끓는 물, 델 정도로 뜨거운 숟가락 등은 (적어도 첫눈에는) 형사 사법 체계의 이상적인 기반은 아닌 것처럼 보인다. 그러나 조지메이슨대학교의 경제학자 피터 리슨Peter Leeson은 이에 동의하지 않는다. 그는 시죄가 충분한 사실관계를 파악할 수 없고 마을에 셜록 홈스Sherlock Holmes 같은 인물이 없을 때 피고인의 유죄를 판단하는 기괴하지만 완벽하게 합리적인 방식이라고 봤다. 이런 시죄의 논리는 권력자가 권력을 남용하지 못하도록 막는 방법을 이해하는 데 도움이 된다.

리슨의 주장은 신이 개입해 무고한 자의 손발을 끓는 물에서 구해준다는 게 아니다. 그보다는 피고인이 시죄의 효과를 '믿었기' 때문에 시죄가 작동한 것이라는 의미다. 더 정확하게 말하자면, 시죄가 무고한 이들에게서 죄인을 효과적으로 가려낼 메커니즘을 제공할 수 있었던 이유는 단 하나, 모든 사람이 신이 '언제나' 지켜보고 있다고 믿었기 때문이다.

리슨은 가상의 예로 이웃의 동물을 훔친 혐의를 받는 앵글로색슨족 농부 프리토가르Frithogar를 들었다.6 어떻게 해도 충분한 증거를 찾을 수 없는 경우, 프리토가르는 자신의 무죄를 입증하기 위해 뜨거운 물 시죄를 치를 의사가 있냐는 질문을 받을 것이다. 만약 프리토가르가 유죄라면 그는 신이 자신의 죄를 알고 그에 따라 벌할 것이라고 믿을 것이다. 그는 자신이 뜨거운 물에 손을 델 것임을 안다. 그래서 벌금을 내겠다고 하거나 어떤 대가를 치러서라도 시죄를 피하려 할 것이다. 시죄를 거부함으로써 자신의 죄를 은연중에 인정하는 셈이다. 그러나 결백하다면 그는 기꺼이 시죄를 받아들일 것이다. 신도 자신의 무죄를 알고 기적을 행하여 자신을 구해줄 것이라고 믿기 때문이다. 어떤 면에서 이는 솔로몬의 명령에 따라 아기를 반으로 가르기보다는 차라리 아기를 포기하겠다는 여인이 진짜 엄마임을 밝혀낼 수 있었던 이야기와도 비슷하다. 끔찍한 결과 앞에서는 대개 진실이 드러난다.

놀랍게도 중세 잉글랜드의 선량한 프리토가르들은 기적을 자주 경험했다. 신성한 개입에 대한 믿음이 널리 퍼져 있었기 때문에, 누군가가 열성적으로 신성 재판을 받겠다고 나서면 사제는 그 사람의 무죄를 (아마도 정확하게) 믿어주었다. 리슨은 이렇게 설명했다. "이를 아는 사제는 올바른 결과가 나오도록 시죄를 조정할 수 있다. 예컨대 프리토가르가 시죄를 치르는 편을 택하면, 시죄를 집행하는 사제는 그가 데지 않도록 물 온도를 낮출 수 있다. 프리토가르는 손을 데지 않을 것을 기대하면서 가마솥에 팔을 집어넣는다. 그의 기대는 신이 아니라 새로운 정보를 얻은 사제에 의해 실현된다."[7] 바로 이처럼 스스로 신성한 심판을 받겠다는 피고인의 의지로 인해 사제가 피고인을 구해준 신성 재판 조작이 실제로 벌어졌다는 증거가 남아 있다. 이 방식은 펄펄 끓는 성수보다 더 정확하게 죄인과 무고한 자를 가려냈다.

시죄는 중요한 통찰을 제시한다. 우리는 우리를 벌할 힘 있는 존재가 지켜보고 있다고 믿을 때 더 선하게 행동한다. 거짓말이 들통날 때의 위험이 더 크기 때문에 더 정직하게 행동하기도 한다. 무엇보다, 처벌이라는 위협만으로도 충분히 더 나은 행동을 유도할 수 있다. 그러나 사회의 고통을 해결하는 방법이 대규모 감시라는 상상은 너무 디스토피아적인 해결책처럼 보인다. 그렇다면 더 나은 방법이 있을까? 경찰관의 과도한 폭력 사용을 막거나, 정치인이 국고를 사취하여 자기 주머니를 채우지 못하게 할 수 있는 시죄 또는 종교적 요소에는 어떤 것이 있을까? 이를 알아보려면 인간 사회에서 종교가 담당하는 역할을 조금 더 깊이 생각해봐야 한다.

수천 년 동안 인간은 어느 정도는 하늘에서 우리를 내려다보는 신의 면밀한 눈초리를 두려워했기 때문에 우리 내면의 악마를 잠재워왔다. 오늘날에도 신이 우리의 죄를 벌할 것이라고 믿는 사람이 수십억 명에 이른다. 이런 믿음은 너무나 흔해서 마치 인간의 자연스러운 원동력일 것만 같기도 하다. 그러나 이는 사실이 아니다. 석기 시대 사람들은 신을 도덕적 집행자로 여기지 않았던 듯하다. 브리티시컬럼비아대학교의 심리학 교수 아라 노렌자얀Ara Norenzayan은 저서 『거대한 신, 우리는 무엇을 믿는가Big Gods: How Religion

Transformed Cooperation and Conflict』에서 이렇게 썼다. "(수렵채집민이 섬겼던 신들은) 전형적으로 절도나 착취 등의 도덕적 허물에 특별히 신경 쓰지 않았다. (…) 많은 신과 정령은 심지어 도덕적 행동을 제대로 감시할 만큼 완전히 전지전능하지도 않았다. 이들은 몇 개의 마을 정도를 살폈으나 그 이상은 살피지 못했다. 다른 신들에게 속거나 조종당할 수도 있었다. 종교의 초기 뿌리에는 광범위한 도덕적 영역이 포함되지 않았다."[8] 머나먼 옛날 우리의 선조들은 신의 분노를 두려워하지 않았던 듯하다. 그러나 노렌자얀의 표현을 빌리자면 거대한 신들, 즉 우리가 하는 모든 일을 알고 있고 우리의 죄를 벌한다는 주요 현대 종교의 신들이 등장하면서 모든 것이 바뀌었다.

세계 주요 종교에는 신이 우리를 지켜보고 있음을 상기시키는 요소가 넘쳐난다. 아브라함 종교(유대교, 기독교, 이슬람교)는 신 앞에서는 어떤 것도 숨길 수 없다고 분명히 말한다. 교회의 헌금 접시에서 돈을 훔치거나 이웃에게 불경한 생각을 품었다는 것을 어떤 인간도 알아내지 못할 때조차 신은 그 죄를 알고 있다. 마찬가지로 다른 종교에서도 신자들에게 비슷한 메시지를 보낸다. 티베트와 네팔에서는 부처의 눈을 마을 곳곳에서 찾아볼 수 있다. 이는 최근에 생겨난 일이 아니다. 잉카에서는 제국을 내려다보는 비라코차Viracocha의 눈초리를 두려워했다. 노렌자얀이 지적했듯, 이처럼 신성한 감시는 "고대 이집트에서 가장 오래되고 강력한 신들 중 하나인 하늘의 신 호루스Horus가 두 눈의 호루스Horus of Two Eyes로 알려질 만큼" 먼 옛날로 거슬러 올라간다.[9]

노렌자얀은 신성한 감시라는 공포가 사회에서 유익한 역할을 담당했다고 논했다. 사람들은 감시를 두려워했기 때문에 감시가 존재하지 않았을 때보다 더 선하게 행동했다. 거대한 신들은 탐정이나 취재기자들이 존재하기 훨씬 전부터 사람들에게 발각의 두려움을 심었다. 나아가 노렌자얀은 사회가 동일한 신 또는 신들에 대한 믿음을 공유했기 때문에 이런 종교적 요인이 사회적 신뢰를 구축했다고 말했다. 모든 사람이 신성한 처벌을 믿는다면 상점 주인은 손님이 외상값을 갚으리라는 사실을 더욱 믿을 수 있었다. 이번 생에서 갚지 않는다면 내세에서 갚게 된다는 점을 양측 모두 알기 때문이다. 핵무기가 상호확증파괴로 인해 억지력으로 작용하는 것처럼, 종교는 상호확증천벌이라는 또 다른 형태의 억지력을 제공한다. 공동의 믿음은 사회적 응집력을 형성한다.

노렌자얀의 견해에 따르면, 거대한 신들은 약하기로 악명 높았던 근대 이전의 정부가 낳은 권력 공백을 메꾸었다. 근대 이전에는 치안이라는 것이 존재하지 않았다. 특히 시골 지역에서는 사실상 정부의 존재를 느낄 수 없었다. 궁전의 시야에서 멀어질수록 인간에 의해 감시받는다는 느낌도 약해졌다. 이는 영화 「몬티 파이튼과 성배Monty Python and the Holy Grail」에서 아서 왕King Arthur과 이름 없는 여성 농민 그리고 데니스Dennis라는 이름의 반체제 농민이 대화를 나눈 장면에 잘 담겨 있다.

아서 왕: 나는 브리튼의 왕 아서다. 저 성의 주인은 누구인가?
농민: 누구의 왕이요?
아서 왕: 브리튼족이다.

농민: '브리튼'이 누굽니까?

아서 왕: 우리 모두다. 우리는 모두 브리튼족이다. 짐이 자네의
　　　　왕이다.

농민: 아, 그러면 어떻게 왕이 되었습니까?

아서 왕: 가장 순수하게 빛나는 비단을 팔에 걸친 호수의 여인
　　　　이 물 아래 품에서 엑스칼리버를 꺼내 들며 나 아서가
　　　　엑스칼리버의 주인이라는 신의 뜻을 알렸다. 그것이
　　　　짐이 자네의 왕인 이유다.

데니스: 여보시오. 호수 바닥에 누워 검을 나눠주는 정체 모를
　　　　여인은 정부 시스템의 근간이 아니올시다. 최고 행정
　　　　권은 대중의 위임에서 비롯되는 것이지, 웬 연극 같은
　　　　수중 의식에서 비롯되는 게 아니란 말이오.

　데니스의 말에는 일리가 있다. 데니스와 여성 농민 모두 일상 생활에서 아서 정부를 두려워할 일은 많지 않았을 것이다. 원탁의 기사단은 잡범이나 불충한 농민을 찾으러 돌아다니지 않았다. 정부의 집행이 이루어지지 않는다면 다른 무언가가 그 공백을 채워야 한다. 노렌자얀은 거대한 신들이 그 역할을 대신했다고 논하면서, 이들이 없었다면 여러 사회가 훨씬 더 심각한 혼란과 무질서에 빠졌을 것이라고 했다. 호루스와 비라코차가 있는데 누가 빅브러더를 찾겠는가?

　거대한 신들에 관한 노렌자얀의 논의는 여기서 그치지 않고 한 발짝 더 나아갔다. 지속적인 신의 감시에 대한 믿음은 더 평화로

운 사회를 만드는 데 도움이 됐을 뿐만 아니라 여러 사회 간의 승자와 패자를 만들어냈다. 종교적 믿음이 해당 사회의 멸망과 생존, 번영을 결정할 수 있었다는 것이다.

특히 노렌자얀은 도덕과는 관계없는 수렵채집민 스타일의 신성, 즉 숭배자를 지켜보지 않는 신들에 머무른 사회는 감시당한다고 믿은 사회들보다 생존력이 낮았다고 논했다. 신성한 억지력이 없으면 사람들은 덜 협력했다. 전지전능한 신이라는 공동의 믿음이 없으면 사람들은 서로를 덜 신뢰했다. 끝없는 내부적 갈등이 진보를 방해했다. 이런 사회는 이내 사라지거나, 더 협력적인 사회에 정복당하고 포섭됐다(심지어는 신성한 징벌에 대한 믿음이 개인적인 수준에서 진화에 유리했다고 주장하는 학문적 이론인 '초자연적 처벌 가설supernatural punishment hypothesis'도 존재한다.[10] 이 이론에 따르면, 하늘의 징벌을 믿은 사람들은 죽임을 당하거나 투옥될 수도 있는 공격적 행동을 덜 했으며, 그 덕에 자녀를 둘 확률이 더 높았다. 다윈주의적 용어로 말하자면 '신자holiest생존 가설'이라고 할 수 있겠다).

초자연적 믿음이 사회의 성공을 낳을 수 있다고 논한 사람이 노렌자얀이 처음은 아니다. 사회학의 아버지 막스 베버Max Weber도 비슷한 논의를 발전시켰다. 그는 근면이라는 경건에 대한 프로테스탄트의 헌신이 자기 영속적 번영으로 이어진다고 논했다.

그런데 만약 거대한 신들에 관한 주장이 옳다면, 전 세계 인구의 압도적 다수가 전지전능한 설교자 신을 믿는 것은 우연이 아닐 것이다. 이런 신들에 대한 믿음은 성공적인 사회를 만들고 그런 유형의 종교를 확산시킨 반면, 나머지는 사라졌을 것이다. 신도들은 이와는 또 다른 논의를 발전시켜, 종교의 흥망성쇠가 종교의 진실성에 달려 있다고 말한다. 기독교인은 기독교가 진정한 신앙이기 때문에 번영한다고 믿고, 무슬림은 이슬람교가 그렇다고 믿으며, 유대인은 유대교가 그렇다고 믿는다. 이는 노렌자얀의 더 기능적이고 실용적인 관점과는 반대된다. 노렌자얀의 견해는 "신이 존재하지 않는다면 신을 발명할 필요가 있다"라는 볼테르의 말로 가장 잘 표현할 수 있을 것이다.

거대한 신들 가설에는 여러 결함이 있다. 대표적으로 중세 시대에는 신의 징벌에 대한 두려움이 거의 보편적으로 자리 잡고 있었음에도 살인과 범죄가 만연했다는 점이다. 그러나 '감시받는 사람들이 좋은 사람들'이라는 노렌자얀의 견해를 뒷받침하는 상당한 증거를 (현대 사회를 비롯하여) 다수 찾아볼 수 있다. 만약 그가 옳다면, 이 견해는 권력자의 권력 남용을 억지하는 데 활용할 수 있는 중대한 통찰일 것이다.

그렇다면 증거는 어떤 이야기를 들려줄까? 누군가에게 감시받을 때 나쁜 행동을 망설이는 우리의 충동은 일찍부터 시작된다. 잉글랜드 켄트대학교의 재러드 피아짜Jared Piazza는 어린아이에게 궁금증을 유발하는 상자 하나를 주고 그 상자를 열어보면 안 된다고 말한 뒤 방을 떠나는 실험을 했다.[11] 어떤 아이들은 상자와 함께 방에 홀로 남겨졌고, 어떤 아이들은 실험을 감독하는 어른과 함께 남겨졌다. 그런데 홀로 남은 아이들 중 한 집단은 보이지 않는 '앨리스 공주'가 아이들이 상자를 열지 않는지 지켜본다는 이야기를 들었다. 이후 이 집단의 아이들에게 앨리스가 진짜라고 믿는지 아닌지를 물었다. 공주가 진짜라고 믿는다고 대답한 아이들 전원이 금지된 상자를 들여다보지 않고 참았다. 공주를 믿지 않은 아이들은 대부분 상자를 열어봤다. 그러나 이 아이들도 규칙을 어기기 전에 앨리스 공주가 앉아 있다는 빈 의자를 손가락으로 쓸어보고 그녀가 존재하지 않음을 확인했다. 혹시 모르니 신중하게 행동한 것이다.

연구진이 수치를 계산해보자, 놀랍게도 앨리스 공주를 믿는다고 대답한 아이들은 어른이 함께 있었던 아이들과 동등하게 올바른 행동을 보였다. 즉, 상자를 열어보지 않았다. 그러나 추상적인 존재는 그들을 지켜보는 군주의 물리적인 존재보다는 덜 효과적이다. 이는 말썽을 부리는 아이들을 산타클로스의 위협만으로는 말을 듣게 만들 수 없는 부모들이 새로운 장치를 만들어내는 이유를 설명해준다. 어떤 부모는 크리스마스 시기가 되면 말썽꾸러기 아이들에게서 조금이라도 더 좋은 행동을 끌어내기 위해 선반 위에서 요정이 지켜보고 있다는 이야기를 들려준다.

안타깝지만 교도관의 학대는 감옥 콘크리트 선반에 앉아 있다는 요정만으로는 끝낼 수 없고, 신성한 징벌에 대한 두려움은 확실히 정치인과 CEO의 악행을 막아내기에 역부족이다. 그렇다고 하더라도, 감시받고 있음을 상기시켜주는 미묘한 요소는 강력한 효과를 발휘할 수 있다. 잉글랜드 뉴캐슬대학교에서 진행한 한 연구에서는 사람들을 평범한 업무 환경에 둔 뒤 간식을 가져다 놓고, 간식을 먹을 때마다 자발적으로 '정직한 상자'에 돈을 내도록 했다. 실험의 한 버전에서는 정직한 상자에 내려다보는 듯한 두 눈이 그려진 포스터를 붙였다. 다른 한 버전에서는 상자에 꽃다발 그림 포스터를 붙였다. 사람들은 꽃다발보다는 두 눈이 그려진 포스터가 있을 때 세 배 더 많이 돈을 냈다[12](다수의 후속 연구진이 이들의 발견 중 일부를 재현하는 데 실패했으며, 이를 근거로 이 효과가 과장됐다고 주장했다.[13] 아마 이들의 말이 옳을 것이다).

감시받고 있다는 느낌이 익명 상태라는 느낌에 비해 가지는 힘은 앞서 살펴봤던 독재자 게임을 통해 확인할 수 있다. 당신이 다른 한 사람과 짝이 됐다고 상상해보자. 당신에게는 6달러가 주어졌는데, 이를 혼자 모두 가지거나 파트너에게 일부를 나눠줄 수 있다. 이때 당신의 차림새는 당신이 얼마를 나눠줄 것인지 결정하는 데 조금이라도 영향을 미칠까?

토론토대학교의 연구진이 이 질문의 답을 알아보기 위해 실험을 진행했다.[14] 이들은 실험에서 작은 요소 하나를 무작위로 다르게 설정했다. 어떤 참여자는 어두운 선글라스를 썼고, 어떤 참여자들은 투명한 안경을 썼다. 놀랍게도 투명한 안경을 쓴 참가자들은 평균 2.71달러를 나눠준 반면, 어두운 선글라스를 쓴 참가자들은 단 1.81달러만을 나눠줬다. 현금의 분할 비율이 55:45에서 70:30으로 변했다는 것은 상당한 행동 차이다. 가장 설득력 있는 설명은 어두운 선글라스를 착용함으로써 사람들이 더 익명의 존재가 된 듯한 기분을 느끼고, 이로 인해 반무의식적으로 어두운 충동을 따랐다는 것이다.

이 실험은 악행을 저지하는 것이 아주 작은 변화에 달려 있을 수도 있다는 가능성을 제시한다. 어쩌면 사람들에게 감시를 상기시키는 아주 작은 단서조차 강력한 효과를 발휘할지 모른다. 기발하게 설계된 모로코의 한 실험에서 연구진은 상점 직원에게 다가가 현금을 제시하면서 이를 선물로 받을 수도 있고, 거절해 자선단체에 기부할 수도 있다는 선택지를 제시했다. 실험의 유일한 변주는 직원들에게 이 질문을 던진 '시간'이었다. 어떤 직원들에게는 하루 중 아무 때나 접근해 질문을 던졌다. 다른 한 집단에는 기도 시간임을 알리는 종소리가 도시 전역에 울려 퍼지는 때에만 접근해 질문을 던졌다. 하늘에서 내려다보는 신의 존재를 노골적으로 상기시키는 소리다. 무작위 시간대에 접근한 집단에서도 무려 60퍼센트가 관대한 선택지를 택했다(인간 본성에 대한 고무적인 발견이다). 그런데 기도 시간을 알리는 소리가 울릴 때 질문을 받은 집단은 '전원이' 기부하는 편을 택했다.[15] 이 연구가 특히 흥미로운 이유는 당근과 채찍을 모두 다뤘기 때문이다. 기도 시간을 알리는 소리는 선행을 해야 한다는 책임의 무게를 상기시키는 기능을 하지만, 동시에 사람들에게 나쁜 마음에 따라 행동할 때 신성한 징벌을 염두에 두어야 한다고 일러주기도 한다.

그러나 이런 발견에는 한계가 있다. 거대한 신들이 내리는 신성한 징벌에 대한 믿음은 현대 사회에서 일부 사람들의 행동을 지도하는 결정적인 요소가 될 수 있지만, 확실히 모든 사람에게 동기가 되는 요소는 아니다. 대부분 사람은 과속부터 사무실 비품을 훔치는 일까지(누구라고 말하지 않아도 알 것이다) 옳지 않은 행동을 고민할 때 신의 존재를 계속해서 두려워할 만큼 독실하지는 않다. 게다가 상기시키는 것이 효과가 있다고 하더라도, 포천 500대

기업의 임원진 사무실이나 백악관에 계속해서 기도 시간을 알리는 종소리나 찬송가를 틀어둘 수는 없는 노릇이다. 사무실이나 경찰서에 두 눈을 부릅뜨고 지켜보는 석고상을 둘 때 일말의 효과가 발생한다고 하더라도, 그 효과는 사람들이 석고상에 익숙해지기 전 당분간만 지속될 것이다.

다행히도 이런 방안들이 실용적이지 않다고 해서 크게 걱정할 필요는 없다. 한때 신성한 징벌과 시죄라는 망령으로 정립됐던 감시와 징벌의 위협을 오늘날에는 정부와 고용주들이 제공하고 있기 때문이다. 현대 사회의 데니스(「몬티 파이톤」에서 의심스럽게도 교양이 넘쳤던 중세 농민)는 이제 경찰이나 국세청 또는 회사 인사과의 개입을 인지하고 두려워할 것이다. 종교의 근본적인 인력 또한 전반적으로 여기에 영향을 받지 않고 여전히 수십억 명의 사람들에게 강력한 영향을 미치고 있다. 그러나 그렇다고 해서 신성한 감시 덕분에 생긴 사회적 억지력이 인간의 감시를 대체한다는 뜻은 아니다.

감시받는 사람이 더 선한 행동을 할 가능성이 크다는 증거들이 있다. 나쁜 행동이 발각되는 것과 처벌을 두려워하게 하기 위해 더는 신에게 전적으로 의존하지 않아도 된다는 점 역시 분명하다. 그러나 이런 논의들은 여전히 다소 추상적이다. 현실에서 감독을 통해 권력 남용을 확실히 줄이려면 어떻게 해야 할까?

과제 8
감독의 초점을
지배자에게 맞춘다

매일 나는 연구실로 출근하면서 시체 곁을 지나친다. 비유적으로 하는 말이 아니다. 유니버시티칼리지런던에는 유리관 안에 앉아 있는 189년 된 해골이 있다. 최대 다수의 최대 행복을 낳을 선택지가 가장 윤리적인 선택지라는 철학, 공리주의의 현대적 창시자인 제러미 벤담Jeremy Bentham의 시신이다.[16] 벤담의 시신(또는 남아 있는 그 일부)은 생전에 입었던 옷을 입고 있다. 벤담은 자신의 머리를 나머지 몸과 함께 보존하고자 했다. 전해지는 이야기에 따르면 그는 심지어 마침내 마지막이 찾아왔을 때 곧바로 사용할 수 있도록 한 쌍의 유리 안구를 마련해 죽기 전 10여 년 동안 주머니에 넣고 다녔다고 한다. 그러나 머리를 보존하라는 그의 소망을 이루기 위해 시작한 건조 처리는 '끔찍하게 잘못됐고, 표정 대부분이 지워졌으며, 결단코 매력적이지 않은 모습으로 변했다.'[17] 주름지고 구겨진 머리는 대학교 박물관에 있으며, 유리관 안에는 그보다는 좀더 보기 좋은 밀랍 머리가 전시되어 있다(벤담의 시신을 휠체어에 태워 교수회의에 참석시킨다는 오랜 소문은 슬프게도 낭설이다. 경쟁 대학에서 그의 머리를 훔쳐다가 풋볼 경기에 사용했다는 설화도 마찬가지다). 어쨌든 벤담의 시신이 오늘날 유니버시티칼리지런던 학생회관 한가운데의 전면 유리관에 놓여 있어서 사방에서 그를 볼 수 있다는 점은 그와 꽤 어울리는 일이다. 그의 마지막 쉴 자리가 결국 그가 생전에 고안한 감시 시스템, 파놉티콘panopticon과 똑 닮았기 때문이다.

1785년, 벤담은 죄수들이 최소한의 감독하에 감옥의 규칙을 지키도록 만들 목적으로 새로운 유형의 감옥을 설계했다. 그의 아이디어는 간단하고, 사악하고, 우아했다. 그가 설계한 감옥은 원형이었고, 원주를 따라 감방들이 늘어서 있었다. 중심에는 단 하나의 감시탑이 있었는데, 교도관은 죄수를 볼 수 있고 죄수들은 교도관을 볼 수 없는 형태였다. 그 결과 파놉티콘은 교도관이 언제든지 지켜보고 있을 '수' 있다는 감각, 즉 벤담의 말을 빌리자면 '보이지 않는 편재자invisible omnipresence'를 만들어냈다.[18] 죄수들은 교도관이 언제 지켜보는지 정확히 알 수 없었으므로 늘 바르게 행동해야 했다. 벤담은 시간이 지날수록 죄수들이 순응할 것이며, 교도관의 많은 개입이 필요하지도 않다고 논했다. 이상적인 버전의 파놉티콘이라면 이는 자기 개조로 이어지므로, 죄수에게 소리를 지르거나 구타할 필요도 없이 계몽적 변화가 이루어질 것이었다(프랑스 철학자 미셸 푸코Michel Foucault는 저서 『감시와 처벌Discipline and Punish』에서 이런 권력 행사의 사악한 잠재적 영향을 자세하게 설명했다). 벤담의 아이디어는 일리노이 스테이트빌 교도소부터 호주의 라운드하우스와 콜롬비아의 파놉티콘까지 세계 각지에 적용됐다. 벤담의 원칙에 따라 설계된 교도소 중 몇몇은 오늘날에도 사용되고 있다.

등골이 서늘해지겠지만, 당신의 사무실도 이럴 수 있다. 벤담은 자신의 아이디어를 "건물당 통제하거나 지휘해야 할 공간이 너무 크지 않고 다수의 사람을 감시하에 두어야 하는 모든 시설에, 내 생각으로는 예외 없이 적용할 수 있다"고 믿었다. 시설의 "목적이 얼마나 다르든 상관없고, 심지어는 아예 반대인 경우에도" 상관없었다. 수많은 기업이 벤담의 생각에 동의했다. 그러고는 사무실을 중앙의 교도관 탑만 제외한 21세기 버전의 파놉티콘 감옥으로 만들었다.

2014년 어느 연구에 따르면, 현재 미국 내 사무실 중 거의 4분의 3이 '개방형'으로, 업무 공간을 분리하는 벽이 낮거나 아예 없다.[19] 업무 시간에 잠시 트위터를 하거나 가족 또는 친구와 전화 통화라도 하려고 하면 모든 사람이 알게 되고, 그 점을 당사자도 안다. 이런 사무실 설계는 여전히 압도적으로 일반적이지만, 사실 직원들에겐 해로운 영향을 미친다는 연구 결과가 속속 나오고 있다. 2011년 개방형 사무실 연구 수백 건에 관한 검토에서는 이런 설계가 직원을 소외시키고, 스트레스를 높이고, 직업 만족도를 낮춘다는 점을 발견했다.[20] 게다가 개방형 사무실의 가장 큰 목적이 협업 증진임에도 현실 데이터는 개방형 사무실에서 사회적 상호 작용이 70퍼센트 감소한다는 정반대의 결과를 보여주었다.[21] 파놉티콘 스타일의 업무 공간은 감시에 탁월하지만, 이 공간을 사용하는 사람들에게는 최악이라는 결과다.

게다가 디지털 기술이 발전하면서 기업들은 직원들의 '모든 것'을 모니터링할 수 있는, 전례 없는 능력을 얻게 됐다. 업무 공간 내 감시 기술은 나날이 발전하고, 나날이 다양해지고 있다. 언제나 켜져 있는 라펠 마이크로폰, 마이크로칩 내장 사원증, 자리에 앉아 있는지 확인할 수 있는 의자 센서, 컴퓨터 타자 모니터링, 책상에 앉아 있는 당신의 모습을 일정한 간격으로 사진 찍는 소프트웨어, 그리고 하염없이 증식하는 히드라 같은 이메일 수신함을 봐야할 시간에 요리법 따위를 찾아보지 못하도록 일정한 간격으로 컴퓨터 화면의 스크린샷을 찍는 기술까지 등장했다. 벤담은 이 모든 방법을 보고 감탄의 휘파람을 불었을 것이다(새로 얻은 입이 밀랍만 아니었어도 가능했을 것이다).

이런 디스토피아적 시스템은 권위주의 국가에서 한층 더 심하다. 예컨대 중국의 '사회 신용 시스템social credit system'은 국민을 지속적으로 감시하고 '부적절한' 행동을 처벌하는 것이 목적이다. 현재 일련의 시범 사업이 진행 중인 이 시스템은 벌써부터 심상치 않다. 1,300만 명이 블랙리스트에 올라 비행기표를 예약하거나 기차표를 구매할 수 없게 됐다.[22] 몇몇 도시에서는 무단횡단을 했다가는 안면 인식 소프트웨어가 자동으로 신원을 확인해 그 즉시 얼굴을 거대한 전광판에 띄워 수치심을 준다. 다른 지역에서는 공산당이 세운 규칙을 어긴 사람을 디지털 기술로 매장하기 위해 해당 지역에서 SNS를 사용하는 모든 사람에게 범칙자의 사진을 머그샷처럼 띄운다. 스자좡시에서는 블랙리스트에 오른 사람들의 위치가 중국의 메신저 앱 위챗의 지도에 표시된다. 조지 오웰George Orwell의 소설 『1984』 속 가상의 감시 국가에서 사용하는 '텔레스크린'도 이에 비하면 예스럽고 포근하게 느껴질 지경이다.

문제는 이렇다. 현대의 감시 시스템은 모든 것이 거꾸로 되어 있다. 이를 반대로 뒤집어야 한다. 우리는 잘못된 사람을 감시하고 있다. 21세기의 파놉티콘을 안팎으로 뒤집어, 권력을 가진 사람들이 '자신들이' 계속해서 감시받고 있는 듯하다고 느끼게 해야 한다. 엔론 사태(미국 휴스턴의 에너지·물류 기업인 엔론Enron은 한때 '미국에서 가장 혁신적인 기업'으로 선정될 만큼 유망했으나 계획적인 회계부정 사실이 드러나 2001년 파산했다-옮긴이)나 버나드 메이도프의 폰지 사기 사건은 중간급 직원이 클립 몇 개를 훔치거나 업무 시간에 유튜브로 고양이 동영상을 20분쯤 봤기 때문에 벌어진 일이 아니다. 이런 중간급 직원들을 지배하는 사람들이 훨씬 더 많은 것을 걸고 직접 악행을 저질렀기 때문에 발생한 사건이다.

다양한 추정에 따르면, 화이트칼라 범죄는 미국에서만 연간 2,500억~4,000억 달러의 손실 또는 피해를 발생시킨다.[23] 미국 길거리에서 발생한 모든 재산범죄(도둑, 강도, 절도, 방화)를 더해도 피해액은 170억 달러를 조금 웃도는 수준이므로, 화이트칼라 범죄에 의한 피해액이 15~25배 큰 셈이다.[24] 마찬가지로, 보수적으로 추산했을 때 기업의 부정행위에 의해 사망하는 미국인은 연간 약 30만 명이며, 유독 화학물질, 제품 결함, 치명적인 폐기물 또는 해로운 오염물질에 대한 노출 그리고 엄격한 검증 없이 제공된 중독성 물질 등이 주요 원인이다.[25] 이는 매년 살인 사건으로 사망하는 미국인의 수보다 약 20배 많다.

그러나 기업 본사에서 가장 많은 감시를 받는 사람들은 대부분 이처럼 심각한 피해를 야기할 가능성이 가장 적은 사람들이다. 임원 사무실과 이사회실은 불투명한 채로 남아 있다. 이사회실은 도청당하지 않고, 이사진의 GPS 소프트웨어는 추적당하지 않는다. 개방형 사무실의 장점을 극찬하는 CEO들은 대부분 전망 좋은 개인 사무실로 들어가 문을 굳게 닫는다. 최고의 임원진이 업무 시간을 '생산적으로' 사용하는지 확인하기 위해 키보드 타자를 기록하고 검사하는 일이 없다는 건 굳이 묻지 않아도 알 수 있다.

이처럼 가혹한 모니터링을 도입해야 한다는 말이 아니라, 모든 감시가 꼭대기부터 시작되어야 한다는 말이다. 중국의 평범한 무단횡단자보다는 부패한 공산당이 훨씬 더 철저한 조사를 받아야 한다. 우리가 걱정해야 할 사람들은 지배를 '받는' 사람들이 아니라 지배를 '하는' 사람들이다.*

현대의 우리는 대체로 모든 것을 아는 신 대신 인간의 감시에 의존한다. 그러나 오늘날의 감시자들은 사실 감시받고 있다는 기분을 느껴 마땅한 장본인들이다. 적어도 거대한 신들은 모든 사람을 공평하게 지켜본다고 한다. 만약 권력자들이 누군가가 모든 바위와 나무 뒤에 숨어 자신들의 부패 행위를 전부 지켜보고 있진 않을까 걱정하게 된다면, 아마 세상은 더 나은 곳이 될 것이다.

이는 아나스 아르메야우 아나스Anas Aremeyaw Anas가 문자 그대로 품은 교훈이기도 하다. 가나 '잠입 저널리즘undercover journalism'의 선구자인 아나스는 같은 직업을 가진 대부분 사람보다 모든 것을 조금 더 물고 늘어진다. 그는 변장의 귀재로, 권력을 가진 사람들이 기자에게는 절대로 밝히지 않을 비밀들을 자기에겐 말할 수 있도록 정교한 의상을 동원한다. 때로는 심지어 배경인 척 바위로 분장하

---

* 일본은 실제로 회사에 피해를 미칠 수 있는 사람이 누구인지를 바탕으로 직원의 물리적 공간을 재배치하는 흥미로운 사례를 보여준다. 일본 기업 문화에서 무능한 직원은 해고당하는 대신 마도기와족窓边族, 즉 '창가족'이 된다. 이들이 사무실 변방으로 밀려나기 때문에 붙은 이름이다. 창가족은 중요하지 않은 프로젝트를 맡고 창밖을 바라보며 시간을 보내기 때문에 누구도 이들을 감시하느라 애쓸 필요조차 없다.

기도 했다. 바위 의상은 다소 아마추어 같고 마치 두 개의 우스꽝스러운 눈구멍이 뚫린 인간 크기의 사암 덩어리처럼 보이지만, 배경에 섞여 들어가는 데에는 문제가 없었다고 한다. 바위에 더해 그는 얼굴 보철물을 이용하여 태국 감옥에 사제로 잠입하기도 하고 경찰관, 감옥 수형자, 정신병동 환자 그리고 많은 경우 여자로도 변장했다. 그의 직업적 성공은 그를 알아보지 못하는 데 달려 있다. 서아프리카 전역에서 아나스라는 이름은 유명해도 그의 얼굴을 아는 사람은 아무도 없다. 혹자는 그를 가리켜 '저널리즘의 제임스 본드'라고 부른다.

"제 저널리즘에는 세 가지 목표가 있습니다. 나쁜 사람들의 이름을 밝히고, 수치심을 주고, 감옥에 가두는 것입니다."[26] 나와 스카이프 인터뷰를 할 때 그가 말했다. 카메라는 켜져 있었지만 보이는 것은 많지 않았다. 그가 쓴 벙거지에서 보라색과 금색의 비즈들이 늘어져 그의 얼굴을 가렸고, 비즈 사이로 한쪽 귀만 빼꼼 나와 있었다. 그는 이른바 낙하산 저널리즘, 즉 서구의 저널리스트들이 주말 동안 가나에 와 권력자들을 인터뷰하고 기사를 쓴 뒤 돌아가는 건 옳지 않다고 말했다. 아나스의 말에 따르면 이런 조사로는 아무것도 해낼 수 없다. 가나에서는 모든 것이 너무나 불투명하다. 이런 방식으로는 부패를 절대 밝혀낼 수 없다. 그가 말했다. "런던이나 미국에서 날아와 일주일 정도를 보내고는 우리보다 진실을 더 잘 파헤칠 수 있다고 생각할 수는 없는 겁니다." 말을 할 때마다 비즈가 숨결을 따라 조금씩 찰랑거렸다.

다양한 분장을 동원한 그는 아프리카 전역의 권력자들을 폭로

했다. 가나에서는 뇌물과 대규모 부패가 포함된 주요 축구 스캔들을 터트렸다. 그는 또한 수년에 걸쳐 사법 체계에 잠입해 서른 명이 넘는 판사가 뇌물을 요구한 흔적을 취재했다.[27] 판사들은 현금, 염소, 양 등을 받았다. 그리고 그 대가로 살인자, 강간범, 마약 밀수업자를 비롯한 철면피 범죄자들에게 자유를 주었다. 이로 인해 가나 역사상 가장 큰 스캔들 중 하나가 터졌으며, 대규모 사법 개혁의 불꽃이 일었다.

이런 일에는 대가도 따랐다. 어떤 국회의원은 아나스의 정체를 밝히고 그의 잠입 취재를 이유로 교수형에 처해야 한다고 촉구했다. 이 국회의원은 아나스와 협업하는 이들 중 한 사람인 아흐메드 후세인-슈알Ahmed Hussein-Suale의 신분을 알아내는 데 성공했다.[28] 국회의원은 후세인-슈알의 이름과 사진을 공개하면서 그가 사는 곳에 관한 정보도 밝혔다. 2019년 1월 16일, 후세인-슈알은 가나 수도 아크라의 교외 지역을 운전하고 있었다. 그가 교차로에 다다라 속도를 줄이자, 지난 몇 주 동안 주변을 배회하던 두 남자가 그의 자동차로 다가왔다. 그들은 매우 가까운 거리에서 그에게 총격을 가했다. 첫 번째 총알은 그의 목에, 두 번째와 세 번째는 가슴에 박혔다. 그가 피를 흘리며 죽어가는 동안, 범인들은 충격받은 목격자들에게 돌아서서 손가락을 입술에 대고 웃어 보인 뒤 자리를 떠났다.[29]

이 소름 끼치는 살인 사건으로 아나스의 결심은 한층 더 굳어졌다. 그가 조사하기 전까지만 하더라도 판사들은 노골적인 부패를 저지르고도 빠져나갈 수 있었고, 정치인은 무적의 존재였다. 뇌물은 가나에서 공공 생활의 일부일 뿐이었다. 죄를 저지르고도 처벌받지 않는 문화 때문에 악행이 판을 쳤다. 권력자들은 다른 모든 사람이 감시를 받아도 자신들을 쳐다보는 눈은 없다고 믿었다. 아나스는 혼자서 이들의 기대를 뒤집어엎었다. 권력을 가진 가나인들은 이제 주변 모든 사람이(또는 알아차리지 못한 바위까지도) 자신을 지켜보고 있는 건 아닐까 걱정하기 시작했다. 아나스는 누구에게도 자신의 진짜 얼굴을 보여주지 않았으므로, 누구라도 그가 될 수 있었다. 이것이 바로 그가 이토록 강력한 이유다.

부패한 최고위 공무원을 표적으로 삼는 아나스의 작업이 중요한 이유는 부정직한 거물을 끌어내리는 일이 '낙수 효과trickle down' 원칙이 실제로 적용되는 듯한 몇 안 되는 영역 중 하나이기 때문이다. 애덤 살리스버리Adam Salisbury(나의 제자다)는 옥스퍼드대학교에서 서아프리카의 부패에 관해 연구했다. 그는 부르키나파소에서 관세동맹을 주도하던 부패한 공무원이 실각하자 이때까지 그의 지배를 받던 사람들이 악습을 빠르게 청산했음을 발견했다.[30] 상부에서 더는 부패의 신호가 내려오지 않자 부하 직원들은 스스로 개혁했다. 우두머리의 목을 베는 방식은 효과가 있는 듯하다(제러미 벤담이 반길 소식이겠다).

살리스버리의 연구 결과는 누군가를 현미경으로 조사하려고 한다면 책임을 맡은 사람들에게 초점을 맞춰야 한다는 개념을 강력히 뒷받침한다. 책임자의 권력 남용은 훨씬 더 중대하고, 상부에서 이들의 행동을 청산하면 하부에서도 더 많은 이들이 행동을 그만둘 가능성이 더 크다. 반대의 경우는 상상하기 어렵다. 말단 직원이나 비서가 더 좋은 행동을 보인다고 해서 부패한 판사나

CEO가 갑자기 청렴결백해질 리는 없다. 그러나 권력자들이 오늘날 거대한 신들의 자리를 차지하고 있기에 우리는 잘못된 사람들에게 감시를 집중시키는 경향이 있다. 로마의 풍자 시인 유베날리스Juvenal도 이런 말을 남겼다. "감시자는 누가 감시하는가?"

서구 사회에서는 아나스와 같은 잠입 저널리즘은 찾아보기 힘들며, 윤리적 의문을 제기하기도 한다. 이는 참 안된 일이다. 왜냐하면 범죄를 폭로할 수 있을 뿐만 아니라 악행을 생각하는 권력자들에게 약간의 건전한 우려를 심어줄 강력한 방법이 될 수 있기 때문이다. 게다가 저널리즘은 어디에서건 쇠락의 길을 걷고 있다. 소셜미디어와 온라인 광고 수입 감소로 소규모 미디어가 크게 줄어들었고, 이로 인해 감시자들이 줄어들었다. 「워싱턴포스트」, 「가디언」, 「뉴욕타임스」, 「르 몽드」 같은 대형 신문사는 계속해서 번창하고 있다. 그러나 전국 단위의 엘리트 신문사 위주로 흘러가는 동안 지역과 지방 기반의 저널리즘에 공백이 생긴다면, 희미해지는 자유 언론의 감시를 두려워하는 사람들이 더 적어질 수밖에 없다. 게다가 강력한 미디어 대기업이 더 많은 언론사를 빨아들일수록 이들의 감시가 올바른 곳으로 향할 가능성도 작아진다.

저널리즘이 없다면 어떤 일이 일어날까? 우간다가 교훈적인 사례를 보여준다. 동아프리카 국가에 대한 교육 지출 감사에서 학교에 배정된 자금이 10달러 중 8달러꼴로 도둑맞았다는 사실이 밝혀졌다. 이 자금은 학생들이 아니라 부패한 자들의 배를 불렸다. 저널리스트들은 1면 기사로 이 사건을 다루면서, 본래 할당된 자금과 실제로 학교에 투입된 자금이 얼마나 차이 나는지 폭로했다.

이들의 보도는 엄청난 반향을 일으켰다. 얼마 안 가 도둑맞는 자금이 10달러 중 2달러꼴로 줄어들었다. 그러나 여기서 핵심은 따로 있다. 횡령이 주로 신문 유통업자와 가까운 곳에서만 줄어든 것이다. 부패한 공무원이 발각된 경우, 사람들이 실제로 폭로 기사를 읽을 수 있느냐 아니냐에 따라 모든 것이 달라진다. 누구도 기사를 쓰지 않거나 누구도 읽지 않는다면, 권력자들은 처벌을 피할 수 있다는 감각을 이전보다 한층 더 강하게 느낄 것이다. 감시가 이루어지려면 적절하게 '지켜보는' 사람들도 있어야 한다.[31]

기술 또한 도움이 될 수 있다. 예컨대 인도는 부패 척결을 위해 영리한 시스템을 발전시키고 있다. 인도의 일반 시민은 '저는 뇌물을 주었습니다I Paid a Bribe'라는 이름의 웹사이트에서 뇌물 공여를 신고할 수 있다.[32] 익명의 새로운 신고가 접수될 때마다 지도상에 새로운 디지털 핀이 표시된다. 시간이 지날수록 어느 곳에 부패한 공무원들이 많은지가 분명히 드러나고, 그 덕에 개혁가들이 최악의 지역에 초점을 맞출 수 있다.

벵갈루루의 어느 개혁가는 특이한 점 하나를 눈치챘다. 지도상의 운전면허 시험 센터에 작은 디지털 핀이 수없이 찍힌 것이다. 운전면허 시험을 주관하는 공무원들이 실력이 모자라는 운전자에게 뇌물을 받고 시험을 통과시켜준다는 점을 곧바로 알 수 있었다. 이는 부패일 뿐만 아니라 위험한 일이기도 했다. 도로에 올라서는 안 되는 사람들도 지갑을 조금 가볍게 만들 의향만 있다면 시험을 통과할 수 있으니 말이다. 어느 연구진은 뉴델리에서 주행 시험을 빠르게 통과할 수 있는 운전자에게 상금을 제시했는데,

이를 통해 앞서와 비슷한 문제를 발견했다. 대부분이 거의 곧바로 주행 시험을 통과하고 상금을 요구했다. 그러나 뒤이어 시험 통과자들에게 뇌물을 거절하는 청렴한 교관이 주관하는 깜짝 주행 테스트를 요구하자, 74퍼센트가 운전을 배우지 않았음을 인정했다. 대다수가 청렴한 시험을 통과하지 못했다.[33] 돈으로 매수해 운전대를 잡았던 것이다. 시스템이 통째로 부패해 있었다.

이처럼 치명적인 뒷돈을 금지하기 위해, 벵갈루루 지방 정부는 주행 시험 방식을 변경하여 통과 여부를 전자 센서로 판단하기 시작했다. 또한 시험의 모든 과정을 녹화했다. 벵갈루루 운전면허 시험장의 뇌물 수수 건수가 하룻밤 새에 곤두박질쳤다. 이를 위해 주행 강사들의 키보드 타자를 기록하거나 GPS를 모니터링할 필요는 없었다. 이들은 문제 지점을 정확하게 짚어냈고, 필수적이고 가장 침해가 덜한 감시를 통해 문제를 해결했다. 이후 주행 시험에서 뇌물이 오가는 문제는 현저히 줄어들었다.

파놉티콘부터 아나스의 잠입 저널리즘, 인도의 주행 시험까지, 이 이야기들은 사람들을 계속해서 감시할 필요는 없다는 점을 명백히 알려준다. 사실 사람들, 특히 권력을 가지지 않은 사람들에 대한 지속적인 감시는 디스토피아를 만들기 꽤 좋은 방법이다. 그러나 디스토피아가 아니라 유토피아에 한 발짝이라도 다가가려면, 권력을 가진 사람들이 언제라도 감시받을 수 있다고 생각하게 만들어야 한다. 즉, 지속적인 사생활 침해를 피하면서도 권력자들이 권력을 남용하기 전에 다시 한번 생각해보게 하는 중간 지점을 제시해야 한다.

무작위성을 활용해 억지력을 높인다

2013년 12월 크리스마스를 며칠 앞둔 어느 날, 마다가스카르 수도에서는 햇볕에 따뜻하게 달궈진 조약돌이 열기를 뿜어내면서 길거리의 음식과 오물 냄새를 부채질하고 있었다. 우리가 탄 사륜구동 호송대는 도시의 덜컹거리는 길을 따라 내달리면서, 인도소가 앞을 가로막고 길을 건널 때마다 경적을 울렸다. 풍경과 한층 더 대조되고 싶은 듯, 우리가 입은 우스꽝스러운 파란색 캔버스 조끼에는 뒷면에 굵은 하얀색 글씨로 '선거 감시인단'이라고 적혀 있었다. 우리는 부정행위가 없는지 확인하기 위해 배치된 감시인단이었고, 그날은 선거일이었다.

투표소에 도착한 우리는 체크리스트를 훑었다. 투표함이 처음 그대로 케이블 타이로 밀봉되어 있는가? 군인이 투표자를 위협하지는 않는가? 투표자의 유권자 등록 증서를 확인하고 있는가? 체크리스트의 체크가 하나씩 늘어났다. 모든 것이 질서정연해 보였다. 어쩌면 선거가 깨끗하게 진행되고 있는지도 몰랐다. 아니 어쩌면, 만에 하나 어쩌면, 투표소 직원들이 우리가 온다는 경고를 받았을 수도 있다. 어느 쪽이든, 임무를 완수한 우리는 다시 호송대 차량에 올라타고 길을 나섰다. 1킬로미터 떨어진 다음 투표소까지 곧장 이어지는 길이었다. 앞서 다녀온 투표소의 직원들이 다음 투표소 직원들에게 우리가 가고 있다는 경고의 전화를 건다고 할지라도 그걸 막을 방법은 없었다.

때때로 감시는 나쁜 행동을 끝내지 못하고 그저 다른 곳으로 옮겨버리는 데 그친다.

선거 모니터링은 두더지 잡기 게임과 비슷하다. 한 곳에서 투표 조작을 진압하면 다른 곳에서 튀어나올 가능성이 크다. 외국인이 공식적인 조끼를 입고 지켜보는 가운데 투표함에 한 줌의 투표용지를 집어넣을 만큼 멍청한 심복은 거의 없다. 연구진은 선거 감시인이 배치되는 경우, 감시 대상이 아닌 근방의 선거구에서 조작이 일어난다는 점을 발견했다.[34] 신중을 기하지 않으면 선거 감시는 시간 낭비가 되어, 선거를 조작하는 사람들에게 약간의 불편함만 안겨주고 끝날 수 있다. 이처럼 잘못 설계된 모니터링은 부정행위를 억지하는 대신 새로운 꼼수만 불러일으킨다. 다행히도 여기에는 무작위성이라는 간단하고 우아한 해결책이 있다. 언제 어디서 감시당할지 알 수 없다면 심복과 사기꾼들이 부정을 저지르고 빠져나가기가 더 어려워진다.

이를 실현하는 방법을 뉴욕 경찰국NYPD이 보여준다.

이날도 맨해튼 북서부에서는 여느 때와 다름없이 마약 단속이 이루어지고 있었다.[35] 마약단속국DEA이 어느 마약상의 소굴을 발견했다. 아주 거물은 아니었고, 기껏해야 동네 마약왕 정도였다. 그러나 문제가 하나 있었다. 마약상의 아파트를 샅샅이 수색하는 데 필요한 영장이 아직 발부되지 않은 것이다. 전형적인 늑장 행정이었다. 그래서 마약단속국 요원은 뉴욕 경찰국에 전화를 걸어,

'미국의 마약 수도'로 알려진 워싱턴하이츠에 근무하는 경찰에게 이 장소를 잠시 지켜봐달라고 요청했다. 누구도 그곳을 오가서는 안 됐기 때문이다. 이들은 아파트 안에 아마도 다량의 마약과 현금이 있을 것이라는 점을 경찰에게 알려주었다. 갱 소속의 누군가가 마약상이 발각된 걸 알아채고 찾아와 증거를 치워버릴 수도 있는 상황에서 단속국이 그대로 손 놓고 있을 수는 없었다.

뉴욕 경찰국 소속 경찰이 이곳을 잠시 돌봐주기로 했다.

그는 차를 타고 해당 아파트로 가 층계를 올라간 뒤 마약상의 집으로 들어갔다. 집 안에는 헤로인이 담긴 가방들이 여기저기 널려 있었다. 그러다가 2만 달러어치의 똘똘 말린 현금 뭉치가 그의 눈에 띄었다. 아파트에는 그 혼자뿐이었다. 저 돈은 마약 수익금이었고, 법 집행기관의 누구도 이곳에 아직 들어오지 않았다. 애초에 얼마가 있었는지 누가 어떻게 알겠는가? 돈이 없어진 걸 눈치라도 챌 수 있겠는가? 만약 범인이 현금 뭉치가 없어졌다고 불평해도, 경찰 배지를 가진 사람과 전과 기록을 가진 사람 중 누구의 말을 들어줄지는 뻔했다. 이야기의 결말은 누구나 예상할 수 있다. 경찰은 티가 나지 않도록 6,000달러만 챙겼다. 그는 돈다발을 방탄조끼 아래에 찔러넣고 마약단속국 요원들이 영장을 가지고 오기를 기다렸다.

도착한 요원들은 그에게 지원해주어서 감사하다고 인사했다. 그는 이곳을 나서서 마치 아무 일도 없었다는 듯 남은 하루를 보낼 계획이었다. 교대 시간이었다. 그러나 위법한 수익을 챙겨 집에 가려던 그는 그 자리에서 체포됐다.

'마약단속국 요원'은 뉴욕 경찰국 내사국 소속의 잠입 경찰이었다. '헤로인' 가방에는 사실 팬케이크 가루가 가득 들어 있었다. '마약 소굴'은 시 경찰서에서 임대한 아파트였고, 곳곳에 설치된 도청 장치와 카메라가 모든 움직임을 포착하고 있었다. 경찰 부패 행위와 불법 활동의 용의자로 지목된 이 경찰은 방금 청렴성 시험에서 탈락했다.

"이런 시험은 경찰이 압수품을 빼돌리기 어렵게 해줍니다. 완전히 막지는 못합니다만, 훨씬 더 어렵게 하죠."[36] 찰스 캄피시 Charles Campisi가 내게 말했다. 1996년부터 2014년까지 내사국을 이끌었던 캄피시는 거의 혼자서 경찰서의 부패를 소탕한 인물이다. 시작은 미미했다. "우리는 아무 가게에나 들어가서 공짜 커피를 얻어 마실 수 없다는 정책을 도입했습니다." 캄피시가 말했다. "이는 부패 중에서도 가장 낮은 수준입니다. 하지만 가장 낮은 수준일지라도 애초에 시작조차 하지 않는다면 가장 높은 수준까지 오를 일도 없으리라는 게 저희 생각이었습니다." 이런 정책들은 청렴성 시험 또는 함정 수사가 뒷받침했다.

어떤 시험에는 표적이 있었다. 내사국은 동료 경찰이나 시민에게서 제보를 받으면 용의선상에 오른 해당 경찰관을 감시하에 두고 나쁘게 행동할 쉬운 기회를 제시한다. 경찰관에게 범죄를 저지르도록 압박을 가하지는 않지만, 입수한 지갑에 현금이 가득 들어 있는 경우처럼 쉽게 눈앞의 이득을 취할 수 있고 걸리지는 않을 것 같은 상황을 만들어낸다. 때로는 잠입 경찰이 사기꾼으로 변장하기도 한다. 이 가짜 범죄자는 심문 또는 체포 과정에서 경찰이 난폭하거나 폭력적으로 구는지 확인하기 위해 동료 경찰을 모욕한다. 돈을 챙기거나 주먹을 날린 경찰은 곧 체포된다.

캄피시가 일으킨 가장 효과적인 혁신은 청렴성 시험을 무작위 방식으로 바꾼 것이다. 수년 동안 그의 감독을 받은 뉴욕 경찰국은 이미 상당히 개선된 상태였다. 예컨대 2012년, 캄피시는 530건의 청렴성 시험 준비를 도왔다. 수십 건에서 절차적 실패가 드러났다. 그럼에도 돈을 챙기거나 미리 심어둔 마약을 훔친 경찰은 여섯 명에 불과했다. 게다가 캄피시가 얻은 가장 중요한 통찰은 따로 있었다. 청렴성 시험을 1년에 500건씩 무작위로 진행한다면 '수천' 명의 경찰이 본인도 시험을 치르고 있다고 생각하게 된다는 점이었다. 어쨌든 시민들은 주운 지갑을 경찰에게 가져다주기 마련이고, 마약 단속을 나가면 대개는 테이블 위에 놓인 현금 다발을 마주치게 된다. 이처럼 실제 상황이지만 내사국에서 자기를 시험하기 위해 꾸며진 상황이라고 오해할 만한 상황은 수없이 많다.

1990년 말 어느 연구자가 뉴욕 경찰국 소속 경찰들을 대상으로 지난 한 해 동안 본인이 내사국 수사의 표적이 된 적이 있는지를 묻는 설문조사를 실시했다. 연구자는 이들의 답변을 바탕으로 매해 6,000건의 청렴성 시험이 진행된다고 예측했다. 실제보다 열두 배나 많은 예상치였다.[37] 게다가 개인적으로 자신이 표적이 된 적이 있다고 느낀 경찰들 이외에도, 나머지 경찰들 또한 언제든 자신이 감시당할 '수' 있음을 알고 있었다. 모든 마약 단속이나 일상적인 차량 검문이 정교한 시험일 수 있었다. 건전한 수준의 두려움이 생길수록 돈을 챙기거나, 마약을 훔치거나, 건방진 범죄자에게 주먹을 날리는 경찰이 더 적어졌다.

회사 휴게실에 카메라를 잔뜩 숨겨두고 냉장고에 케이크 한 조각을 두어 직원들에게 미끼를 던진 뒤 직원이 케이크를 가로채는 순간을 포착해야 한다는 말이 아니다. 이처럼 모든 사람을 의심하고 사회적 신뢰 따위는 없는 사회에서 살고 싶어 할 사람은 없을 것이다. 대신 우리는 유달리 막대한 영향력이 따르는 권좌에 앉은 사람만이 감시받을 걱정을 하도록 만들어야 한다. 만인에 대한 지속적인 감시는 건전하지 않다. 평범한 근로자에 대한 지속적인 감시는 절대 용납될 수 없다. 그러나 심각한 피해를 초래할 기회가 수두룩한 사람들에 대한 무작위 청렴성 시험은 대개 정당한 이유가 있다. 여기에 더해 아나스처럼 집요한 저널리스트들의 감시가 더 활발하게 이루어진다면, 우리 사회에서 피할 수 있는 권력 남용을 억지하는 데 큰 영향을 미칠 수 있다. 면밀한 조사는 우리가 이토록 탄탄한 인간 감시를 발달시키기 전 거대한 신들이 담당했던 역할을 맡을 수 있다. 그러나 오웰의 『1984』를 재현하지 않도록 모든 감시는 최소화돼야 하며, 가장 많은 권력을 가진 사람들을 표적으로 삼아야 하고, 가능한 한 지속적인 모니터링보다는 무작위 방식을 이용해야 한다. 억지력의 제단에 우리의 자유를 바쳐서는 안 된다.

마지막으로, 채찍만 사용하고 당근을 배제할 필요는 없다. 잘 설계된 무작위 시스템은 좋은 행동 또한 독려할 수 있다. 예컨대 스웨덴에서는 과속을 줄이기 위해 두 단계의 절차를 시행했다. 첫째는 쉽게 예상할 수 있듯, 과속을 범한 운전자에게는 범칙금이 부과됐다. 그리고 둘째는 속도 제한을 지켜 주행한 운전자들에게는 무작위 복권 당첨의 기회를 주었다.[38] 과속 운전자가 납부한 범칙금은 법을 준수한 운전자 중 무작위로 선택받은 이들에게 상금으로 돌아간다. 나쁜 행동을 처벌하는 동시에 좋은 행동을 택할 유인을 만든 것이다. 무작위, 즉 제비뽑기는 권력을 가질 사람들을 선택하는 데 유용한 것만큼, 이미 권력을 획득한 사람들이 자신의 행동에 책임을 지게 하는 유용한 도구가 될 수 있다. 결국 권력을 획득하고야 마는 부패하는 사람들을 상대로 한 싸움에서는 무작위성의 힘을 더 자주 이용해야 한다.

어떤 방식을 사용하든, 우리는 평범한 근로자나 시민들을 감시하는 대신 권력자를 감시하는 쪽으로 무게추를 밀어내야 한다. 이는 노렌자얀이 말한, 고대 이집트부터 지금까지 이어지는 한 가지 간명한 진실 때문이다. 즉, 감시받는 사람들이 좋은 사람들이다.

12장

부패하지 않는
권력을 설계하기
위하여

권력은 최악의 사람들을 끌어당기고, 가장 선한 사람들까지도 부패시킨다. 하지만 어째서인지 두 가지 효과 모두에 면역력이 있는 것처럼 보이는 사람들도 있다.

과제 10
'원칙을 지키는 구원자'를
직접 만든다

기원전 458년, 로마 동쪽 아펜니노산맥에 사는 부족인 아이퀴족Aequi이 로마군을 포위했다. 로마의 역사가 리비우스Livy는 당시를 이렇게 이야기했다. "(불과) 다섯 명의 말을 탄 병사가 적군의 전초기지를 뚫고 로마로 돌아와 집정관과 그의 군대가 포위됐다는 소식을 전했다."[1] 뒤이은 '공포와 혼란' 속에서 로마인들은 석기시대적 뇌에 굴복해, 위기의 시기에 자신감을 안겨줄 강한 지도자를 찾았다. 그렇게 그들은 루시우스 퀸시우스 신시내투스Lucius Quinctius Cincinnatus를 지도자로 삼기로 합의했다.

로마인들이 신시내투스를 찾아갔을 때, 그는 완전히 '농업에 열중한' 모습으로 밭을 갈고 있었다.[2] 도시의 권력 다툼과는 거리가 멀었던 그는 자신이 독재 집정관으로 지명됐다는 데 놀랐다. 그래도 그는 책임을 받아들여 로마인을 이끄는 데 마지못해 동의했다. 이는 그의 의무였다. 그의 임기는 최소한 6개월간 이어질 예정이었다. 그러나 로마군을 이끌어 전투에서 아이퀴족을 무찌른 신시내투스는 집정관 취임 6일 만에 사임했다.[3] 그리고는 다시 밭으로 돌아갔다.

20년 후, 로마인들은 다시 신시내투스를 불렀다. 이번에는 부유한 포퓰리스트이자 돈으로 대중의 지지를 사 권력을 장악하려고 하는 스푸리우스 마엘리우스Spurius Maelius의 위협을 물리쳐달라는 요청이었다. 그는 교활하고 권력에 굶주린 강탈자의 전형이었고, 이 사태는 대중이 선동가에게 유혹당하는 고전적인 사례였다. 신시내투스는 그의 위협을 물리쳤다. 그러고는 다시 권력을 포기했다. 그가 지배자로 군림한 기간은 21일에 불과했다.

신시내투스의 전설(일부 역사가는 이 이야기가 역사라기보다는 전설에 가깝다고 주장한다)은 인류에 대한 중대하고 복잡한 우화를 들려준다. 신시내투스는 모범적인 리더십으로 존경을 받았으며, 권력을 추구하지 않았으나 타인을 위해 울며 겨자 먹기로 권력에 발을 들인 사람이다. 어쩌면 그가 권력을 공정하게 행사할 수 있었던 이유는 스스로 권력을 원하지 않았기 때문일 수도 있다. 그리스의 역사학자인 할리카르낫소스의 디오니시우스Dionysius of Halicarnassus가 신시내투스와 그를 모범으로 삼아 행동한 다른 지도자들을 찬양하면서, 그 이유로 "그들이 직접 자신의 손으로 일했고, 검소한 삶을 살았으며, 영예로운 가난을 마다하지 않았고, 권력의 지위를 노리지 않았고 요청을 받았을 때도 사실상 거부"했기 때문이라고 말했다. 디오니시우스는 이런 형태의 리더십이 얼마나 흔치 않은지 개탄하면서 동시대인들이 "모든 면에서 정반대의 행보를 보이고 있다"라고 말했다.[4] 그 심정은 당신도 알 것만 같지 않은가?

신시내투스가 아이퀴족을 무찌른 지 2,000년도 더 지났을 무렵, 조지 워싱턴은 미국의 신시내투스로 이름을 알리기 시작했다. 이들 사이에는 놀라운 평행 이론이 존재하는 듯하다. 워싱턴은 국가를 위해 일한 또 다른 애국자이자 농부였으며, 요청을 받아 군주가 됐고, 두 임기 동안 대통령을 지낸 뒤 권력을 거부하고 물러났다. 이는 일견 규칙을 증명하는 예외처럼 보인다. 권력은 최악의 사람들을 끌어당기고, 가장 선한 사람들까지도 부패시킨다. 하지만 신시내투스와 조지 워싱턴은 어째서인지 두 가지 효과 모두에 면역력이 있었던 것처럼 보인다. 두 사람 모두 권력을 추구하지 않았고, 매혹적인 유혹에 빠져 악한 사람으로 전락하지도 않았다. 이들은 부패하는 사람이 아니었다.

두 사람에게 경의를 표하기 위해 당시 미국에서 신시내티협회 Society of the Cincinnati가 발족했다. 이들의 모토 '국가를 구하기 위해 모든 것을 포기한 사람Omnia reliquit servare rempublicam'에서 공직에 임하는 결의가 뚜렷하게 드러난다. 조지 워싱턴이 협회의 초대 명예회장으로 추대됐다.

그러나 오래지 않아 협회는 비판에 직면했다. 그중에서도 벤저민 프랭클린Benjamin Franklin은 이 협회가 새로운 미국식 귀족 '세습 기사단'이 될까 우려했다. 그 이유는 협회 가입이 장자 세습 원칙에 따라 이루어졌기 때문이다. 아버지가 아들에게 회원의 지위를 물려주어 엘리트가 엘리트를 낳는 셈이었다. 권력이 능력이 아니라 핏줄을 따라 흐르게 될 터였다. 이에 원칙에 따라 행동하는 혁명가 워싱턴은 세습 원칙을 없애지 않으면 회장직에서 물러나겠다고 고집했고, 협회는 세습 원칙을 버리기로 했다. 그러나 누구도 살펴보지 않자 세습 원칙이 되살아났다. 오늘날까지도 신시내티협회의 회원권은 핏줄에 묶여 있다.

여기서 우리는 충격적인 역설을 볼 수 있다. 타인을 위해 일하고 양심적으로 지위를 포기하는 것을 유산으로 여기기 위해 탄생한 협회가 비양심적으로 지위를 지키고 자신을 위한 행동을 일삼 았다는 것이다. 이들은 신시내투스의 이름으로 호소했지만, 그 이름에 걸맞은 삶을 살지는 않았다. 이런 일은 너무나 흔하게 벌어진다.

교훈은 이렇다. 우리에게는 현대의 신시내투스가 나타나 우리를 구해주기만을 기다리는 것보다는 더 좋은 전략이 필요하다. 대부분의 경우 이 기다림은 실망으로 끝나면서 우리의 기대에 찬물을 끼얹었을 것이다. 이는 현존하는 시스템 중 너무 많은 부분이 부패하는 사람을 불균형적으로 권력에 끌어당기고 권좌에 앉히기 때문이다. 그러고 나면 권력이 시스템을 더 나쁜 방향으로 바꿔놓는다. 물론 원칙을 지키는 예외도 있을 것이다. 세상은 선하고 품위 있는 사람들로 가득하며 존경할 만한 코치, 상사, 동네 경찰도 많다. 그럼에도 악의를 가진 소수의 막강한 사람들이 손아귀에 쥔 권력을 가지고 엄청난 피해를 일으키고 있다. 원칙을 지키는 우리의 신시내투스가 밭을 떠나 우리에게 오기를 기다리는 대신, 더 많은 평범한 사람이 신시내투스처럼 '처신'해야 한다. 그리하여 권력을 추구하기보다는 권력의 부름에 답할 수 있도록, 지배력이 부패하면서 뿜어내는 유독한 효과를 즐기기보다는 그 지배력을 포기할 수 있도록 시스템을 바꾸는 것이 더 현실적인 목표다.

우리는 지금까지 먼 길을 걸어왔다. 우리가 침팬지부터 CEO까지, 영장류의 독재정치와 수렵채집민의 무리 생활에서부터 사상 가장 정교한 위계질서까지 진화하는 데에는 수십만 년의 세월이 걸렸다. 그러나 인간은 비교적 짧은 시간 동안 온갖 난장판을 만들어냈다. 지난 몇 세기 동안 엄청난 발전이 이루어지면서 세계는 이전에 비해 헤아릴 수 없이 더 나은 곳이 됐다. 하지만 권력자들은 아직도 꾸준히 우리를 실망시킨다. 권력은 부패한다는 액턴 경의 격언이 진실일 뿐만 아니라 명백한 사실로 널리 받아들여지는 것도 이 때문이다.

권좌에 앉아 있는 이들 중에는 끔찍한 사람들이 너무나 많다. 문제를 해결하려면, 먼저 문제를 이해해야 한다. 사이코패스 교육구 관리자는 권력에 가장 이끌리는 사람이야말로 권력에 가장 적합하지 않은 사람이기 쉽다는 점을 보여주었다. 지역 경찰서의 군사적 광기는 잘못된 채용 전략이 우리 중 가장 권력에 굶주린 사람을 유혹하여 문제를 악화시킬 수 있음을 보여주었다. 애리조나에서 99가구 이상을 마치 자신의 봉토처럼 다스렸던 독재자는 이처럼 부패하는 인물을 저지하려면 경쟁이 필수적이라는 점을 분명히 보여주었다. 그러나 경쟁이 있다고 하더라도 넥타이를 맨 백인 남성들, 선장을 고르는 아이들, 재채기하는 들개 그리고 키 큰 병사들에게 집착했던 프로이센의 왕은 우리의 석기 시대적 뇌가 우리를 속여 잘못된 근거로 잘못된 지도자를 고르게 한다는 걸 깨닫게 했다. 이런 인지적 편향을 극복하더라도 스타벅스에서 홀로 커피를 마시는 사람들, 습관적으로 불법 주차를 하는 외교관들 그리고 버몬트의 총독은 책임자의 행동에 영향을 미치고 싶다면 시스템을 개혁해야 한다는 점을 강조해주었다. 자신의 손을 더럽힌 태국 총리, 평생을 배우며 살았던 도둑 그리고 홍수로 물이 차오르는 동안 사람들을 죽였던 의사는 권력이 우리의 생각만큼 부패하지는 않는 이유를 가르쳐주었다. 그러나 낙관도 잠시, 사이비 종교 집단을 이끄는 생물테러리스트와 도로에서 난폭하게 구는 BMW 운전자들은 슬프게도 액턴 경의 격언이 정확하다는 점을 드러냈다. 마약에 취한 원숭이들, 바람총의 마취에 취한 개코원숭이들 그리고 빠르게 나이 들어가는 임원진은 주도권 없는 권력이 우리에게 얼마나 큰 생리학적 스트레스를 안겨주는지 증명해 보였다.

그러나 이런 역학 중 절대 변하지 않는 것은 아무것도 없다. 더 좋은 사람이 우리를 이끌 수 있다. 더 현명하게 채용하고, 제비뽑기를 이용해 권력자들을 비판하고, 관리 감독을 개선할 수 있다. 지도자들에게 책임의 무게를 상기시킴으로써 그가 숱한 피해자를 만들어내기 전에 사람을 추상적인 존재가 아니라 사람으로 대하도록 만들 수 있다. 순환 인사를 시행해 권력 남용을 억지하고 감지할 수 있으며, 무작위 청렴성 시험을 통해 미꾸라지를 잡아낼 수도 있다. 나아가 보통 사람들 또는 평사원이 아니라 '진짜' 피해를 야기할 수 있는 상부에 초점을 맞춰 감시할 수 있다.

그렇다. 더 나은 길은 분명히 있다. 그리고 우리는 더 나은 세상을 만들 수 있다. 집중적인 노력과 적절한 개혁으로 무게추를 떠밀어, 권력을 추구하고 남용하고 부패하는 사람들을 밀어내고 그 자리에 다른 이들을 초대할 수 있다. 그러면 마침내 우리는 부패하지 않는 사람이 권력을 가지는 사회를 경험할 수 있을 것이다.

감사의 말

나는 이 책의 대부분을 잉글랜드 남해안의 광활하고 텅 빈 해변에서 자전거 바구니에 싣고 온 접이식 캠핑 의자에 앉아 썼다. 전 세계가 팬데믹에 시달리고 있는 와중에 사회적 거리두기를 터무니없을 만큼 극단적으로 받아들였다고 해도 좋겠다. 그러나 책은 사회적 거리두기와는 반대되는 지적 산물이다. 다른 사람들이 제시한 흥미로운 아이디어, 사소한 듯 느껴졌으나 몇 년간 뇌리에서 떠나지 않는 만남, 현명한 사람들이 편하게 나누는 대화에서 튀어나왔던 작은 부분들에 수년간 시달려온 저자의 생각이 열매를 맺은 것이다. 이 책을 쓰면서 나는 권력, 위계, 지위가 만들어내는 미칠 듯 복잡한 세계에 관하여 자신의 통찰을 공유해줄 만큼 친절하고 현명한 사람들에게, 그리고 권력의 정점에 오르는 데 성공한 비결과 타인을 무너뜨린 이유를 나에게 말해준 수많은 끔찍한 사람들에게 큰 빚을 졌다.

나는 또한 언제나 권력을 공정하게 행사하고 이 아이디어를 처음부터 믿어주었던 나의 대리인 앤서니 마테로Anthony Mattero에게도 빚을 졌다. 만약 그가 미어캣이라면, 그의 이동 신호는 언제나 따를 것이다. 나의 미주 지역 편집자 릭 호건Rick Horgan은 진정한 출판 구루다. 그에게는 바그완 시리 라즈니시와 마찬가지로 그를 추종하는 집단이 있는데, 주로 그의 지혜로 덕을 보고 감사해하는 저자들이다. 나 또한 행복한 마음으로 그 집단에 속해 있다. 그러나 나는 그가 절대로 권력을 남용하거나 샐러드 바에 살모넬라균을 뿌리진 않으리라는 걸 확신한다. 나의 영국 지역 편집자 조 지그몬드Joe Zigmond는 내가 지루한 아이디어에서 벗어나게 해줬고, 이 책을 훨씬 더 읽을 만한 책으로 만들어주었다. 나는 내가 영국의 바다를 항해하기 위해 지그몬드와 영국 지역 대리인 카스피안 데니스Caspian Dennis를 선장으로 택했다는 게 매우 만족스럽다(컴퓨터 시뮬레이션이 아니라 직접 두 사람의 얼굴을 보고 그들의 현명한 지도를 근거로 내린 선택이었다). 세심하게 신경 써준 베케트 뤼다Beckett Rueda, 댄 커디Dan Cuddy, 스티브 볼트Steve Boldt에게도 감사 인사를 전한다.

나는 마다가스카르, 태국, 잠비아, 벨라루스, 코트디부아르, 튀니지, 프랑스, 라트비아, 영국, 인도, 스위스, 미국, 토고를 비롯한 세계 각지에서 연구를 수행했다. 그 여정에서 망가진 사람들과 망가진 권력 시스템을 이해할 수 있도록 나를 도와준 사람들의 환영과 친절이 없었더라면 이 책을 집필하지 못했을 것이다. 결코 존경할 수 없는 수많은 이들, 이를테면 서아프리카의 폭력적인 반란자, 동남아시아에서 쿠데타를 일으킨 장군들, 동유럽의 부패한 CEO들, 북아프리카의 고문 가해자 등에게도 지금의 그 자리에 오르기까지 어떤 과정이 있었는지를 이야기해준 데 대해 일종의 감사 인사를 보낸다.

세계 각국이 빗장을 건 코로나19 와중에 저마다의 시간을 쪼개 내가 하이에나, 위계, HOA에 관한 글을 읽을 수 있도록 도와준 유니버시티칼리지런던의 열정적인 학부생 안토니 미콕키Antoni Mikocki, 다니엘라 심스Daniella Sims, 에듀 케네디Edu Kenedi, 에밀리 커닝 Emilie Cunning, 해나 화이트Hannah White, 마리아 카리바Maria Kareeva, 타라 드 클레르크Tara De Klerk에게도 깊은 감사를 보낸다. 이 글을 나의 열성 담긴 추천서라고 생각해주길 바란다. 이 '감사의 글' 부분을 대학원 입학원서에 첨부하거나 장래의 고용주에게 보여주면 된다 (만약 당신이 대학원에 몸담고 있거나 고용주라면, 이들의 입학을 허가하거나 고용하기를 바란다. 엄청난 학생들이다).

나와 인터뷰했으나 이 책에는 직접 실리지 않은 사람들에게도 감사 인사를 보낸다. 이들이 보여준 아이디어는 각 장을 쓸 때마다 나의 뇌리에 깃들어 있었다. 서맨사 파워Samantha Power 대사, 셰인 바우어Shane Bauer, 에리카 체노웨스Erica Chenoweth, 마르코 비야파냐Marco Villafaña, 로라 크레이Laura Kray, 베르나르도 자카Bernardo Zacka, 대니 왕 Danni Wang, 데이비드 스카베크David Skarbek, 레이 굿마크Leigh Goodmark, 피터 맨덜슨 경Lord Peter Mandelson, 조 빌링햄Zoe Billingham, 존 튤리John Tully, 아난 빤야라춘Anand Panyarachun 총리, 데인 모리소Dane Morriseau, 오마르 맥둠Omar McDoom, 사이먼 만Simon Mann, 장 프랑수와 본퐁Jean-Francois Bonnefon, 데니스 투리시Dennis Tourish, 크리스토프 티테카Kristof Titeca를 비롯한 많은 분에게 감사드린다.

마지막으로 우리 가족에게 가장 큰 감사를 보낸다. 가족은 내가 알고 있는 모든 중요한 것을 가르쳐주었고, 무엇보다도 가장 위대한 권력은 나를 사랑해주는 멋진 사람들과 시간을 보낼 권력임을 알게 해주었다.

주

서문 고장 난 세상을 수리하기 위한 안내서

1. Roger W. Byard, "The Brutal Events on Houtman Abrolhos following the Wreck of the Batavia in 1629", *Forensic Science, Medicine, and Pathology,* 2020.

2. Mike Dash, *Batavia's Graveyard* (New York: Crown, 2002), 82.

3. 앞의 책.

4. 앞의 책, 150. 다음 또한 참조하라. E .D. DrakeBrockman, *Voyage to Disaster: The Life of Francisco Pelsaert* (Sydney: Angus & Robertson, 1963).

5. Mike Dash, author of *Batavia's Graveyard,* personal interview, 25 May 2020.

6. The *Batavia* journals, 다음에서 인용. Dash, *Batavia's Graveyard,* 216.

7. "Six Tongan Castaways in 'Ata Island'", Australia Channel 7 documentary, first broadcast in 1966. 다음에서 시청 가능. https://www.youtube.com/watch?v=qHO_RlJxnVI.

8. 앞의 책.

9. 앞의 책. 다음 또한 참조하라. Rutger Bregman, *Humankind: A Hopeful History* (London: Bloomsbury, 2020).

10. Rutger Bregman, "The Real Lord of the Flies: What Happened When Six Boys Were Shipwrecked for 15 Months", *Guardian,* 9 May 2020. 다음 또한 참조하라. Bregman, *Humankind.*

11. 피터 워너, 소년들을 구조한 어부, 전화 인터뷰, 2020년 6월 3일.

12. 앞의 책.

13. "Six Tongan Castaways in 'Ata Island.'"

14. World Bank Data, "Madagascar: GDP Growth (Annual %), https://data.worldbank.org/indicator/NY.GDP.MKTP.KD.ZG?locations=MG.

15. 마르크 라발로마나나, 마다가스카르 전 대통령, 개인 인터뷰, 2016년 5월 9일, 마다가스카르 안타나나리보.

16. 다음을 참조하라. Brian Klaas, "A Cosmetic End to Madagascar's Crisis?", International Crisis Group, Africa Report No. 218, May 2014.

17. "Madagascar: Air Force Two s'envole vers les Etats-Unis", Radio France Internationale, 23 November 2012.

18. Brian Klaas, "Bullets over Ballots: How Electoral Exclusion Increases the Risk of Coups d'État and Civil Wars" (DPhil thesis, University of Oxford, 2015).

19. 원형의 스탠퍼드대학교 감옥 실험은 여러 논문에서 개략적으로 다루었으며, 다음이 대표적이다. Craig Haney, Curtis Banks, and Philip Zimbardo, "Study of Prisoners and Guards in a Simulated Prison", *Naval Research Reviews,* 9:1-17 (Washington, DC: Office of Naval Research). 다음 또한 참조하라. Craig Haney and Philip Zimbardo, "Social Roles and Role-Playing: Observations from the Stanford Prison Study", *Current Perspectives in Social Psychology,* 4th ed., ed. E. P. Hollander and R. G. Hunt (New York: Oxford University Press, 1976), 266-74.

20. Ben Blum, "The Lifespan of a Lie", Medium, 7 June 2018.

21. Brian Resnick, "The Stanford Prison Experiment Is Based on Lies. Hear Them for Yourself", Vox, 14 June 2018.

22. Thomas Carnahan and Sam McFarland, "Revisiting the Stanford Prison Experiment: Could Participant Self-Selection Have Led to the Cruelty?", *Personality and Social Psychology Bulletin* 33 (5) (2007): 603-14.

23. 앞의 책, 608.

24. John Antonakis and Olaf Dalgas, "Predicting Elections: Child's Play!", Science 323 (5918): (2009): 1183.

25. 앞의 책.

26. Rema Hanna and Shing-Yi Wang, "Dishonesty and Selection into Public Service: Evidence from India", *American Economic Journal: Economic Policy* 9 (3) (2017): 262-90.

27. S. Barfort et al., "Sustaining Honesty in Public Service: The Role of Selection", *American Economic Journal: Economic Policy* 11 (4) (2019): 96-123. 다음 또한 참조하라. Ray Fisman and Miriam A. Golden, Corruption: *What Everyone Needs to Know* (Oxford: Oxford University Press, 2017).

1장 권력의 진화

1. 다음을 참조하라. M. C. Weiss et al., "The Physiology and Habitat of the Last Universal Common Ancestor", *Nature Microbiology* 1 (9) (2016): 1-8.

2. 다음을 참조하라. P. Duda and J. Zrzavý, "Evolution of Life History and Behavior in Hominidae: Towards Phylogenetic Reconstruction of the Chimpanzee-Human Last Common Ancestor", *Journal of Human Evolution* 65 (4) (2013): 424-46.

3. R. Waterson, E. Lander, and R. Wilson, "Initial Sequence of the Chimpanzee Genome and Comparison with the Human Genome", *Nature* 437 (2005): 69-87.

4. Frans de Waal, *Chimpanzee Politics: Power and Sex among Apes* (New York: Harper & Row, 1982).

5. 프란스 드 발, 에머리대학교 영장류동물학자, 전화 인터뷰, 2020년 3월 25일.

6. 앞의 책.

7. E. W. Menzel, "Patterns of Responsiveness in Chimpanzees Reared through Infancy under Conditions of Environmental Restriction", *Psychologische Forschung* 27 (4) (1964): 337-65. 다음 또한 참조하라. W. A. Mason, "Sociability and Social Organization in Monkeys and Apes", in *Advances in Experimental Social Psychology,* ed. L. Berkowitz (New York: Academic Press, 1964), 1:277-305.

8. Katherine S. Pollard, "What Makes Us Different?", *Scientific American,* 1 November 2012.

9. 앞의 책.

10. K. Hamann et al., "Collaboration Encourages Equal Sharing in Children but Not in Chimpanzees", *Nature* 476 (7360) (2011): 328-31.

11. 마이클 토마셀로, 듀크대학교 발달심리학자, 이메일 인터뷰, 2020년 5월 23일.

12. Hamann et al., "Collaboration Encourages Equal Sharing".

13. 다음을 참조하라. J. D. Lewis-Williams and M. Biesele, "Eland Hunting Rituals among Northern and Southern San Groups: Striking Similarities", *Africa,* 1978, 117-34.

14. 다음을 참조하라. R. B. Lee and I. DeVore, eds., *Kalahari Hunter-Gatherers: Studies of the !Kung San and Their Neighbors* (Cambridge, MA: Harvard University Press, 1976).

15. Richard B. Lee, "Eating Christmas in the Kalahari", *Natural History,* December 1969, 224. 다음 또한 참조하라. Christopher Boehm, *Hierarchy in the Forest: The Evolution of Egalitarian Behavior* (Cambridge, MA: Harvard University Press, 2009).

16. Lee, "Eating Christmas", 225.

17. 다음을 참조하라. Polly Wiessner, "Leveling the Hunter", in *Food and the Status Quest: An Interdisciplinary Perspective,* ed. P. Wiessner and W. Schiefenhövel (Oxford: Berghan Books, 1996).

18. 마르크 반 부그트, 진화심리학자, 암스테르담 자유대학교, 전화 인터뷰, 2020년 5월 8일.

19. Neil Thomas Roach, "The Evolution of High-Speed Throwing", Harvard University research summary, https://scholar.harvard.edu/ntroach/evolution-throwing.

20. Neil Thomas Roach, "The Biomechanics and Evolution of High-Speed Throwing" (PhD diss., Harvard University, 2012).

21. L. Allington-Jones, "The Clacton Spear: The Last One Hundred Years", *Archaeological Journal* 172 (2) (2015): 273-96.

22. David Yuzuk, *The Giant Killer: American Hero, Mercenary, Spy...The Incredible True Story of the Smallest Man to Serve in the U.S. Military-Green Beret Captain Richard Flaherty* (New York: Mission Point Press, 2020).

23. Christopher Ingraham, "American Toddlers Are Still Shooting People on a Weekly Basis This Year", Washington Post, 29 September 2017.

24. Peter Turchin, *Ultrasociety: How 10,000 Years of War Made Humans the Greatest Cooperators on Earth* (Chaplin, CT: Beresta Books, 2016), 106.

25. Boehm, *Hierarchy in the Forest.*

26. 앞의 책, 105.

27. 다음을 참조하라. E. A. Cashdan, "Egalitarianism among Hunters and Gatherers", *American Anthropologist* 82 (1) (1980): 116-20.

28. "Human social organization during the Late Pleistocene: Challenging the nomadic-egalitarian model" by Manvir Singh and Luke Glowacki, 2021.

29. 몇몇 연구는 수렵채집민 사회에서 여성을 더 평등한 존재로 여겼다고 주장하는 한편, 다른 몇몇 연구는 정반대의 주장을 내놓는다. 다음을 참조하라. John D. Speth, "Seasonality, Resource Stress, and Food Sharing in So-Called 'Egalitarian' Foraging Societies", *Journal of Anthropological Archaeology* 9 (1990): 148-88.

30. Boehm, *Hierarchy in the Forest.*

31. J. Gómez et al., "The Phylogenetic Roots of Human Lethal Violence", *Nature* 538 (7624) (2016): 233-37.

32. 앞의 책.

33. Boehm, *Hierarchy in the Forest,* 7-8; Christopher Boehm, 전화 인터뷰, 2020년 5월 29일.

34. 피터 터친, 과학자, 코네티컷대학교 교수, 전화 인터뷰, 2020년 4월 7일.

35. 이 수학적 관계는 1900년대 초 공학자이자 영국 자동차 산업의 선구자이기도 했던 프레더릭 란

체스터(Frederick Lanchester)가 밝혀냈다. 원거리 전투의 경우 규모가 더 큰 군대의 이점이 증폭된다는 법칙은 란체스터의 제곱 법칙(Lanchester's Square Law)으로 불린다.

36. 터친, 전화 인터뷰.

37. 앞의 책.

38. 다음을 참조하라. J. L. Weisdorf, "From Foraging to Farming: Explaining the Neolithic Revolution", *Journal of Economic Surveys* 19 (4) (2005): 561-86; and Jared Diamond, "The Worst Mistake in the History of the Human Race", Discover, 1 May 1999.

39. R. L. Carneiro, "A Theory of the Origin of the State: Traditional Theories of State Origins Are Considered and Rejected in Favor of a New Ecological Hypothesis", *Science* 169 (3947) (1970): 733-38.

40. Turchin, *Ultrasociety*.

41. Gómez et al., "Phylogenetic Roots".

42. 앞의 책.

43. 터친, 전화 인터뷰.

2장 권력을 향해 뛰어드는 사람들

1. 왈드의 생애에 관한 논의는 다음을 참조하라. Jordan Ellenberg, *How Not to Be Wrong* (New York: Penguin, 2014).

2. W. Allan Wallis, "The Statistical Research Group, 1942-1945", *Journal of the American Statistical Association* 75 (370) (1980): 322.

3. Oskar Morgenstern, "Abraham Wald, 1902-1950", *Econometrica* 19 (4) (1951): 361-67.

4. 마리 프랑스 보카사, 인터뷰, 2019년 9월 30일, 프랑스 파리.

5. J. H. Crabb, "The Coronation of Emperor Bokassa", *Africa Today* 25 (3) (1978): 25-44. 다음 또한 참조하라. "The Coronation of Jean-Bedel Bokassa", BBC World Service, 4 December 2018.

6. Brian Tetley, *Dark Age: The Political Odyssey of Emperor Bokassa* (Montreal: McGill-Queen's Press, 2002).

7. 앞의 책. 다음 또한 참조하라. "In Pictures: Bokassa's Ruined Palace in CAR", BBC News, 8 February 2014.

8. Scott Kraft, "Ex-Emperor's Reign of Terror Relived: Bokassa Trial: Lurid Tales of Cannibalism, Torture", *Los Angeles Times,* 15 March 1987.

9. "Nostalgia for a Nightmare", *Economist,* 25 August 2016.

10. Jeremy Luedi, "The Vietnamese Daughters of an African Emperor", Asia by Africa, 13 May 2018. 보카사의 가족에 관해서는 다음 또한 참조하라. Jay Nordlinger, Children of Monsters (New York: Encounter Books, 2015).

11. 보카사, 인터뷰. 다음 또한 참조하라. MarieFrance Bokassa, *Au château de l'ogre* (Paris: Flammarion, 2019).

12. R. D. Arvey et al., "The Determinants of Leadership Role Occupancy: Genetic and Personality Factors", *Leadership Quarterly* 17 (1) (2006): 1-20.

13. J.-E. De Neve et al., "Born to Lead? A Twin Design and Genetic Association Study of Leadership Role

Occupancy", *Leadership Quarterly* 24 (1) (2013): 45-60.

14. M. L. East et al., "Maternal Effects on Offspring Social Status in Spotted Hyenas", *Behavioral Ecology* 20 (3) (2009): 478-83; K. E. Holekamp and L. Smale, "Dominance Acquisition during Mammalian Social Development: The 'Inheritance' of Maternal Rank", *American Zoologist* 31 (2) (1991): 306-17.

15. M. A. van der Kooij and C. Sandi, "The Genetics of Social Hierarchies", *Current Opinion in Behavioral Sciences* 2 (2015): 52-57.

16. S. Zajitschek et al., "Paternal Personality and Social Status Influence Offspring Activity in Zebrafish", *BMC Evolutionary Biology* 17 (1) (2017): 1-10.

17. Nicole Torres, "Most People Don't Want to Be Managers", *Harvard Business Review,* 18 September 2014.

18. D. C. McClelland, C. Alexander, and E. Marks, "The Need for Power, Stress, Immune Function, and Illness among Male Prisoners", *Journal of Abnormal Psychology* 91 (1) (1982): 61.

19. F. Pratto et al., "Social Dominance Orientation: A Personality Variable Predicting Social and Political Attitudes", *Journal of Personality and Social Psychology* 67 (4) (1994): 741.

20. Radley Balko, "Tiny Georgia Police Department Posts Terrifying SWAT Video", *Washington Post,* 13 August 2014.

21. C. Delehanty et al., "Militarization and Police Violence: The Case of the 1033 Program", *Research & Politics* 4 (2) (2017): 1-7.

22. Francis X. Donnelly, "Michigan Town's Feud over Military Gear Gets Ugly", *Detroit News,* 17 April 2018. 최근 경찰서장이 남는 군사 장비와 관련된 횡령으로 기소되었다는 점은 눈여겨볼 만하다.

23. Radley Balko, "Overkill: The Rise of Paramilitary Police Raids in America", *CATO Institute,* 25 March 2014, 8.

24. Lorenzo Franceschi-Bicchierai, "Small-Town Cops Pile Up on Useless Military Gear", *Wired,* 26 June 2012.

25. 헬렌 킹, 전 런던 광역경찰청 부청장, 인터뷰, 2020년 2월 11일, 영국 런던.

26. Simone Weichselbaum and Beth Schwartzapfel, "When Warriors Put on the Badge", Marshall Project, 30 March 2017.

27. Delehanty et al., "Militarization and Police Violence".

28. "Freeze! NZ Police's Most Entertaining Recruitment Video, Yet!", NZPoliceRecruitment, 26 November 2017, https://www.youtube.com/watch?v=f9psILoYmCc.

29. 케이 라이언, 인적자원부 부책임자, 뉴질랜드 경찰청, 전화 인터뷰, 2020년 5월 12일.

30. "Hungry Boy 45 Sec-'Do You Care Enough to Be a Cop?,'" NZPoliceRecruitment, 30 March 2016, https:// www.youtube.com/watch?v=6pz42UqcmzQ.

31. 라이언, 인터뷰.

32. 이 부분에서 언급한 데이터는 2020년 6월 12일 뉴질랜드 경찰청이 이메일로 보내준 자료다.

33. Freedom of Information request to the New Zealand government, 29 October 2015, https://fyi.org.nz/request/3174/response/10477/attach/html/3/rakete%20 emma%2015%2017696%201%20signed%20reply.pdf.html.

34. "The Counted", *Guardian,* 2016 data, https:// www.theguardian.com/us-news/ng-interactive/2015/jun/01/the-counted-police-killings-us-database.

35. 로저 토레스, 전 MMA 파이터, 이메일, 2020년 9월 5일.

36. "National and State Statistical Review for 2017", Community Associations Institute, 2017, https:// foundation.caionline.org/wp-content/uploads/2018/06/2017StatsReview.pdf.

37. 토레스, 전화 인터뷰, 2020년 5월 13일.

3장 권력이라는 망상

1. Mitch Moxley, *Apologies to My Censor* (New York: Harper Perennial, 2013).

2. 미치 목슬리, 저널리스트, 전화 인터뷰, 2020년 4월 27일.

3. Moxley, *Apologies to My Censor,* 261.

4. 목슬리, 전화 인터뷰.

5. Alice Yan, "Inside China's Booming 'Rent a Foreigner' Industry", *South China Morning Post,* 12 June 2017.

6. 앞의 책.

7. 이 부분의 데이터는 공개적으로 이용 가능한 자료로 마리아 카리바가 정리해주었다.

8. Christopher Zara, "People Were Asked to Name Women Tech Leaders. They said 'Alexa' and 'Siri,'" *Fast Company,* 20 March 2018.

9. "Black bosses 'shut out' by 'vanilla boys' club,' " BBC News, 3 February 2021, https:// www.bbc.co.uk/ news/business-55910874

10. 이는 공개적으로 이용 가능한 데이터로 다니엘라 심스가 정리해주었다.

11. 이 부분의 데이터는 다음에서 발췌했다. "Women in Parliaments", Inter-Parliamentary Union, https:// data.ipu.org/women-ranking?month=10&year=2020.

12. 다음을 참조하라. Brian Klaas, *The Despot's Accomplice: How the West Is Aiding & Abetting the Decline of Democracy* (Oxford: Oxford University Press, 2017).

13. 프란스 드 발, 에머리대학교 영장류 동물학자, 전화 인터뷰, 2020년 3월 25일.

14. C. D. FitzGibbon and J. H. Fanshawe, "Stotting in Thomson's Gazelles: An Honest Signal of Condition", *Behavioral Ecology and Sociobiology* 23 (2) (1988): 69-74.

15. 다음을 참조하라 S. R. X. Dall et al., "Information and Its Use by Animals in Evolutionary Ecology", *Trends in Ecology & Evolution* 20 (4) (2005): 187-93.

16. Simon P. Lailvaux, Leeann T. Reaney, and Patricia R. Y. Backwell, "Dishonest Signalling of Fighting Ability and Multiple Performance Traits in the Fiddler Crab, *Uca mjoebergi",* *Functional Ecology* 23 (2) (2009): 359-66.

17. D. R. Carney, A. J. Cuddy, and A. J. Yap, "Power Posing: Brief Nonverbal Displays Affect Neuroendocrine Levels and Risk Tolerance", *Psychological Science* 21 (10) (2010): 1363-68.

18. Amy Cuddy, "Your Body Language May Shape Who You Are", https://www.ted.com/talks/amy_cuddy_ your_body_language_may_shape_who_you_are?language=en.

19. Maquita Peters, "Power Poses Co-author: 'I Do Not Believe the Effects Are Real,'" *NPR Weekend Edition Saturday,* 1 October 2016.

20. 다음을 참조하라. L. ten Brinke, K. D. Vohs, and D. R. Carney, "Can Ordinary People Detect Deception After All?", *Trends in Cognitive Sciences* 20 (8) (2016): 579-88.

21. R. Bliege Bird et al., "Signaling Theory, Strategic Interaction, and Symbolic Capital", *Current Anthropology* 46 (2) (2005): 221-48.

22. Thorstein Veblen, *The Theory of the Leisure Class* (New York: MacMillan, 1899).

23. A. B. Trigg, "Veblen, Bourdieu, and Conspicuous Consumption", *Journal of Economic Issues* 35 (1) (2001): 99-115.

24. M. Van Vugt and W. Iredale, "Men Behaving Nicely: Public Goods as Peacock Tails", *British Journal of Psychology* 104 (1) (2013): 3-13.

25. 다음을 참조하라. P. Blumberg, "The Decline and Fall of the Status Symbol: Some Thoughts on Status in a Post-Industrial Society", *Social Problems* 21 (4) (1974): 480-98.

26. Amanda Riley-Jones, "The Evolution of Tanning", *Reader's Digest,* https://www.readersdigest.co.uk/health/health-conditions/the-evolution-of-tanning.

27. R. I. Dunbar, "The Social Brain Hypothesis and Its Implications for Social Evolution", *Annals of Human Biology* 36 (5) (2009): 562-72. 다음 또한 참조하라. R. Giphart and M. van Vugt, *Mismatch: How Our Stone Age Brain Deceives Us Every Day (and What We Can Do about It)* (London: Hachette, 2018).

28. Leda Cosmides and John Tooby, "Evolutionary Psychology: A Primer", UC-Santa Barbara Center for Evolutionary Psychology, 1997, https://www.cep.ucsb.edu/primer.html.

29. Daniel Lieberman, "Evolution's Sweet Tooth", *New York Times,* 5 June 2012.

30. N. P. Li, M. van Vugt, and S. M. Colarelli, "The Evolutionary Mismatch Hypothesis: Implications for Psychological Science", *Current Directions in Psychological Science* 27 (1) (2018): 38-44.

31. A. Ahuja and M. van Vugt, *Selected: Why Some People Lead, Why Others Follow, and Why It Matters* (London: Profile Books, 2010).

32. M. van Vugt and R. Ronay, "The Evolutionary Psychology of Leadership: Theory, Review, and Roadmap", *Organizational Psychology Review* 4 (1) (2014): 74-95.

33. 앞의 책.

34. 코린 모스 라쿠신, 스키드모어칼리지 심리학과 조교수, 전화 인터뷰, 2020년 4월 23일.

35. C. A. Moss-Racusin et al., "Science Faculty's Subtle Gender Biases Favor Male Students", *Proceedings of the National Academy of Sciences* 109 (41) (2012): 16474-79.

36. C. P. Gilman, Herland (1915; repr., New York: Pantheon, 2010).

37. A. H. Eagly and B. T. Johnson, "Gender and Leadership Style: A Meta-Analysis", *Psychological Bulletin* 108 (2) (1990): 233.

38. M. van Vugt et al., "Evolution and the Social Psychology of Leadership: The Mismatch Hypothesis", *Leadership at the Crossroads* 1 (2008): 267-82. 다음 또한 참조하라. Ahuja and van Vugt, Selected.

39. Ahuja and van Vugt, Selected, 164.

40. J. M. O'Brien, *Alexander the Great: The Invisible Enemy, a Biography* (London: Routledge, 2003), 56.

41. Stephen S. Hall, *Size Matters: How Height Affects the Health, Happiness, and Success of Boys-and the Men They Become* (Boston: Houghton Mifflin, 2006).

42. Nancy Mitford, *Frederick the Great* (1970; repr., London: Vintage, 2011).

43. 앞의 책.

44. G. Stulp et al., "Tall Claims? Sense and Nonsense about the Importance of Height of US Presidents", *Leadership Quarterly* 24 (1) (2013): 159-71.

45. 앞의 책.

46. N. M. Blaker et al., "The Height Leadership Advantage in Men and Women: Testing Evolutionary Psychology Predictions about the Perceptions of Tall Leaders", *Group Processes & Intergroup Relations* 16 (1) (2013): 17-27.

47. Marissa Calligeros, "Queensland Councillor Has Legs Broken to Gain Height", *Sydney Morning Herald,* 29 April 2009.

48. J. Komlos, "Height and Social Status in Eighteenth-Century Germany", *Journal of Interdisciplinary History* 20 (4) (1990): 607-21.

49. A. Case and C. Paxson, "Stature and Status: Height, Ability, and Labor Market Outcomes", *Journal of Political Economy* 116 (3) (2008): 499-532. 다음 또한 참조하라. N. Persico, A. Postlewaite, and D. Silverman, "The Effect of Adolescent Experience on Labor Market Outcomes: The Case of Height", *Journal of Political Economy* 112 (5) (2004): 1019-53.

50. M. Levine et al., "Identity and Emergency Intervention: How Social Group Membership and Inclusiveness of Group Boundaries Shape Helping Behavior", *Personality and Social Psychology Bulletin* 31 (4) (2005): 443-53.

51. 다음을 참조하라. Ahuja and van Vugt, *Selected,* "Chapter 6: The Mismatch Hypothesis".

52. 다음을 참조하라. D. S. Berry and L. ZebrowitzMcArthur, "What's in a Face? Facial Maturity and the Attribution of Legal Responsibility", *Personality and Social Psychology Bulletin* 14 (1) (1988): 23-33; D. S. Berry and L. Z. McArthur, "Some Components and Consequences of a Babyface", *Journal of Personality and Social Psychology* 48 (1985): 312-23; and D. J. Shoemaker, P. R. South, and J. Lowe, "Facial Stereotypes of Deviants and Judgments of Guilt or Innocence", *Social Forces* 51 (1973): 427-33.

53. R. W. Livingston and N. A. Pearce, "The Teddy-Bear Effect: Does Having a Baby Face Benefit Black Chief Executive Officers?", *Psychological Science* 20 (10) (2009): 1229-36.

4장 약한 리더를 감지하는 신호

1. 리치 아그넬로, 스키넥터디의 특수학급 교사, 전화 인터뷰, 2020년 3월 18일.

2. 앞의 책.

3. "Petty Tyrant", *This American Life,* 12 November 2010.

4. Steven Cook, "Day 8: Workers Cite Raucci Abuse", *Schenectady Daily Gazette,* 11 March 2010.

5. "Petty Tyrant", This American Life.

6. Steven Cook, "Day 7: Witnesses Recall Raucci's Drive for Power in School District", *Schenectady Daily Gazette,* 10 March 2010.

7. "Petty Tyrant", *This American Life.*

8. CSEA 조합장 케이시 개리슨(Kathy Garrison), 스티브 라우치 재판에서 반대 심문 중,

2010년 3월 8일.

9. 케이시 개리슨에게 온 익명의 투서, 날짜 없음.

10. Steve Cook, "Day 10: At Raucci Trial, Victim Tells of Threats, Damage", *Schenectady Daily Gazette,* 16 March 2010.

11. "Petty Tyrant", *This American Life.*

12. 스티브 라우치의 재판에서 증거로 제출된 비밀 음성 녹음본의 전사.

13. Kathleen Moore, "Emails Show How Raucci Complaints Went Nowhere", *Schenectady Daily Gazette,* 22 July 2011.

14. Cook, "Day 7".

15. Steven Cook, "DNA Test Links Explosive to Raucci", *Schenectady Daily Gazette,* 12 May 2009.

16. Steven Cook, "Friend-Turned-Informant Provided Crucial Evidence in Raucci Case", *Schenectady Daily Gazette,* 7 June 2010.

17. 론 크리스, 전 스키넥터디 교육구 직원, 이메일 인터뷰, 2020년 3월 10일.

18. 스티브 라우치의 재판에서 증거로 제출된 비밀 음성 녹음본의 전사.

19. 앞의 책.

20. D. L. Paulhus and K. M. Williams, "The Dark Triad of Personality: Narcissism, Machiavellianism, and Psychopathy", *Journal of Research in Personality* 36 (6) (2002): 556-63.

21. P. K. Jonason and G. D. Webster, "The Dirty Dozen: A Concise Measure of the Dark Triad", *Psychological Assessment* 22 (2) (2010): 420.

22. Caoimhe Mcanena, forensic clinical psychologist, phone interview, 24 February 2020.

23. Ed Yong, "Spiders Gather in Groups to Impersonate Ants", *National Geographic,* 3 June 2009.

24. Ed Yong, "Spider Mimics Ant to Eat Spiders and Avoid Being Eaten by Spiders", *National Geographic,* 1 July 2009.

25. Ximena Nelson, "The Spider's Charade", *Scientific American 311* (6) (December 2014): 86-91.

26. Yong, "Spider Mimics Ant".

27. Kevin Dutton, *The Wisdom of Psychopaths* (London: Random House, 2012).

28. Y. Trichet, "Genèse et évolution de la manie sans délire chez Philippe Pinel. Contribution à l'étude des fondements psychopathologiques de la notion de passage à l'acte", *L'Évolution psychiatrique* 79 (2) (2014): 207-24.

29. M. Dolan and R. Fullam, "Theory of Mind and Mentalizing Ability in Antisocial Personality Disorders with and without Psychopathy", *Psychological Medicine* 34 (2004): 1093-102.

30. G. Rizzolatti and L. Craighero, "The Mirror-Neuron System", *Annual Review of Neuroscience* 27 (2004): 169-92.

31. K. Jankowiak-Siuda, K. Rymarczyk, and A. Grabowska, "How We Empathize with Others: A Neurobiological Perspective", *Medical Science Monitor* 17 (1) (2011): RA18.

32. H. Meffert et al., "Reduced Spontaneous but Relatively Normal Deliberate Vicarious Representations in Psychopathy", *Brain* 136 (8) (2013): 2550-62.

33. 니컬러스 쿠퍼(Nicholas Cooper), 에섹스대학교 심리학자, 전화 인터뷰, 2020년 5월 20일. 다음 또한 참조하라. C. C. Yang, N. Khalifa, and B. Völlm, "The Effects of Repetitive Transcranial Magnetic Stimulation on Empathy: A Systematic Review and Meta-Analysis", *Psychological Medicine* 48 (5) (2018): 737-50.

34. P. Babiak, R. D. Hare, and T. McLaren, *Snakes in Suits: When Psychopaths Go to Work* (New York: Regan Books, 2006).

35. N. Roulin and J. S. Bourdage, "Once an Impression Manager, Always an Impression Manager? Antecedents of Honest and Deceptive Impression Management Use and Variability across Multiple Job Interviews", *Frontiers in Psychology* 8 (2017): 29.

36. J. Volmer, I. K. Koch, and A. S. Göritz, "The Bright and Dark Sides of Leaders' Dark Triad Traits: Effects on Subordinates' Career Success and Well-Being", *Personality and Individual Differences* 101 (2016): 413-18.

37. P. Babiak, C. S. Neumann, and R. D. Hare, "Corporate Psychopathy: Talking the Walk", *Behavioral Sciences & the Law* 28 (2) (2010): 174-93.

38. 다음을 참조하라. G. Morse, "Executive Psychopaths", *Harvard Business Review* 82 (10) (2004): 20-21.

39. Babiak, Neumann, and Hare, "Corporate Psychopathy".

40. T. Osumi and H. Ohira, "The Positive Side of Psychopathy: Emotional Detachment in Psychopathy and Rational Decision-Making in the Ultimatum Game", *Personality and Individual Differences* 49 (5) (2010): 451-56.

41. J. B. Vieira et al., "Distinct Neural Activation Patterns Underlie Economic Decisions in High and Low Psychopathy Scorers", *Social Cognitive and Affective Neuroscience* 9 (8) (2014): 1099-107.

42. Dutton, *Wisdom of Psychopaths*.

43. Ryan Murphy, "Psychopathy by US State", SSRN, 26 May 2018, https://ssrn.com/ab stract=3185182.

44. M. Cima, F. Tonnaer, and M. D. Hauser, "Psychopaths Know Right from Wrong but Don't Care", *Social Cognitive and Affective Neuroscience* 5 (1) (2010): 59-67.

45. 리앤 텐 브린케, 심리학자, 브리티시컬럼비아대학교, 전화 인터뷰, 2020년 2월 12일.

46. L. ten Brinke, A. Kish, and D. Keltner, "Hedge Fund Managers with Psychopathic Tendencies Make for Worse Investors", *Personality and Social Psychology Bulletin* 44 (2) (2018): 214-23.

47. 다음을 참조하라. Brian Klaas, *The Despot's Accomplice* (Oxford: Oxford University Press, 2017).

48. H. M. Lentz, ed., *Heads of States and Governments since 1945* (London: Routledge, 2014).

49. J. J. Ray and J. A. B. Ray, "Some Apparent Advantages of Subclinical Psychopathy", *Journal of Social Psychology* 117 (1) (1982): 135-42.

50. 앞의 책. 다음 또한 참조하라. Dutton, *Wisdom of Psychopaths*.

51. G. E. Gall et al., "As Dusk Falls: Collective Decisions about the Return to Sleeping Sites in Meerkats", *Animal Behaviour* 132 (2017): 91-99. 다음 또한 참조하라. Elizabeth Preston, "Sneezing Dogs, Dancing Bees: How Animals Vote", *New York Times*, 2 March 2020.

52. Preston, "Sneezing Dogs".

53. D. D. Johnson and J. H. Fowler, "The Evolution of Overconfidence", *Nature* 477 (7364) (2011): 317-20..

54. J. Kolev, Y. FuentesMedel, and F. Murray, "Is Blinded Review Enough? How Gendered Outcomes Arise Even under Anonymous Evaluation", National Bureau of Economic Research, 2019, https:// www.nber. org/papers/w25759?utm_campaign=ntwh&utm_medium=email&utm_source=ntwg16.

5장 나쁜 시스템의 부산물

1. T. Talhelm et al., "Large-Scale Psychological Differences within China Explained by Rice versus Wheat Agriculture", *Science* 344 (6184) (2014): 603-8. 다음 또한 참조하라. Michaeleen Doucleff, "Rice Theory: Why Eastern Cultures Are More Cooperative", *National Public Radio,* 8 May 2014.

2. T. Talhelm, X. Zhang, and S. Oishi, "Moving Chairs in Starbucks: Observational Studies Find Rice-Wheat Cultural Differences in Daily Life in China", *Science Advances* 4 (4) (2018).

3. David Biello, "Does Rice Farming Lead to Collectivist Thinking?", *Scientific American,* 12 May 2014.

4. 다음을 참조하라. S. Maruna and R. E. Mann, "A Fundamental Attribution Error? Rethinking Cognitive Distortions", *Legal and Criminological Psychology* 11 (2) (2006): 155-77.

5. S. Kaiser, G. Furian, and C. Schlembach, "Aggressive Behaviour in Road Traffic-Findings from Austria", *Transportation Research Procedia,* 14 (2016): 4384-92.

6. R. Fisman and E. Miguel, "Corruption, Norms, and Legal Enforcement: Evidence from Diplomatic Parking Tickets", *Journal of Political Economy* 115 (6) (2007): 1020-48.

7. A. Ichino and G. Maggi, "Work Environment and Individual Background: Explaining Regional Shirking Differentials in a Large Italian Firm", *Quarterly Journal of Economics* 115 (3) (2000): 1057- 90.

8. 프랜시스 라트니엑스, 서섹스대학교 양봉학 교수, 전화 인터뷰, 2020년 4월 1일.

9. F. L. Ratnieks and T. Wenseleers, "Policing Insect Societies", *Science* 307 (5706) (2005): 54-56.

10. 앞의 책.

11. 라트니엑스, 전화 인터뷰.

12. 다음을 참조하라. T. Wenseleers and F. L. Ratnieks, "Tragedy of the Commons in Melipona Bees", *Proceedings of the Royal Society of London. Series B: Biological Sciences* 271 (2004): S310-12; T. Wenseleers, A. G. Hart, and F. L. Ratnieks, "When Resistance Is Useless: Policing and the Evolution of Reproductive Acquiescence in Insect Societies", *American Naturalist* 164 (6) (2004): E154-67.

13. 라트니엑스, 전화 인터뷰.

14. 이 부분에 등장하는 연구 대부분은 다음에서 인용했다. Adam Hochschild, King Leopold's Ghost: *A Story of Greed, Terror, and Heroism in Colonial Africa* (London: Houghton Mifflin Harcourt, 1999).

15. 앞의 책, 36.

16. N. Ascherson, *The King Incorporated: Leopold the Second and the Congo* (London: Granta Books, 1999).

17. Hochschild, *King Leopold's Ghost.* 다음 또한 참조하라. "Léopold II à Solvyns, 17 Novembre 1877", in P. van Zuylen, *L'échiquier congolais, ou le secret du Roi* (Brussels: Dessart, 1959), 43.

18. C. Guise-Richardson, "Redefining Vulcanization: Charles Goodyear, Patents, and Industrial Control, 1834-1865", *Technology and Culture* 51 (2) (2010): 357-87.

19. G. B. Kauffman, "Charles Goodyear (1800-1860), American Inventor, on the Bicentennial of His Birth",

Chemical Educator 6 (1) (2001): 50-54.

20. "How Scot John Boyd Dunlop Gave the World the Pneumatic Tyre", *Scotsman,* 5 February 2016.

21. G. A. Tobin, "The Bicycle Boom of the 1890's: The Development of Private Transportation and the Birth of the Modern Tourist", *Journal of Popular Culture* 7 (4) (1974): 838.

22. Hochschild, *King Leopold's Ghost.* 다음 또한 참조하라. C. A. Cline, "ED Morel and the Crusade against the Foreign Office", *Journal of Modern History* 39 (2) (1967): 126-37.

23. Hochschild, *King Leopold's Ghost.*

24. 앞의 책, 161.

25. B. B. de Mesquita, "Leopold II and the Selectorate: An Account in Contrast to a Racial Explanation", *Historical Social Research / Historische Sozialforschung,* 2007, 203-21.

26. Hochschild, *King Leopold's Ghost.* 다음 또한 참조하라. Joanna Kakissis, "Where 'Human Zoos' Once Stood, a Belgian Museum Now Faces Its Colonial Past", National Public Radio, 26 September 2018.

27. N. Geras, *Crimes against Humanity: Birth of a Concept* (Manchester, United Kingdom: Manchester University Press, 2013).

28. 벨기에 학자 Jules Marchal가 Hochschild에게 보낸 서신, *King Leopold's Ghost,* 277.

29. De Mesquita, "Leopold II and the Selectorate".

30. L. 폴 브리머 3세, 외교관, 인터뷰, 2020년 2월 2일, 버몬트.

31. "Bin Laden Said to Offer Gold to Killers", *Associated Press,* 7 May 2004.

32. *Report of the National Commission on Terrorism,* 6 June 2000, pursuant to Public Law 105-277.

33. 브리머, 인터뷰.

34. L. P. Bremer, *My Year in Iraq: The Struggle to Build a Future of Hope* (New York: Simon & Schuster, 2006).

35. Patrick E. Tyler, "New Policy in Iraq to Authorize GI's to Shoot Looters", *New York Times,* 14 May 2003.

36. Valentinas Mite, "Disappointing Some Iraqis, U.S. Says It Won't Shoot Looters", Radio Free Europe / Radio Liberty, 16 May 2003.

37. 브리머, 인터뷰.

38. "Closure of Shiite Newspaper in Baghdad Sparks Protests", *PBS News,* 29 March 2004.

39. 브리머, 인터뷰.

6장 모든 권력은 부패하는가

1. J. J. Martin, "Tortured Testimonies", *Acta Histriae* 19 (2011): 375-92.

2. R. E. Hassner, "The Cost of Torture: Evidence from the Spanish Inquisition", *Security Studies* 29 (3) (2020): 1-36.

3. F. E. de Janösi, "The Correspondence between Lord Acton and Bishop Creighton", *Cambridge Historical Journal* 6 (3) (1940): 307-21.

4. Sydney E. Ahlstrom, "Lord Acton's Famous Remark", *New York Times,* 13 March 1974.

5. de Janösi, "Correspondence between Lord Acton".

6. 아피싯 웨차치와, 전 태국 총리, 인터뷰, 2016년 3월 25일, 태국 방콕.

7. 앞의 책.

8. Ian MacKinnon, "Court Rules Thai Prime Minister Must Resign over Cookery Show", *Guardian,* 9 September 2008.

9. 아피싯, 인터뷰, 2019년 11월 5일, 태국 방콕.

10. "Descent into Chaos: Thailand's 2010 Red Shirt Protests and the Government Crackdown", *Human Rights Watch,* 2 May 2011.

11. 아피싯, 인터뷰, 2019년 11월 5일.

12. "Thailand PM Abhisit in Pledge to End Bangkok Protest", *BBC News,* 15 May 2010.

13. "Thailand Ex-PM Abhisit Murder Charge Dismissed", *BBC News,* 28 August 2014.

14. 아피싯, 인터뷰, 2019년 11월 5일.

15. Major General Werachon Sukondhapatipak, Thai military, interview, 18 December 2014, Bangkok, Thailand.

16. 다음을 참조하라. M. Walzer, "Political Action: The Problem of Dirty Hands", *Philosophy & Public Affairs* 2 (2) (Winter 1973): 160-80.

17. 앞의 책.

18. R. Bellamy, "Dirty Hands and Clean Gloves: Liberal Ideals and Real Politics", *European Journal of Political Theory* 9 (4) (2010): 412-30.

19. "Churchill's HMAS Sydney Mystery", *Daily Telegraph,* 17 November 2011.

20. James Scovel, "Thaddeus Stevens", *Lippincott's Monthly Magazine,* April 1898, 548-50.

21. 에릭 앨리슨, 전직 도둑, 전화 인터뷰, 2020년 5월 20일. 이 부분에서 인용한 앨리슨의 모든 말은 이 인터뷰에서 비롯되었다.

22. S. G. Hall and T. Ambrosio, "Authoritarian Learning: A Conceptual Overview", *East European Politics* 33 (2) (2017): 143-61.

23. Mike Dash, "Khrushchev in Water Wings: On Mao, Humiliation and the Sino-Soviet Split", *Smithsonian Magazine,* 4 May 2012.

24. Nic Cheeseman and Brian Klaas, *How to Rig an Election* (New Haven, CT: Yale University Press, 2018).

25. 앞의 책.

26. Zack Beauchamp, "Juche, the State Ideology That Makes North Koreans Revere Kim Jong Un, Explained", *Vox,* 18 June 2018.

27. C. Crabtree, H. L. Kern, and D. A. Siegel, "Cults of Personality, Preference Falsification, and the Dictator's Dilemma", *Journal of Theoretical Politics* 32 (3) (2020): 409-34.

28. I. Robertson-Steel, "Evolution of Triage Systems", *Emergency Medicine Journal* 23 (2) (2006): 154-55.

29. Sheri Fink, "The Deadly Choices at Memorial", *New York Times,* 25 August 2009.

30. 앞의 책.

31. 앞의 책. 다음 또한 참조하라. Sheri Fink, *Five Days at Memorial: Life and Death in a Storm-Ravaged*

Hospital (New York: Atlantic Books, 2013).

32. Fink, "Deadly Choices at Memorial".

33. 앞의 책.

34. Sheri Fink, "The Deadly Choices at Memorial", New York Times Magazine, 11 September 2009.

35. Dominic Rushe, "Bernard Madoff Fraud 'Began 20 Years Earlier than Admitted,' " *Guardian,* 18 November 2011.

36. Brian Ross and Joseph Rhee, "SEC Official Married into Madoff Family", *ABC News,* 16 December 2008, https://abcnews.go.com/Blotter/WallStreet/story?id=6471863&page=1.

37. "Investigation of Failure of the SEC to Uncover Bernard Madoff's Ponzi Scheme", public report, US Securities and Exchange Commission, 31 August 2009, https://www.sec.gov/files/oig-509-exec-summary. pdf.

38. 앞의 책.

39. 다음을 참조하라. Harry Markopolos, *No One Would Listen: A True Financial Thriller* (Hoboken, NJ: John Wiley & Sons, 2011).

40. "The IRS' Case of Missing Children", *Los Angeles Times,* 11 December 1989.

7장 권력은 우리를 어떻게 바꾸는가

1. 다음을 참조하라. Manbeena Sandhu, *Nothing to Lose: The Authorized Biography of Ma Anand Sheela* (New Delhi: Harper Collins India, 2020).

2. 마 아난드 실라, 이메일 인터뷰, 2020년 8월 7일.

3. Win McCormack, "Bhagwan's Sexism", *New Republic,* 12 April 2018. 다음 또한 참조하라. Win McCormack, *The Rajneesh Chronicles: The True Story of the Cult That Unleashed the First Act of Bioterrorism on US Soil* (Portland, OR: Tin House Books, 2010).

4. 마 아난드 실라, 인터뷰, 2018년 10월 6일, 스위스.

5. Win McCormack, "Range War: The Disciples Come to Antelope", *Oregon Magazine,* November 1981.

6. 다음을 참조하라. Frances FitzGerald, "Rajneeshpuram", *New Yorker,* 15 September 1986.

7. 앞의 책.

8. 실라, 전화 인터뷰, 2020년 2월 12일.

9. FitzGerald, "Rajneeshpuram".

10. FitzGerald, "Rajneeshpuram".

11. Les Zaitz, "Rajneeshee Leaders Take Revenge on the Dalles' with Poison, Homeless", *Oregonian,* republished 14 April 2011.

12. Frances FitzGerald, "Rajneeshpuram II", *New Yorker,* 29 September 1986.

13. 배리 셸달, 전 검사, 전화 인터뷰, 2018년 10월 18일.

14. McCormack, *Rajneesh Chronicles.*

15. 앞의 책.

16. 앞의 책.

17. 대커 켈트너, UC버클리 심리학자, 인터뷰, 2020년 1월 27일, 캘리포니아 버클리.

18. D. Keltner, D. H. Gruenfeld, and C. Anderson, "Power, Approach, and Inhibition", *Psychological Review* 110 (2) (2003): 265.

19. 켈트너, 인터뷰.

20. "Who Gets Power-and Why It Can Corrupt Even the Best of Us", *The Hidden Brain,* National Public Radio, 29 June 2018.

21. 앞의 책.

22. D. Keltner, *The Power Paradox: How We Gain and Lose Influence* (New York: Penguin, 2016).

23. 켈트너, 인터뷰.

24. J. Henrich, S. J. Heine, and A. Norenzayan, "The Weirdest People in the World?", *Behavioral and Brain Sciences* 33 (2-3) (2010): 61-83.

25. S. Bendahan et al., "Leader Corruption Depends on Power and Testosterone", *Leadership Quarterly* 26 (2) (2015): 101-22.

26. N. L. Mead et al., "Power Increases the Socially Toxic Component of Narcissism among Individuals with High Baseline Testosterone", *Journal of Experimental Psychology: General* 147 (4) (2018): 591.

27. A. F. Dixson and J. Herbert, "Testosterone, Aggressive Behavior and Dominance Rank in Captive Adult Male Talapoin Monkeys (Miopithecus talapoin)", *Physiology & Behavior* 18 (3) (1977): 539-43.

28. N. J. Fast et al., "Illusory Control: A Generative Force behind Power's Far-Reaching Effects", *Psychological Science* 20 (4) (2009): 502-8.

29. G. A. Van Kleef et al., "Power, Distress, and Compassion: Turning a Blind Eye to the Suffering of Others", *Psychological Science* 19 (12) (2008): 1315-22.

30. 다음을 참조하라. N. Harding, "Reading Leadership through Hegel's Master/Slave Dialectic: Towards a Theory of the Powerlessness of the Powerful", *Leadership* 10 (4) (2014): 391-411.

31. 권력의 부식 관계에 관한 연구 개론은 다음을 참조하라. Keltner, *Power Paradox*.

8장 권력이 건강에 미치는 영향

1. Kelcie Grega, "What Happens to Drugs, Property and Other Assets Seized by Law Enforcement?", Las Vegas Sun, 14 February 2020.

2. 마이클 네이더, 웨이크포레스트대학교 생리학 및 약리학 교수, 전화 인터뷰, 2020년 5월 14일.

3. 앞의 책.

4. 다음을 참조하라. M. A. Nader et al., "PET Imaging of Dopamine D2 Receptors during Chronic Cocaine Self-Administration in Monkeys", *Nature Neuroscience* 9 (8) (2006): 1050-56.

5. 네이더, 전화 인터뷰.

6. D. Morgan et al., "Social Dominance in Monkeys: Dopamine D-2 Receptors and Cocaine SelfAdministration", *Nature Neuroscience* 5 (2) (2002): 169-74.

7. R. W. Gould et al., "Social Status in Monkeys: Effects of Social Confrontation on Brain Function and

Cocaine Self-Administration", *Neuropsychopharmacology* 42 (5) (2017): 1093-102.

8. 네이더, 전화 인터뷰.

9. M. G. Marmot et al., "Health Inequalities among British Civil Servants: The Whitehall II Study", Lancet 337 (8754) (1991): 1387-93.

10. 마이클 마멋, 유니버시티칼리지런던 역학 교수, 전화 인터뷰, 2020년 5월 6일.

11. 다음을 참조하라. Michael Marmot, *The Status Syndrome: How Social Standing Affects Our Health and Longevity* (New York, Times Books, 2004).

12. 마멋, 전화 인터뷰.

13. Robert Sapolsky, *Why Zebras Don't Get Ulcers: The Acclaimed Guide to Stress, Stress-Related Diseases, and Coping* (New York: W. H. Freeman, 1998).

14. Robert Sapolsky, "The Physiology and Pathophysiology of Unhappiness", *Well-Being: Foundations of Hedonic Psychology,* ed. D. Kahneman, E. Diener, and N. Schwarz (New York: Russell Sage Foundation, 1999).

15. 다음을 참조하라. Marmot, *Status Syndrome,* "Chapter 5: Who's in Charge?"

16. 조던 앤더슨, 듀크대학교 박사과정, 전화 인터뷰, 2020년 4월 21일.

17. 제니 텅, 듀크대학교 진화인류학자 및 유전학자, 전화 인터뷰, 21 April 2020.

18. D. L. Cheney and R. M. Seyfarth, *Baboon Metaphysics: The Evolution of a Social Mind* (Chicago: University of Chicago Press, 2008).

19. 텅, 전화 인터뷰.

20. 앞의 책.

21. J. Tung et al., "The Costs of Competition: High Social Status Males Experience Accelerated Epigenetic Aging in Wild Baboons", *bioRxiv,* 2020, https://www.biorxiv.org/content/biorxiv/early/2020/02/24/2020.02.22.961052.full.pdf.

22. 다음을 참조하라. R. M. Sapolsky, "The Influence of Social Hierarchy on Primate Health", *Science* 308 (5722) (2005): 648-52.

23. L. R. Gesquiere et al., "Life at the Top: Rank and Stress in Wild Male Baboons", *Science* 333 (6040) (2011): 357-60..

24. Mark Borgschulte et al., "CEO Stress, Aging, and Death", working paper, 19 July 2020, https://eml.berkeley.edu/~ulrike/Papers/CEO_Stress.pdf.

25. 앞의 책.

26. A. R. Olenski, M. V. Abola, and A. B. Jena, "Do Heads of Government Age More Quickly? Observational Study Comparing Mortality between Elected Leaders and Runners-Up in National Elections of 17 Countries", *British Medical Journal,* 2015, 351.

27. Borgschulte et al., "CEO Stress and Life Expectancy: The Role of Corporate Governance and Financial Distress", 1 September 2019, https://eml.berkeley.edu/~ulrike/Papers/CEO_Stress_and_Life_Expectancy_20190901.pdf.

28. S. Cohen et al., "Sociability and Susceptibility to the Common Cold", *Psychological Science* 14 (5) (2003): 389-95.

29. 앞의 책.

30. N. Snyder-Mackler et al., "Social Status Alters Immune Regulation and Response to Infection in Macaques", *Science* 354 (6315) (2016): 1041-45. 다음 또한 참조하라. J. Tung et al., "Social Networks Predict Gut Microbiome Composition in Wild Baboons", *eLife* 4 (2015): e05224.

31. 앞의 책.

9장 더 나은 사람을 끌어들이는 전략

1. 브랜트 해치(Brent Hatch), 경찰 작성 고발 요지 진술서, AST Case 10-988830, 2010년 10월 17일. *Anchorage Daily News* 저널리스트 카일 홉킨스(Kyle Hopkins) 제공.

2. 앞의 책.

3. Kyle Hopkins, "The Village Where Every Cop Has Been Convicted of Domestic Violence", *Anchorage Daily News,* 18 July 2019.

4. Kyle Hopkins, journalist at *Anchorage Daily News,* phone interview, 16 April 2020.

5. Kyle Hopkins, "Cops in One Village Have Been Convicted of 70 Crimes. Here's What They Had to Say about It", *Anchorage Daily News,* 19 July 2019.

6. Hopkins, "Village Where Every Cop Has Been Convicted".

7. Matthew Syed, *Rebel Ideas: The Power of Diverse Thinking* (London: Hachette, 2019).

8. L. Beaman et al., "Female Leadership Raises Aspirations and Educational Attainment for Girls: A Policy Experiment in India", *Science* 335 (6068) (2012): 582- 86.

9. Arthur Toye Foulke, *Mr. Typewriter: A Biography of Christopher Latham Sholes* (Boston: Christopher Publishing House, 1961).

10. Charles Lekberg, "The Tyranny of Qwerty", *Saturday Review of Science* 55 (40) (September 30, 1972): 37-40.

11. 여기에는 다소 논쟁의 여지가 있다. 다음을 참조하라. Jimmy Stamp, "Fact or Fiction? The Legend of the QWERTY Keyboard", *Smithsonian Magazine,* 3 May 2013.

12. A. Fisher and J. Margolis, *Unlocking the Clubhouse: Women in Computing* (Cambridge, MA: MIT Press, 2001).

13. Martin Brookes, *Extreme Measures: The Dark Visions and Bright Ideas of Francis Galton* (London: Bloomsbury, 2004).

14. Jim Holt, "Measure for Measure", *New Yorker,* 17 January 2005.

15. Kenneth F. Wallis, "Revisiting Francis Galton's Forecasting Competition", *Statistical Science* 29 (3) (2014): 420-24.

16. 저자 직접 분석.

17. 다음을 참조하라. P. J. Rhodes, "Kleroterion", The Encyclopedia of Ancient History, 26 October 2012, https:// onlinelibrary.wiley.com/doi/abs/10.1002/9781444338386.wbeah04171.

18. J. Berger et al., "How to Prevent Leadership Hubris? Comparing Competitive Selections, Lotteries, and Their Combination", *Leadership Quarterly* 31 (5) (2020): 101388.

19. 헬렌 킹, 전 런던 광역경찰청 부청장, 인터뷰, 2020년 2월 11일, 영국 런던.

20. Max Daly, "The Police Officers Who Sell the Drugs They Seize", *Vice News,* 23 March 2017.

21. 킹, 인터뷰.

22. K. Abbink, "Staff Rotation as an Anti-Corruption Policy: An Experimental Study", *European Journal of Political Economy* 20 (4) (2004): 887-906.

23. C. Bühren, "Staff Rotation as an Anti-Corruption Policy in China and in Germany: An Experimental Comparison", *Jahrbücher für Nationalökonomie und Statistik* 240 (1) (2020): 1-18.

24. "1991: From Worst to First", This Great Game, https://thisgreatgame.com/1991-baseball-history/.

25. 야구 작가 더그 파패스(Doug Pappas)가 처음으로 공식을 고안한 이후로 추가와 논쟁이 이어졌으며, 관련 저술 또한 특히 다음 책에 대한 반응으로 활발하게 이루어졌다. Michael Lewis, *Moneyball: The Art of Winning an Unfair Game* (New York: W. W. Norton, 2004).

26. 다음의 데이터를 이용한 저자 직접 분석. "1991 MLB Payrolls", Baseball Cube, http://www.thebaseballcube.com/topics/payrolls/byYear.asp?Y=1991.

27. David Dudley, "The Problem with Mussolini and His Trains", *Bloomberg,* 15 November 2016.

28. 다음을 참조하라. Simonetta Falasca-Zamponi, *Fascist Spectacle: The Aesthetics of Power in Mussolini's Italy* (Berkeley, CA: Berkeley University Press, 1997).

29. "Challenger: A Rush to Launch", *WJXT,* https://www.youtube.com/watch?v=EA3mLCmUD_4.

10장 책임의 무게를 견디는 법

1. 로빈 버틀러, 전 총리 다섯 명을 수행한 개인 비서이자 상원의원, 인터뷰, 2019년 6월 13일, 영국 런던.

2. Kyle Mizokami, "Great Britain's Nuclear Weapons Could Easily Destroy Entire Countries", *National Interest,* 26 August 2017, https://nationalinterest.org/blog/the-buzz/great-britains-nuclear-weapons-could-easily-de stroy-entire-22057.

3. Ben Farmer, "Trident: The Man with the Nuclear Button Who Would Fire Britain's Missiles", *Telegraph,* 21 January 2016.

4. Peter Hennessy, *The Secret State: Preparing for the Worst, 1945-2010* (London: Penguin, 2014).

5. 버틀러, 인터뷰.

6. 앞의 책.

7. 토니 블레어, 전 영국 총리, 인터뷰, 2020년 10월 2일.

8. 앞의 책.

9. 코넬 윌리엄 브룩스, 전 전미유색인지위향상협회 협회장이자 하버드케네디스쿨 교수, 인터뷰, 2020년 2월 3일, 매사추세츠 케임브리지.

10. 킴 캠벨, 전 캐나다 총리, 전화 인터뷰, 2020년 4월 6일.

11. J. M. Darley and C. D. Batson, "From Jerusalem to Jericho: A Study of Situational and Dispositional Variables in Helping Behavior", *Journal of Personality and Social Psychology* 27 (1) (1973): 100.

12. 앞의 책.

13. 다음을 참조하라. Ross Barkan, "Meet Ken Feinberg, the Master of Disasters", *Observer,* 9 March 2016.

14. 켄 파인버그, 변호사이자 보상기금 황제, 전화 인터뷰, 2010년 4월 2일.

15. 앞의 책.

16. 앞의 책, 파인버그의 말을 인용.

17. 앞의 책.

18. M. P. Scharf, "The Torture Lawyers", *Duke Journal of Comparative & International Law* 20 (2009): 389.

19. Andrew Cohen, "The Torture Memos: Ten Years Later", *Atlantic,* 6 February 2012.

20. J. C. Alexander, "John Yoo's War Powers", *Law Review and the World. California Law Review* 100 (2) (2012): 331-64.

21. David Cole, "The Torture Memos: The Case against the Lawyers", *New York Review of Books,* 8 October 2009.

22. 존 유, UC버클리대학교 로스쿨 교수이자 전 부시 행정부 변호사, 인터뷰, 2020년 1월 28일, 캘리포니아 버클리.

23. 앞의 책.

24. Peter Singer, *The Expanding Circle* (Oxford: Clarendon Press, 1981).

25. Y. Trope and N. Liberman, "Construal-Level Theory of Psychological Distance", *Psychological Review* 117 (2) (2010): 440.

26. Ardant du Picq, *Battle Studies: Ancient and Modern Battle,* Project Gutenberg, https://www.gutenberg.org/files/7294/7294-h/7294-h.htm.

27. David Grossman, *On Killing: The Psychological Cost of Learning to Kill in War and Society* (1996; repr., New York: Back Bay Books, 2009).

28. 앞의 책.

29. N. Sharkey, "Killing Made Easy: From Joysticks to Politics", *Robot Ethics: The Ethical and Social Implications of Robotics,* ed. Patrick Lin, Keith Abney, and George A. Bekey (Cambridge, MA: MIT Press, 2012), 111-28.

30. James Dao, "Drone Pilots Are Found to Get Stress Disorders Much as Those in Combat Do", *New York Times,* 22 February 2013.

31. "The US Air Force's Commuter Drone Warriors", *BBC News,* 8 January 2017.

32. A. M. Rutchick et al., "Technologically Facilitated Remoteness Increases Killing Behavior", *Journal of Experimental Social Psychology* 73 (2017): 147-50.

33. J. Decety, C. Y. Yang, and Y. Cheng, "Physicians Down-Regulate Their Pain Empathy Response: An Event-Related Brain Potential Study", *Neuroimage* 50 (4) (2010): 1676-82.

34. E. Trifiletti et al., "Patients Are Not Fully Human: A Nurse's Coping Response to Stress", *Journal of Applied Social Psychology* 44 (12) (2014): 768-77.

11장 감시받는 사람들

1. P. T. Leeson, "Ordeals", *Journal of Law and Economics* 55 (3) (2012): 691-714.

2. Sonia Farid, "Licking Hot Metal Spoons to Expose Lies: Egypt's Oldest Tribal Judicial System", *Al*

Arabiya, 24 September 2018.

3. R. P. Brittain, "Cruentation: In Legal Medicine and in Literature", *Medical History* 9 (1) (1965): 82-88.

4. G. L. Robb, "The Ordeal Poisons of Madagascar and Africa", *Botanical Museum Leaflets* (Harvard University) 17 (10) (1957): 265-316.

5. 다음을 참조하라. Gwyn Campbell, "The State and Precolonial Demographic History: The Case of Nineteenth Century Madagascar", *Journal of African History* 23 (3) (October 1991): 415-45.

6. Leeson, "Ordeals".

7. 앞의 책.

8. Ara Norenzayan, *Big Gods: How Religion Transformed Cooperation and Conflict* (Princeton, NJ: Princeton University Press, 2013).

9. 앞의 책.

10. 다음을 참조하라. D. Johnson and J. Bering, "Hand of God, Mind of Man: Punishment and Cognition in the Evolution of Cooperation", *Evolutionary Psychology* 4 (1) (2006).

11. J. Piazza, J. M. Bering, and G. Ingram, "Princess Alice Is Watching You: Children's Belief in an Invisible Person Inhibits Cheating", *Journal of Experimental Child Psychology* 109 (3) (2011): 311-20.

12. M. Bateson, D. Nettle, and G. Roberts, "Cues of Being Watched Enhance Cooperation in a RealWorld Setting", *Biology Letters* 2 (3) (2006): 412-14.

13. S. B. Northover et al., "Artificial Surveillance Cues Do Not Increase Generosity: Two Meta-Analyses", *Evolution and Human Behavior* 38 (1) (2017): 144-53.

14. C. B. Zhong, V. K. Bohns, and F. Gino, "Good Lamps Are the Best Police: Darkness Increases Dishonesty and Self-Interested Behavior", *Psychological Science* 21 (3) (2010): 311-14. 다음 또한 참조하라. Alice Robb, "Sunglasses Make You Less Generous", *New Republic,* 26 March 2014.

15. F. Lambarraa and G. Riener, "On the Norms of Charitable Giving in Islam: Two Field Experiments in Morocco", *Journal of Economic Behavior & Organization* 118 (2015): 69-84. 다음 또한 참조하라. Norenzayan, *Big Gods.*

16. 다음을 참조하라. C. F. A. Marmoy, "The 'Auto-Icon' of Jeremy Bentham at University College London", *Medical History* 2 (1958): 77-86; "Fake News: Demystifying Jeremy Bentham", *University College London,* https://www.ucl.ac.uk/culture/projects/fake-news.

17. "Auto-Icon", University College London, https://www.ucl.ac.uk/bentham-project/who-was-jeremy-bentham/auto-icon.

18. M. Galič, T. Timan, and B. J. Koops, "Bentham, Deleuze and Beyond: An Overview of Surveillance Theories from the Panopticon to Participation", *Philosophy & Technology* 30 (1) (2017): 9-37.

19. Maria Konnikova, "The Open Office Trap", *New Yorker,* 7 January 2014.

20. M. C. Davis, D. J. Leach, and C. W. Clegg, "The Physical Environment of the Office: Contemporary and Emerging Issues", *International Review of Industrial and Organizational Psychology* 26, ed. G. P. Hodgkinson and J. K. Ford (Chichester, UK: Wiley, 2011), 193-235.

21. Ethan Bernstein and Ben Waber, "The Truth about Open Offices", *Harvard Business Review,* November-December 2019.

22. Louise Matsakis, "How the West Got China's Social Credit System Wrong", *Wired,* 29 July 2019.

23. Eugene Soltes, *Why They Do It: Inside the Mind of the White-Collar Criminal* (New York: Public Affairs, 2016).

24. Stephen M. Rosoff, Henry N. Pontell, and Robert Tillman, *Profit without Honor: WhiteCollar Crime and the Looting of America* (Upper Saddle River, NJ: Prentice Hall, 2004).

25. C. Michel, "Violent Street Crime versus Harmful White-Collar Crime: A Comparison of Perceived Seriousness and Punitiveness", *Critical Criminology* 24 (1) (2016): 127-43.

26. Anas Aremeyaw Anas, undercover journalist, interview, 8 October 2018.

27. "Accused Ghana Judges Shown Bribe Videos", *BBC News,* 10 September 2015.

28. "Journalist Who Exposed Football Corruption Shot Dead in Ghana", *Agence France-Presse,* 17 January 2019.

29. Joel Gunter, "Murder in Accra: The Life and Death of Ahmed Hussein-Suale", *BBC News,* 30 January 2019.

30. A. Salisbury, "Cutting the Head off the Snake: An Empirical Investigation of Hierarchical Corruption in Burkina Faso", no. 2018-11, Centre for the Study of African Economies (Oxford: University of Oxford, 2018).

31. R. Reinikka and J. Svensson, "Fighting Corruption to Improve Schooling: Evidence from a Newspaper Campaign in Uganda", *Journal of the European Economic Association* 3 (2-3) (2005): 259-67.

32. See Y. Y. Ang, "Authoritarian Restraints on Online Activism Revisited: Why 'I-Paid-a-Bribe' Worked in India but Failed in China", *Comparative Politics* 47 (1) (2014): 21-40.

33. M. Bertrand et al., "Does Corruption Produce Unsafe Drivers?", no. w12274, National Bureau of Economic Research, 2006.

34. N. Ichino and M. Schündeln, "Deterring or Displacing Electoral Irregularities? Spill-over Effects of Observers in a Randomized Field Experiment in Ghana", *Journal of Politics* 74 (1) (2012): 292-307.

35. 이 일화는 다음에서 더 자세히 살펴볼 수 있다. Charles Campisi, *Blue on Blue: An Insider's Story of Good Cops Catching Bad Cops* (New York: Scribner, 2017).

36. Charles Campisi, 전 뉴욕경찰국 내사국 국장, 전화 인터뷰, 2020년 3월 17일.

37. 다음을 참조하라. Campisi, *Blue on Blue.*

38. Charlie Sorrel, "Swedish Speed-Camera Pays Drivers to Slow Down", *Wired,* 6 December 2010.

12장 부패하지 않는 권력을 설계하기 위하여

1. Ernest Rhys, ed., *Livy's History of Rome: Book 3* (London: J. M. Dent & Sons, 1905), http://mc adams.posc.mu.edu/txt/ah/Livy/Livy03.html.

2. 앞의 책.

3. 앞의 책.

4. Dionysius of Halicarnassus, *Roman Antiquities,* bk. 10, chap. 17.6.

권력의 심리학

초판 1쇄 발행 2022년 1월 31일
초판 6쇄 발행 2024년 5월 7일

지은이 브라이언 클라스 **옮긴이** 서종민
발행인 이봉주
단행본사업본부장 신동해
편집장 김경림
책임편집 김하나리 **교정교열** 공순례
디자인 THIS COVER
마케팅 최혜진 이은미 **홍보** 반여진 허지호 정지연 송임선
국제업무 김은정 김지민 **제작** 정석훈

브랜드 웅진지식하우스
주소 경기도 파주시 회동길 20
문의전화 031-956-7350(편집) 02-3670-1123(마케팅)
홈페이지 www.wjbooks.co.kr
인스타그램 www.instagram.com/woongjin_readers
페이스북 www.facebook.com/woongjinreaders
블로그 blog.naver.com/wj_booking

발행처 ㈜웅진씽크빅 **출판신고** 1980년 3월 29일 제406-2007-000046호

한국어판 출판권 ⓒ ㈜웅진씽크빅, 2022
ISBN 978-89-01-25555-2 03300